文景
———
Horizon

桑兵　关晓红

——主编——

华洋变形的不同世界

近代中国的知识与制度转型

中外编

上海人民出版社

本书为浙江大学"中央高校基本科研业务费专项资金"、中山大学历史学系学科建设经费专项出版资助项目

目　录

总　说

当前的世界格局，正在发生自 17 世纪以来最为重大深刻的变动。这一变动呈现相反相成的两面：一方面，全球化导致各国的交往联系进一步紧密；另一方面，单一的西方强势霸权地位已经动摇，包括中国崛起在内的多元化成为新的发展取向。由此引发重新认识自我和调整世界秩序的需求，不同文化系统的相互理解和接受变得更加重要，而沟通的理据却引起越来越多的反省和检讨。近代以来在世界一体化的大趋势之下普遍发生的知识与制度转型，本来是各国赖以沟通理解的凭借，现在却造成许多的疑惑和困扰。以往后发展国家将接受欧洲中心衍生出来的一整套观念制度作为体现人类发展共同趋向的公理，用以重新条理和解释既有的历史文化。西方社会也习惯于用后来体系化的观念制度看待异己的文化，乃至回溯自身的历史。

随着全球化的推进，经过观念与制度的所谓现代变革调适的国家民族之间，摩擦冲突仍然不断加剧，而人类发展的单一现代化取向备受质疑，越来越多的学人意识到倒看历史所产生的误解不同文化的现实危险。如何通过世界一体化（其核心仍然是欧洲中心）之后表面相似的观念和制度来理解和把握各种社会文化差异，增进相互理解与沟通，同时注重不同文化之于世界多样性的价值意义，引起各国学人的高度关注。作为重建世界格局一极的中国，晚清民国时期，知识与制度体系发生了重大变动，使得中国人的思维方式与行为规范前后截然两分。了解这一千古大变局的全过程和各层面，对中外冲突融合的大背景下知识与制度体系沿革、移植、变更、调适的众多问题进行深入探究，可以获得理解传统、认识变异、了解现在和把握未来的钥匙。在中学、东学和西学的视角下重新考察近代中国观念与制度变革的趋向和症结，有助于更好地认识世界一体化进程中东亚文明的别样性及其对人类发展提供多样性选择的重要价值，争取和保持对在世界文明体系中的位置日益重要的中国历史文化解释的主动和主导地位，增进包括中国在内的世界各国的沟通理解。

第一节　问题的提出

美国学者任达（Douglas R. Reynolds）的《新政革命与日本》（*The Xinzheng Revolution and Japan*）一书，出版以后引起不小的争议，对其观念和材料方面的种种局限议论较多。[1] 不过，作者指出了以下至关重要的事实，即新政前后，中国的知识与制度体系截然两分，此前为一套系统，大致延续了千余年；此后为一套系统，经过逐步的变动调整，一直延续至今。作者这样来表述他的看法：

----

[1]　桑兵：《黄金十年与新政革命——评介〈新政革命与日本：中国，1898—1912〉》，载侯仁之、周一良主编《燕京学报》新四期，北京大学出版社，1998，第 321 页。

在 1898 年百日维新前夕，中国的思想和体制都刻板地遵从中国人特有的源于中国古代的原理。仅仅 12 年后，到了 1910 年，中国人的思想和政府体制，由于外国的影响，已经起了根本性的变化。

从最根本含义来说，这些变化是革命性的。在思想方面，中国的新旧名流（从高官到旧绅士，新工商业者与学生界），改变了语言和思想内涵，一些机构以至主要传媒也藉此表达思想。在体制方面，他们按照外国模式，改变了中国长期以来建立的政府组织，改变了形成国家和社会的法律与制度。

如果把 1910 年中国的思想和体制与 1925 年的、以至今天中国相比较，就会发现基本的连续性，它们同属于相同的现实序列。另一方面，如果把 1910 年和 1898 年年初相比，人们发现，在思想和体制两大领域都明显地彼此脱离，而且越离越远。[1]

也就是说，中国人百余年来的精神观念与行为规范，与此前的几乎完全两样，这一天翻地覆的巨变，不过是百年前形成的基本框架，并一直运行到现在。今日中国人并非生活在三千年一以贯之的社会文化之中，而是生活在百年以来的知识与制度体系大变动所形成的观念世界与行为规范的制约之下。任达认为，这样的变动是以清政府和各级官绅为主导的具有根本性的革命，并且强调在此过程中日本影响的主动与积极的一面。对于诸如此类的看法，意见当然难期一律，表达异见十分正常。但任达所陈述的近代知识与制度根

---

[1]　任达:《新政革命与日本：中国，1898—1912》，李仲贤译，江苏人民出版社，1998，第 215 页。

本转变的事实，却是显而易见，不宜轻易否定的。

不过，这一转型的过程及其意义，远比任达所描绘的更为复杂和深刻。因为它不仅涉及明治日本，还包括整个丰富多样的"西方"；不只发生在新政时期，而是持续了半个多世纪（其实受域外影响发生观念行为的变化，从来就有，如佛教和耶稣会士的作用，尤其是后者，令西学已经东渐）；不仅政府主导的那些领域出现了观念和制度变化，全社会各个层面的各种知识制度体系，几乎全都根本改观；参与其事者不仅是清朝官绅和日本顾问，外国来华人士和广大中国知识人也纷纷介入其中。更为重要的是，这样的革命性变动不是单纯移植外国的知识与制度，今天中国人所存在于其中的知识与制度体系，虽然来源多在外国，因而与世界上其他国家大体相似，但还是有许多并非小异。这些千差万别，不能简单地用实际上未能摆脱西化的现代化理论来衡量和解释。

今日中国人在正式场合用来表达其思维的一整套语汇和概念、形成近代中国思想历史的各种学说、教学研究的学科分类，总之，由人们思维发生，独立于人们思维而又制约着人们思维的知识系统，与一个世纪以前中国人所拥有的那一套大相径庭。如果放弃这些语汇、概念和知识系统，面对各种信息，人们将无所适从，很难正式表达自己的意思。而习惯于这些语汇、概念和知识体系的今人，要想进入变化之前的中国人的精神世界，也十分困难，即使经过专门训练，并且具有相当程度的自觉，还是常常发生格义附会的误读错解。不仅如此，要想认识今日中国人的精神世界，尽管处于同一时代，但要分辨那些看似约定俗成、不言而喻，实际上各说各话的话语，如果不能从发生发展的渊源脉络理解把握，也很难真正做到了解同情。近年来学人所批评的"倒放电影"和所主张的"去熟悉化",^[1] 显然都由此而生。

　　同样，体现和规范今人的行为，维系社会有序运作的各种制度，与百年以前也是迥异。这些制度覆盖政治、经济、军事、对外关系、教育、金融、司法、医疗、治安、社会组织、社会保障与救济等各个方面，几乎无所不包。除了少数"仍旧"或"全新"外，多数情况是"古已有之"而"变化多端"甚至"面目全非"。这就导致今人既不易理解前人的种种行为方式和运作模式，又无法深究今日各种制度规定及其运行轨则的来龙去脉，难以知其然亦知其所以然。结果，一种制度之下存在着多种行为样式，甚至主要的样式与设制本身的立意相去甚远。有时观念与制度之间发生离异，观念层面的优劣之争并不影响制度层面出现一面倒的局面。如中西医的是非优劣，历来争论不已，至今只能说是各有高下，而医疗和医院制度，已经几乎完全照搬西洋方式。

　　出现上述情形的重要原因之一在于，晚清民国的知识与制度转型，并非由中国的社会文化历史自然发生出来，而是近代中外冲突融合的产物。某种程度上，可以说是从外部世界移植到本土，并且改变中国思维与行为的基本面貌的产物。换言之，这是世界体系建构过程中，中国一步步被拖入世界体系的结果。今人争议甚多的全球一体化，仍是这一过程的延续。

　　然而，事情如果只是如此简单，也就不难认识。实际情形不仅复杂得多，而且潜移默化，令人习以为常。所谓"世界"，其实仅仅处于观念形态，如果要落到实处，则几乎可以断定并不存在一个笼统的"世界"，而是具体化为一个个不同的民族或国家。更为重

---

[1]　前者为罗志田教授屡次论及，后者参见王汎森：《中国近代思想文化史研究的若干思考》，《新史学》2003 年第 14 卷第 4 期。

要的是，那个时期的所谓"世界"，并非所有不同民族和国家的集合，实际上主要是以同样笼统的"西方"为蓝本和基准。在"西方"人看来，"西方"只是存在于东亚人的观念世界之中。认真考察，西方不但有欧美之别，欧洲内部还分为大陆和英伦三岛，大陆部分又分成历史文化各不相同的众多国家。此外，本来是东亚一部分的日本，因为学习西方比较成功，脱亚入欧，似乎也进入了西方发达国家的行列，而逐渐成为西方世界的一部分。

如此一来，近代中国面临的外部冲击和影响，就知识系统而言，不仅有"西学"，还有"东学"。而"西学"的基本凭借，即"西方"既然只存在于观念世界，"西学"相应地也只有抽象意义。一旦从笼统的"学"或"文化"落实到具体的学科、学说，可以发现，统一的西方或西学变得模糊不清甚至消失不见了，逐渐显现出来的是由不同民族和国家的历史文化渊源生成而来的独立系统。各系统之间或许大同，但也有不少小异，这些小异对于各种学科或学说的核心主干部分也许影响不大，但对于边缘或从属部分则相当关键，往往导致不同系统的学科分界千差万别，从而使得不同国度的不同流派关于学科的概念并不一致。来龙不一，去脉各异，不同国度的同一学科的内涵也就分别甚大。大者如"科学"，英法德含义不同，小者如政治学、社会学、人类学的分科与涵盖，欧美分别不小，欧洲各国也不一致。至于社会文化研究，究竟是属于社会学的领域还是人类学的范畴，不仅国与国之间存在差异，同一国度的不同学派也认识不一。

上述错综复杂是在长期的渐进过程中逐渐展开，因此一般而言，对于亲历其事者或许并不构成认识和行为的障碍，而后来者或外来人则难免莫名所以，无所适从。当由欧洲原创的人类知识随着世界体系的扩张走向全球时，为了操作和应用的方便，不得不省去繁复，简化约略，使得条理更加清晰。这样一来，原有的渊源脉络所滋生出来的纠葛被掩盖，学科的分界变得泾渭分明。将发源于欧洲的各种学科分界进行快刀斩乱麻式的后续加工和划一，开始不过是有利于缺少学术传统又是移民社会的美国人便于操作，后来由于美国的实力和地位迅速上升，对世界的影响不断扩大，甚至成为霸主和中心，美式的分科成为不少后发展国家接受外来影响的主要模式。可是，在清晰和方便的同时，失去了渊源脉络，一味从定义出发，一般而言也无大碍，仔细深究，尤其是还想弄清楚所以然，就不免模糊笼统。因此，格义附会、似是而非的现象不仅多，而且乱，看似异口同声，实则各唱各调的情况比比皆是。

近代中国在西方压力之下发生的知识与制度体系转型，如果只是全盘西化式地照搬移植，问题也就相对简单。可是，中国的文化不仅历史悠久，而且一脉相传，始终活跃，其巨大张力所产生的延续性，对于近代的知识与制度转型产生着重要的制约作用。

清季民初，是中国固有学术向西式分科转型的重要时期，众多学人对此作了不同程度的努力，其中康有为、梁启超、刘师培、章太炎、严复、宋恕、王国维等人在学术领域的影响尤为突出，而蔡元培等人则更多的是从教育的角度关注分科。他们借鉴来源不同的西学，以建立自己的体系，都希望在统一的整体框架下将各种新旧中西学术安置妥当，尤其是力图将中西新旧学术打通对接。各人编织的系统虽然大体都是依据西学，但实际分别相当大，反映了各自所依据的蓝本以及对这些蓝本的认识存在很大差异。加之在中国变动的同时，欧洲各国的学科体系也正在随着社会分工的日益细化和知识分类的不断增加，随时新建、调整或重组，时间的接近加剧了空间变动的复杂性，这就进一步增加了中国人对于学术分科理解与把握的难度，也导致分科界限的模糊与错乱。早在20世纪初，主讲京师大学堂史学的陈黻宸比较中西学术时就认为："夫彼族之所以强且智者亦以人各有学，学各有科，一理之存，源流毕贯，一事之具，颠末必详。而我国固非无学也，然乃古古相承，迁流失实，一切但存形式，人鲜折衷，故有学而往往不能成科。即列而为科矣，亦但有科之名而究无科之义。"[1] 这显然是用进化论的眼光看待中西学术的结果，将近代等同于西方，以为西学的优势从来如此。其实，整体而言，分科治学在西方也不过是 19 世纪以来，尤其是 19 世纪后半叶以来的新生事物，其间也经历了用后来观念重构系统的历史进程。由于各国的学术文化传统不同，造成分科边际的不确定和不稳定，使得对西方本来就缺乏全面深入认识的中国人更加难以把握这些泊来的抽象物。

上述难题，几乎所有的后发展国家和民族都会共同面对。而中国还有其独特的问题。中国的近邻、明治维新后的日本率先走上了现代化道路，并通过一系列军事、外交和政治活动向中国人展示了它的巨大成效，以至于新政期间，在朝野人士的鼓动下，中国主要是通过日本来学习西方。这样的取径，在具有欧洲留学背景的严复看来，不仅是舍近求远，甚至会南辕北辙。他说：

　　吾闻学术之事，必求之初地而后得其真，自奋其耳目心思之力，以得之于两间之见象者，上之上者也。其次则乞灵于简策之所流传，师友之所授业。然是二者，必资之其本用之文字无疑也。最下乃求之翻译，其隔尘弥多，其去真滋远。今夫科学术艺，吾国之所尝译者，至寥寥已。即日本之所勤苦而仅得

<hr>

[1]　陈黻宸：《京师大学堂中国史讲义》，载陈德溥编《陈黻宸集》下册，中华书局，1995，第 675 页。

者，亦非其所故有，此不必为吾邻讳也。彼之去故就新，为时仅三十年耳。今求泰西二三千年孳乳演迤之学术，于三十年勤苦仅得之日本，虽其盛有译著，其名义可决其未安也，其考订可卜其未密也。乃徒以近我之故，沛然率天下学者群而趋之，世有无知而不好学者如此者乎？侏儒问径天高于修人，以其逾己而遂信之。今之所为，何以异此。[1]

严复的意见在一段时期内不被普遍认同，在他供职的学部，据说也是东学派占了压倒性优势，不过却提醒国人注意，日本化的西学，加入了许多东亚因素，其中不少是根据中国文化加以变异，以应对西学。而东学所带有的浓厚的德国色彩，提示人们进一步抛弃西学的笼统性，关注英国以外的其他欧洲文化系统，并设法弄清不同系统之间的差异。

知道分别就会有所取舍。在大规模地接受东学之后，朝野人士对东学东制移植中土暴露出来的弊病逐渐有所认识，于是再度将目光转向欧洲。从这时起，国人开始跳出西学的笼统观念，不一定在不同系统之间作整体性选择，而是考虑各个系统的组成部分可能各有长短，应当具体地予以了解和把握。民国以后，虽然留美学生渐多，并且逐渐占据了国内各界的要津，有识之士还是知道，欲求高深学问而非仅仅谋求学位，应该前往原创性的欧洲。只是后来北美与东欧的影响日益增强，将已有的复杂因素变得看似简化。

在近代中国人的精神世界发生着翻天覆地的变化的同时，其行为规范也随着涉及社会生活各个方面的各种制度的引进而悄然变

---

[1]　严复：《与外交报主人书》，载王栻主编《严复集》第3册，中华书局，1986，第561页。

更。西制进入中国并导致原有的各种制度发生程度不同的变动，与西学的进程颇为近似，也经过了取法日本的阶段。虽然中西文化交流并非截然分为物质、制度和心理的层面，依次递进，器物的引进带来的不同的审美和实用观念，工厂的开办需要一整套制度的保障，而且随着新事物的日益增多，清朝的各级职官体制也悄然变更，总体而言，制度变动的进展相当缓慢。新政时期，中国全面模仿日本，朝野上下，先后派出了为数众多的官绅，他们出发前以及抵达日本后，要集中听讲学习，有关方面为此还编制了具体的考察指南，指示考察的程序、步骤和做法。他们按图索骥，将日本的各种制度一一照葫芦画瓢地搬来中国。当然，后来同样有过再向欧美学习以调整偏差的经历。其间有些先见之明的人士并不囿于一途，如孙中山对美国的代议制民主就不以为然，而倾心于瑞士的直接民主。

对于近代中国的知识与制度体系转型，学界往往会用现代化的解释框架来加以认识。现代化的观念，未必不是一种解释模式。不过，现代与传统、进步与落后之类的两极范畴，最终实际上落实到了中西对立的观念之上，不仅流于简单地找变化，而且根据固定标准所找出的变化归根结底都是西化。诸如此类以变化为进化，以现在为现代的看法，多少反映了今人的盲目自信。而近代中国的知识与制度转型决非如此简单，至少应该考虑到：1. 中国固有的知识与制度体系的渊源、变化与状况。2. 外来知识与制度体系的具体形态及其进入中国的过程、样式。3. 中国人如何接受外来的知识与制度，外来知识及制度如何与中国固有的知识及制度发生联系。4. 在上述过程中，本土与外来的知识和制度如何产生变异，形成怎样的新形态。5. 这些变异对中国的发展所产生的制约性影响。

　　近代中国的知识与制度转型研究的展开，力求回应上述问题，大体把握中外知识与制度转型之前的情形，外来知识与制度进入中国的过程，由此引起的变化、变化所造成的延续至今的状况以及未来的发展趋向，力求为世界格局的重构做好知识与制度准备。

第二节　观念与取向

　　知识与制度体系的全面变动，不仅改变了近代中国人的思维与行为，而且使得现在的中国人在面对过去时，自觉或不自觉地用现行思维行为方式去观察判断，如果没有充分自觉，等于用后来外在的尺度衡量前人前事，难以体察理解前人思维行为的本意真相。也就是说，外来的知识与制度体系进入之前，中国人已有自己长时期累积而成的一整套思维和行为方式。而在转型之后，由于观念和规矩的变更，要想如实了解固有本来，反而变得相当困难。要做到不带成见从无到有地去探究发生、发展和变化，首先必须对本来的情形有充分的了解同情。

　　此事说来简单，其实至为复杂。尽管近代知识与制度转型很有几分脱胎换骨的色彩，以致有学人断言已是西体中用，实则吸收域外文化或融合其他异文化，在中国历史上不仅随时发生，而且有过几次显而易见的重要变动。今人看转型以前的人与事，难免带着后来西式的有色眼镜，即使有所自觉，尽量不带成见，也很难完全还原。历史本事、相关记述和后来著史，彼此联系，又各自不同，而分际模糊，容易混淆，况且著史还有层累叠加的问题。历史的实事即所谓第一历史必须经由历史记述即所谓第二历史加以展现，任何历史记述，往往积薪而上，一般而言，所有系统，均由后人归纳，集合概念亦均为后出，而且越到后来，条理越加清晰，意涵却悄然变化。后来之说可以表明编制者的看法，不能简单地认作所指时代的事实。转型之前，前贤已经提出以汉还汉的问题，只是即便回到汉代，所获仍然不过汉代人对先秦思想的认识。汉代固然距离先秦较今人为近，保留理解先秦的思想观念或许较今人为多且确，却未必真正吻合。况且汉代对于前人的认识也是五花八门，各不相同。

将以汉还汉的精神贯彻到底，应该是回到不同时代不同人物的不同观念行事。傅斯年曾为自己将来可能写"中国古代思想集叙"，提出若干要遵守的"教条"，其中包括：1. 不用近代哲学观看中国的方术论，"故如把后一时期，或别个民族的名词及方式来解它，不是割离，便是添加。故不用任何后一时期，印度的、西洋的名词和方式"。将明清之际耶稣会士和晚清以来西学的影响乃至中古大事因缘的儒释道合一，均置于自觉排除之列。2. 研究方术论、玄学、佛学、理学，各用不同的方法和材料，而且不以两千年的思想为一线而集论之，"一面不使之与当时的史分，一面亦不越俎去使与别一时期之同一史合"。[1]

也就是说，中国不仅没有一以贯之的哲学史，而且历代分别有方术、玄学、佛学、理学的历史，各史均须还原到当时的历史联系之中，而不能抽取某些元素加入其他时期的同类史。此说对于现在的不少相关研究尤其具有针对意义，探讨概念、分科及制度，看似广征博引，也能遵循时空顺序，实则将不同时期的相同或相似观念事物抽离原来各自的历史联系，而强行组合联缀，其本意既因脱离

---

[1] 《傅斯年致胡适》1926 年 8 月 17、18 日，载杜春和、韩荣芳、耿来金编《胡适论学往来书信选》下册，河北人民出版社，1998，第 1264-1265 页。

原有语境不能恰当解读，其联系复因形似而实不同而有削足适履之嫌，仍然是强古人以就我的主观预设。况且，诸如此类的研究往往还会就文本以证文本，对于相关人事视而不见，无法将思想还原为历史，不过是创造一家之言的个人思想史而已。

至于写法，傅斯年主张应由上层（下一时）揭到下层（上一时），而非自上一时写下来。前者从无到有，探寻概念事物的发生及其演化，后者则以后来观念条理先前史事，实为用后来眼光倒述历史。所谓自上一时写下来，其实未能剥离后来的附加成分，而以后来的概念条理作为先入为主的是，形式上虽然顺着写，实际上却是倒着讲。必须首先由记述的上层即时间的下一时，揭到记述的下层即时间的上一时，才能以汉还汉，回到历史现场。不过，仅仅这样逆上去固然可以层层剥笋，求其本意，还物事的本来面目，但要再现思想演变的历史进程，还应在回归具体时空位置的基础上顺下来，历时性地展示事物发生演化的复杂详情。

然而，更为吊诡的是，和傅斯年所推崇的阮元《性命古训》一样，尽管该研究"其方法则足为后人治思想史者所仪型"，还是存在其结论未必能够成立的尴尬。[1] 原因如陈寅恪所论：

> 宋儒若程若朱，皆深通佛教者。既喜其义理之高明详尽，足以救中国之缺失，而又忧其用夷变夏也。乃求得两全之法，避其名而居其实，取其珠而还其椟。采佛理之精粹，以之注解四书五经，名为阐明古学，实则吸收异教，声言尊孔辟佛，实则佛之义，已浸渍濡染，与儒教之宗传，合而为一。此

---

[1]　傅斯年：《性命古训辨证》，载欧阳哲生主编《傅斯年全集》第 2 卷，湖南教育出版社，2003，第 505-509 页。

先儒爱国济世之苦心，至可尊敬而曲谅之者也。故佛教实有功于中国甚大。自得佛教之裨助，而中国之学问，立时增长元气，别开生面。故宋、元之学问、文艺均大盛，而以朱子集其大成。[1]

1934年陈寅恪为冯友兰《中国哲学史》下册所写审查报告指出：

六朝以后之道教，包罗至广，演变至繁，不似儒教之偏重政治社会制度，故思想上尤易融贯吸收。凡新儒家之学说，几无不有道教，或与道教有关之佛教为之先导。如天台宗者，佛教宗派中道教意义最富之一宗也。其宗徒梁敬之与李习之之系，实启新儒家开创之动机。北宋之智圆提倡中庸，甚至以僧徒而号中庸子，并自认为传以述其义。其年代尤在司马君实作《中庸广义》之前，似亦于宋代新儒家为先觉。二者之间，其关系如何，且不详论。然举此一例，已足见新儒家产生之问题，尤有未发之覆在也。至道教对输入之思想，如佛教摩尼教等，无不尽量吸收，然仍不忘其本来民族之地位。既融成一家之说以后，则坚持夷夏之论，以排斥外来之教义。此种思想上之态度，自六朝时亦已如此。虽似相反，而实足以相成。从来新儒家即继承此种遗业而能大成者。[2]

---

[1]　吴宓：《吴宓日记》第2册，吴学昭整理注释，生活·读书·新知三联书店，1998，第102—103页。

[2]　陈寅恪：《审查报告三》，载冯友兰《中国哲学史》下册，商务印书馆，1934，第3—4页。

关于唐宋诸儒究竟是先受到佛教道教性理之说的影响，再上探先秦两汉的儒学，以外书比附内典，构建新儒学，然后据以辟佛，还是相反，鉴于时代风气人伦道丧，先从古儒学中认出心学一派，形成理学，以抵御佛教，对此，陈寅恪与傅斯年意见分歧，并有所论辩，最终各执己见。[1] 1948 年，陈寅恪在《历史研究》发表《论韩愈》，旨在说明"退之自述其道统传授渊源固由《孟子》卒章所启发，亦从新禅宗所自称者蓦袭得来也"。韩愈扫除章句繁琐之学，直指人伦，目的是调适佛教与儒学的关系：

> 盖天竺佛教传入中国时，而吾国文化史已达甚高之程度，故必须改造，以蘄适合吾民族、政治、社会传统之特性，六朝僧徒"格义"之学，即是此种努力之表现，儒家书中具有系统易被利用者，则为小戴记之"中庸"，梁武帝已作尝试矣。然"中庸"一篇虽可利用，以沟通儒释心性抽象之差异，而于政治社会具体上华夏、天竺两种学说之冲突，尚不能求得一调和贯彻，自成体系之论点。退之首先发见小戴记中"大学"一篇，阐明其说，抽象之心性与具体之政治社会组织可以融会无碍，即尽量谈心说性，兼能济世安民，虽相反而实相成，天竺为体，华夏为用，退之于此以奠定后来宋代新儒学之基础。

而"退之固是不世出之人杰，若不受新禅宗之影响，恐亦不克臻此。又观退之寄卢仝诗（春秋三传束高阁，独抱遗经究终始），则知此种研究经学之方法亦由退之所称奖之同辈中人发其端，与

---

[1]　参见桑兵：《求其是与求其古：傅斯年〈性命古训辨证〉的方法启示》，《中国文化》2009 年第 29 期。

前此经诗〔师〕著述大意〔异〕，而开启宋代新儒学家治经之途径者也"。[1]

如果韩愈是受新禅宗的影响才转而正心诚意，甚至到了"天竺为体，华夏为用"的程度，其弟子的复性论就很难说是与禅无关于儒有本。新儒学究竟是取珠还椟，还是古今一贯，或者说，古今一贯是唐宋诸儒苦心孤诣的自称，还是新儒学创制的渊源，两说并存，悬案依旧，破解之道，有待于来者。两相比较，以情理论，无疑陈寅恪之说更为可信，恰如欧洲中世纪思想必须借助儒学才能突破变换，很少抽象虚理思维习惯的唐宋诸儒，如果没有内典外书相互比附、性理之学盛行的时代风尚影响，也很难产生思维方式的革命性变换。只是陈寅恪的看法较傅斯年曲折复杂，不易直接取证，反而傅斯年的说法容易找出直接证据，看似信而有征。史学研究中往往存在实事无实证，而实证并非实事的现象，造成诸多困惑，由此可见一斑。唐宋诸儒的行事方式，直到明清之际仍然有人仿效，只是自然科学方面可以比较文本进行梳理，思想精神层面的水乳交融，已经很难分离验证。如此看来，晚清面对西学的中学，其实早已是既非固有，更不固定。

知识与制度转型的大背景是中西交汇，除了认识中国原有，对西的一面同样要认真探究，而不仅仅是一般性的了解，应当回到相应的历史时期，追寻各种知识与制度变化发展的渊源脉络，以免受后来完善化体系化观念的影响。关于此点，近代学人围绕中国有无哲学的问题所展开的讨论颇有启示意义。1928 年，张荫麟撰文评冯友兰《儒家对于婚丧祭礼之理论》，指出：

[1] 陈美延编：《陈寅恪集·金明馆丛稿初编》，生活·读书·新知三联书店，2001，第 320、322-323 页。

　　以现代自觉的统系比附古代断片的思想，此乃近今治中国
思想史者之通病。此种比附，实预断一无法证明之大前提，即
谓凡古人之思想皆有自觉的统系及一致的组织。然从思想发达
之历程观之，此实极晚近之事也。在不与原来之断片思想冲突
之范围内，每可构成数多种统系。以统系化之方法治古代思
想，适足以愈治而愈棼耳。[1]

　　这里虽然讲的是中国，实则西方也有类似情况。如欧美学者的
社会学史，一般是将斯宾塞的《社会学》作为发端。其实这也是后
来社会学家的倒述。严格说来，斯宾塞那本标名《社会学》的著
作，更近似于今人所谓社会科学。而在几乎所有欧美人撰写的社
会学史中找不到位置的甄克斯，在 20 世纪初年的中国人眼中，却
是西方代表性的社会学家，影响了众多中国人对社会和社会学的
认识。

　　当然，最为复杂的还是变动不居的阶段。一个本来就没有真正
统一定义（至多是约定俗成）的外来概念进入中国，常常要经历相
当长的接受过程，而且接受者各自以其原有的知识进行判断和理
解。其间不同时期有不同的表述，同一时期的不同个人也会表述各
异。而同一表述之下，有时各人的意思大相径庭。一个学科同样如
此。西式近代分科因民族国家的传统渊源而千差万别，进入中国
后，对应于中国固有学问的何种门类，开始往往五花八门，后来虽
然逐渐统一，其实还是各说各话。等到中国的固有分类被外来替代
（实则很难对应），或者说按照西式分类的观念将中国的固有学问

<hr>

[1]　张荫麟：《评冯友兰〈儒家对于婚丧祭礼之理论〉》，《大公报·文学副刊》
1928 年 7 月 9 日第 9 版。

加以比附，却又出现了用西式分类看待中国固有学术是否合适的问题。如哲学，一度对应到易学、理学或诸子，后来傅斯年却提出古代中国无所谓哲学，连思想一词也要慎用，因为概念不仅仅是符号，由此可以引起极大的误解。用今天通行的美术概念去理解梁启超在戊戌前所主张的工人读制造美术书，[1] 只能是百思不得其解。而张荫麟等人对胡适、冯友兰等人中国哲学史研究的批评，主要也是针对后者用西洋现代系统化的哲学观念去理解或解释中国古代的精神世界，难免格义附会，似是而非，差之毫厘，谬以千里。

直至今日，不少中国学人仍然在为诸如此类的分歧差异而备感困惑和困扰，而那些没有感到困惑与困扰者，并不见得比他人更加清醒，或许刚好相反，以现有的知识来理解前人，已经将现实视为天经地义，从而失去了怀疑的自觉。如有的评论者指那些认为中国无哲学的论点是以西方为标准，殊不知中国非有哲学不可，同样是一把西学的尺度。后来熊十力即批评西方人认为中国无哲学，不无矮化贬低中国学术之意。了解近代学人何以会有上述观念看法，以及他们彼此讨论的具体语境，有助于理解问题本身。

中国古代已有现代西方的各种学术分科，除习惯于附会者外，当然有些匪夷所思。其实，连中国固有学术是否存在分类，学界尚有争议。民国时宋育仁从学制改良和国学教育的角度，断言："经史子集乃系书之分类，不得为学之分科；性理考据词章为国学必要经历之程，而非人才教育专门学科所立。""北京大学立经学专科，外国学校有历史分科，讲求国学者，因此遂以经史子集四部之名分配

---

[1] 梁启超：《读日本书目志书后》，载林志钧编《饮冰室合集·文集》，中华书局，1989，第54页。

为教科。孔经为欧美所无，而彼中大学五科有道科，以其教经为主课；日本大学立哲学，以孔经立为哲学教科。夫四部乃分布书类之名，非支配学科之目。"[1]

不过，古人治学，虽然不讲分科，而重综合，不等于学术没有分别。经学、史学的名目，由来已久，诸子学也有数百年历史，至于集部，实际是文学，只是古人的文章之学，与今日的文学概念不同。图书分类，也不等同于学术分科。晚清那一代新进学人，努力将中国固有学问与西学对应，很少怀疑这种对应是否合适，因此附会之说不在少数。到了民国时期，不少人意识到简单对应的牵强，但已不容易摆脱分科概念的控制。时至今日，分科教育和分科治学的现状，早已将古代中国的学问肢解得七零八落，而且彼此之间壁垒森严了。

考古的概念和考古学的分科，不仅在转型过程中困扰着近代中国学人，即使在此之后，认识与理解仍然因人而异，令学人有些莫名所以。直到20世纪90年代，中国考古学界的新锐学人还在为中外考古学的发展趋向明显两歧而大惑不解。一般而言，欧美考古学的主导趋向是离开文献，或者说是要补文献的不足。章太炎对此有过整体性的评论，他指责"今人以为史迹渺茫，求之于史，不如求之于器"的做法，是"拾欧洲考古学者之唾余也。凡荒僻小国，素无史乘，欧洲人欲求之，不得不乞灵于古器。如史乘明白者，何必寻此迂道哉？"中国"明明有史，且记述详备"，可以器物补史乘

[1]　宋芸子：《国学学制改进联合会宣言书》，《国学月刊》1923年第17期；宋芸子：《国学研究社讲习专门学科》，《国学月刊》1923年第17期。

之未备，而不宜以器物疑史乘，或作为订史的主要凭据。[1] 所以中国考古学在很大程度上要承担印证文献记录的使命。加之中国本有金石器物学传统，与考古学不无近似，因此，在相当长的时期内，考古一词更多的是在考证古史的意义上理解和使用。所谓古史，固然也指上古历史，更主要的是历代典籍对先民历史的记载。这也就是具有留学背景的近代学人所批评的，中国旧式学人的研究重心在于古书而不是古史。

由于这一取向较易与金石学传统沟通联系，民国时期金石学者一直在考古学界扮演重要角色。20 世纪 30 年代在北平成立的考古学社，主导的取向就不一定是掘地。而 20 世纪 20 年代在古史辨论战中，李宗侗等一些学人主张由考古发现来解决问题，正是寄希望于掘地。进言之，即使掘地，学人最有兴趣的仍然是发现埋藏在地下的文献。王国维著名的二重证据法，说到底所谓地下还是文献，而不是用实物证文献，更不是用实物重建历史。直到 20 世纪 80 年代重建考古学会，担任顾问与担任理事的学人取向依然有所不同。这种固有学术传统的制约作用不仅发生在中国学人身上，深受中国学术熏染的域外学人也会近朱者赤。日本考古学大家梅原末治晚年甚至宣称：东亚考古学应当是以器物为对象的学问，几乎认同金石学的理念。更多地接受欧美现代考古学影响的李济批评梅原末治开倒车，实则毋宁说梅原的转向是由于对东亚的历史文化和学术有了更加深刻的体验，因而改变了单纯以欧美考古学为准的的观念。[2]

---

[1]　徐一士：《一士类稿·太炎弟子论述师说》，载荣孟源、章伯锋主编《近代稗海》第 2 辑，四川人民出版社，1985，第 105-108 页。

[2]　参见斋藤忠：《考古学史の人びと》，东京：第一书店，1985；角田文衛：《考古学京都学派》（增补），东京：雄山阁，1997。

　　分科治学之下，各种辅助学科对于历史研究的影响渐深，统一的历史被分割为各种各样的专门史，用了分科的眼光看待前人前事，很难得其所哉。姑不论文学古今有别，哲学似有似无，政治形同实异。即使域外为道理，一味盲从，也难免偏蔽。民国时期社会经济史盛行，有学人就认为："吾国史政治之影响究大于经济，近人研史或从经济入手，非研史之正轨也。"[1]。近代学人批评中国古代无史学，只有帝王家谱。可是王朝的兴衰，往往关乎民族的存亡，却是不争的事实。在今人眼中，货币无疑属于经济史、金融史、财政史的范畴，而历史上在不同人的眼中，银钱的意涵不可同日而语。用后来专门的观念，可以得出符合学科规范的结论，而于认识历史上的实事，反而可能牵扯混淆。

　　近代中国的知识与制度转型的复杂性，因为东学背景而更加难以把握。日本长期以来一直受中国文化的影响，直到明治维新大见成效，特别是甲午战争、戊戌维新和新政之后，乾坤倒转。此后中国的精神世界大受日本的影响，用于正式学科的许多名词，都是来自日本明治后的"新汉语"。此事已经引起海内外学人的长期关注。所谓明治后的"新汉语"，并不一定是日本人的发明，尽管前人也察觉到其中有借用，有独创，有拼合，但最值得注意的却是，这些新汉语中相当一部分本来源自中国。例如国民，十余年前日本学人已经注意到，1880 年王韬等人著述中就出现了现代意义上的"国民"，与古代中国的国民含义大不相同。近来又有学人发现，最早的中文期刊《察世俗每月统纪传》中，已经出现了具有现代意义的"国民"一词。

　　当然，这些新名词大都并非单纯国人的贡献，往往是来华外国

[1]　金毓黻：《静晤室日记》，辽沈书社，1993，第 4786 页。

人士为了翻译上的用途，而和他们身后的中国助手一起逐渐发明出来。虽然在中国人的圈子当中并不流行，所以后来要从日本"逆输入"，但如果以为要到19世纪末20世纪初才从日本引进，则不仅有时间先后之别，对于过程的理解也会大受影响。明治初期的日本人士，用一般日语很难因应西学的复杂，不得不借助表现力强而且简略的汉文古典。由此创造出数以千计的新汉语，既不能与西文原意吻合，又与中国的原典有异，在促使东亚进入世界体系、使得日本掌控了东亚精神世界话语权的同时，产生了误读错解中西历史社会文化的不小弊端。而知识的分科系统，无论在教育还是学术层面，近代中国多以日本为蓝本，有时争议的各方，引经据典的大都东学的不同来源。其利弊得失，很有重新全面检讨的必要。

　　诸如此类变化过程的复杂性，在制度方面同样有明显的体现。作为人与社会的行为规范，制度具有特独的文化内涵，全以西人现代观念对待，难免陷入科学与迷信、先进与落后、文明与野蛮的对应。这种建立在进化论基础上的社会发展观，不可避免地导向西方中心论。银行取代钱庄票号，便是一个相当典型的例证。认定前者在制度上优于后者，显然是以今日的眼光去回顾衡量的结果。这种似乎合理的观点，并不能解释何以在长达半个世纪内银行非但不能取代钱庄票号，甚至在与后者竞争时还处于下风。至少在当时中国人的实际生活中，银行似乎不如钱庄票号来得方便，也不比后者更具诚信。后来银行之所以能够占据上风并且最终取代钱庄票号，与其说是因为银行自身具有优势，不如说是随着西方列强的全球扩张和世界化进程，中国社会日益被拖入其中，整体环境产生了有利于银行的极大的变化，而钱庄票号又不能抵御各级政府和官僚各式各样的插手干预，被后者财政信用的不断流失所拖累，直到金融危机爆发，终于陷入万劫不复的境地。后来的民族工商业乃至新式金融业，也难逃同样的命运。

另一项中西差异明显的制度是医疗。在进化论观念的主导下，国人一度试图在先进与落后的框架下安置所有的中国与西方，中学、中医乃至国画，都被看成是旧与错的象征。而据现代的研究，中国的稳婆与西方的助产士，二者在接生过程中所担当的角色作用相去甚远，前者的文化心理安抚功能在很大程度上弥补了医疗手段的不足，使得产妇分娩时能够减少痛苦，并且在一定程度上抵消了后者科技水准的优势。无论医学所包含的文化因素难以用西医的科学标准裁量，一视同仁的西医和因人而异的中医，究竟那一种更加合乎较近代科学的简单化复杂得多的现代科学，也不无重新认识的余地。

晚清以来的教育变革同样经历曲折，历届政府一直大力推行的国民教育，在实际运行中遭遇重大障碍，而备受争议的所谓私塾，则到20世纪40年代仍然具有相当大的规模。清代对新式学堂的非议很容易被斥为守旧，而民国时期倡行乡村教育的知识人对于国民学校的批评，就不再是一个简单的新旧判语所能了断。其中所包含的对于外来制度与国情现实的反省，值得后人深思。

有些制度变更，看似完全由西方移植引进，其实并不那么简单。三权分立的原则以及相关的制度建设，包括选举的实施、机构的建置、程序的展开，甚至基本的理念，都不是原版复制，引进之时固然有所选择取舍，引进之后还要加以调整，尤其是在许多方面实际上利用了中国已有的基础，或是不能不受固有条件的制约，因而在落实到中土的时候，发生了种种变异。戊戌以来，民主的追求就是中国政治生活中的头等大事，相关的制度在形式上也陆续建立，可是西方民主制的理念源于人性恶的原罪意识，而权力又是万恶之源，性恶之人掌握权力，更加无恶不作，所以天下无所谓好的政治，只是坏的程度多少深浅而已，因此必须分权制衡，以防止掌权者为恶。中国的传统却是圣王观，内圣可致外王。只要找到内圣，就应当赋予其充分的权力，使之可以放手行其外王之道。因为内圣致外王时能够自律，约束太多，反而限制其发挥。而后来的各级行政机构多由科房局所演变而来，分立的三权，也往往被行政长官视为下属。这些都使得制度的移植和建设充满变数，不是主观意愿所能控制。

典章制度研究本来就是中国史学的要项，只是近代史研究中往往有所忽视。涉及者主要依据章程条文，加以敷衍。而"写在纸上的东西不一定就是现实的东西。研究制度史不能只看条文，必须考察条文在实际生活中的作用"。[1] 也就是说，应当注意章程条文与社会常情及变态的互动关系，这种考察制度渊源与实际运作及其反应的做法，适为近代制度沿革研究的上佳途径。

一般而言，概念往往后出，研究中很难完全避免用后出外来的概念，因为经过近代的知识转型，不使用这些概念，将不可避免地导致失语。不过，在迫不得已的情况下使用后出外来概念，并不等于全盘接受其所有语义，甚至本末倒置，完全按照其语义的规定来理解事物。反之，对于这些概念的局限或扭曲原义本相的潜在危险，必须具有充分的自觉，否则势必南辕北辙。如按照现代法治社会的观念来看待清代的律法及其实践，将司法与行政分离，已经离题太远，再强分刑法与民法，更加不着边际。在官的方面，判案就是政务的要项。这与亲民之官担负保一方平安的职责密切相关。清季改制，军政长官不愿放弃司法行政权，根据之一，就是军情紧急

---

[1]　蒋天枢：《陈寅恪先生编年事辑（增订本）》，上海古籍出版社，1997，第97页，引卞僧慧《怀念陈寅恪先生》文。

之时就地正法的必要。

试图在司法层面理解古代中国的社会常态，恐怕也有不小的距离，伦理社会的诸多问题乃至纠纷，都不会提到法律的层面来解决。直到 20 世纪 40 年代，中国人大都还认为坏人才打官司。而用案卷来透视社会，如果不能与其他资料比勘参证，尽力还原事实，则案子固然已经是变态异事，案卷所录与实事本相也相去甚远。反之，虽然传统中国并非法治社会，多数争端纠纷一般不会上升到法律层面，并不意味着常态的社会生活与律法无关。熟知律法的民间人士，除了担任刑名师爷等幕友外，主要不是在打官司的过程中扮演讼师，而是在一般社会生活的各个层面，担任与律法有关的中间或见证人。

近年来，知识史的研究越来越引起国内外学人的关注，研究的方向领域共通，而取径各异，见仁见智之下，也有一些值得共同注意的问题，其中之一，便是如何防止以今日之见揣度前人。要避免"倒放电影"和做到"去熟悉化"，对于今人而言其实是极为困难的事，仅仅靠自觉远远不够。因为习惯已成自然，错解往往是在不经意之间。无知无畏者不必论，即使不涉及价值判断，且有高度自觉，也难免为后来外在的观念所左右。近代学术大家钱穆研治历代政治制度极有心得，而且明确区分时代意见与历史意见，可是仍然一开始就使用中央与地方的架构，梳理历代政治制度。实则这样的对应观念并非历代制度本身所有，而是明治时期日本的新概念。来华日本人士以此理解清朝体制，进而影响国人。尤其是织田万所著《清国行政法》，对中国朝野影响巨大。尽管如此，清季改制之际，就连接受这些概念的官绅，一旦面对内外相维的清代原有设制，直省究竟是否地方，还是成为偌大的难题，令举国上下缠绕不清，头痛不已，找不出适当的破解之道。进入民国，在相当长的时间里，省的地位属性，一直困扰着行政体制的设置及运作。岁月流逝，原来的困惑如今看似已经不成问题，实际上不仅依然制约着现实社会的相关行事（如地方行政与税制层级划分），而且导致与中国固有体制的隔膜，使得相关研究进入南辕北辙的轨道，用功越深，离题越远。

知识与制度体系转型日益深化，类似情形便不断得到巩固和强化。清季以来，西式学堂取代旧式学校，不仅要分科教学，而且以教科书为蓝本，在模仿日本编制教科书的过程中，各种知识陆续按照日本化的西式系统初步被重新条理。担心这种情形可能存在某种危险倾向的学人，曾经从不同的角度提出警示，只是在中西乾坤颠倒的大势所趋之下，他们的担忧和呼吁，很容易被视为守旧卫道而遭到攻击排斥。与此相应，各种报刊出现分门别类的栏目，中外学问需要统一安放，附会中西学术成为不少有识之士孜孜追求的目标。民国以后，整理国故兴起，精神世界已经被西化的中国学人进一步认为中国固有的知识缺少条理系统，因此要借助西方的系统将中国学问再度条理化。从胡适的《中国哲学史大纲》建立新的范式，中国的知识系统不仅在教科书的层面，而且在学术层面也逐渐被外化。随着重新条理一过的知识不断进入教科书和各种普及读物，主观演化成了事实，后来的认识就反过来成为再认识的前提。这样的过程周而复始地进行，今人的认识越来越适应现有的知识，而脱离本来的事实。这也就是陈寅恪所指摘的，越有条理系统，去事实真相越远。

与蔡元培等人推崇胡适以西方系统条理本国材料为开启整理国故的必由之路不同，1923 年，清季附会东西洋学说的要角梁启超针对国故学复活的原因指出：

　　盖由吾侪受外来学术之影响，采彼都治学方法以理吾故物。于是乎昔人绝未注意之资料，映吾眼而忽莹；昔人认为不可理之系统，经吾手而忽整；乃至昔人不甚了解之语句，旋吾脑而忽畅。质言之，则吾侪所恃之利器，实"洋货"也。坐是之故，吾侪每喜以欧美现代名物训释古书；甚或以欧美现代思想衡量古人。

　　尽管梁启超认为以今语释古籍原不足为病，还是强调不应以己意增减古人之妍丑，尤其不容以名实不相符之解释致读者起幻蔽。而且梁启超现身说法，承认此意"吾能言之而不能躬践之，吾少作犯此屡矣。今虽力自振拔，而结习殊不易尽"。告诫"吾同学勿吾效也"[1]。可是，清季开始的教育变革到这时产生了极其重要的效应，正是大批新式学堂培养起来的青年，成为外化的学术最终升上主流位置的决定性因素。守成的学人在失去政治依托之后，又被剥夺了学术的话语权。今人对近代学术历史的认识，往往是通过主流派后来写成的历史，有意无意间将后者的看法当成了史实本身。

　　制度体系的变异进一步强化了知识体系的西化。生长于今日的环境，所得知识又是由学校的教科书教育灌输而来，现行的知识与制度体已经成为今人思维与行为的理所当然。换言之，今人基本是按照西式分科和西式系统条理过的知识进行思维，依据西式的制度体系规范行为，因而其思维行为与国际可以接轨，反而与此前的中国人不易沟通。这显然是用进化论的观念将人类文明和文化统一排列后产生的结果。只是中国并不能因此就成为理想中的西方，这

----

[1]　梁启超：《先秦政治思想史》，载林志钧编《饮冰室合集·专集》，中华书局，1989，第13页。

种沟通一方面以牺牲文化传统为代价，另一方面，则以对西方认识的笼统模糊和似是而非为凭借，或是将不同的西方各取所需，杂糅混淆，因而往往与西方形同实异。这既体现了传统对现状的制约，又反映了国人对域外的隔膜。

民主、科学、革命等等概念，都是 20 世纪主导国人思维行为的重要语汇，它们不仅仅是观念，而且形成一整套的政治、法律、社会制度和行为方式。国人对这些约定俗成的概念的认识和解释，并不一致，与其来源的含义更是相去甚远。在内圣外王观念的制导下，近代中国的追寻民主相当长的一段时期是在寻求可以成为民之主的内圣。这个概念本身开始的含义就是民之主，后来则演变成民主制推举出来的首脑。科学是另一个让国人半是糊涂半明白的概念。什么是科学，在不同的西方有着不同的内涵外延，如果以必须由实验验证为标准，则数学也不宜称为科学。至于社会科学，尤其是人文学科能否称为科学，争议更大。而科学本来的历史意义之一，就是分科治学。在这方面，近代中国受东学的影响极大，背后则是德国学术的观念。概念本身的差异，使得中国很容易泛科学化，从而令科学的意义反而不易把握。今人使用这些概念，常常追究是否准确传达西文的原意，其实作为翻译语汇，误读错解是常态，用比较研究的办法探究其如何被创造、应用、传播和变异，才能接近因时因地因人而异的本意。

研究近代中国的知识与制度体系转型，还有更深一层的含义。晚清尤其是五四以来，以西洋系统条理本土材料，已成大势所趋。今人所有的知识，几乎都是被条理过的。近代学人已有比附西学的偏向，今人治学，更加喜欢追仿外国。这虽然是学风不振所致，其知识架构已被西化，则是深层原因。而外人治学，虽然有现代学术的整体优势，治中国学问，还是要扬长避短，其问题意识，也主要是来自本国，并非针对中国。国人不查，舍己从人，既不能发挥所长，又容易误读错解方法和问题。长此以往，国人不可避免地只能跟随在欧美后面，亦步亦趋。学得越像，反而离中国历史文化越远。如果不能及时正本清源，找出理解中国固有的思维行为的门径，则虽有自己就是中国人的自信，对于中国的认识，反倒会出现依赖外国，却不能真正了解中国的尴尬。

第三节　做法与释疑

知识与制度体系转型研究，理想的境界是能够同时提供理解传统，认识过程，了解现在和把握未来的钥匙。其中理解传统和认识过程至关重要，是了解现在和把握未来的基础。知识与制度体系转型，虽然导致中国今昔截然不同，在某种程度上甚至可以说造成了传统的断裂，但不一定意味着今日的一切比过去来得正确、进步、高明，也不是说传统在今日不再发生作用。中国文化从古至今一以贯之，清季民国的知识与制度体系转型，发生在这一文化系统持续活动的过程之中，中国固有的知识与制度，是国人认识和接受外来知识与制度并且加以内化的凭借。因此，近代中国人虽已开始接受西方的观念和制度，所凭借并非西化之后，所理解的与当时的外国人和今天的中国人均有所不同。固有文化不仅制约着知识与制度体系变动的进程和趋向，而且影响着转型后的形态。不了解中国的固有文化，就很难确切把握转型中的种种情形以及转型后的种种面相，也就无从进入近代中国人面对知识与制度转型时的精神世界，难以理解相应的各种行为。

作为中西新旧变相的传统与现代，往往相互缠绕，并非如当事人及后来者所以为的截然分立。好讲科学方法，是清季民国趋新学人的共相，至于什么是科学方法，各人的理解相去甚远。而且所讲科学方法又往往附会于传统。被指为树立现代学术范式的胡适，在相当长的时期内主要是讲清代学者的治学方法。梁启超、傅斯年等人也一度认为清代学者的治学方法最接近科学。不过，梁启超长期以归纳法为科学方法的主要形式，后来却意识到，历史研究并不适用归纳。在变化之前，梁启超一度站在汉学家的立场，主张考史，引起钱穆的不满，撰写同名著作，辨析清代汉宋并非壁垒森严，甚至尽力抹平汉宋之分。可是他论及民国学术，还是不得不承认：

> 此数十年来，中国学术界，不断有一争议，若追溯渊源，亦可谓仍是汉宋之争之变相。一方面高抬考据，轻视义理。其最先口号，厥为以科学方法整理国故，继之有窄而深的研究之提倡。此派重视专门，并主张为学术而学术。反之者，提倡通学，遂有通才与专家之争。又主明体达用，谓学术将以济世。因此菲薄考据，谓学术最高标帜，乃当属于义理之探究。此两派，虽不见有坚明之壁垒与分野，而显然有此争议，则事实为不可掩。[1]

另一方面，近代学人所指称的清代学者的治学方法，很大程度上是他们用后来的科学观念观察理解的认识，未必符合清代学术的本相。从胡适推许清代学者的治学方法，到今日学界滥言乾嘉考据，可见对于由音韵训诂的审音入手的乾嘉学术，即使在专业领域

---

[1]   钱穆：《新亚学报发刊辞》，《新亚学报》1955 年第 1 卷第 1 期。

也已经误会淆乱到颠倒黑白的程度。今人所讲清代学术的汉宋古今，即是历来学人的认识层垒叠加的产物，视为清学史的演进变异则可，视为清学发生演化的本事，则不免似是而非。以汉宋分争为主线脉络，甚至全用汉宋眼光理解清人的学术，多为阮元以下不断系统化的看法，而非惠栋以来复杂的实情。而且后来不断变换强化的解读，与阮元、江藩、方东树等人的本意也相去甚远。前人未必有汉宋对立、此是彼非、非此即彼的观念，即使有所分别，也与后人所说形同实异。

　　古今之争更是康有为以后才上升为全面性问题。清人多将古今兼治，熔为一炉，后来制定新式学堂章程，读经内容也并未排斥今文。因此讲今文不止常州一派，而常州学人所说，也并非一味从今古文立论。如果不是康有为托古改制，以及章太炎有心与康氏立异作对，今古文未必成为问题。而康有为转向今文，初衷或许只是迎合公羊学盛行的时尚，以求科考功名，为其立业奠定基础。

　　同样，近代学人好讲的浙东学派，固然为清代学人论及，可是不同时期不同学人所说的渊源流变和范围内容各异。迄今为止，关于浙东学派的研究，主要不是寻绎发生演化的历史，而是不断编织言人人殊的谱系。即使逐渐形成共识，也不表明符合事实。正如前贤所指出的，诸如此类的举动实为创造而非研究历史。而历史并不因此发生丝毫增减，反而无情地成为检验研究者见识是非高下的永恒尺度。每一代人心中的历史将永远反复受到验证。

　　近年来，海内外学人对于近代中国的知识与制度体系转型的研究兴趣渐浓，做法互有异同。高明者的理念取径从努力的方向看有一致之处，都将概念、学说、思想视为整体，以传播与接受并重，并且注意由西而东，从外入里地输入引进、模仿移植、取舍调适的全过程和各方面。窃以为，这正是通过事实影响进入平行比较，从而进行比较研究的上佳课题，[1] 对于学人的智慧与功力，也将是极大的考验与挑战。

由于近代中国的知识与制度体系转型持续时间长，牵涉范围广，相关资料多，问题又极为复杂，非有长期专深系统的探究，不易体会把握。作为集众的研究，不做一般通史的泛论，也力求避免彼此隔断的窄而深，旨在分科治学的时代，超越分科、专门、古今、中外等界域，借鉴中古制度史研究的有效良法，避免先入为主的成见，将知识与制度研究合并，按照历史发展的时序，同时考察观念与行为的变化及其相互影响制约，探究概念引进、思想传播、体制建立等层面外来影响与本位知识、制度体系的冲突融合呈现对应、移植、替代、调适、更新的不同情形，梳理西学、东学影响下中学由旧学转向新学的轨迹大势，以及各级各类政治法律、社会经济、教育文化等制度体系的变革与变异过程，深入认识中华民族崭新智能成生与运作机制形成的进程、状态和局限，使得概念、思想、学科、体制各阶段各层面各角度的内外复杂关系完整体现，力求沟通古今中外，更加全面深入地把握知识与制度转型的渊源流变和各个层面的内在联系。在实证研究的基础上，形成一套相互沟通的理念、行之有效的方法、具有统系且不涉附会的解释系统和恰如其分的表述话语，为超越分科局限的知识与制度转型研究提供切实可行的新取径和新做法。

遵从大处着眼、小处着手的途辙，本丛书将宏观作为探究的工

---

[1]　关于此节，详参桑兵：《近代中外比较研究史管窥——陈寅恪〈与刘叔雅论国文试题书〉解析》，《中国社会科学》2003 年第 1 期；《梁启超的东学、西学与新学——评狭间直树〈梁启超·明治·日本西方〉》，《历史研究》2002 年第 6 期。

具而不是表述的依托，读者高明，自然能够区分这些具体表述背后各自的"宏大框架"的当否高下。参与本丛书的各位作者，对此大义的领悟各有所长，或许不能尽相吻合。而他们的成果一旦独立，读者从中领悟的微言大义也会因人而异，呈现出横看成岭侧成峰的景象。这并不改变研究的初衷，作为开端，自有其承上启下的意义。呈现阶段性的研究所得，与其说要提供样板，毋宁说是探索途径，显示一些方向性的轮廓，希望由此引起海内外同好的兴趣，加入这一潜力无限的探索中来，循此方向，贡献各自的智慧和功力，在提供具体研究成果的同时，使得研究路径和方法日趋完善。研究成果结集出版，并不意味着相关研究的结束，而是向海内外学人展现一片广阔的研究前景。同时，同仁们努力追求的目标，不仅仅是丰富思维的内容，更要提高思维的能力。

　　近代中国的知识与制度转型研究，进行有年，收效显然，困惑仍多。探索前行，应是恰当写照。概言之，此项研究，重在怎样做，而非做什么，也就是说，主要并非所谓开拓前人目光不及的专门领域，尤其不欲填补什么空白，而是力图用不同的观念、取径和办法，重新审视探究历史本事与前人的历史认识之间的联系及区别，以求理解前人的改变是如何发生，如何演化，以便探究今日国人的思维行为、观念制度的所以然。若先有主观，则难免看朱成碧，所谓论证，无非强古人以就我。而以后来观念说明前事，历代皆有，不得不然。此一先入为主，不可避免地存在，所以学人早已提出"以汉还汉"之类的目标。只是如何还得到位，既要条理清楚，又不曲解古意，前贤做法各异，还原程度不一，还须仔细揣摩体会。

　　治史当求真，而真相由记录留存。即使当事人，因立场、关系等等因素，所记也会因人而异。况且，记录不过片段，概念往往后出，当时人事的语境，经过后来史家等等的再论述，不知不觉间变化转换，能指所指，形同实异。继起者不能分别历史叙述中本事与认识的联系及区别，每每因为便于理解把握而好将后出的集合概念当作条理散乱史事的工具，又没有充分自觉，导致望文生义，格义附会。时贤批评以关键词研究历史相当危险，主张少用归纳而力求贯通，或认为越少用外来后出框架越有成效，确有见地。不从先入为主的定义出发，最大程度地限制既有的成见，努力回到前人的语境理解其本意，寻绎观念事物从无到有的生成或演化，理解把握约定俗成之下的千差万别，应是恰当途径。

今日学人的自身知识大都由现代教育而来，受此影响制约，感受理解，与上述取径不免南辕北辙。用以自学，不免自误，进而裁量，还会害人。近代中国面临前所未有的大变局，意识行为以及与之相应的知识和制度规范，乾坤大挪移。努力引领时流的梁启超和趋新之外还要守成的章太炎、刘师培、王国维等，都曾不但用西洋镜观察神州故物，而且主动附会，重构历史。可见用外来"科学"条理固有学问，早在上一次世纪之交已经开始。只是当胡适等人理直气壮地用西洋系统条理固有材料欲图整理所有国故时，先驱者逐渐察觉过去的鲁莽，程度不同地自我反省。可惜后来者不易体会，历史不得不再次循环往复。所遗留的问题，至今仍然不断迫使人们反思。经过清季千古未有的大变局和五四开天辟地的新文化，有多少已经天经地义之事需要重新检讨，或者说从更贴切地理解古今人们的意识行为的角度看，有必要进一步再认识。

历史研究，无疑都是后人看前事，用后来观念观照解释前事，无可奈何，难以避免。但要防止先入为主的成见，尽量约束主观，以免强古人以就我。如何把握1931年清华20周年纪念时陈寅恪所提出的准则，即"具有统系与不涉傅会"[1]，至关重要，难度极高。这不仅因为后人所处时代、环境及其所得知识，与历史人物迥异，而且由于这些知识经过历来学人的不断变换强化，很难分清后来认识与历史本事的分界究竟何在。陈寅恪曾说：

> 以往研究文化史有二失：（一）旧派失之滞。旧派所作"中国文化史"……不过抄抄而已。其缺点是只有死材料而没有解释。读后不能使为了解人民精神生活与社会制度的关系。（二）新派失之诬。新派留学生，所谓"以科学方法整理国故"者。新派书有解释，看上去似很条理，然甚危险。他们以外国的社会科学理论解释中国的材料。此种理论，不过是假设的理论。而其所以成立的原因，是由研究西洋历史、政治、社会的材料，归纳而得的结论。结论如果正确，对于我们的材料，也有适用之处。因为人类活动本有其共同之处，所以"以科学方法整理国故"是很有可能性的。不过也有时不适用，因中国的材料有时在其范围之外。所以讲大概似乎对，讲到精细处则不够准确，而讲历史重在准确，功夫所至，不嫌琐细。[2]

近代以来，中西新旧，乾坤颠倒，体用关系，用夷变夏，已成大势所趋。1948 年杨树达作《论语疏证》，为陈寅恪所推许，并代为总结其方法：

---

[1]　陈寅恪：《吾国学术之现状及清华之职责》，载陈美延编《陈寅恪集·金明馆丛稿二编》，生活·读书·新知三联书店，2001，第 361 页。

[2]　卞僧慧：《陈寅恪先生年谱长编（初稿）》，中华书局，2010，第 146 页。

先生治经之法，殆与宋贤治史之法冥会，而与天竺诂经之法，形似而实不同也。夫圣人之言，必有为而发，若不取事实以证之，则成无的之矢矣。圣言简奥，若不采意旨相同之语以参之，则为不解之谜矣。既广搜群籍，以参证圣言，其言之矛盾疑滞者，若不考订解释，折衷一是，则圣人之言行，终不可明矣。今先生汇集古籍中事实语言之与《论语》有关者，并间下己意，考订是非，解释疑滞，此司马君实李仁甫长编考异之法，乃自来诂释论语者所未有，诚可为治经者辟一新途径，树一新楷模也。天竺佛藏，其论藏别为一类外，如譬喻之经，诸宗之律，虽广引圣凡行事，以证释佛说，然其文大抵为神话物语，与此土诂经之法大异。……南北朝佛教大行于中国，士大夫治学之法，亦有受其薰习者。寅恪尝谓裴松之《三国志注》，刘孝标《世说新书注》，郦道元《水经注》，杨衒之《洛阳伽蓝记》等，颇似当日佛典中之合本子注。然此诸书皆属乙部，至经部之著作，其体例则未见有受释氏之影响者。唯皇侃《论语义疏》引《论释》以解《公冶长》章，殊类天竺譬喻经之体。殆六朝儒学之士，渐染于佛教者至深，亦尝袭用其法，以诂孔氏之书耶？但此为旧注中所仅见，可知古人不取此法以诂经也。盖孔子说世间法，故儒家经典，必用史学考据，即实事求是之法治之。彼佛教譬喻诸经之体例，则形虽似，而实不同，固不能取其法，以释儒家经典也。[1]

以事实证言论，以文本相参证，继以考订解释，可以明圣人之

[1]　陈寅恪:《杨树达论语疏证序》，载陈美延编《陈寅恪集·金明馆丛稿二编》，生活·读书·新知三联书店，2001，第262-263页。

言行。此即宋代司马光等人的长编考异之法，也是史学的根本方法。其要在于依照时空顺序，通过比较不同的材料，以求近真和联系，从而把握包括精神观念在内的各种形式的史事的发生演化。在此之上，应当依据材料和问题等具体情形，相应变通，衍生出具体问题具体分析的千变万化，体现史无定法的奥妙。

与陈寅恪沟通较深的傅斯年撰写《性命古训辨证》，讲性命二字的古训、用法、德学者常用的"以语言学观念解释一个思想史的问题"的方法，强调："思想不能离语言，故思想必为语言所支配，一思想之来源与演变，固受甚多人文事件之影响，亦甚受语法之影响。思想愈抽象者，此情形愈明显。"而语学的观点和历史的观点同样重要：

用语学的观点所以识性命诸字之原，用历史的观点所以疏性论历来之变。思想非静止之物，静止则无思想已耳。故虽后学之仪范典型，弟子之承奉师说，其无微变者鲜矣，况公然标异者乎？前如程、朱，后如戴、阮，皆以古儒家义为一固定不移之物，不知分解其变动，乃昌言曰"求其是"。庸讵知所谓是者，相对之词非绝对之词，一时之准非永久之准乎？在此事上，朱子犹盛于戴、阮，朱子论性颇能寻其演变，戴氏则但有一是非矣（朱子著书中，不足征其历史的观点，然据《语类》所记，知其差能用历史方法。清代朴学家中，惠栋、钱大昕较有历史观点，而钱氏尤长于此。若戴氏一派，最不知别时代之差，"求其是"三字误彼等不少。盖求其古尚可借以探流变，

"求其是"则师心自用者多矣）。[1]

求其古与求其是，原为王鸣盛勾勒惠栋与戴震的治学特点，并有所评判，所谓："方今学者，断推两先生。惠君之治经求其古，戴君求其是，究之，舍古亦无以为是。"[2]钱穆论道："谓'舍古亦无以为是'者，上之即亭林'舍经学无理学'之说，后之即东原求义理不得凿空于古经外之论也。然则惠、戴论学，求其归极，均之于六经，要非异趋矣。其异者，则徽学原于述朱而为格物，其精在三礼，所治天文、律算、水地、音韵、名物诸端，其用心常在会诸经而求其通；吴学则希心复古，以辨后起之伪说，其所治如《周易》，如《尚书》，其用心常在溯之古而得其原。故吴学进于专家，而徽学达于征实。王氏所谓'惠求其古，戴求其是'者，即指是等而言也。"[3]或以为求其是还有是正之意，固然，但前提仍是知其本意。

将近现代学术大家如陈寅恪、傅斯年、杨树达、吕思勉、钱穆、梁方仲、严耕望等成效卓著的圣贤言行、经典古训、中古制度研究与域外比较文化研究的理念方法相结合，运用于资料更为丰富，情形更为复杂的近代知识与制度转型进程。打破分科的藩篱，不受后来分门别类的学科局限，将观念与制度融为一体，努力回到历史现场，充分展现历史的复杂性以及历史人物在此进程中所经历

---

[1]　欧阳哲生主编：《傅斯年全集》第2卷，湖南教育出版社，2003，第506、508页。

[2]　洪榜：《戴先生行状》，载戴震著《戴震文集》，赵玉新点校，中华书局，1980，第255页。

[3]　钱穆：《中国近三百年学术史》，商务印书馆，1997，第357页。

和体验的各种困惑，避免用外来后出的观念误读错解，或是编织后来条理清晰的系统。将观念还原为事实，以事实演进显示观念的生成及衍化。尤其要注意中西新旧各种因素的复杂纠葛，防止简单比附，把握观念变化与制度变动的关系，依时序揭示和再现知识与制度不同时段不同层面的渊源流变等时空演化进程，使得知识与制度变动认识的历史顺序和逻辑顺序有机结合，从而达成认识与本事的协调一致。

回到无的境界，寻绎有的发生及其演化，与后现代的解构形似而实不同。其最大区别，目的不在解构现有，而是重现历史从无到有的错综复杂进程。既要警觉前人叙述框架存在的问题，不以其框架为事实或认识事实的前提，亦不以为批评对象，简单地站在前人叙述的对面立论，而要以历史事实为研究对象。后来的有固然不能等同于之前的有甚至无，仍然是历史进程演化的一部分，只要把握具体时空联系下的所指能指，也要进入历史认识的视域。

现代中国人的思维、言说方式和行为规范以及与此相应的社会制度，大体形成于晚清民国时期，这一过程深受东西方发达国家的影响，以至于后者很大程度上对中国人的精神和行为，长期起着掌控作用，并造成对于中国社会和历史文化多方面的误读错解。前贤曾断言中国人必为世界之富商，而难以学问、美术等造诣胜人。为此，应以西学、东学、中学为支点，打破分科治学的局限，不以变化为进化，不以现在为现代，从多学科的角度，用不分科的观念方法，全面探究近代以来中国的概念、思想、学科、制度转型的全过程和各层面，沟通古今中外，解析西学与东学对于认识中国历史文化的格义附会，重建中国自己的话语系统和条理脉络，深入认识中华民族新的智能成生运作机制形成的进程、状态和局限，认识世界一体化进程中东亚文明的别样性及其对人类发展提供多样选择的价值，争取和保持对于世界文明发展日显重要的中国历史文化解释的主动和主导地位。

在分科治学的时代，超越分科、专门、古今、中外等界域，不以实用为准的，而以将人类知识作为整体来把握和运用为目标，聚合与培养超越分科与专门的志向高远之士，为国际多元文化时代的到来做人才和学理的准备，以重新理解中国、东亚乃至世界的社会、历史和文化的本意为凭借，超越17世纪以来欧洲对人类思维行为的垄断性控制，探索不同的思维和行为方式，使中国的民族精神为人类社会的发展提供新的思维取向和行为规则，建构全新的世界秩序和发展模式。

集众式的研究，很难齐头并进，只要各有所长，均有可取之处。先期刊发的相关论著，陆续得到一些意见和疑问，凡是涉及理念、取向和做法的，总说和分说有所说明，在此还想集中进一步解释。意见和疑问主要有三点：其一，关键概念应当更加明确；其二，整体系统应当先予展示；其三，方法究竟为何。

一般而言，普遍使用的集合概念大都后出，要与当下沟通，图个方便，不能不用，否则无法表达和传递意思。不过这样的约定俗成，往往省略许多复杂因素，要想作为了解历史的凭借，只能通过所有相关的史事来把握概念，决不能从后来集约的定义出发来认识历史。因为一旦要定义概念，势必牺牲史事，削足适履。所以，即使作为研究的结论，也只能说历史上这一概念因时因地因人而异的情形，大体可以如何理解。可是，人们认识世界往往以其所具有的知识为前提，有什么样的知识，决定其如何认识，这也是语言说人的意思之一。必须改变这样的认知习惯，学会不从定义出发，而以史事为据。要知道历史事件都是单一、不可重复的，历史上的词汇概念，在约定俗成之前固然言人人殊，即使在此之后，各说各话的情形也相当普遍。用定义的概念作为方便名词尚无大碍，若是作为关键概念使用，势必误读错解文本的本意和史事的本相。与此相关，用词汇勾连史事，看似展示历史的变相，实则不免用统一的概念取舍理解历史，还是跳不出认识旧惯的窠臼。

人类知识系统的整体架构究竟如何形成，什么因素在其中起作用以及如何起作用，至今为止还是有待探索的未知境界。今日通行的学科史，看似顺着说，其实大都是用后来的观念倒述出来。况且，在不同的文化系统以及同一系统的不同时段，其知识架构也是变动不居的。可以说，从来就没有什么统一、科学的整体系统。尽管近代中国人曾经笃信系统详备的分科之学就是科学，尽管康有为、梁启超、蔡元培、宋恕、刘师培、王国维等人努力学习日本，试图建立中外一体的学术系统，不知道二者其实是同义反复，五四以后留学欧洲的傅斯年还是早就发现，以分科为科学，是国人对西学的一大误会。因为即使在欧洲，各国的学科分界还是不尽相同，相互牵扯，纠缠不清。今日中国所使用的分科系统，虽然源自欧洲，却经过日本、美国的改造。前者要求严整，后者喜欢出奇。由于严整，貌似科学，由于出奇，便要创新，二者相反相成。其实不过糊弄外行，博取时名而已。研究知识与制度转型，正是为了改变以现行系统为天经地义的错觉，解析其发生演化的历史进程，解构不限于破坏，重现也不是为了替代。

先行确定整体系统，无非有两种情形：一是将现行知识体系视为认知前提，无论如何努力，结果肯定陷入窠臼；二是先验地建构新的系统，即便冥思苦想，也不能不有所凭借。若取法域外，则有格义附会、食洋不化和橘逾淮为枳的偏蔽；若任意拼凑，则重蹈前人覆辙，落得个无知者无畏之讥。凡事只要能够了解把握其渊源流变，就能够趋利避害。况且，学术研究必定是不完整的，求其完整系统，只能写成通史或一般教科书，有吸纳而难以独创，宽泛而不能深入。研究近代中国的知识与制度转型，目的不在于开辟一个具体的特殊领域，而是可以通过各方面的研究，逐渐把握中国现行知识与制度体系的由来演变，知其然亦知其所以然，进而重新检讨整个历史。这一进程目前还只是万里长征走完了第一步，随着研究的推进，各部分错综复杂的相互联系日益清晰，整体形态自然逐步显现。即使如此，也不过是研究问题图个方便，而不能视为哲学式的逻辑系统，尤其不能牺牲问题以迁就系统。

为了达成上述目的，必须有得其所哉的取径和做法。由于研究对象涵盖广泛，内容复杂，不可能有放之四海而皆准的单一方法，在海内外现行的史学方法中，也没有可以照搬的成例。在研究开始之际，虽然大体可以掌握方向，具体还有待于实际探索。经过多年努力，可以确定以下原则：沟通古今中外，回到历史现场，从无的境界寻绎有的发生演化。遵循史无定法和具体问题具体分析的要求，以史学基本的长编考异和比较之法为基础，融合借鉴国内外行之有效的研究方法，尤其要重视研制中古思想学术和制度史诸大家的心得，力求既有方法讲究，亦能据以做出超越前人的研究成果。

在具体方法上，继承各位学术大家的治学良法，与域外比较研究相结合，根据研究对象的变化，灵活应用于史料极大丰富的近代中国历史，力求贯通古今中外，重现知识与制度转型密集期的进程。诸如陈寅恪将中国固有的长编考异、合本子注与域外比较研究的事实联系各法参合运用，注意章程条文与社会常情及其变态的关系；傅斯年用语学与史学的方法探讨事物的发生及其演化；钱穆强调历史意见与时代意见的联系和分别；顾颉刚讲究史事的时空推演关系等，必须融会贯通，用得其所。所谓无招胜有招，一旦变成固定程式，就难免破绽百出。概言之，要努力因缘求其古以致求其是之说更进一层，力求摆脱先入为主的成见，以近代中国的知识与制度转型为枢纽，通过重现各种概念、学说、分科、制度的渊源流变，理解把握前人本意和史事本相。

如果仅仅就方法言方法，难免陷入专讲史法者史学往往不好的尴尬，说起方法来头头是道，却没有实用或用而效果不佳，形同纸上谈兵。所以应当着重通过具体研究成果的例来展示方法的应用及其成效。诚如钱穆所说，方法是为读过书的人讲的。只有做过相关研究，才能体会方法的良否以及效果如何。能够在前人基础上更进一步，有用有效，便是良法。相信善读者通过丛书各编以及其他相关成果，可以查知体现于研究而非表述过程的方法及其应用。

或者根本怀疑能否放弃后设集合概念去理解前人前事，其实这是今人自以为一定比古人高明的表现。如果自以为是，不能虚怀若谷，守定后见，强古人以就我，当然是缘木求鱼。首先，古人自有其本意；其次，古人表达其本意时并不借助今人所用的概念；其三，古人的本意因时因地甚至因人而异，有其发生演化的脉络；其四，从古人的本意到今人的解读之间，仍是前后联系、不曾断裂的历史进程。具备这些基本条件，能否历时性地理解把握，就要看学人的天赋、功力、机缘凝成的造化了。

近代中国的知识与制度转型研究有计划地循序展开于新世纪之初，其主要目标，是用大约 15 年的时间，训练和聚集一批理念相通、潜力可观的学人，围绕主题，各选相关题目，做出 50 本系列学术专著，为研究的进一步铺开提供人员、材料、取径及方法的准备和示范。为此，与生活·读书·新知三联书店签订了长期出版协议，并且陆续出版了几种专著。与此相应，通过各种方式积累了数量庞大的文献资料，逐渐摸索出一套略具雏形的研究理念、取径及做法，并凝聚了一批经过训练能够胜任的研究人员。

2005 年年底，教育部重大攻关项目"近代中国的知识与制度转型"正式立项。因为所要研究的问题涵盖广泛，难度很大，需要各方面强有力的支撑。项目实施期间，除了资料的大幅度增加和人员的调整外，在系列学术专著继续出版的基础上，又在几家学术期刊开辟了相关专栏，发表阶段性成果，反应甚佳。由于出版资助的规则等制约，又与社会科学文献出版社达成战略合作，在该社另外出版同名的系列专著。更为重要的是，随着研究领域的拓展和深化，研究理念、取径和做法不断清晰化，力求做到切实可行，行之有效。由此引导，后续各项具体研究日益精进，表述话语逐渐成形，转变观念和做法后的暂时性失语状态显著改善，可望达到深入而不琐碎，具有整体联系，宏观而不宽泛，可以信而有征的理想境界，争取对国内外相关研究产生长期前瞻性的导向影响。当然，良法的难度大，要求高，非经系统训练和沉潜积累不易奏功。

重大攻关项目立项时的设计，最终成果为 12 本系列专著。后来根据统一规定，改为一部集众的专书。虽然要求参与者提供各自专著的浓缩版或最具展示性的部分，力求通过每一具体个案展示整体联系，既保证研究的深度，以免流于空泛，同时又不失之零散，毕竟一般读者不易把握相关章节与背后支撑的专著之间以及各章节之间的整体联系。而最初设计以系列专著为最终成果的形式，是因为本研究旨在以新的理念、取径、做法和表述，在清代学者梳理历代文献以及近代学人用域外观念系统条理文本史事的基础上，重新梳理解读中国历史文化及其近代转型的利弊得失。按照分科治学的现状，计划几乎涉及所有社会人文学科的领域，可能衍伸出难以预计的众多课题，因此并非开辟什么特别的方面或领域，所关注的着重于怎样做，而不是做什么。其终极目标，应是得其所哉地重新展现近代以来国人关于中国与世界的知识以及相应的思维方式，进而去除以进化论为主导的欧洲中心式世界一体化观念，重新理解各文化系统思维行为的本意，为应对人类文明进入多元化新纪元做好知识和人才的准备。

既然研究不是对某一或某些问题的结束，而是开启无限宽广的可能，也就无法将所有层面全部纳入。限于篇幅，即使已经专栏讨论过的问题，如近代学人的清学纠结、法制史研究的取径与做法等等，也要留待日后再行结集出版。或以为这样不免有所缺漏，实则不仅史学强调阙疑，但凡学术研究便从来不是面面俱到，详人所略正是学术研究的普遍规律，否则就有一般通史或教科书之嫌，看似完整，其实表浅。至于题中应有之义究竟如何拿捏把握，则不仅是科学，同时也是艺术。

重大攻关项目成稿后，特请京都大学人文科学研究所名誉教授狭间直树先生审阅，除提示若干材料与史事（尤其是与日本关系密切之处）的疏漏错误外，在事先没有任何沟通的情况下，他对各章的逐一评点，与我心中所想高度吻合，两人不禁诧为奇事，慨叹学术评价仍有不二法则，只是因人而异罢了。

此次将历年来各专栏刊发的文章以及重大攻关项目各篇重新编辑，按照概念、制度、文化、教育、学科、学术、法政、中外八个主题，分别结集，编成一套丛书。整套丛书由桑兵统稿，并撰写总说和分说（其中制度编和教育编的分说部分初稿由关晓红、左松涛提供）。各编各章作者于总说分说所述理念的领悟各有千秋，取径做法也别具特色，为了相互照应，贯通一气，于文字有所增删，意思也力求一贯。不当之处，还望方家指正。

本套丛书的编辑出版，为将近 20 年的近代中国的知识与制度转型集众研究，形成阶段性的重要成果展示，连同两套近代中国的知识与制度转型系列专著，以及专栏以外各位参与者发表的论著，为相关研究的取径做法提供了大致的方向架构。只是相对于问题本身的繁复宽广，看似已经稍具规模仍然还是开篇。诸如此类的研究，的确需要国际合作与科际整合的持续接力。希望海内外有识之士以不同形式加入其中，使得后续研究顺利展开，共同推动新一轮"以复古为创新"的文艺复兴。

分说：华洋变形的不同世界

　　"世界""国际""全球"这样的概念，今日几乎成了从官方到民间的口头禅，国人大都耳熟能详。可是，如果真的放到世界和国际的范围内考察，则不难发现，中国人许多习以为常的概念用法，与各国有别，于情理不合，于实事有异。例如世界史的划分，放眼世界各国，或者根本没有所谓世界史，只有欧洲史、美国史或西洋史等等国别或区域史，或是虽有世界史而包括连同本国在内的世界上所有国家，且往往以本国为世界史的中心。唯独中国，世界史是除了中国之外其他各国的历史。难怪20世纪80年代中国的世界史家有人呼吁重写世界史，不仅要放入中国，而且要以中国的眼光来撰写。

　　不过，这样的形态，背后有着很深的历史渊源，即近代以来"天朝"或"中华"与外部世界关系的升降浮沉。在中国与世界的观念架构之下，二者显然分属不同的范畴。无论"夷夏大防""中体西用"还是"用夷变夏"，可以说，在中国人的精神深处，世界其实是一个并不包括自我的他者的时空。只不过由原来以为属于野的化外，逐渐变成呈现另一套从形式到内涵均截然不同的文的世界。在天下的架构中，这个化外的世界本来应该由中华的文来教化，可是随着彼此的接触日益增多扩大，却似乎显示出代表着比中华程度更高的文化，反而成为中国仿效的楷模。近代以来中国人越来越意识到，只有为他者的文所化，才能避免落入野的境地，以至于亡国灭种。这样的转变，绝非传统的礼失求诸野，简直就是文野之判的乾坤颠倒。

相当吊诡的是，开始被动地被拖入世界体系的时段不必论，即使在后来积极主动争取进入世界的进程中，中国人似乎也没有真的准备成为他者的一部分，反而将自身置于与世界对等的地位。原来自外于世界的中国，通过逐渐进入世界体系，确定本国在其中的排序，并试图争取更好的位置。与此同时，作为参照系的世界仍然只有工具性价值，获得独立生存和发展的条件，目的还是在于取得与世界对等的权力及资格。本来是进入世界之林的旅途，达到的却是与世界平起平坐的终点。凡此种种现象，今日随处可见，透过世界之窗看到的都是外国，锦绣中华与世界之窗并列，昭示着两个不同的世界情景。让世界就在你面前的世博会，某种程度也意味着世界其实就是外国的同义语。而中国馆的位置及形制，又可见中华为天下中心的潜意识。在国人的观念中，究竟如何安放世界，以及如何看待中国与世界的关系，大有探究的余地。中国与世界的说法，立意或许是想显示其具有世界眼光，然而问题意识的内核却是纯粹的中国观念。所以看似很世界，其实很中国。或者说是在世界的外壳下表达了中国的意识。

由此看来，中国人观念里的世界并没有固定不变的时空界限，而是常常暗中发生挪移转换。因缘佛教而来的"世界"，虽然包含无穷无尽的迁流与方位（大体相当于所谓宇宙），一般民众的感觉还是区分彼此，对于他们而言，世界就是精神的彼岸。况且，近代以来的世界或国际，事实上存在与泰西、西洋、万国的渊源演化关系。近代先驱者开眼看世界，目光所及，主要就是欧美列强。在相当长的时期内，甚至于时下多数人心目中的世界和国际，还是依稀可见泰西的影子。在他们看来，与国际接轨，瞄准世界前沿，都是以发达国家为准的。否则，不仅不值得考虑，甚至能否算作世界和国际，本身也成为问题。在一体进化系列排位处于中国后面的部分，只是作为防止的警训值得借鉴。就此而论，中国与世界，其实不过是华洋两分的变形。而洋的一边，即使包括东洋、南洋、小西洋和大西洋，仍然不能覆盖整个世界，华洋之间，存在不少灰色地带。在价值取向上，更是以西洋以及西洋化的东洋为准的。

　　这样的认识是近代以来受社会进化论影响的结果，传输给中国人这一套观念的主要是东邻日本。在那样的时代，连统计学的重要功能也旨在告诉人们自己国家的整体及分支的各个领域在世界的排序，以起到警醒国民的作用。在追赶先进，以免国墟人奴的思维架构下，同一个世界显然被分成了层次不同的三个部分。这与后来三个世界的说法颇有渊源。要想跨越其间的界限，诚非易事。这样的隔阂，至今依然存在。明治维新的日本，在那一时代是少有的追赶先进成功的事例。

　　既然所有国家都存在于同一个世界体系之中，并且以所谓发达国家为取法楷模，世界其实只有一个，所有的思维行为应该一律。而这样的观念，实在是另一个世界自我认识的放大，即欧洲中心观的体现。如今位于东亚的日本被算入西方发达国家的阵营，虽然满足了一些日本人士脱亚入欧的愿望，但多少显得有些怪异，其表明欧洲中心控制数百年来人类思维的情形，已经到了何等严重的程度。欧洲尤其是德国的基督教一元化观念，在相关学者重构思想学说体系时留下深刻印记。将全世界所有国家安放在统一的世界体系之中，是这种一元化思维的典型表现。而能够被装进同一系统，自然需要统一的思维和行为准则。原来多元化的规则样式，便要用一致的标准加以裁量。而能够用于统一标准的，理所当然地就是位居整个系统前列的泰西列强。随着帝国主义时代的演进，欧洲人的思维方式乃至行为准则似乎越来越具有"普世价值"。

可是，欧洲人发明的那些东西，有许多原来并不一定有为世界各国人民共享的远大抱负，大都因缘解决本国，至多只是欧洲范围内不同国家的问题。显例之一，所谓国际法，开始显然没有将世界所有国家考虑在列，也并非根据各自不同的社会历史文化，综合融汇，制定出放之四海而皆准的法则。和许多现行观念一样，后来被称作国际法的那一套，发明者自己也没有命名。来华传教士译为"万国公法"，有意无意间便是要宣示其"普世价值"，后来遂在东亚变成国际公法。清人面对列强，始则以中华礼仪为准则，结果非但抵挡不住强权，而且连礼仪之邦的面子也要拱手让人，于是转而努力学习运用并且试图严格遵守国际法，可是在外交实践中仍然处处碰壁。弱国无外交的说法，充分显示强权还是国际法的重要支点。

在进化论的一元框架之下，中国人不断以"以他为我"的标准，追摹仿效。凡是人有我无的，都要移植；凡是人无我有的，都要革除；凡是形同实异的，都要改变。大到典章制度、知识系统，小到语言文字，乃至饮食结构，无一不以名为世界实则泰西为标准，大有非将中国人种彻底改造不足为功之势。凡持守成态度者，多被扣上守旧甚至顽固的帽子。挟洋自重似乎成了学习先进的同义词，同时也是进入世界的唯一通道。而在千辛万苦的努力之后，往往感到原来孜孜以求的正当性不免有几分削足适履之嫌。所以为的别人的好是否真好暂不必论，至少还有橘逾淮为枳的危险。时至今日，在全球化、与国际接轨、瞄准世界前沿等等观念主导下误入歧途的情形依然比比皆是，待到幡然梦醒之时，只能慨叹既知今日何必当初。

诸如此类的观念，今人好从定义加以把握，往往不能反映蕴含于其中的复杂历史纠结。有研究显示，东亚各国在进入世界体系之际，往往参酌国际法而力图使得如何解读应用有利于己方，尤其是在一系列条约谈判过程中，充满着观念的争拗和利益的角逐。条约文本所隐藏的历史发生和演化的复杂进程，不是仅仅在现行的语言系统寻找对应概念所能够准确理解的，相反，认识历史本事的渊源流变，才能把握隐含于文本定义中的言人人殊和变幻莫测。

所谓国民外交，正是世界一体化进程中出现的新事物。此一题目，近年来已有学人写过专门论著，可惜不无望文生义之嫌。想当然地将国民与外交相组合，再按照这样看似理解实则设定的框架，将各种非政府官方而涉及外交的资料史事组装进其中。史事的发生及其演化已经被后设的观念所取代曲解。其实，并非所有与外交有关的民的言行都属于国民外交，甚至国民外交的渊源也不一定当然地具有正面意义。国民外交在历史上是帝国主义的产物，随着跨国公司的全球性扩张，不同国家之间的关系，超出其正式代表的政府层面，扩大到国民及其各种形式的组织之间，并且在国与国的关系中扮演越来越重要的角色。

在发达国家已经落伍甚至趋向反动的东西，到了后发展国家可能成为进步的动力。近代中国的国民外交，是在社会由四民转向国民的进程中发生，国民意识的自觉，使得人们开始摆脱臣民的束缚，以国家的主人自认。既然国家本来就不仅仅属于政府，而是全体国民，再加上清政府对外交涉着着失败，丧权辱国，于是在国民眼中其日益失去代表国家的资格。可是国民一时间无力推翻清政府，又不愿忍受列强的霸道，不甘心将利权拱手让人，于是以国民代表国家的名义撇开清政府，直接与外国交涉。这种和文明排外紧密联系的行为，在清季成为国民排斥清政府和抵拒强权的重要形式，民国以后则逐渐演化为政府外交的后援和补充。与此同时，列强各国的国民外交也开始发生变化，其中一部分与后进国家的国民外交产生积极联系。

清理相关的观念和本事，并非仅仅为了认识历史，因为历史仍然对现实乃至未来有制约作用。更为重要的是，人类的思维与行为，如果长时期以单一的文化为取向，不能让各种文化相互兼容，甚至以趋同化来消磨其他文化物种，与生物界的单一化同样，都将是灾难性的。人类不可能也不应该永远以一种文化占据主导、统治和垄断地位，如果中国文化应该而且可能更多地对世界做出更大的贡献，那么中国人对于自身和世界的解读，就不仅关系自己的过去，而且影响人类的未来。尽管跨文化传通往往就是误解，但影响世界毕竟还有良莠之别。以中国之大，对世界发挥越来越大的作用不过是时间早晚的事，至于发挥怎样的作用，还有待国人的努力。如果强势未必建立在优异的基础上，则影响世界不一定都是积极正面的，甚至可能导致以劣币驱逐良币。

世界虽然是真实的存在，各人心中的世界却往往只是不同的点，与各自所在的那一点一样，都不过是世界的一个具体位置，落实到哪一处，与各人的阅历见识密切关联。而许多号称瞄准世界者实际接驳的轨，又往往是欧美关于中国的部分，在那个世界里，这其实是边缘而非中心。近代以来，这很容易导致将进入世界变成挟洋自重以自娱自乐的游戏，或是追逐已成明日黄花的幻象，前者不过是自我陶醉的凭借，后者更是误入歧途的开端，一旦实现便会感到极度失落。尽管"世界"约定俗成地被用作"World"的译名，严格说来，并不能彼此完全对应，不少国家的世界地图，中心位置也是因国而异的。迄今为止，一般美国人对中国的认识，显然较一般中国人对美国的认识少得多，这究竟意味着中国还不为世界所重视，还是美国人的世界眼光太狭隘？当美国人失去世界霸主地位之时，其世界意识大概会显著增强。只有欧美以外更多的国家走上发达之路，包括中国在内的所有国度真正成为世界的一分子，而且所有人的世界观都覆盖整个世界，世界也不再是洋的变形，才能真正成为所有人的世界。也就是说，世界变成平的，地球才会是圆的。

　　本编由以下各人撰写：总说、分说，桑兵；第一章，陈喆；第二章，肖清和；第三章，叶雨薇；第四章，吴智刚；第五章，曾荣；第六章，张晓川；第七章，余露；第八章，曾作铭。

第一章 从东方学到汉学: 19世纪的历史比较语言学与汉语研究

明末清初,天主教传教士入华伊始,便着手研究汉语并编撰中西词典,除学习如何应用之外,他们还就汉语的性质、汉字的历史等问题进行了各种讨论。[1] 有关汉语的知识传入欧洲之后,痴迷于探索原始语言和建构通用语言的学者们,也尝试从中寻找有价值的信息。19世纪,随着对东方的研究日益深入,欧洲学界对人类语言的研究进入一个新阶段。学者们在不同的语言之间进行比较,提出各种研究方法,并按形态和亲缘关系为已知的语言分类。以"语言科学"(Science of Language / die Sprachwissenschaft)为主题的论著不断涌现,对语言的研究也逐渐从传统的古典学中独立出来,形成一门新学科。汉语因其独有的特征,长久以来让西方人困惑不已。但在西方近代语言学的形成过程中,汉语也势必从学习目标变为研究对象。应当怎样对汉语进行科学的研究?汉语和人类其他语言之间有没有亲缘关系?如果这种关系存在,是否可以用西方历史比较语言学的方法加以验证?这些都曾是19世纪汉学界热议的问题,却又是过往研究极少涉及的领域。美国学者吉瑞德(Norman J.

---

[1]　参见董海樱:《西人汉语研究述论——16—19世纪初期》,博士学位论文,浙江大学,2005。

Girardot）在《朝觐东方：理雅各评传》（*The Victorian Translation of China, James Legge's Oriental Pilgrimage*）一书中对此虽有所关注，不过限于研究主题，并未予以深入探讨。回顾汉学界对这些问题长达二十余年的讨论，不仅可以加深对近代西方汉学发展过程的认识，亦有助于揭示近代西方学术思想的发展与中国研究之间的密切关联。

第一节　近代比较语言研究兴起

　　16 和 17 世纪的欧洲学者们，通过研究欧洲各语言之间的关系，提出了一系列影响深远的看法，例如欧亚各主要语言皆繁衍自一种不再被使用的母语；语言分化为方言，方言又发展为独立的语言；当设立标准以区分外来词和传承词；语言比较研究的基础应该是那些最基本的词汇；等等。[1] 18 世纪末，近代东方学的兴起进一步推动了欧洲学界对人类语言的认识。1786 年，威廉·琼斯爵士（Sir William Jones, 1746—1794）在加尔各答亚洲学会（Asiatic Society）第三次年会上对欧亚语言关系的论述 [2]，几乎任何一部研究近代东方学发展史的论著都会加以征引。

---

[1] George J. Metcalf, *On Language Diversity and Relationship, from Bibliander to Adelung* (Philadelphia: John Benjamins Publishing Company, 2013), p. 52.

[2] John Shore, *The Works of Sir William Jones, Vol. III* (London: John Stockdale, 1807), p. 34. 琼斯虽然指出了梵语和古波斯语、拉丁语、希腊语及其他欧洲主要语言同出一源，但尚未明确提出印欧语系（Indo-European Family）这一概念。1813 年，英国语言学家托玛斯·扬（Thomas Young, 1773—1829）在《伦敦每季评论》（*The London Quarterly Review*）上发表文章，正式提出了印欧语系这个名称。

琼斯的成就和影响有目共睹，但问题也不能忽视。美国学者乔特曼（Thomas R. Trautmann）指出，博学的头脑遇到不完整的信息，导致了种种错误。事实上，琼斯的研究主要关注后来被称为民族学或人类学层面的问题，而不只是语言学，且其民族学在某种程度上旨在阐释摩西的体系。他试图解决的主要问题是东方的五个主要民族是否同源，内容涉及语言、哲学、文学、宗教和建筑，语言在民族研究中起辅助作用。可是琼斯提供的语言学上的依据很少，他本人对比的解释更是篇幅有限。[1] 汉斯·阿斯勒夫（Hans Aarsleff）认为不宜太强调琼斯的发现，琼斯并未提供确凿的证据。发现梵语和欧洲语言的相似，仅是一次幸运的洞察。[2] 俄裔法国学者莱昂·波利亚科夫（Léon Poliakov, 1910—1997）更认为琼斯的发现是非常幸运的，因为当时西方人所掌握的语言学知识很容易将他导向发现梵语与希伯来语的相似之处。[3] 美国学者坎贝尔（Lyle Campell）和波泽（William J. Poser）则将其在加尔各答亚洲学会的历次演讲作为一个整体加以研究，批评部分历史学家选择性地抬高琼斯对语言之间关系的洞察而忽略他的各种错误。[4]

琼斯对梵语和欧洲语言关系的发现，主要是通过词汇比较。对于如何判断这种相似是出于巧合、借用还是同源，其看法可概

---

[1] Thomas R. Trautmann, *Aryans and British India* (Berkeley: University of California Press, 1997), pp. 40-41, 46-49.

[2] Hans Aarsleff, *From Locke to Saussure: Essays on the Study of Language and Intellectual History* (Minneapolis: University of Minnesota Press), 1982, p. 55.

[3] Léon Poliakov, *The Aryan Myth*, translated by Edmund Howard (London: Chatto & Windus Heinemann for Sussex University Press, 1974), p. 190.

[4] Lyle Campell & William J. Poser, *Language Classification — History and Method* (New York: Cambridge University Press, 2008), p. 37.

括为五点:(1)分析者必须非常熟悉相关的语言;(2)假定可能同源的词,其含义必须相同或者基本相同;(3)不能忽略元音的作用;(4)不能有音位转换或辅音的插入;(5)语音对应不能仅仅依靠发音位置推测。[1] 虽然认识到语法结构对判断语言亲缘关系的重要性,[2] 琼斯本人似乎并未从这个角度去论证梵语与欧洲语言同源的推断。

1799 年,匈牙利学者焦尔毛蒂(Sámuel Gyarmathi, 1751—1830)在论证匈牙利语和芬兰语的关系时,采用了通过对派生形态、名词变格、代词的含义和形式(尤其是所有格后缀)、动词变位、副词(包括后缀)和句法等多个方面进行比较所得的证据,写成了被德国印度学家本费(Theodor Benfey, 1809—1881)称为第一部科学的语言比较研究著作。[3] 19 世纪初,丹麦学者拉斯克(Rasmus Rask, 1787—1832)开始使用语法一致、语音对应和基本词汇相同这三个标准来判断语言之间的关系。[4] 而 1816 年德国学者博普(Franz Bopp, 1791—1867)在法兰克福出版的《论梵语动词变位体系与希腊语、拉丁语、波斯语和日耳曼语的对比》(*Über das Conjugationssystem der Sanskritsprache in Vergleichung mit jenem der griechischen, lateinischen, persischen und germanischen Sprache*)一书,则普遍被视为近代比较语言学的奠基之作和科学比较方法的

---

[1] Garland Cannon, *The Life and Mind of Oriental Jones: Sir William Jones, the Father of Modern Linguistics* (Cambridge: Cambridge University Press, 1990), p. 244.

[2] John Shore, *The Works of Sir William Jones, Vol. III*, p. 166.

[3] Lyle Campbell & William J. Poser, *Language Classification — History and Method*, pp. 49‑50.

[4] Lyle Campbell & William J. Poser, *Language Classification — History and Method*, p. 57.

开端。[1] 然而，对于广泛比较欧亚各种语言的学者，例如德国东方学家克拉普罗特（Julius Klaproth, 1783—1835）等人而言，由于所比较的对象差异巨大，几乎只能通过基本词汇的比较来确立语言之间的关系。

第二节　历史比较语言学与汉语研究

鸦片战争之后，中国门户渐开，商人、传教士和外交官纷至沓来，其中也不乏热衷于学术研究的中国通。19世纪，欧洲主要国家的大学和研究机构先后设立汉学教习，但20世纪之前，由传教士和外交官构成的业余汉学家依然是该领域的主力。[2] 他们的著作和创办的汉学刊物，更为集中地反映出当时西方世界对中国的认识状况。[3]

---

[1]　德国学者考尔纳（Konrad Körner）认为，尽管语言学在19世纪成为一门独立的学科，但不能简单地认为之前的发现就是错误和不科学的。[Konrad Körner, *Practicing Linguistics Historiography — Selected Essays* (Philadelphia: John Benjamins Publishing Company, 1989), p. 151.]

[2]　David B. Honey, *Incense at the Altar — Pioneer Sinologist and the Development of Classical Chinese Philology* (New Haven: American Oriental Society, 2001), p. xiii. 霍内认为在沙畹（Edouard Chavannes, 1865—1918）之前，汉学界由业余学者主导，虽然夏德（Friedrich Hirth, 1845—1927）、施古德（Gustave Schlegel, 1840—1903）和高延（J. J. de Groot, 1854—1921）等也有不小的成绩，但因为当时西方人对汉语本质存在误识，且对版本目录学和历史音韵学知之甚少，故而其研究用现今标准衡量则黯然失色。

[3]　从1832年开始，第一批来华传教的新教传教士就创办了《中国丛报》（*The Chinese Repository*），讨论中国的语言、宗教、历史、地理等问题。1847年，在香港成立了一个皇家亚洲学会中国支会（China Branch of the Royal Asiatic （转下页）

汉学（Sinology）一词传统上被视为通过文献记载研究古代中国文明的人文学科。汉学家（Sinologist）的称号约形成于 1838 年前后，几乎等同于语文学家。[1] 这种情况和早期的东方学（Orientalism）非常相似。在方法上，近代东方学对早期汉学研究也有不可忽略的影响。

一、考察中西方语言关系的早期尝试

早在鸦片战争前，近代汉语研究的先驱者，英国浸礼会（Baptist Missionary Society）传教士马士曼（Joshua Marshman, 1768—1837）便尝试比较汉语、梵语和希伯来语，并验证它们之间是否存

（接上页）Society），并出版了一份自己的刊物（*Transactions of the China Branch of the Royal Asiatic Society*, 1847—1859）。1857 年，寓华外侨在上海成立了一个上海文理学会（Shanghai Literary and Scientific Society），次年更名为皇家亚洲学会北中国支会（The North China Branch of the Royal Asiatic Society）。1860 年，首任会长美部会传教士裨治文（E. C. Bridgman）去世，学会一度停止活动和出版会刊。1864 年再度恢复，直至 1952 年被中国政府接收。1871 年，加入伦敦会的原德国传教士巴色会（the Basel Mission）教士艾德（Ernst Eitel, 1838—1906）在香港创办了《中国评论》（*The China Review*, 1871—1901）。此外，艾约瑟和美国长老会（American Presbyterian Missionary Society）传教士丁韪良（William Alexander Parsons Martin, 1827—1916）在北京成立过一个北京东方学会（the Peking Oriental Society），在 1885 至 1898 年间不定期地出版过几期会刊。此外，《教务杂志》（*The Chinese Recorder and Missionary Journal*）虽为在华传教士的言论阵地，20 世纪之前也经常刊载讨论汉学问题的论文。在 1890 年高第（H. Cordier, 1849—1925）等人创办《通报》（*T'oung Pao*）之前，欧美各国似无专门研究汉学的刊物。英国皇家亚洲学会（the Royal Asiatic Society）、美国东方学会（the American Oriental Society）、法国亚洲学会（la Société Asiatique）、德国东方学会（Deutsche Morgenländische Gesellschaft）都有出版会刊，可惜对中国的研究只占其中很小的比例。

[1]   David B. Honey, *Incense at the Altar*, p. ix.

在联系。马士曼早年便对中国有兴趣，可惜没有从事研究的机会，直到 1799 年被派往印度后，热情才得以复苏。不过，由于工作的需要，他首先学习了梵语，三年之后才转向中国研究。1809 年，他完成了《论语》的英译，而 1814 年出版的《中国言法》(Elements of Chinese Grammar)，似乎是目前所见最早系统研究汉语语法的西文著作。马士曼还通过比较研究，否定了威廉·琼斯 [1] 对汉语和梵语、希伯来语之关系的推测。[2]

马士曼可能是第一个留意到汉语和梵语有相似的声母排列顺序的西方学者，[3] 可是如果说汉语源于梵语，那么又当如何解释中国悠久的历史？他的观点是，在接触到梵语之前，汉语已经有了一套独立的发音体系。佛教东传以后，中国人从梵语中吸收了一些符合自己发音习惯的要素，例如借用梵语的发音系统，剔除辅音 b、d、g、j 和元音 r̥，补入轻唇音，以及 ts、tsh 等发音。[4] 因此，在上古时代，中国人和印度人并无语言上的交流。19 世纪初，比较语言学

---

　　[1]　William Jones, "Dissertation VII—On The Chinese", *Dissertations and miscellaneous pieces relating to the history and antiquities, the arts, sciences, and literature, of Asia, by Sir W. Jones, W. Chambers, Esq. W. Hastings, Esq. ... and other, In two volumes. Vol. 1* (London, 1792), pp. 224–229.

　　[2]　Joshua Marshman, *Elements of Chinese Grammar* (Serampore, 1814), pp. 139–140, 142.

　　[3]　Joshua Marshman, *Elements of Chinese Grammar*, pp. 136–137.

　　[4]　Joshua Marshman, *Elements of Chinese Grammar*, p. 141. 马士曼所说的 b、d、g、j 对应梵语的 ब द ग ज，现代汉语拼音中的 b、d、g、j 当时通常写作 p、t、k、ky，而 p、t、k 则写作 ph、th、kh 或者 p'、t'、k'，用 h 或 ' 代表送气音；ts 和 tsh 相当于现代汉语拼音 z 和 c；梵语中 k（क）的读音接近于现代汉语拼音的 g。事实上，早期汉学家用于给汉字注音的体系并不统一，利玛窦时代同葡萄牙语的发音，而 19 世纪初则采用琼斯将梵语拉丁化的注音体系。

研究才刚刚开始，科学的比较方法尚未建立。[1] 马士曼的比较也主要集中于发音范围，例如希伯来语中哪些音是汉语中没有的。[2]

19 世纪中叶，东方学的研究已在欧美产生了广泛影响，比较语言学在研究方法上也更为成熟，印欧语系的概念 [3] 已得到普遍认同。对不同语言的分类工作也迅速展开，尝试比较不同语系的学者不乏其人，例如博普本人对高加索（Caucasia）和马来－波利尼西亚（Malay-Polynesia）语之间的比较。[4] 对于草创中的汉学研究而言，东方学领域所使用的方法和成绩都具有相当的诱惑力。

另须一提的是，1857 年在美国科学促进会（the American Association for the Advancement of Science）的一次会议上，特拉华大学（University of Delaware）教授霍尔德曼（Samuel Stadman Haldeman, 1812—1880）发表了题为"汉语与印欧语言之关系"（Relations between Chinese and the Indo-European Language）的讲话，指出英语和汉语之间的相似性必须谨慎地视为偶然现象，因为一音多义的汉语很容易造成这样的假象。倘若不同的语言中相似的词都来源于拟声，以相同的方式修正，配上相同的词缀，达到同样的效果，那么便可以证明这些语言有共同的起源，特别是汉语和印欧语

---

[1] 虽然 1799 年匈牙利语言学家焦尔毛蒂已经注意到词尾屈折变化对比较语言学的重要意义，并成功证明匈牙利语和芬兰语之间的关系 [Holger Pedersen, *The Discovery of Language—Linguistic Science in the Nineteenth Century*, translated by John Webster Spargo (Bloomington: Indiana University Press, 1959), pp. 11, 241]。但博普的影响更具有决定性意义。

[2] Joshua Marshman, *Elements of Chinese Grammar*, pp. 121-122, 130-131, 135.

[3] 德国东方学界更喜欢使用 Indo-German 一词。

[4] William Dwight Whitney, *Language and the Study of Language* (New York: Charles Scribner's Sons), 1867, p. 245.

那样差别明显的语言。[1] 霍尔德曼并不精通汉语，所有发音都引自伦敦会传教士麦都思（Walter Henry Medhurst, 1796—1857）于 1837 年编成的《福建方言字典》（*Dictionary of the Hok-këèn Dialect of the Chinese Language, According to the Reading and Colloquial Idioms*）。尽管其解释颇多牵强，却意识到形态结构在论证语言亲缘关系时的重要性。

二、湛约翰论中国人的起源

湛约翰（John Chalmers, 1825—1899）1852 年加入伦敦会，同年 6 月来华并在粤港传教。其编撰的《英粤字典》（*An English and Cantonese Pocket Dictionary for the use of those who wish to learn the spoken language of Canton Province*）先后出过六版，此外还有一部《简明康熙字典》（*A Concise Kang-his Chinese Dictionary*），一册《初学粤音切要》和一些神学宣教作品。[2] 1866 年，湛约翰在香港出版了《中国人的起源》（*The Origin of the Chinese*）一书，1868 年和 1870 年两次由伦敦的图伯纳出版社（Trübner）再版。从书名可见，和琼斯一样，湛约翰的规划颇为宏大，其最终的研究目标并非语言，而是一个民族学意义上的问题。与宗教、迷信、技艺和传统一样，语言是其追溯古代中西文明联系的依据之一。

在导论中，湛约翰首先强调《圣经》记载的人类共同起源说有

---

[1]　Samuel Stadman Haldeman, "Relations between Chinese and the Indo-European Language", *Proceedings of the American Association for the Advancement of Science* (Cambridge: Aleen and Farrnham, 1857), pp. 202−203.

[2]　Henri Cordier, "Rev. John Chalmers 湛约翰 Tchan Yo-han", *T'oung Pao*, Second Series, Vol. 1, No. 1 (1900), pp. 67−69.

科学依据，如果进化论表明所有生物都起源于最简单的细胞，语言学的研究也同样说明最初人类的语言有共同祖先。他借用德裔英国东方学家马克斯·缪勒（Friedrich Max Müller, 1823—1900）的观点[1]，指出比较语言学业已证明原始语言最为简单，包含了诸如 i，ad，da 这样的原始词根。在这个阶段，语言的弹性很大，因没有文字书写而倾向于不断变化，不论是单音节词根本身还是它们排列成句的次序。[2] 遵循进化原则将语言的发展视为从简单到复杂、从单音节到多音节的过程，这一观点在 19 世纪曾受到广泛支持。将语言演化的过程与生物进化相提并论，从逻辑上把词汇的原型追溯到原始单音节词根，视单音节的汉语为语言演化的最初阶段，这样汉语便可以和西方语言的词根进行比较。不过湛约翰还是按照预先设定的次序，从宗教和迷信开始，最后论及语言和传统。显然语言和其他文化因素一样，服务于一个民族学的目标。

湛约翰挑选了 300 个汉字的读音，用于同其他语言的词根比较。这些字大部分取自美部会传教士卫三畏（Samuel Wells Williams, 1812—1884）1856 年编写的《英华分韵撮要》（*A Tonic Dictionary of the Chinese Language in the Canton Dialect*），并采用了该书的官话、粤语注音和英文解释。被用于与汉字读音进行比较的其他语言包括梵语、古波斯语、藏语、阿拉伯语、暹罗语、希伯来语、蒙古语、希腊语、拉丁语、匈牙利语、克什米尔方言、通古斯语等

---

[1] Friedrich Max Müller, *Lectures on the Science of Language delivered at Royal Institution of Great Britain in April, May and June, 1861* (London: Longman, 1862), p. 267.

[2] John Chalmers, *The Origin of the Chinese: an attempt to trace the connection of the Chinese with the western nations in their religion, superstitions, arts, languages, and traditions* (Hong Kong: De Sonza & Co., 1866), pp. 1–2.

等。[1] 湛约翰相信，各种语言之间相似的词根有助于追溯中国人的起源，并推测汉民族的先祖由人类的发祥地经兴都库什山从西藏进入中原，昆仑山和戈壁沙漠阻隔了匈奴、突厥与南方兄弟民族长达数个世代，直到在黄河流域他们才再度相遇，因此在西藏和缅甸的语言中，比在通古斯或蒙古语中可以找到更多与汉语的相似之处。[2] 当然，他本人未必通晓那么多语言，其最可能的做法是从各类工具书中搜索音义相近的表达。

　　虽然《中国人的起源》只是一本 80 页的小册子，却基本上反映了早期东方学家追溯古代各民族间历史关联的主要方法。其出发点是调和《圣经》记载与新近学术研究的结论，通过宗教和语言等文化要素方面的比较，解决一个民族学的问题。

三、艾约瑟与比较语言学在汉语研究中的应用

　　继湛约翰之后，伦敦会传教士艾约瑟做了更加细致的比较研究，并于 1871 年出版了《中国在语言学上的位置》(*China's Place in Philology*)，试图从语言研究的角度，以汉语为中心，建构一套囊括所有语言的分类体系，并用来梳理不同语言之间的关系。该书共分 14 章：前两章比较中西方的古代文化，推断各大文明有共同起源，进而提出语言同源的可能性；第三章介绍现存各语言的地理分布；接下来几章以汉语为立足点，通过比较来分析各大语言体系与汉语的关系；最后一章是总结，将语言与文明发展的程度和民族的性格特征联系在一起。《通报》的创办者高第（H. Cordier）描述

---

[1] John Chalmers, *The Origin of the Chinese*, pp. 42-55.

[2] John Chalmers, *The Origin of the Chinese*, p. 36.

此书在当时引起很大反响。[1]

身为传教士的艾约瑟坚信《圣经》关于人类曾有共同起源和共同语言的记载，认为可以通过比较欧亚大陆的不同语言来求证，并对这一领域乏人关注感到惋惜。[2]他意识到在欧亚语言进行比较的过程中，一个难以逾越的障碍就是印欧语有完备的屈折（inflection）体系，因此借用马克斯·缪勒的观点，把屈折看作粘连（agglutination）的进一步发展，如此则在印欧语系诸语言与中亚游牧民族语言之间展开比较便可顺理成章。同时，他又引用克拉普罗特的研究来说明不同语系语言的词根原本相同，而其本人所要做的就是证明汉语、闪米特语、印欧语都是从同一个支脉上分化出来的，早年曾经相互影响。[3]

然而艾约瑟并未直接从语言入手来证明自己的观点，而是仿照湛约翰从其他文化要素的比较开始，采用一种循环论证的方式，先确定古代不同民族之间存在广泛联系，然后尝试通过语言比较来检验。通过宗教、习俗、技艺等其他文化要素之间的比较，艾约瑟认

---

[1] 原话为：... fit beaucoup de bruit lors de son apparition en 1871。["Joseph Edkins 艾約瑟 Ngai Yo-sö", *T'oung Pao*, Second Series, Vol. 6, No. 3 (1905), p. 359.]

[2] Joseph Edkins, *China's Place in Philology, an attempt to show that the languages of Europe and Asia have a common origin* (London: Trübner, 1871), p. xii.

[3] Joseph Edkins, *China's Place in Philology*, pp. xiv-xv. 关于印欧语的屈折，浪漫主义时代的语言学家有不同的见解。德国东方学家弗里德里希·施勒格尔（Karl Wilhelm Friedrich Schlegel, 1772—1829）认为屈折语的词根是原生的，转化是内在的；博普认为所有的屈折都以粘连为基础；而施莱歇尔则综合了两者的观点，认为屈折由表示关系的词根和表示含义的词根紧密结合而成，屈折语是粘连语发展的结果 [Olga Amsterdamska, *Schools of Thought, the Development of Linguistics from Bopp to Saussure* (Dordrecht: D. Reidel, 1987), pp. 41, 46]。马克斯·缪勒的观点与施莱歇尔接近（Friedrich Max Müller, *Lectures on the Science of Language*, pp. 292-293）。

为人类的发祥地在西亚, 汉民族是最早迁出的一支, 故而在宗教、习俗和语言上长期保留最初的特征,[1] 因此也造成了自东向西, 语言进化程度由低到高的趋势。随后他介绍了语言的区域分布, 其目的在于说明语言形态演化程度在地理上的连续性。[2] 接着, 他分析了原始语言的特征, 归纳起来便是词汇单音节、有声调和固定的词序。[3] 最后, 艾约瑟展开了和湛约翰同样的宏伟规划, 在欧亚大陆的不同语言之间进行比较。与湛约翰不同的是, 艾约瑟没有采用官话或粤语为汉字注音, 而是用他自己构拟的古音。虽然比较系统的构拟方法要到 1876 年的《汉字研究导论》(*Introduction to the Study of the Chinese Character*) 一书中才有所归纳,[4] 但艾约瑟对古音的探索此前已经开始。问题是他并未说明自己用于和其他语言的词根进行比较时所拟的汉字古音究竟可以追溯到哪个年代。面对中亚和欧洲的语言时, 他采用的依然是具体的语言, 而非当时所能构拟的各语系的原始形态。通过一系列的比较, 艾约瑟终于"成功"地证明了自己的假设: 曾经有一段时间, 地球上的人类只有一种语言, 虽然四千年来, 语言不断分化, 至今早已千差万别, 不过相似的词根仍然表明他们都有共同的祖先。[5]

---

[1]　Joseph Edkins, *China's Place in Philology*, pp. 1–30.

[2]　早在 1862 年, 英国学者莱瑟姆 (Robert Gordon Latham, 1812—1888) 便已指出, 语言在欧亚大陆的分布所呈现出的现象便是西方是语言发展的高级阶段, 北方是中间阶段, 东南方是初级阶段, 分别表现为屈折、粘连和孤立三种形态 [Robert Gordon Latham, *Elements of Comparative Philology* (London: Walton and Maberly, 1862), p. 10]。

[3]　Joseph Edkins, *China's Place in Philology*, p. 57.

[4]　Joseph Edkins, *Introduction to the Study of the Chinese Characters* (London: Trübner, 1876), p.166.

[5]　Joseph Edkins, *China's Place in Philology*, p. 386.

　　艾约瑟认为自己发现了许多汉语和欧亚大陆上其他语言之间在音义上存在对应关系的词汇。例如，"围"，艾约瑟拟音 wat，与梵语 vāṭ 相近；"黑"，艾约瑟拟音 kek，与梵语 kāla 相近；"地"，艾约瑟拟音 da，与梵语 dharā 对应；"踏"，艾约瑟拟音 dat，对应梵语 sthā 或 sthāna；"甲"，艾约瑟拟音 kap，对应梵语 kambu；等等。[1] 同样的对应关系还可以在汉语和其他语言对比中发现。他采用词根比较法来探讨不同语言之间的关联，对每一个字母的发音都做了考察，声称自己找到了很多不同语言所共有的词根。例如"芦""颅""辘"(lu) 同拉丁文 rota、rotundus，英语的 reed、round，德语的 rohr 等都有相同的词根。"杯"的拟音 pat 与梵语的 pâtra，拉丁文的 patera 同根。[2] 这样的例子在艾约瑟看来数不胜数，甚至举出了 160 多组他认为由共同词根组成的汉字和英语单词。[3] 艾约瑟相信类似的情况也广泛存在于汉语和各种语言之间。例如"福"(旧读 pok，与"富"有相关) 与梵语 bhaga (好运)，拉丁语 fortuna，波斯语 bakht (富有)，蒙古语 boyin，俄语 bogatie，希伯来语 barach；"割"(旧读 kat) 与英语 cut，拉丁语 coedo，蒙古语 hadomoi，日语 katana (剑)，泰米尔语 katti (刀)；[4] "蜜"(mid) 同梵语 madhu，希伯来文 mathak；[5] "几"(ki) 同梵语 kati，蒙古文 k'edui、hedui，拉丁文 quot；[6] "个"(ko) 与暹罗语 k'on；[7] "自"

[1]　Joseph Edkins, *China's Place in Philology*, pp. 278–282.

[2]　Joseph Edkins, *China's Place in Philology*, pp. 351–352.

[3]　Joseph Edkins, *China's Place in Philology*, pp. 375–383.

[4]　Joseph Edkins, *China's Place in Philology*, pp. 94–95.

[5]　Joseph Edkins, *China's Place in Philology*, p. 141.

[6]　Joseph Edkins, *China's Place in Philology*, p. 163

[7]　Joseph Edkins, *China's Place in Philology*, p. 261.

(tsi，dzi）同德语的 als，蒙古文 ese，梵语 sa；[1]"围"（wei）同泰米尔语 vattam，梵语 vad、vada，拉丁文 vert、volvo；"黑"（旧读 kek）同梵语 kâla、kâka，蒙古语 hara、k'ara；"地"（旧读 da）与交趾语 dat，梵语 dharā，拉丁语 terra（梵语和拉丁文中 d 变成了 t），希伯来语 arets，英语 earth（d 变成 r 和 a 是后来添加到前缀）；等等。[2]艾约瑟认为在汉语中，h 从 k 演变而来，ch 从 t 演变而来，l 则源于 d，故此"到"的读音同闪语及藏语的 la，蒙古语的 de，马来语的 datan，以及"向"（hiang）同马来语的 ka 均有亲缘关系。[3]

　　艾约瑟还注意到博普等人的研究只注重语法比较而忽略了句法，于是特别在书中插入几段来解析句法。[4] 他相信原始语言的句法与自然秩序一致，即词汇按照主谓宾的次序排列。近代欧洲语言，即印欧系的西部各语族突破了梵文的桎梏，重返自然的句法结构。[5] 其实，早在半个多世纪前，焦尔毛蒂就已经指出，不可将相似的句法规则作为语言同源的证据。[6] 在失去了屈折体系并简化为单音节后，汉语实际上已经没有可以用来同其他语言进行比较的语法。也恰恰是汉语所表现出的"语音单音节"和"语法即句法"这两个现象，被多数 19 世纪的西方学者视为原始语言的特征法。同样，艾约瑟也未意识到与近代欧洲语言表现出分析化的趋势相同，汉语语法即句法的特征是失去了名词和代词格变化之后的产

　　[1]　Joseph Edkins, *China's Place in Philology*, p. 266

　　[2]　Joseph Edkins, *China's Place in Philology*, pp. 278－279.

　　[3]　Joseph Edkins, *China's Place in Philology*, p. 258.

　　[4]　Joseph Edkins, *China's Place in Philology*, pp. xii－xiii.

　　[5]　Joseph Edkins, *China's Place in Philology*, p. 55.

　　[6]　Lyle Campbell and William J. Poser, *Language Classification—History and Method*, p. 50.

物，误将其作为原始语言的特征，将分析化趋势作为返璞归真的表现。

艾约瑟的猜想的确带来许多危险。例如，他没有考虑到汉语的历史问题，尤其是外来词对汉语及中国文明的影响。他所找出的例子通常都不是其所属语言中最古老的词汇。"蜜"和梵语 madhu 的关系似乎是艾约瑟的一个重要发现，但"蜜"可能属于外来词，源于对梵语的音译，不能用于证明两种语言同源。[1] 当时，欧陆东方学家已经展开了对原始印欧语的构拟工作，而艾约瑟似乎并没有注意到。其考究词源的方式与怀特（Walter Whiter, 1758—1832）完成于 1800 年的那部杂糅了英语、法语、希腊语、拉丁语、爱尔兰语、威尔士语、斯拉夫语、希伯来语、阿拉伯语、科普特语、吉卜赛语的《通用词源学词典》（*Etymologicum Magnum, or Universal Etymological Dictionary*）相当。用相同的语音来论证相同的起源，这是从古希腊学者一直延续到 19 世纪的做法。

另一方面，艾约瑟又是最早认识到汉字古今读音有别的西方人之一。受近代东方学研究的影响，他坚信汉语也经历了与印欧语类似的音变，[2] 并举出了一些声母辅音变化的规则，例如 g、d、b、z

---

[1] "蜜"的词源可能有两个，皆与印欧语相关。其一为，"蜜"（通"密"），< 康居语 Mīr < 古波斯语 Mihr，即星期日，与摩尼教有关（刘正埮、高铭凯、麦永乾、史有为编:《汉语外来词词典》，上海辞书出版社，1984，第 239 页）；其二为中古音 mjit< 上古音 *mjit/*mit< 乙种吐火罗语 mit< 原始吐火罗语 *m'ə-< 原始印欧语 *medhu- [Alexander Lubotsky, "Tocharian Loan Words in Old Chinese: Chariots, Chariot Gar, and Town Building", in Victor H. Mair, ed., *The Brozen Age and Early Iron Age of Eastern Central Asia* (Washington, D.C.: Institute for the Study of Man, in collaboration with the University of Pennsylvania Museum Publications, 1998), p. 379]。

[2] 德国东方学家格林（Jacob Grimm, 1785—1863）研究印欧语得出 （转下页）

最为古老，后来变成 k、p、s，而 f、h 是最后产生的。在日语中被借用的汉字，h 常读作 k，f 常读作 b。他以"佛"字为例，指出该字旧读 but，是 Buddha 一词的音译。根据这一规则，"分"当读成bun，"缠"当读作 dan，"复"当读作 bok，"学"当读成 gak，"硬"当读成 ngang，"誊"当读成 deng。他将汉语读音的变化分为三个阶段，第一阶段声母基本上都是浊辅音，第二阶段部分浊辅音变成了清辅音，第三阶段入声逐渐消失。[1] 后来，他又进一步阐述了构拟古音的系统方法：例如通过形声字的声旁；通过古代诗歌的韵律；佛教文献中音译的梵语词汇；中国学者编撰的韵书；日语、蒙古语、朝鲜语和交趾语对汉字的音译；汉语方言等各方面的材料，可以复原古代汉语的读音。[2] 虽然艾约瑟的构拟用现今的标准衡量未必准确，但基本上形成了古汉语音韵研究的方法。

《中国在语言学上的位置》出版后，艾约瑟又在《教务杂志》（*The Chinese Recorder and Missionary Journal*）上发表了一系列文章，讨论汉语和希伯来语之间的关系。他相信一种语言越古老就包

（接上页）语音变化的定律：梵语浊送气塞音（bh-、dh-、gh-）对应希腊文清送气塞音（ph-、th-、kh-），对应拉丁文擦音（f-、f-、h-），对应日耳曼语浊塞音（b-、d-、g-）；梵语、希腊语和拉丁语的浊塞音，对应日耳曼语的清塞音；梵语、希腊语和拉丁语的清塞音对应日耳曼语的擦音。

[1]　Joseph Edkins, *China's Place in Philology*, pp. 81-87. 后来他又进一步总结出汉语音韵变化的十项规则：清音化，例如 g、d、b、z、zh 变成了 k、t、p、sh；齿化，例如 t 和 d 变成了 s、sh、ts、ch；舌音化，例如 d 变成了 l；送气音，k 和 g 变成 h、ts、dj、ch 变成 t's 和 ch；一些读音被省略（可能是入声）；读音的互换，例如 m 变成 n，ni 变成 j 或 r；前缀音，例如新近出现的 ng 和 r；读音合并，例如宁波话 vong 就是 ve-yong（勿用）的合并；元音分化；舌音增加。[Joseph Edkins, "Chinese Philology", *The China Review*, Vol. 1, No. 3 (1873), pp. 184-186.]

[2]　Joseph Edkins, *Introduction to the Study of the Chinese Characters*, p.166.

含了越多关于人类原初语言的信息。汉语和古代希伯来语都是人类原初语言的不同方言，其源头可以追溯到洪水之前，甚至是亚当时期。问题是单音节的汉语词根和多音节的希伯来语词根怎样进行比较？艾约瑟推断，如果能找到单音节词根被加长和修正的规则，就能将希伯来语还原成单音节词根，然后便可以和汉语进行比较。他将这些规则总结为八项：（1）在两个辅音之前的咝音通常是闪语附加的前缀。（2）中间的过渡辅音，例如希伯来语的第二十个和第十二个字母，通常不是原有的，而是后来插进去的。如同德语的 sprach 中的 r。（3）第三个辅音通常重复第二个。（4）d 和 t 后来被咝音化。（5）希伯来语第二十个字母 ר（r）和第十二个字母 ל（1）通常用来替代 d 音。（6）根据语源学的研究，希伯来语的第六个字母 ו 曾是 w，第十六个 ע 曾是 g，第五个字母 ה 原是 k。（7）汉字中以 ng 结尾的读音通常对应希伯来语和印欧语言中的 m。（8）几乎任何字母都可以附加在一个单音节词根上形成新的词根。例如 gadol 的词根是 gad。[1]

由此，艾约瑟推断，上古希伯来语本无前缀，在和汉语比较时要先去掉前缀的咝音。此后他又陆续写了七篇文章，对每一条规则进行了颇为细致的论证。进行类似尝试的不仅仅是艾约瑟，19 世纪在欧洲学界，因相信印欧语曾经历过单音节阶段，学者们遂尝试将闪语词根也约化成单音节。[2]

------

[1]   Joseph Edkins, "Connection of Chinese and Hebrew", *The Chinese Recorder*, Vol.III (1871): 203–205.

[2]   Archibald Henry Sayce, *Introduction to the Science of Language, Vol. I* (the forth version) (London: Trübner, 1900), p. 56.

四、施古德对艾约瑟比较研究的发展与批评

艾约瑟的《中国在语言学上的位置》出版后的第二年，刚刚进入莱顿大学任教的施古德（Gustav Schlegel, 1840—1903）在雅加达（Jakarta）用法文出版了《中国与雅利安——对汉语和雅利安语言 [1] 原始词根的研究》（*Sinico-Aryaca ou, Recherches sur les racines primitives: dans les langues Chinoises et Aryennes*）一书。为了凸显其著作的学术价值，施古德逐一批判了此前关于中西语言的比较研究。他首先指出湛约翰并未掌握比较语言学科学方法的要领，仅堆积了世界上各种语言的词汇，按照其现行的读音和汉语进行比较，这是一种完全的失败。接着批评艾约瑟混淆了源于不同词根的词汇，任凭自己被偶然的谐音诱惑，在未对欧语原始词根展开研究的情况下，便将之与古汉语词根进行比较。如此操作，看似是要证实词源上的假想，尽管比湛约翰的半成品更有学术含量，依然误入歧途。若要走出这一误区，施古德认为必须遵照德国语言学派确立的严谨方法，而这恰恰是他自认为超越艾约瑟的地方。[2]

德国学者库尔提乌斯（Georg Curtius，1820—1885）在研究希腊语词源学时提出一个假设，即有朝一日普通语言研究可能会发现所有语言共有的、适用于所有语音变化的普遍原理，并找到造成语义转换的所有人为的规则和类比。他认为，从不同语言中收集例证，由具体到抽象，进而得出普遍公认的原理，这是语言科学的未来，无可争辩，而且学界在这一方面已经做了很多努

---

[1]　实际上施古德所说的雅利安语言就是指印欧语。

[2]　Gustav Schlegel, *Sinico-Aryaca, ou, Recherches sur les racines primitives: dans les langues Chinoises et Aryennes* (Batavia: Bruining & WIJT, 1872), pp. xi, xiii.

力。[1] 施古德对此也毫不怀疑，他深信汉语语音变化遵循着和希腊语、条顿语相同的规则，并尝试为库尔提乌斯的假设提供更多证据。波特（August Friedrich Pott, 1802—1887）认为在汉语和梵语之间的比较不可能取得成功，因为汉语没有语法上的屈折，无法进行分析。他指出人们无法去分析本不能分析的东西，至少不会去苛求汉语和梵语有共同的起源。[2] 而施古德则批评波特所言不实，认为汉字很早就为自己添加了语音要素，因此没有语法上的屈折并不妨碍对汉语语音的解析。[3] 和湛约翰及艾约瑟一样，施古德也相信原始语言很可能是单音节的，汉语是所有语言中最简单且最早定型的，如果将屈折语的词汇还原到最初的词根，同样也是单音节的。[4] 在致力于跨语系比较研究的学者看来，这恰恰是汉语和雅利安语言具备同源可能性的前提。

和之前的学者一样，施古德在不同的词典中寻找音义相似的词进行比较。例如汉字"缚"对应梵语的 paç (pas)；"约"对应梵语的 yuj；"搏"对应梵语的 pakch (pakś)、德语的 packen、荷兰语的 pakken；"磨"对应法语的 moudre、德语的 mahlen 及荷兰语的 malen；"犬"对应梵语的 çan (śan)、法语的 chien、德语的 hund；"鹄"对应梵语的 koka [5]；等等。当然，除此之外，他还有进一步

---

[1]   Geog Curtius, *Grundzüge de Griechischen Etymologie, Erster Theil* (Leipzig: Teubner, 1858), pp. 75–76.

[2]   August Friedrich Pott, "Max Müller und die Kennzeichen der Sprachverwandtschaft", *Zeitschrift der Deutschen Morgenländischen Gesellschaft*, Vol. 9, No. 2 (1855), p. 440.

[3]   *Gustav* Schlegel, *Sinico-Aryaca*, pp. xiv–xv.

[4]   *Gustav* Schlegel, *Sinico-Aryaca*, p. 1.

[5]   *Gustav* Schlegel, *Sinico-Aryaca*, p. 11, 17, 26–27.

的考虑。波特认为种族同源和融合交流是造成语言相似的两大原因，但通常从其他语言借入的词汇仅限于名词，例如自然客体、技术、抽象概念、宗教、科学或者技艺的名称，而很少有动词，更少有代词，因此动词和代词的相似可以证明古代人类只有一个种族。施古德对此深表赞同，因此特别比较了汉语和雅利安语言的代词，并找到了第二人称代词"汝"和梵语 yusm（yuṣmān，复数业格）、英语 you，第三人称代词"他"和梵语 tad（中性单数体、业格）等的对应。而面对"我""予"（施古德认为古音读 o）和 aham（单数体格）之间明显的语音差异，他借助博普提出的猜测，即 aham 是词根 a 与失音的 ah 的结合。"我"古文作"𢦏"，"戈"形"勿"（粤语 mat）声，又据施莱歇尔（August Schleicher，1821—1868）的理论——屈折语形成之前是粘连语和单音节语，故此施古德认为到粘连时期原始雅利安人将 o 和 ka 合成 oka，到屈折时期 oka 变成了 aha，并将 mat（"勿"）整合进去表示间接格。[1]

　　施古德意识到，如果只做读音上的比较，其研究相对于艾约瑟而言便没有太大推进，因此他尝试提出一套系统的语义学比较来研究概念之间的关联。在此方面，施古德深受库尔提乌斯的影响。库尔提乌斯认为词源学的任务就是研究词汇含义的发展变化方式，由此可以一种非常直观的方式了解一个民族的精神生活。但语音变化不能只通过一种语言来判断，而对每个词干演变过程的研究必须以语义变化为基础。要达到这两个目的，只能通过历史比较研究。[2]施古德认为，虽然对语义的研究尚无确定的规则，不过完备的文献记载不仅保留了汉字的语音，且有助于追溯含义，这是表音文字所

---

[1]　*Gustav* Schlegel, *Sinico-Aryaca*, pp. 27－30.

[2]　Geog Curtiu, *Grundzüge de Griechischen Etymologie, Erster Theil*, p. 75.

不具备的优势，因此在一批词根中找到原始含义和衍生含义，是让学者们相信汉语和雅利安语言之间存在联系的最佳途径。[1] 为此，他列举了 13 组词根来说明问题，例如 mut、mun、muk 三个词根以k、t、n 结尾，在印欧语中表示"口"的意思，一如梵语的 mukha、德语的 mund、哥特语的 munths，等等。根据波特的研究，d 和 ths并非词根本有。施古德在汉语中找到"勿"字（音 mut），原本是旗帜的意思，引申为防卫、禁止、激励等义。他相信该词源于拟声，即用口模仿旗帜随风飘扬的声音。"咪"（粤语 muk）、"嘆"、"眠"、"嘿"等字与"勿"读音相近，均有闭口之意，施古德相信它们都源于"勿"，故此 mut、mun、muk 这三个词根原有以口防御和闭口之意，在人类不同种族相互分离之后，各自选取其中之一发展出与口相关的词汇，例如印度人通过 muk 造出 muka（mūka，"哑的"）。[2]

在施古德看来，比较不仅可以揭示汉语和雅利安语言之间的联系，还有助于追溯印欧语的历史。例如梵语中表示"乳"的 súma（sūma）、doha 和 gorasa 这三个词的词根，并不见于其他印欧语系的语言，因此施古德推测法语 lait 的词源不在梵语而很可能在汉语。他在汉字中找到了"酪"（粤语 lok）字作为罗曼语中"乳"的词源，而将日耳曼语中同样概念的起源（英语的 milk、德语的 milch等）追溯到汉语的"醿醾"一词。[3] 雄心勃勃的施古德批评德国印度学家本费编撰的梵语词典中满是不可靠的词根，认为通过对原始

---

[1]   Gustav Schlegel, *Sinico-Aryaca*, p. 55.

[2]   Gustav Schlegel, *Sinico-Aryaca*, pp. 100–103.

[3]   Gustav Schlegel, *Sinico-Aryaca*, pp. 7–10.

汉语词根的研究可以推翻这些所谓的词根构拟。[1]

　　和艾约瑟也一样，施古德也辗转于世界上不同语系的语言之间，对照词源学工具书搜索音义相近的词加以比较。他坚信通过对汉语和雅利安语言的比较研究，有助于识别那些由印度语法学家发明出来的不可靠的词根，为比较语言学注入新的动力并解释史前各民族之间的关系。[2] 尽管加拿大学者蒲立本（Edwin George Pulleyblank）认为施古德在寻找与汉语同源的语言方面所做的尝试性研究与艾约瑟的水平相当，而其对古汉语结构的研究主要依赖厦门话和广东话，与艾约瑟相比也未见高明之处 [3]，但在具体操作手法上，施古德确实收缩了比较范围，同时在词源和语义问题上也比艾约瑟考虑得更加细致。这也是为什么后来英国汉学家沃特斯（又译倭妥马，Thomas Watters, 1840—1901）批判艾约瑟的体系是一个梦想，而赞赏施古德的研究是比较汉语和雅利安语言的首次科学尝试。[4] 只不过二人在研究旨趣、前提假设等方面依然有不少共同之处。

　　不难看出，湛约翰、艾约瑟和施古德的比较方法与多数 19 世纪中期以后欧洲东方学家所用的不尽相同，仅截取了词根进行比较。而博普主要是通过屈折变化的规则来论证印欧语之间的关系，属于语法上的比较。[5] 屈折语通过格（case）来表示词与词之间关

　　[1]　*Gustav* Schlegel, *Sinico-Aryaca*, p. xvi.

　　[2]　*Gustav* Schlegel, *Sinico-Aryaca*, p. xvi.

　　[3]　蒲立本:《欧洲的汉语音韵学研究》，张洁译，见《国际汉学》第 9 辑，大象出版社，2003，第 176 页。

　　[4]　Joseph Edkins, "Recent Researches upon the Ancient Chinese Sounds", *The China Review*, Vol. 22, No. 3 (1886), p. 568.

　　[5]　近代西方学者如何看待语法，本身就是一个需要专门研究的问题。1894 年，法国学者勒菲弗尔（André Lefèvre, 1834—1904）指出，语言的发展经历了（转下页）

系，而汉语没有格的变化，不具备当时东方学界用于进行比较语言学研究的语法形式。因此，除了词根的比较外，没有其他可用的参照。博普认为词根相同并不足以说明语言之间的亲缘关系，这一观点遭到了艾约瑟的批评。[1]

艾约瑟、湛约翰及施古德等从事词根比较的理论依据来自马克斯·缪勒。这位东方学界的巨擘认为语系上的划分并非适用于所有语言，不能按语系划分的语言未必就不同源。相信语言有多个起源是一种教条主义，会阻碍学术进步。[2] 言下之意，不同语系的语言之间的比较不是没有意义的。就词根比较而言，他指出：有些语言，尽管在标识语法的发音上有差异，但可以通过词根来追溯同源性；语言除去一切可解释的现象之后只剩下词根，它们曾被作为真实的词来使用，只是现今除汉语之外，其他语言都不会直接使用词根。[3] 马克斯·缪勒相信汉语代表了人类语言最原始的状态，德国语言学家波特也认为梵语同样经历了一个单音节无屈折的阶段。[4] 耶鲁大学梵语教授惠特尼（William Dwight Whitney, 1827—1894）指出，最完美的语言也是逐步发展而来的，由起初的贫乏到后来的丰富，[5] 所有语系的语言都源于共同的无形式的词根，尽管在多数

（接上页）从含糊混乱到形成句法（即词的顺序）再到通过使用屈折获得语法，最后又回到没有屈折的分析状态的过程。[André Lefèvre, *Race and Language* (London: Trübner, 1894), p. 62.]

[1]　Joseph Edkins, *China's Place in Philology*, p. xiii.

[2]　Friedrich Max Müller, *Lectures on the Science of Language*, p. 177.

[3]　Friedrich Max Müller, *Lectures on the Science of Language*, pp. 175, 363–364.

[4]　Friedrich Max Müller, *Lectures on the Science of Language*, p. 278.

[5]　William Dwight Whitney, *Language and the Study of Language—Twelve Lectures on the Principles of Linguistic Science* (New York: Charles Scribner's Sons), 1867, p. 398.

语言中已经无法找到这些词根的原貌和含义。[1] 虽然马克斯·缪勒等人并没有从事跨语系的词根比较研究，但他们对可行性的阐释成为早期汉学界用于比较中西方语言的理论依据。

19 世纪，西方学界对人类语言的划分主要采用两种方式。一种是形态学（morphology）上的划分，即依据结构的差异将语言划分为孤立语（isolating language）、粘连语（agglutinative language）和屈折语（inflective language）。[2] 另一种是谱系学（genealogy）上的划分，即依照亲缘关系将语言划分为不同语系。不同语系的语言可能会表现出相似的形态，属于同一语系的语言却不可能表现出不同形态。谱系学上的划分，只能确定属于同一语系的各语言之间的关系。被成功划分的只有印欧语系和亚非语系这两大语系。因为两者同属屈折语，故而可以从语法上界定语系内各语言之间的关系。而形态学上的划分则显示了三种形态的语言递进式的发展关系，因此不否认所有语言都源于最早的单音节形态。[3] 如果比较只能限定

---

[1]　William Dwight Whitney, *The Life and Growth of Language—an Outline of Linguistic Science* (New York: D. Appleton and Company, 1883), p. 270.

[2]　19 世纪初，德国东方学家奥古斯特·施勒格尔和语言学家洪堡特（Wilhelm von Humboldt, 1767—1835）便已开始对语言作形态上的划分。[August Wilhelm Schlegel, *Observations sur la langue et la Littérature provençales* (Paris: Librairie grecque-latine-allemand, 1818), p. 14；洪堡特：《论人类语言结构的差异及其对人类精神发展的影响》，姚小平译，商务印书馆，2008，第 129-140 页。]

[3]　马克斯·缪勒认为，尽管三种形态的语言都长期保持现状，但语言在取得自己的语法形态后并未丧失生成新的更高级的语法形态的功能，例如汉语，尤其是方言中，就表现出粘连的倾向。同样，在粘连语中，也能找到屈折的痕迹。(Friedrich Max Müller, *Lectures on the Science of Language*, pp. 334-336.) 奥弗拉克 (Abel Hovelacque, 1843—1896) 主张人类的语言和种族有多个起源，但又认为三种形态的语言有相互交织的部分，例如汉语的虚词、实词之分就是向粘连语（转下页）

于语系之内，那么首先必须划定语系，才能进行比较研究，而对语系的划分却又必须先进行比较。按照印欧语系和闪米特语的界定方法，需要以屈折形式来确定不同语言是否属于同一语系，那么没有屈折的语言之间的关系又当如何判断？湛约翰、艾约瑟和施古德等致力于扩大比较语言学的范围，尝试建构一套足以囊括所有已知语言的分类体系并梳理它们之间的关系，无疑有其积极的意义。然而，19世纪人们所具备的语言学、人类学等方面的知识并不足以支持他们的推断。

第三节　汉学界关于汉语研究方法的讨论

至 19 世纪中叶，欧洲的东方学家在印欧语的历史比较研究中取得了举世瞩目的成就，但似乎只是说明了哪些特征可以用于解释语言之间的关系，却没有指出哪些语言之间可以进行比较，哪些之间则不可以。最受争议的问题，莫过于比较研究的范围。

一、比较研究的适用范围

19 世纪，西方学者就如下三个问题进行了激烈争论。首先，语言是否如同生物一样是进化发展的，由简单到复杂，由单音节到多

（接上页）过渡的现象。[Abel Hovelacque, *The Science of Language, Linguistics, Philology, Etymology*, translated by A. H. Kane (London: Chapmen & Hall, 1877), p. 309.] 塞斯对三种形态演化顺序的看法正好相反，但同样认为形态之间是有过渡的。有些粘连语与屈折语非常接近，以至于人们不禁要问为何不将之划入屈折语。汉语中也有许多地方带有粘连甚至是屈折语的特征。（Archibald Henry Sayce, *Introduction to the Science of Language, Vol. I*, p. 130.）

音节, 从没有语法到具备完整的屈折体系; 其次, 人类和语言的起源是否是单一的, 现存的各种语言是否都是同一主干上长出的支脉; 再者, 人类是否在诞生之初便有了语言, 故而可以通过语言研究揭示不同民族迁徙的历史轨迹。至于是否可以通过比较研究确立汉语和其他语言之间的关系, 恰恰要以这三个假设都能成立为前提。

湛约翰、艾约瑟和施古德的语言比较研究实际上服务于一个民族学目标, 即通过语言研究来证明民族或者种族之间的关系。如果人类的起源是多元的, 语言的起源势必也是多元的, 那么跨语系比较便毫无意义。因此, 中西语言可以比较的前提是人类的单一起源。但如果人类诞生之初没有语言, 待到遍布世界各地后各个种族才独自发展出语言, 则中国和西方的语言仍不具备可比性。当然, 对身为传教士的湛约翰和艾约瑟而言, 在基督教信仰中这些都不构成问题, 只是不能阻止他人对此进行批评。沃特斯指出, 艾约瑟显然是先从主观理论出发, 再找材料论证, 在论述某些观点时依赖《圣经》为权威。然而《圣经》没有教导任何科学的知识, 也没有任何证据表明《创世记》的作者知道除自己母语以外的其他语言, 更不用说语言学。如果用《创世记》第二章中所记载的上帝让亚当给动物取名一事来解释语言的起源, 那么很多词汇, 例如 "兄弟" 是不存在的。他还批评艾约瑟在中西方的宗教、技艺、习俗等文化要素之间随意比较, 但事实上没有文献依据可以证明它们之间的联系。[1]

就语言形态演化的过程而言, 如果西方语言从单音节孤立语演化为屈折语, 那么将屈折语的词汇还原到单音节词根, 便有可能和

---

[1] Thomas Watters, "China's Place in Philology", *The China Review*, Vol. 1, No. 1 (1872), pp. 55-57.

汉语进行比较。如果语言形态演化是由复杂到简洁，那只有还原单音节语早已简化的语音和丢失的形态，方能和更复杂的语言进行比较，实际上这几乎没有可操作性。

如前所述，湛约翰、艾约瑟和施古德等从事词根比较的理论依据来自马克斯·缪勒。而在 19 世纪，认为不同语系之间可以进行比较的西方学者不乏其人，论证闪米特语和印欧语有共同起源的尝试也从未停止过。一些新教希伯来语学者，例如威廉·格泽纽斯（Wilhelm Gesenius, 1786—1842）、埃瓦尔德（Georg Heinrich August Ewald, 1803—1875）、菲尔斯特（Julius Fürst, 1805—1873）等人断定，印欧语和闪米特语之间的关系要比想象当中近许多。他们希望借助比较语言学的方法来证实《圣经》所记载的历史，以及人类原初语言为单音节语的假设。[1] 神学上的背景促使他们努力建构起一座连通印欧语和闪米特的桥梁，并尝试将希伯来语词根约化为单音节。格泽纽斯认为，印欧语和闪米特语之间存在大量相似的词根，说明这些词根在两者分离之前已经得到了发展。师承格泽纽斯的菲尔斯特也试图论证两种语言曾是一个原始的整体，而埃佛德则进一步推断不同语系的语言之间也有非常密切的关系。他们相信如能证明词根间的一致，则在确定语言关系的过程中，语法上的一致不一定是必需的。

在沟通印欧语和闪米特语的研究者中，影响最大的似乎要数印度学家本费。本费认为印欧语和闪米特语在词汇上可能是一致的，只是使用屈折的方式不同，原始印欧语的基本要素不是词根而是单音节动词，由之产生名词和其他所有的语法形式，因此寻找单音节

---

[1]   Tuska Benes, *In Babel's Shadow, Language, Philology, and the Nation in Nineteenth-century Germany* (Detroit: Wayne State University Press, 2008), p. 95.

动词可以把语言学家带回词根生成以前印欧语发展的早期阶段。本费相信所有语言可能有共同起源，但又担心这方面的证据经不住批判。因此对他而言，单音节原始动词的发现可以使印欧语和闪米特语中不同的词根形式有共同起源的看法变得更加可信。[1]

当然，相信原始语言是单音节的学者也未必都赞同跨语系比较。1867 年，《北美评论》(*The North American Review*) 上刊发了一篇未署名的文章，从观点和风格判断，作者应该是惠特尼。文中指出，有不少学者，其中一些还很有声望，坚信在印欧语和闪米特语之间能够找到足够的对应关系，而更多的学者则认为这种做法低估了研究的难度，只满足于表面的相似。他们得出结论的途径从严格意义上说并非属于语言学研究，只是大量借助了其他特征，例如两个民族在地理分布上相邻，拥有相似的体质结构和思维能力，都是白种人，等等。而任何两种语言之间，不论起源差别有多大，总能找到不少虚幻的相似之处。通过最初的比较来确定的某种未被分类的语言的位置及其与其他语言的关系都是暂时的，相似性的价值值得怀疑。每当从事该项研究的语言学家找到一个新的相似之处，就会对此前已经发现的相似点更有信心。当他研究了每一个孤立的证据，利用各种直接和间接的材料加以阐释，便会对自己建构的基本关联感到非常满意，并开始期盼随处都能找到这样的关系。相反，如果他循序渐进，有序而彻底地展现出两种语言在两个不同语系中的位置，便会发现相似之处是由偶然因素造成的。[2] 这一评论明显针对本费，似乎也适用于湛约翰、艾约瑟和施古德等人的研究。

---

[1] Tuska Benes, *In Babel's Shadow*, pp.103-104, 107-108.

[2] William Dwight Whitney, "On the Testimony of Language Respecting the Unity of the Human Race", *The North American Review*, Vol. 5, No. 216 (1867), pp. 233, 237.

惠特尼认为那些试图在不同语系中找到关联的学者的研究根本不值一提，如果人类语言有共同起源，唯一可以论证的方法就是词根的一致。要比较所有词根难度显然太大，只能先从给定的几个语系下手。通过比较研究，有助于还原印欧语的基本形式。闪米特语的三音节词根也已在很大程度上得到恢复。斯基泰语系中几乎没有基本一致的词根，这个语系完全是形态上的。比较研究表明，不同语系之间一些词根的外在相似之处无助于验证它们是否有共同起源，因为偶然的相似可能是晚近交流的产物。[1] 当时还有一些做法，例如用数学法则计算两种语言中相同发音代表相同含义的概率来判断它们之间的亲疏关系。但惠特尼认为，明显不同的词汇可能会有共同的起源，而不同起源的词也会有相似的形式，这是音变造成的结果。盲信不同语言中音义相同的词有共同起源，这是近代以前词源学的一大缺点。比较语言学的关键之处，在于如何判断相似的事例是同源的结果还是偶然的巧合。[2] 可见，虽然不否认语言有共同起源、词汇都源自单音节词根，不过对跨语系比较词根的做法，惠特尼并不赞成。当然，这本身也反映出他内心的矛盾态度。

二、汉学界对中西语言比较的批评

《中国在语言学上的位置》一经出版，批判之声便不绝于耳。庄延龄、福兰阁和穆麟德是这些批评者中较有学术影响的学者，他们的观点主要针对汉语古音构拟的可行性和跨语系比较研究的科学性。

---

[1]   William Dwight Whitney, *Language and the Study of Language*, pp. 392–394.

[2]   William Dwight Whitney, *Language and the Study of Language*, pp. 386–387, 390–391.

艾约瑟试图建构一个关于汉语音韵发展的理论体系，用以将汉字读音还原到上古时代。英国领事官，后来成为曼彻斯特维多利亚大学汉学教授的庄延龄认为，汉语从未真正统一过，历史上任何一个时期，汉语都分为各种方言，从未有统一的读音。[1] 他全然否定了艾约瑟的研究方法，指出唯一可以确定中国在语言学上的位置的语音基础，就是在汉语的各个方言中进行比较研究。汉语即便不比印欧语言高级，至少也不低级。中国人完全可以把他们的观点表达出来，只要具备足够的汉语知识，英语中没有无法译成汉语的词句。虽然也能举出一些汉字和印欧语言的词根在读音和含义上相近，但并不表明能够马上找出大量的此类对应。况且，问题并不是要找出多少类似的对应，而是要验证两个不同语系是否遵循同一变化规则。如果存在这样一个规则，则要据此将读音还原，然后观察两者之间是否有共同的起源。[2]

庄延龄主张将比较的范围限制在汉语的各个方言之中，认为不可能总结出什么规则来推断汉语古音。[3] 问题是，如果不是为了像格林那样通过比较日耳曼方言来总结语音演变的规则，进而构拟日耳曼语族乃至整个印欧语系的演化历史，那么研究方言的意义又在哪里？

福兰阁也反对在不同语系的语言之间展开比较研究。1893 年，他在《中国评论》上发表了《中国和比较语言学》（"China and

---

[1]　E. H. Parker, "The Ancient Language of China", *The Chinese Recorder*, Vol. XVI (1885), p. 173.

[2]　E. H. Parker, "The Chinese Language", *The Chinese Recorder*, Vol. XV (1884), pp. 151–164.

[3]　O. Franke, "China and Comparative Philology", *The China Review*, Vol. 20, No. 5 (1893), p. 317.

Comparative Philology"）一文，对艾约瑟的中西语言比较法进行批判，指出在汉学界，艾约瑟的支持者不多，且其观点也时常自相矛盾。艾约瑟经常忽视语系的概念，时而将汉语的读音同凯尔特语、拉丁语以及都兰语（Turanian）[1] 比较，时而又拿汉语的音调同希腊语比较。福兰阁认为，只有同一语系的语言之间才能相互比较。因此，将拉丁语和都兰语的句法放在一起比较并不适宜，因为艾约瑟并未证明拉丁语的句法和原始印欧语言的句法是相同的。希伯来语也同样不应该从闪米特语中单独隔离出来同汉语比较。应当分别找出两个不同语系中最原始的词根，然后才能进行比较，并研究彼此的关系。即便艾约瑟的理论成立，汉语中也只有那些假定是中国人和雅利安人分离之前所用的词汇才能拿来同雅利安语言比较。问题是汉语属于哪一个语系尚无定论。德国汉学家加贝伦茨（Georg von der Gabelentz, 1840—1893）认为汉语是印支语言（Indo-Chinese）中的一支，艾约瑟认为汉语和苗语、藏语、缅甸语以及暹罗语同属东南亚单音节语系。

福兰阁指出，如果用严谨的方法加以研究，雅利安语言和印支语言的联系将不复存在。印支语言的各个成员之间的联系非常松散，其最初的形式是什么已经无从查考。多数汉学家仅仅是把汉语和西方语言之间的相似之处罗列出来，实际上意义不大。他点明了艾约瑟和当时仍然热衷于比较中西语言的湛约翰的共同缺陷，即用于比较的两种语言都不是各自所属语系的最初形式。他还指出，即便解决了汉语的归属问题，西方人对汉语及其姊妹语言的关系仍然知之甚少。当时东方学界对苗语、满语、藏语、蒙古语、暹罗语、

---

[1] 都兰语的概念参见 Friedrich Max Müller, *Letters to Chevalier Bunsen on the Classification of the Turanian Languages* (London, 1854)。

老挝语、通古斯语的知识尚不足以对它们的结构和历史做科学的分析，因此不应当将汉语视为东亚单音节语言的典型。

　　福兰阁赞同庄延龄对艾约瑟的第一项批判，认为汉语和梵语之间没有任何关联，但不同意第二项。他和穆麟德、加贝伦茨以及艾约瑟一样，都认为古音是可以推测出来的。福兰阁还呼吁汉学家们老老实实在自己的领域内探索，不要伸手太长，涉猎过多。进行比较研究之前，必须先了解汉语最古老的形式。在语言方面，每一个字词都有自身的历史，外在的相似性并不表明一定有共同的起源。任何将汉语同雅利安语言联系起来的研究都毫无价值。艾约瑟和湛约翰是否具备足够的梵语知识以从事比较研究，也遭到了福兰阁的怀疑。他认为如果艾约瑟多学一些梵语，就不会写《中国在语言学上的位置》这本书了。艾约瑟曾将汉字"轮"（*lun*）和梵语的 *lut* 进行比较，而福兰阁则指出，*lut* 这个词在梵语中出现很晚，在《吠陀》中找不到。对于艾约瑟的词根还原法，福兰阁认为即便还原出来的古老词根都是单音节的，也不能证明存在一种只有词根的语言。语言的发展未必就是一个由简单到复杂的过程，汉语的读音就有简化的趋势，同样其他语言也都力求简化。[1]

　　注意到语言的发展未必是一个由简单到复杂的过程，这显然是福兰阁对当时流行的语言形态演化理论的反思。早在 18 世纪，亚当·斯密（Adam Smith, 1723—1790）在《对语言最初形成的思考》（"Considerations Concerning the First Formation of Languages"）一文中，已经较为详细地阐述了语言从复杂到简化的演变过程，但其影响主要在政治经济学和道德哲学领域，这一观点也未能引领此后人

---

[1]　O. Franke, "China and Comparative Philology", *The China Review*, Vol. 20, No. 5 (1893), pp. 310-327.

们对语言演化进程的认识。1874 年，英国亚述学家塞斯（Archibald Henry Sayce, 1846—1933）在《比较语言学的规则》（*Principles of the Comparative Philology*）一书中着重批判的，便是假想中的从孤立语到粘连语再到屈折语的演化过程。[1] 1880 年，他又出版《语言科学引介》（*Introduction to the Science of Language*）一书，在《比较语言学的规则》的基础上，更加详细地阐发语言由复杂到简单的演化理论。在塞斯看来，分析语和孤立语成为相同的概念，汉语和英语一样被认为是分析语，位于语言发展的最高阶段。[2] 如果汉语不能代表人类语言最初阶段的形式，则其与古代印欧语便不具备可比性。

1896 年穆麟德在《皇家亚洲学会北中国支会会刊》上发表了《比较语言学的局限》（"On The Limitations of Comparative Philology"）一文，指出在对语言进行比较研究时，要注意完整性，留意各个层面。有人试图通过比较语言学研究来证明《创世记》的真实性，却忘记了科学研究不能依赖宗教的权威。他批判了不成熟的词根比较法，例如将蒙古语的 *murun*（河）、满语的 *muke*、朝鲜语的 *mul*（水）、拉丁语 *mare*（海）、英语的 *mere*（湖）都看作同源的词，那么同样 *mar-e* 也可以看作是以 *mar* 为词根（意为"贫瘠的，不生育的"），和梵语 *marú*（意为"荒漠"）同源，而蒙古语、满语和朝鲜语都以 *mu* 为词根，意为"水"。

艾约瑟曾致力于比较汉语和希伯来语的研究，穆麟德则认为汉语和希伯来语的语法完全不同，不能证实谁起源于谁，也无法说明两者有共同的源头。他指出，语法是在各个语种形成时发展起来

---

[1]　Archibald Henry Sayce, *Principles of the Comparative Philology* (London: Trübner, 1874), p. xi.

[2]　Archibald Henry Sayce, *Principles of Comparative Philology*, pp. 159, 161.

的，假设各种语言在语法形成以前就有关系，没有科学上的可能性，没有任何一种原始语言没有语法。艾约瑟认为中国人知道基督教的上帝，但无法用自己的语言表达出来，穆麟德则认为世界上没有一种语言不能表达使用者的思想。艾约瑟注重读音上的比较，穆麟德认为字词的读音和含义并非必然对应，不同语言中相同的发音完全可以表达不同的意思。词汇的含义也会随着时间的推移而发生变化，因此不能光从读音上推断关系。有一些拟声的字词，各民族都使用，容易误导研究者。

穆麟德对语言的分化和变迁提出了自己的见解，认为语言的进化起初在小种群内独立进行，每个人发明的新词很快就被其他成员吸收。当种群扩大，占地日广时，一个新词就要花费更长的时间才能普及。一些人在用新的，另一些还在用旧的。一旦交通受阻，语言的统一就立刻瓦解。原先统一的种群又分成小股，各自谋生，语言也随之分化。如果种群在语言成熟之前分裂，各方言和母语之间的关系就越疏远。北美印第安人的语言就是很好的例证。语言在不断分化，也在不断流动。文明发达的民族，其词汇会流向落后民族，一如日本、朝鲜和印支各国对汉字的借用。如果说人类所有的语言都源于同一母语，则相似之处不应只表现在读音上，也会反映在表达方式上。倘若语言和种群分化之时，语法尚未形成，那么探索这样一个遥远的先祖便毫无意义。最后，穆麟德指出，比较不同语系的语言将会遇到无法克服的困难，比较语言学只能限定在同一语系的范围内。[1] 尽管穆麟德仍然依据当时较为主流的语言学形态

---

[1] P. G. von Möllendorff, "On the Limitations of Comparative Philology", *Journal of the North China Branch of the Royal Asiatic Society*, New Series, Vol. XXXI (1896 – 1897), pp. 81 – 101.

演化观对艾约瑟展开批评，却都点中要害。

19世纪后半期，有不少旅居通商口岸的西方人热衷于比较中西方的语言、文字以及古代文明的各种特征，例如旅沪英国建筑师兼地质学家金斯密（Thomas W. Kingsmill, 1837—1910）、美国浸礼会传教士纪好弼（R. H. Graves, 1833—1912）等人。但汉学界的批评基本上都集中在艾约瑟一个人身上，这不仅说明他是中西语言比较研究的主要倡导者，同时也反映出他在当时汉学界的影响。问题是，学者们对艾约瑟的批评虽有道理，也提出了一些有价值的建议，然而如何才能科学地研究汉语，仍是一个问题。

三、艾约瑟对汉语研究方法的贡献

1873年，湛约翰在《中国评论》上发表了《汉学是一门科学吗？》（"Is Sinology a Science?"）一文。他注意到有人因汉学研究的论文缺乏科学性而感到不安，感慨汉语的科学研究基础从未奠定，学者们各自为阵，互不服气。[1] 湛约翰发现，只知道自己所用方言的中国青年无法依据规则识别诗句中的字韵，因此他强调研究汉语古韵的意义，指出其地位相当于拉丁语和梵语研究在罗曼语和北印度语研究中的地位，北京音中所表现出的语音变化和分解，与西欧语言所发生的情况同属一类，而要明白这一变化规则，必须关注汉语古音的研究。[2] 可见对湛约翰而言，要奠定汉语研究的科学基础，很大程度上依赖对汉语语音变化的规则的研究，可惜他本人

---

[1]   John Chalmers, "Is Sinology a Science?", *The China Review*, Vol. 2, No. 3 (1873), p. 170.

[2]   John Chalmers, "Is Sinology a Science?", *The China Review*, Vol. 2, No. 3, (1873), p. 173.

并未在这一领域有所建树。

在高本汉之前，艾约瑟是对汉语语音演化历史的研究贡献最大的学者之一。由于试图找寻汉语和其他语言之间的联系，艾约瑟在汉学界面临种种批评，但其为服务于一个倍受争议的目标而展开的对汉语自身语音历史的探索，却又为后人的研究奠定了堪称科学的基础。

早在 19 世纪 50 年代，艾约瑟已经开始对汉语古音的推考，并在皇家亚洲学会中国支会（the China Branch of the Royal Asiatic Society）的学报上发表相关论文。艾约瑟指出，中古音韵的变化要多于现今的官话。此外他还注意到古代音译的外来词，例如佛教文献中的一些人名、地名等，有助于研究当时汉语的读音。最后，他对古代汉语读音的变化做了简单概括，指出从汉代开始，上声和入声渐渐变为去声，因此汉字中平声最多。为了平衡发音体系，唐以后增加了流音，同时入声进一步消失。[1]

艾约瑟还发现语言变化和人口迁移有共同的走向。在一些地方，先来到的居民要比后来的在语言中保留更多的古音，这在长江以南的方言中尤其明显。虽然这些方言千差万别，但它们有共同的起源，并且仍旧保留不少相似之处。例如"学""江"等字，去掉官话发音中的韵头 i，就接近方言的读法。[2] 他还发现日本、朝鲜以及印支等地的语言借用了不少汉字，并仍然保留了借去时的读音。因此通过汉字在东亚语言中的读音，可以推断出中古时代的发音。被朝鲜借去的汉字仍然保留尾音 m、p、k；被日本借去的则保

---

[1]　Joseph Edkins, "Ancient Chinese Pronunciation. Part I", *Transactions of the China Branch of the Royal Asiatic Society*, Part iv (1853–1854): 51–64.

[2]　Joseph Edkins, "Ancient Chinese Pronunciation. Part II", *Transactions of the China Branch of the Royal Asiatic Society*, Part iv (1853–1854): 65.

留尾音 *t*，以及 *g*、*d*、*b*、*z* 等软辅音；以元音收尾的字，读法与近代官话也有很大不同，没有官话中的一些韵头。[1] 当时艾约瑟已经对上海方言做了不少研究，并于 1853 年出版了《上海方言中所展现的汉语口语语法》(*A Grammar of Colloquial Chinese as Exhibited in the Shanghai Dialect*) 一书，[2] 因此上海方言成为其还原汉语古音的重要参考，例如"打"字，艾约瑟用上海话注音为 *dáng*。"打"古从"丁"韵，而不是官话中的 *tá*。[3]

考察汉语古音是进行中西语言比较的基础。艾约瑟非常清楚，不能用通行中国的官话读音和其他语言的词根比较。如果推断古音的方法不能成立，那么所有的研究就会前功尽弃。1876 年，在《汉字研究导论》一书中，艾约瑟强调中国人并未创造语言，而是在寻找一种书写早已存在的语言的方法。[4] 可见在他看来，汉语并非想象中那么奇特。艾约瑟坚信，东亚的语言在一个有限的时期内同样发生了类似于格林定律（Grimm's Law）的变化。[5] 于是，他提出了构拟古音的系统方法：通过形声字的声旁；通过古代诗歌的韵律；通过佛教文献中音译的梵语词汇；通过韵书；通过日语、蒙古语、朝鲜语和交趾语对汉字的音译；通过汉语方言研究等各方面的

---

[1]   Joseph Edkins, "Ancient Chinese Pronunciation. Part II", *Transactions of the China Branch of the Royal Asiatic Society*, Part iv (1853–1854): 73.

[2]   关于艾约瑟对上海方言的研究，参见朴允河:《论艾约瑟（J. Edkins）的上海方音研究》，博士学位论文，台湾师范大学，1996。

[3]   Joseph Edkins, "Ancient Chinese Pronunciation. Part II", *Transactions of the China Branch of the Royal Asiatic Society*, Part iv (1853–1854): 80.

[4]   Joseph Edkins, *Introduction to the Study of the Chinese Characters* (London: Trübner, 1876), p. v.

[5]   Joseph Edkins, *Introduction to the Study of the Chinese Characters*, p. 186.

材料，可以复原古代汉语的读音。[1] 虽然在具体的字上，艾约瑟的构拟未必准确，却基本上确立了古汉语音韵研究的方法，并一直沿用至今。就其方法的源头而言，似可追溯到 19 世纪上半叶，德国学者通过方言比较并参照中古文献，构拟原始日耳曼语乃至原始印欧语发音，推断原始日耳曼语何时从印欧语中分离出来，又在何时分化为高地德语和低地德语的尝试。而格林定律实际上也是这一尝试的产物。

　　针对后来庄延龄的批判，艾约瑟认为可以通过古代的文献所表现的音韵特征来推断当时汉语的读音，一如西塞罗（Cicero）和泰伦提乌斯（Publius Terentius Afer）的行文方式可以代表罗马帝国各行省通用的拉丁语，英语可以作为美国、加拿大和澳大利亚等多国的语言一样。汉语虽有各种方言，但皆来自共同的源头，如同拉丁语演化为多种现代欧洲语言一样。[2] 他列举了能够可靠地推测汉字古音的五项规则：（1）官话的音调约有六七百年的历史，如同用官话书写的文献一样。研究官话读音的字典有《五方元音》《中原音韵》。（2）通过《康熙字典》和《佩文韵府》等可以追查到唐代以前的汉字读音。（3）朝鲜、日本和安南的语言中所借用的汉字，保留了这些汉字被借去时代的读音。（4）段玉裁、钱大昕等清代学者的研究表明，汉字的音调体系是逐渐形成的。起初没有音调，首先出现的是平声和入声，接下来是上声，最后是去声。（5）汉语读音中变化最大的就是入声在官话中消亡。这是官话与其他方言之间最

---

[1]　Joseph Edkins, *Introduction to the Study of the Chinese Characters*, p.166.

[2]　Joseph Edkins, "The Chinese Old Language", *The China Review*, Vol. 13, No. 1 (1884), pp. 1－2.

大的差别。[1]

艾约瑟考察汉字古音的大致程序是由《康熙字典》出发，经《广韵》和《玉篇》到郭璞对《方言》《楚辞》及《尔雅》的研究，最后推出上古的读音。他还引用了段玉裁的研究，说明以 *m* 和入声 *k*、*t*、*p* 结尾的字在《诗经》中已经存在。[2]

从沃特斯、庄延龄、福兰阁到穆麟德，二十余年间不断有学者批判艾约瑟的中西语言比较法。对此艾约瑟也积极予以回应，认为通过对汉语方言，日语、朝鲜语和安南语对汉字的转写，《康熙字典》中的注音系统，中国学者对古代经典音韵体系的研究，能够反映出古音的汉字，佛教经典和梵语字母表，藏、蒙、日、朝、满等周边民族的语言，闪米特和雅利安语言等十个方面的考察，可以充分证明汉语和西方语言之间存在关联。他坚信长久以来西方的教育造成了强烈的偏见，以至于人们对如此明显的中西语言之间的关联视而不见。词汇在语言中最为古老，对人类而言，有些词汇并非专属于某个语系，因为语言是上帝对心灵的恩赐。在艾约瑟看来，不仅可以用他归结的法则推出汉字古音，甚至可以用来还原西方语言的读音。[3] 他还指出，人类的发声器官是一样的，因此一个国家的语音变化也会发生在另一个国家，对古老汉语的研究有助于推动词源学的发展。因为人类语言之间相互关联，所以除非细致考察东方

---

[1]   Joseph Edkins, "The Old Chinese Language", *The Chinese Recorder*, Vol. XV (1884): 375.

[2]   Joseph Edkins, "Early Form of Chinese", *The Chinese Recorder*, Vol. XVI (1885): 251–252.

[3]   Joseph Edkins, "Recent Researches upon the Ancient Chinese Sounds", *The China Review*, Vol. 22, No. 3 (1886), pp. 568–569.

语言，否则对印欧语言的研究就无法达到完善。[1]

艾约瑟对中西语言比较研究的辩护自然没有让批评者们感到满意，但其对汉语语音演变历史的研究，本是颇受争议的中西语言比较的一个环节，却为近代西方汉语语音演化史的研究奠定了堪称科学的基础。后来瑞典汉学家高本汉推艾约瑟为最早对汉语古音进行科学研究的西方人，尽管他同时认为其学说有很多臆断之处。[2] 当然，他对艾约瑟汉语研究方法的认可，似乎依然是语文学（philology）本位的，限定在汉语语音演化史的范围内。

19世纪中叶之前，西人对汉语的研究多以实用为目标，语法书和字典的编撰，基本上都服务于西方人学习汉语的需要。湛约翰认为对汉语的研究不能仅满足于关于口语的实用知识，[3] 他和艾约瑟、施古德等人继承了早期东方学家们的理想，在尝试论证一个在当时无法证实的目标之时，也希望通过一种能被认为是科学的方法将汉学引入欧洲学术的中心，即法照欧洲东方学家的做法，通过比较汉语和其他民族的语言，追溯汉民族早期的历史，尤其是未被文字记录的史前时期和史料记载不详的上古历史。然而，汉语有别于欧洲语言的特点，以及19世纪中叶之后学界对科学方法理解的变化，使这一比较研究在方法和结论上都难以得到广泛的认同。而由此展开的围绕汉语研究方法问题的种种争论，在推动汉语研究超越实用层面，进而深入到纯粹学理层面的探讨，却依然具有不可忽视

---

[1] Joseph Edkins, "The Old Language of China", *The China Review*, Vol. 22, No. 3 (1896), p. 598.

[2] Bernhard Karlgren, *Philology and Ancient China* (Oslo: H. Aschenoug & Co., 1926), p. 78.

[3] John Chalmers, "Is Sinology a Science?", *The China Review*, Vol. 2, No. 3 (1873), p. 170.

的贡献。西方学界也正是在这一过程中，逐渐认识到汉语语音的历史变化。艾约瑟试图实现的目标，用现今的标准衡量颇为荒诞。但恰恰是在这一注定失败的尝试中，他开辟了一条构拟汉语古音的途径，并被沿用至今，为西方的汉语研究奠定了方法上的基础。

第四节　汉语和语言科学

在 18 世纪末 19 世纪初欧洲东方学的萌芽阶段，西方人对梵语与欧洲语言的相似性的认识主要是通过词汇比较获得，即便琼斯本人也是如此。虽然他意识到语法在比较研究中的重要性，指出词源上的假设必须通过语法材料来验证，[1] 但似乎没有提供任何可靠的方法。直到博普的比较研究得到公认之后，学界才转向通过语法形式上的比较来确立语言之间的关系，严谨的比较自然也就越来越倾向于限定在语系范围之内。虽然多数学者并不支持跨语系比较，却并未完全否认可操作性。这涉及比较语言研究自身的科学性问题。

一、语文学和语言学

艾约瑟、湛约翰和施古德都采用"语文学"（philology）一词称呼对语言的比较研究。该词的原意是对学问和文学的热爱。在 19 世纪中叶的法语和德语中，philologie 基本保持原意，但在英语中则扩大至比较语言学，故英语学界在 linguistics 和 philology 之间通常不作区分。法国学者利特雷（Émile Maximilien Paul Littré, 1801—1881）的《法语词典》（*Dictionnaire de la langue française*）

---

[1]　Garland Cannon, *The Life and Mind of Oriental Jones*, p. 242.

对 linguistique 的解释是,"在对规则和关系的考虑中研究语言,并将之视为人类精神无意识的产物"。对 philologie 也进行了三个层面的限定,即一种关于美文、语言和评论等的普遍知识;特别是将之作为一种研读文献的方法所进行的学习和研究;比较语文学(philologie comparée),即应用于多种语言的研究,通过它们之间的相互比较加以阐释。[1]

语言学家奥弗拉克在 1877 年的《语言学》一书中指出,法国学者普遍接受利特雷对 philologie 一词的前两个定义,却很少用第三个。[2] 同年出版的英译本则在翻译时刻意调换了 linguistique 和 philologie 的概念,以英语中的 philology 对应法语的 linguistique,以便符合英语世界的表达习惯。[3] 而施古德所用的恰是利特雷对 philologie 一词所下的第三层定义。当然,直到 20 世纪上半叶,也有法语学界的学者使用 philologie comparée 来指历史比较语言学。虽然第一代历史比较语言学家,例如博普、拉斯克和格林等人已经意识到他们的研究正朝着一个和以往以文学研究为导向的语文学不同的方向前行,但他们仍视自己为语文学家,并不经常使用 Sprachwissenschaft(语言科学)一词。博普的学生波特则喜欢使用 Sprachforschung 或 Sprachkunde 这两个词,即语言探索或语言知识。[4]

---

[1] Émile Maximilien Paul Littré, *Dictionnaire de la langue française* (Paris: Librairie de L'Hachette, 1869), p. 315.

[2] Abel Hovelacque, *La linguistiquec* [Paris: C. Renwald, 1881 (troisième édition)], p. 2.

[3] 英译本参见 Abel Hovelacque, *The Science of Language, Linguistics, Philology, Etymology*, translated by A. H. Keane (London: Chapman and Hall, 1877)。

[4] Konrad Körner, *Practicing Linguistics Historiography — Selected Essays* (Philadelphia: John Bejamins Publishing Company, 1989), p. 234.

究竟应当用哪一个术语来描述从历史的角度对语言进行的比较研究？这样的研究属于哪个门类的科学？19世纪中叶，不同国家的学者各有看法。受浪漫主义影响的学者们一般将语言学视为自然科学，而把语文学当作人文或历史科学。事实上威廉·琼斯、施勒格尔兄弟、格林和博普的比较研究并未将语言学（linguistics 或 Sprachwissenschaft）和语文学截然分开。[1] 可是在科学这一概念日渐狭隘化为自然科学的19世纪，为了树立语言比较研究的独立学科地位，以施莱歇尔为代表的一批德国学者竭力将 Sprachwissenschaft 描绘成一门自然科学，而欲达此目标的最佳方法，就是和自然科学中的某一学科进行类比。施莱歇尔积极地在语言形态演化和族系分化模式上发掘与生物繁衍进化理论的相似之处。他相信与生物的进化类似，语言也遵循由单音节发展为多音节，从孤立语发展为屈折语，从一个共同的祖先繁衍出各个支脉并形成一个个语系的演化模式。[2] 在他看来，语言是一个自然的机体，其产生、发展、分解和消亡的规律不受人类意志左右，因此研究语言的方法与自然科学的方法相同。[3] 施莱歇尔并不否认 Philologie 和 Sprachwissenschaft 之间互有需求，但指出前者以某种语言的知识为基础，后者则需要在多种语言之间进行比较。[4] 自施莱歇尔之后，英国的马克斯·缪勒、法国的奥弗拉克、耶鲁大学梵文教授惠

---

[1]　Winfred P. Lehmann, "Philology to Linguistics: Constructive to Literary Study", *South Central Review*, Vol. I, No. 1/2 (1984), pp. 131−132.

[2]　August Schleicher, *La langues de l'Europe moderne*, traduit de l'allemand par Hermann Ewerbeck (Paris: Ladrange, 1852), pp. 21, 23, 26.

[3]　August Schleicher, *Darwinism tested by the Science of Language*, translated by Alex. V. W. Bikkers (London: John Camden Hotten, 1869), pp. 20−21.

[4]　Konrad Körner, *Practicing Linguistics Historiography—Selected Essays*, p. 238.

特尼，都强调语言研究与达尔文进化论之间的相似。[1]

不过，并非所有认为语言研究在方法上与生物学有可比性的学者都视其为一门自然科学。虽然惠特尼也强调语言比较研究的科学性，认为它和其他自然科学一样严谨地建立在观察和推演的基础上。[2] 但他坚决抵制将科学一词狭隘化为自然科学的做法，反对将语言与自然现象类比，否认人类智慧和语言能力完全由生理决定，批评施莱歇尔 1863 年附会达尔文理论写成的《达尔文理论与语言科学》(*Die darwinsche Theorie und die Sprachwissenschaft*) 是其著作中最糟糕的。[3] 惠特尼认为，对语言的研究应当属于历史科学，只是历史科学中没有哪一个分支比之更像自然科学。他将这一研究分为两个层面，比较语文学 (comparative philology) 对语言进行分类，找寻它们之间的关系，语言学 (linguistic science) 研究普遍规则，两者缺一不可，共同构成语言科学。[4]

近代民族学的奠基人普里查德 (James Cowles Prichard, 1786—1848) 的高足莱瑟姆在维多利亚时代的民族学和语言研究等领域都颇有影响。他对英语中的比较语文学是否是一门科学有独特的看法，认为它既可以说是科学，也可以说不是，在任何程度上都只是一个约数，而且在哪种程度上还要看问题是在哪个国家被提出

---

[1]　Stephen G. Alter, *Darwinism and the Linguistic Image, Language, Race and Natural Theology in the Nineteenth Century* (Baltimore: the John Hopkins University Press, 1999), p. 122.

[2]　Stephen G. Alter, *William Dwight Whitney and the Science of Language* (Baltimore: John Hopkins University Press, 2005), p. 98.

[3]　Stephen G. Alter, *William Dwight Whitney and the Science of Language*, p. 138.

[4]　William Dwight Whitney, *The Life and Growth of Language, an Outline of Linguistic Science* (New York: D. Appleton, 1883), pp. 311, 315.

的。在英国，除艺术和文学之外，一切都是科学，而语文学既非艺术又非文学。作为人类知识的一个门类，语文学被莱瑟姆视为民族学的一个分支，其作为一门应用科学，主要功能是充当研究史前史的工具。[1] 就研究方法而言，比较语文学从结果推测原因，从已知推测未知，由后往前，与地质学一样是一部历史。然而知识本身并非科学上的必然，逻辑结构上的三段论可以给出一个逻辑上正确的推论，但形式上的事实不是科学上的事实，哲学的真理不是科学上的真理。科学的规则是向前展望，其本质是对一组情况的预见。一个既定的人类知识的分支所处的位置，取决于其展现出的规则的普遍性，因此自然科学恰是科学的典型，而比较语文学则与之相距甚远。[2] 可见在莱瑟姆看来，自然科学的规则是预见性的，而语言学和地质学只是通过观察所总结、所得到的历史规律，不能预见未来，所以有别于自然科学。

19 世纪中叶以后，自然科学的地位迅速上升，并逐渐垄断了对"科学"一词的解释。"科学"一词原先含义更为宽泛，且经常可以和哲学互换。"科学"也常被用在人文学科的称呼上，只要通过观察和推演并总结出规则的研究方法，都可以称之为"科学的"。不论认为对语言本身的研究属于自然科学还是历史科学，19 世纪的西方学者已经开始尝试将比较语文学或者语言学建设成为一门有其自身规则的科学，即一种语言科学（Science of Language 或 Sprachwissenschaft），使之逐渐独立于原先的语文学。湛约翰、艾约瑟和施古德等人尝试追溯汉语语音的演变历史，将汉字古音与其

---

[1]   R. G. Latham, *Elements of Comparative Philology* (London: Walton and Maberly, 1862), p. 748.

[2]   R. G. Latham, *Elements of Comparative Philology*, pp. 750–751.

他语言的词根进行比较，梳理出汉语和其他语言之间的历史关系。这些努力虽然服务于一个民族学的目标，但此类研究旨在通过精确观察然后比较和分类，最终得出具有普遍性的规则，这在当时确实已经超越了传统的语文学的范畴。

当然，和许多早期东方学家一样，湛约翰、艾约瑟和施古德等实际上仍在努力维持传统语文学与近代语言学的关系，因此他们的语言比较研究尚未完全独立于传统的语文学。用现代的标准衡量，属于跨学科比较的研究，在当时则依然属于语文学范围内的比较，因此在艾约瑟等人看来，用宗教、习俗等方面的相似作为推断语言关系的依据是理所当然的做法。而福兰阁、穆麟德等人的批评则表明，他们试图将语言研究作为一个有别于传统语文学的独立学科来对待。因此，在他们看来，语言学和源于语文学的其他人文学科之间存在明确的学科界限，不能用宗教、习俗等方面的相似来推断语言之间的联系。

二、语言研究的科学方法

就语言研究而言，怎样的方法才算科学？19世纪初期，欧洲学界已就此问题展开了讨论。1828年，克拉普罗特在《语言比较研究的原理》（*Principes de l'étude comparative des langues*）一书中，明确提出了"语言科学"一说。克拉普罗特曾与好友梅里安（Andreas Adolph von Merian）受雇于俄罗斯科学院，从事对高加索地区的民族学调查。梅里安后来病逝途中留下的资料，由克拉普罗特整理成《语言比较研究的原理》一书在巴黎和莱比锡出版。这些花费了12年时间辛苦收集到的语言数据，促使克拉普罗特相信世界上所有语言的词根都有共同的起源，在骨相和面部特征迥异的民族背后，是方言相似的形态。[1]

　　克拉普罗特对语言科学的限定是"研究不同语言的思想及形态之间的相互关系"，而要发现不同语言之间的相似之处只能通过比较。[2] 所谓的比较，就是将两个词语相互对照，检验它们是否有相同的含义和读音。克拉普罗特认为通过比较能发现，即便相距最遥远的民族，他们的语言之间也存在亲缘关系，尽管这些语言之间差异甚大，仍可在其中找到足够数量的词语，每一个在不同语言中都保留了相同的语音和含义。[3] 但这样的研究也面临两个问题，即如何鉴别词语间的相似性是同源还是巧合的结果，以及如何看待语法的功能。

　　就前者而言，克拉普罗特的解决方案是将词汇分为两大类。其中技术、动植物、矿产、外国习俗等方面的词汇，如果存在音义上的相似，则很可能是由借用造成。然而一些非常基本的词汇，例如日、月、大地及用来指称数字、食物、习惯和日常工作的词，则很难想象可以相互借用，除非由征服者灌输给一个哑巴民族。[4] 因此，通过比较一些最基本的词语，得出的结论将更为可靠。

　　语法问题在琼斯的时代似乎尚未引起广泛关注，但 19 世纪 20 年代，用语法比较来证实语言亲缘关系的工作已经开始，因此该

---

[1] Andreas Adolph von Merian & Julius Klaproth, *Principes de l'étude comparative des langues* (Paris: Shubart et Heideloff, 1828), p. v.

[2] Andreas Adolph von Merian & Julius Klaproth, *Principes de l'étude comparative des langues*, pp. 3, 6.

[3] Andreas Adolph von Merian & Julius Klaproth, *Principes de l'étude comparative des langues*, pp. 16, 18.

[4] Andreas Adolph von Merian & Julius Klaproth, *Principes de l'étude comparative des langues*, p. 15.

问题不容回避。克拉普罗特将语法形式理解为"由特殊的语法所表示的对动词和名词的改变,同时也指句法变化",与强调语法比较的丹麦学者拉斯克和德国的博普不同,他认为词根的稳定性超过了语法。通过语法比较来划分语系,会带来不确定的因素,例如在两种语言都丢失了各自原本所属语系的特征的情况下,很难通过语法比较发现亲缘关系。而这丝毫无损于通过词语上的相似性得出的结论。例如,人们已不再怀疑古波斯语和德语属于同一语系,可是如果只比较语法,则很难得出这样的结论。英语和德语之间的关系也是如此。

克拉普罗特相信,词根和词汇是语言的内容,语法为内容提供了形式,词根和词汇则如同钻石一般,不论被怎样切割,依然保持原有的本质。当然,克拉普罗特并不排斥语法比较,因为它在研究人类精神进步和完善的过程中,可以起到指导作用。但是,这些部分和细节的对照在全面比较中便显得无用,例如汉语和阿拉伯语的比较,清晰地表明语法的相对次要性。前者语法形式很少很简单,而后者过于造作。当阿拉伯语还处于满是晦涩和混乱的状态时,汉语的清晰性和精确性已经达到了很高的程度。[1] 可见对克拉普罗特而言,词根比较比语法比较更精确,更符合科学的研究方法,因为主要概念包含在词根当中,而人们称之为语法的部分,只是对词根的修正,很少呈现出类似性、对称性和规律性。[2]

如果用克拉普罗特的标准衡量,湛约翰、艾约瑟和施古德的研

---

[1] Andreas Adolph von Merian & Julius Klaproth, *Principes de l'étude comparative des langues*, pp. 20–21.

[2] Andreas Adolph von Merian & Julius Klaproth, *Principes de l'étude comparative des langues*, p. 21.

究可以称得上是"科学的",但克拉普罗特通过词根比较研究语言关系的"科学"方法,很快被语法比较所取代。1799 年,匈牙利语言学家焦尔毛蒂注意到词尾屈折变化对比较语言学的重要意义,并成功证明了匈牙利语和芬兰语之间的关系。丹麦学者拉斯克在比较语法研究方面同样成就卓著。拉斯克指出,词语的相似性是极不确定的,用语法上的相似性来论证语言是否同源更为可靠。一种语言可以与其他语言混合,却绝不可能完全套用另一种语言的形态变化或词尾屈折。如果要通过语音相似来证明语言同源,必须要有语法上的相似作为支撑。

研究词尾的屈折变化是日后印欧比较语言学的方法指南,可惜匈牙利语和丹麦语不是欧洲学界的主要语言,焦尔毛蒂的研究当时影响并不大,而学界要到 19 世纪 70 年代才开始越来越关注拉斯克的成就。[1] 1816 年,博普在法兰克福出版了《论梵语动词变位体系与希腊语、拉丁语、波斯语和日耳曼语的对比》,三年后又出版了英文增订本。虽然这仅是博普青年时代一部初出茅庐的著作,从中已能看出作者日后的学术突破点,即如何从语法角度验证语言的亲缘关系。在此,博普只考察了语言的一个方面,即动词的屈折形式,但日后他将该书中有限的材料所能证明的东西广泛用于比较整个印欧语的结构,完成了其代表作《梵语、古波斯语、希腊语、拉丁语、立陶宛语、古斯拉夫语、哥特语和德语的比较语法》(*Grammatik des Sanskrit, Zend, Griechischen, Lateinischen, Litthauischen, Altslawischen, Gotischen und Deutschen*, 1833—1852)。

---

[1]   Holger Pedersen, *The Discovery of Language—Linguistic Science in the Nineteenth Century*, translated by John Webster Spargo (Bloomington: Indiana University Press, 1959), pp. 11, 241, 250-251, 253.

此书后来陆续被译成法语和英语，在整个西方学界产生了重要影响。[1] 博普遂被奉为印欧比较语法研究的奠基人。

　　虽然 19 世纪中叶之后，学界普遍将通过语法比较来确定语言之间亲缘关系的方法称为"科学的"方法，问题是通过动词的变位及名词和代词的变格体系来研究语言之间亲缘关系的做法，仅适用于具备比较丰富的屈折形态的语言。没有词尾屈折的语言，其亲缘关系当如何鉴定便成了一大难题。面对那些语言，怎样的研究方法才能算得上科学，也迟迟没有定论。当时，西方学者就语言形态演化的方式、人类和语言起源的单一与多元、人类诞生之初是否就有语言等问题展开激烈争论。各种理论和观点莫衷一是。而跨语系比较得以进行的前提就是语言形态阶进演化、人类和语言单一起源及人类诞生之初就有语言这三个假设同时成立。后两个卷入了人类学方面的讨论和宗教信仰上的分歧，因此并非纯粹的语言学问题。但第一个完全是语言学领域内的问题，不仅关系到跨语系比较在逻辑上的可操作性，更决定了汉语在语言形态演化过程中的角色。

三、汉语在 19 世纪语言形态演化理论中的角色

　　除了通过比较来研究不同语言之间是否存在亲缘关系之外，19世纪的西方学者们也经常按照形态上的分类，将语言的发展视为一个从单音节孤立语逐步向屈折语进化的过程。因此单音节的汉语很容易让人们联想到人类语言的初始状态。艾约瑟同样认为，汉语是现存语言中最接近人类原始语言的，并指出人类的原始语言应当是

---

[1]　威廉·汤姆逊：《19 世纪末以前的语言学史》，黄振华译，世界图书出版公司，2009，第 72-74 页。

单音节的，而且在句法结构上符合自然顺序。所谓的自然顺序就是按主、谓、宾依次排列，形容词放在被修饰的名词之前。他还归纳了原始语言的主要特征：词汇是单音节的，例如 bid、lod ；句法结构主要为主语加动词，动词加形容词，形容词加名词，主语加谓语再加宾语；原始语言可能有简单的声调，例如平、仄、长、短以及停顿和重音。[1] 这些显然都是汉语的特点。问题是，所谓的自然句法结构是如何推理出来的，艾约瑟并没有予以论证。屈折语并不需要按照主、谓、宾的顺序来排列词语。一个体格的词即便置于业格的词之后，依然可以辨别句子的主语和宾语。英语也具备主谓宾的句法结构，因为它已经失去了屈折形式，词与词之间的关系必须由位置决定，除人称代词之外，没有体格、业格和为格的差异，属格用前置或后置的虚词表示，而具格、从格和依格的功能则由介词取代。一种由凯尔特语族、日耳曼语族和罗曼语族中的多种语言在漫长的历史进程中交融而生的语言，却拥有人类原始语言的自然结构，显然是不可思议的。

19 世纪，多数西方学者相信一个民族所使用的语言和它的精神特征及文明程度之间存在密切关系。比艾约瑟早约半个世纪的洪堡特就已非常重视这方面的研究，[2] 并将语言和社会发展的阶段联系起来。孤立语是家族的语言，粘连语是游牧社会的语言，而屈折语的使用表明社会已步入国家阶段。马克斯·缪勒也表示赞同。[3] 此后，法国东方学家勒南批评汉语的结构不完善，缺乏组织

---

[1]   Joseph Edkins, *China's Place in Philology*, pp. 55, 57.

[2]   洪堡特：《论人类语言结构的差异及其对人类精神发展的影响》，第 219 页。

[3]   Friedrich Max Müller, *Letter to Chevaller Bunsen on the Classification of the Turanian Languages*, p. 22.

性，反映了中国人心灵和资质的贫乏。尽管能满足生活需求，能表达实用技艺的术语，有低层次的文学和仅能表达常识却算不上精妙的哲学，但汉语中仍缺乏西方人所能理解的所有表述哲学、科学和宗教的词汇。汉语中没有表达基督教信仰中"上帝"这一概念的字词，形而上的问题仅能用拐弯抹角的方式阐述。[1] 艾约瑟以同样的方式考察不同的语言，并总结了语言与民族的精神及性格特征之间的关系：汉语讲求秩序，闪语有生气，喜马拉雅语安静，马来 - 波利尼西亚语柔和，都兰语倾向扩张，印欧语高贵。与之相应的则是擅长克制的中国人不擅长进步，闪米特人擅长诗歌，喜马拉雅地区的民族喜好安静无为，都兰语民族喜欢扩张，而印欧民族则引领世界前进。[2]

　　当时欧洲人的虚荣心已经侵入语言学领域，学界普遍认为屈折语代表人类语言发展的最高阶段，是完美开化语言的正常状态。[3] 比艾约瑟晚约 20 年的勒菲弗尔（André Lefèvre）认为，屈折具有使词变成一个有机体，在形式和含义上能和同源的其他词区别，让思想变得更加自由准确等功能。语言在进入屈折阶段后，还会向更高的分析语（analytic language）阶段发展，即词尾的屈折出现萎缩，代之以虚词或助动词，英语便是第一种发展到分析语阶段的语言。[4] 可见，在他眼中，英语是在语言发展到屈折阶段后返璞归真，与初始状态的汉语虽然相似，却有本质上的差异。勒菲弗尔对

---

[1]　Ernst Renan, *De l'origin du langage* (Paris: Michel Lévy frères, 1859), p. 195.

[2]　Joseph Edkins, *China's Place in Philology*, pp. 390–394.

[3]　Archibald Henry Sayce, *Introduction to the Science of Language, Vol. II* (London: Trübner, 1880), p. 60.

[4]　André Lefèvre, *Race and Language*, pp. 17–19, 71.

汉语进行了苛刻的批判，[1] 并将语言与民族的发展趋势联系在一起。说屈折语的民族在不断扩张，占据越来越多的地方，而使用孤立语的民族则固守原地，讲粘连语的民族被驱逐到了文明的边缘。阿提拉（Attila）、成吉思汗和帖木儿都试图收复粘连语民族的失地，但均告失败。而古老的中国，其文明虽然发展到了很高的程度，但其体制早在公元前后已经定型。

19 世纪，学界普遍认为丰富的形态变化标志着语言的优越性和精神的发达。当然，也有人意识到语言学研究中存在的问题。英国亚述学家塞斯指出，近代比较语言学的奠基者多为德国学者，说的是欧洲最有屈折度的语言。发现印欧语语音递变规律的德国东方学家格林，便意识到了英语语法中的优点，并劝说德国人接受，但并未得到支持。人们相信语言没有屈折便是退化和不完善。事实上，屈折语是否一定优于粘连语，本身就值得商榷。[2] 艾约瑟的《中国在语言学上的位置》出版不久，塞斯便在《比较语言学的法则》（*The Principles of Comparative Philology*）一书中指出，将动词置于主语和宾语之间是印欧系语雅利安语言进入分析阶段之后才有的现象，产生于罗曼语和条顿语接触的过程中。而将动词置于句末的情况则更多地出现在古代语言中。事实上，最简单的排序不代表最自然的，最合乎逻辑的未必符合历史，达到简单清晰要经历一个漫长

---

[1]   André Lefèvre, *Race and Language*, pp. 81–82. 勒菲弗尔认为只是一种不可思议的天赋，让中国人在没有任何其他资源的情况下获得了四万个符号，即四万个概念，并用这些不完美的工具做任何形式的表达，例如哲学、道德、历史、诗歌和戏剧等等。但对欧洲人而言，这是以牺牲明晰的思维、综合的逻辑以及灵感为代价的。

[2]   Archibald Henry Sayce, *Introduction to the Science of Language, Vol. II*, pp. 67–68.

而艰辛的过程。因为不熟悉外来语言，人们不得不在记忆中搜索
外语中事物和概念的名称。为了获得时间，越晚提到行动的宾语
越好，因此就需要在主语和宾语之间插入许多词，动词就是其中
之一。[1]

印度语法学家将梵语词根约化为单音节，近代比较语言学继承
了这一做法，在构拟原始印欧语词根时，也设定其为单音节。[2] 塞
斯对此并不赞同，他对是否存在一种只有词根的原始语言已表示怀
疑，且认为即便存在原始词根语言，也不应将之与现存的单音节语
混同。[3] 他还指出，某些词根可能是单音节的，但大部分并不如此。
原始语言的语音至少是双音节的，汉语、暹罗语和缅甸语的单音节
是语音退化（phonetic decay）导致的幻象。虽然他对艾约瑟在汉语
古音构拟方面的成绩表示赞赏，[4] 但言下之意，汉语的单音节不是
原始语言的特征，推倒了艾约瑟比较中西语言的理论基础。可是在
艾约瑟看来，汉语最重要的价值恰恰就在于它与人类原初语言的亲
近关系，通过解读汉语中所蕴含的信息，可以增进对人类原初语言
的了解，甚至推测语言产生的最初过程。[5] 而且在他看来，汉语和

[1]　Archibald Henry Sayce, *The Principles of Philology* (London: Trübner, 1874),
pp. 353 – 355.

[2]　Archibald Henry Sayce, *Introduction to the Science of Language, Vol. II*, pp.
13 – 14.

[3]　Archibald Henry Sayce, *Introduction to the Science of Language, Vol. I*, p. 75.

[4]　Archibald Henry Sayce, *Introduction to the Science of Language, Vol. II*, pp.
13 – 14, 222.

[5]　参见 Joseph Edkins, *The Evolution of the Chinese Language—as Exemplifying
the Origin and Growth of Human Speech* (London: Trübner, 1888)。该书各章节出版之
前曾连续刊载于《北京东方学会会刊》。

西方语言比较的可操作性，恰恰就在于能够将西方的语言还原到原始状态的单音节词根。

塞斯颠覆了过往关于语言演化的模式，认为语言是从原始的句词（sentence-word）发展到屈折语，然后进入粘连阶段，最后词根完全被独立出来，例如汉语已经抛弃一切原始特征，分别而清晰地展现出每一个概念，成为发展程度最高的语言，并用艾约瑟的研究证明汉语经历了语音简化的过程。[1] 与此同时，德国汉学家加贝伦茨也指出，印度－日耳曼语中和词结合在一起的被称为屈折的形态其实并无意义，反对将流行的观念投射到对语言形态发展过程的研究中。他认为，如果同义或不同义的词在粘连阶段被附加在词根后起到变格的作用，那么欧洲人的祖先应该和芬兰或高加索地区的人一样有许许多多的格。但如果把希腊语、拉丁语和其他一些后来出现的语言同梵语对照，可以发现年轻的语言用相近的音素弥补形态的贫乏。类似的结构功能相同，依据的不是逻辑而是纯粹的语法规则。因此，粘连语实际上是后来的创造。

在加贝伦茨看来，欧洲的语言训练如同顽童玩摔跤和爬树撕破衣服，再叫裁缝拼补，这本身就谈不上创造。有天赋的孩子沉浸在那些没有内容的思维和记忆训练中，以获得最没价值的分数。相对于理解和想象而言，这种有缺陷的体系对记忆的要求更高。他发现几千年前，乌拉尔－阿尔泰语已经开始趋同发展，古代马来语中也出现动词形态的一致，如同现今欧洲语言句子中的分词。不论分化的标志出现在哪里，印度－日耳曼语系中的各种语言都表现出相似的简化趋势。由此，加贝伦茨指出，印度－日耳曼语中最受推崇

---

[1]　Archibald Henry Sayce, *Introduction to the Science of Language, Vol. I*, pp. 118-128.

的特征恰恰是很不合理的。为何要用不同的语音表达同样的形态概念? 为何主语人称已经非常明确，第三人称的动词还要加上词缀? 为何要有语法上的性，不论自然界中存在还是不存在的性差别都要表达出来? 这一切都是徒耗精力。印度－日耳曼语和乌拉尔－阿尔泰语一样有词序规则，动词在主语之后，两者之间可插入定语，如同一条便利的纽带连接在一起。现代的欧洲语言已经证明，没有严格的语法束缚不见得就会损害思想的飞跃和艺术的创作。印度－日耳曼种族的一大成就便是挣脱这种强制的束缚，开辟出一条新路。满溢的力量需要自由发挥，因此自己会发现道路。印度－日耳曼人的祖先放弃了粘连词汇会和形态结构带来的便利，因而获得了一种句法结构上更高层次的自由。语言中的每个部分都并然有序，观点一目了然。这是思想家、发明家和艺术家的语言。[1]

　　可见，虽然加贝伦茨不否认印欧语言的优越性，但相信这种优越性并不体现在发达的屈折体系中，而是通过舍弃屈折语法，在迈向分析化的道路上获得的。沃特斯在 1889 年的《汉语论集》(*Essays on the Chinese Language*) 中也指出，形态上的划分导致了对语言的历史和特征的严重误解。可以让我们对汉语作为表达和交流的工具进行恰当评判的必要信息并非随手可得，也不能通过与其他语言的比较对汉语的等级和价值做最后的论断。[2] 如果语言形态发展是一个由复杂到简单的过程，如果汉语是位于语言形态发展最高阶段的分析语，那么只有找回汉语早已丧失的屈折形式，方可再

---

[1]　Goerg von der Gabelentz, *Die Sprachwissenschaft, ihr Aufgaben, Methoden und Bischerigen Ergebnisse* (Leipiz: CHR. Herm. Tauchnitz, 1901), pp. 398−401.

[2]　Thomas Watters, *Essays on the Chinese Language* (Shanghai: Presbyterian Mission Press, 1889), pp. 15, 19.

与西方语言进行比较。但时至今日，学界对此依然束手无策。

汉语在人类语言中究竟处于怎样一个位置？是最初级阶段，保留了最多原始语言的特征，还是语言发展的最高阶段？这个问题实际上反映了西方学界对语言演化的进程和印欧语言地位的认识。将汉语划进语言发展的初始阶段，则不能解释中国文明为何比中亚游牧民族发达，更不能解释一种结构原始、只能适用于家庭交流的语言如何能维持一个如此庞大而统一的帝国的需要。欧洲学界，尤其是德国东方学家所引以为自豪的日耳曼语族，则曾是蛮族的语言。如果没有拉丁文化的影响，使用这种语言的民族或许将一直生活在野蛮状态中。19 世纪，多数语言学著作依然按照孤立语、粘连语和屈折语的发展顺序写作，而这恰恰是西方人文化优越感的体现。

结　语

近代西方汉学的历史本身便是西方思想学术史的一个部分，西方学界在历史比较语言学的研究前提和研究方法上的争论，同样引起了汉学家们的关注，但也造成了他们之间的分歧。由于东亚语言和西方语言之间的巨大差异，汉学家们在尝试将西方历史比较语言学方法引入对汉语的研究，以便发掘汉语和人类其他语言之间的关系时，所面对的困难要远大于仅在印欧语或亚非语内部进行比较研究的西方学者。关键性的问题，时至今日似乎依然难以解决。正如坎贝尔和波泽所言，欧洲东方学家们的成功主要取决于他们用于比较的对象的本质。但问题是，这样的研究仅说明了哪些特征可以用于解释语言之间的亲缘关系，却没有提出一套有效的方法作为确立语系的标准，并用于判断关系疏远且不明显的语言是否属于同一语系。[1] 福兰阁和穆麟德对艾约瑟的批评，恰恰反映出 19 世纪历史比较语言学所面临的困境。所谓正确且科学的方法，实际上建立在比较那些无须通过这些方法也能看出它们之间联系的亲缘关系密切的语言之上，因此无助于判断相似性不明显的语言之间是否存在亲缘关系。

就方法而言，19 世纪的汉学家们在汉语和其他语言之间所进行的比较自然存在诸多问题。首先，不应引入语言之外的因素，例如共同的文化及体质特征，来论证语言上的联系。其次，他们也没有严格遵守语音对应的原则。再者，即便是所谓的日常生活中最基本的词汇，也存在借用的情况。而且，他们并没有提供一套有效的方法来鉴别这些相似是出于同源、巧合还是借用。最后，他们是在具体的语言之间，而非所能构拟的各语言所属语系最初形式之间进行比较。不过，恰恰是在尝试解决一个事实上不可能解决的问题的过程中，西方学者对汉语语音的演化历程逐步清晰起来。尤其是艾约瑟的研究，使得西方学者们认识到，汉语不是一种四千年来未曾变化的语言。塞斯对人类语言形态演化历程的重构受艾约瑟的启发颇大，[2] 也反映了关于中国的知识在近代西方世界知识体系转型过程中的作用。

人类的语言始终处于变化之中，甚至语法形态也不像多数 19 世纪的语言学家所认为的那样稳定。没有亲缘关系的语言可以通过

---

[1]　Lyle Campbell and William J. Poser, *Language Classification — History and Method*, p. 68.

[2]　参见 Archibald Henry Sayce, *Introduction to the Science of Language Vol. I*, p. 293; Archibald Henry Sayce, *Introduction to the Science of Language Vol. II*, pp. 9, 222, 227。

借用语法获得新的形态，而有亲缘关系的语言也可以不具备相似的形态特征。[1] 法国学者梅耶（Antoine Meillet）指出，试图将每种语言都按照谱系分类，使得一些语言学家错用了分类方法。[2] 而是否每一种语言都能找到类似于印欧语系或者亚非语那样的语系归属，本身便是一个问题。例如汉藏语系中，各语言单音节的词根使得相似究竟出于巧合还是同源，难以分辨。词汇和形态的借用非常普遍，难以区别相似性由同源还是共同借用造成。一些语言无文字，另一些有文字但不表音，也妨碍了比较研究的进行。[3]

在湛约翰、艾约瑟和施古德等人并不成功的尝试之后一个世纪，加拿大学者蒲立本、美国学者梅维恒（Victor H. Mair）等继续致力于研究史前及上古时代中国与欧亚早期文明的交往，也对汉语中一些词汇源自古代印欧语的可能性进行了考察。[4] 考古发掘可以证实上古以前中原文明和中亚乃至西亚文明之间便已存在密切交往，也不能断然否认其中某些信息可以通过语言研究来反映。但历史比较语言学是否可以论证汉语与北欧语言同源 [5]，或证明存在

[1]　Lyle Campbell and William J. Poser, *Language Classification—History and Method*, pp. 187, 192.

[2]　Antoine Meillet, *Linguistique historique et linguistique générale* (Paris: Champion, 1982), p. 78.

[3]　Lyle Cambell and William J. Pose, *Language Classification—History and Method*, pp. 112−113.

[4]　参见 Edwin George Pulleyblank, "*Prehistoric East-West Contacts Across Eurasia*", *Pacific Affairs*, Vol. 47, No. 4 (1974−1975)；Victor H. Mair, "Old Sinitic *Myag, Old Persian Maguš, and English Magician", *Early China*, Vol. 15 (1990), pp. 27−47。

[5]　高晶一:《汉语与北欧语言——汉语与乌拉尔语言及印欧语言同源探究》，中国社会科学出版社，2008。

一个曾经作为世界上各种语言的共同母语的超级语系 [1]，似乎依然
希望渺茫。建构超级语系所依赖的格林伯格（Joseph H. Greenburg）
多边比较法（multilateral comparison），受到坎贝尔和波泽的严厉批
评。[2] 早在 17 世纪，荷兰学者米利乌斯（Abraham Mylius, 1563—
1637）便将不同语言中出现相似词汇的原因归结为巧合、拟声、借
用和同源四点，并指出其中只有一小部分源于拟声和巧合，同源也
是一个重要原因，但大部分的相似是由征服和贸易造成的。[3] 时至
今日，在难以有效区分同源与借用的情况下，超级语系的构想相
比当年湛约翰、艾约瑟和施古德等人的尝试，又有哪些本质上的
推进?

---

[1]　李艳:《超级语系——历史比较语言学的新理论》，中国社会科学出版社，
2012。

[2]　坎贝尔和波泽认为，1957 年时，格林伯格尚不主张随意比较两种语言，但
30 年后则放弃了自己原先提出的方法。(Lyle Campbell and William J. Poser, *Language
Classification — History and Method*, pp. 128-136.) 李艳似乎并没有关注到坎贝尔和
波泽对格林伯格细致而深入的批评。

[3]　Geroge J. Metcalf, *On Language Diversity and Relationship — from Bibliander
to Adelung*, pp. 20-21, 45.

第二章 诠释与歧变：耶稣形象
在明清社会的传播及反应

明末清初天主教传教士入华伊始，就以西方的绘画、雕塑、科技等作为传教的辅助工具。随着这些圣像的广泛流行，以及天主教中文著作的流通，耶稣基督的形象开始在明清社会里得以传播，并引起不同层面的反应。传教士通过图画、中文著作所构建的耶稣形象，为什么得不到中国士人的理解，反而被误解、曲解，甚至成为攻击的焦点？通过研究发现，传教士在构建耶稣形象时突出耶稣的神人二性；而由于文化、宗教背景的差异，中国人对于耶稣的受难、被钉等情节产生诸多不解与疑问，进而成为反教者攻击耶稣形象的口实。

学界有关明末清初西方宗教艺术入华史已有诸多成果，[1] 在相关研究成果的基础上，重点关注前人较少研究的《进呈书像》等文

---

[1] 如莫小也：《十七—十八世纪传教士与西画东渐》，中国美术学院出版社，2002；顾卫民：《基督宗教艺术在华发展史》，上海书店出版社，2005；Pasquale M. D'Elia, *Le origini dell'arte cristiana cinese, 1583-1640* (Roma: Reale Accademia d'Italia, 1939); Nicolas Standaert, ed., *Handbook of Christianity in China: Volume One (635-1800)* (Leiden; Boston: Brill, 2001); Roman Malek, ed., *The Chinese Face of Jesus Christ* (Sankt Augustin: Institut Monumenta Serica and China-Zentrum, 2002)；褚潇白：《耶稣基督形象在明清民间社会的变迁》，博士学位论文，复旦大学，2009。

献，[1] 并侧重从耶稣形象构建及其诠释等角度出发，对明末清初天主教耶稣形象的引入、传播及其影响加以探讨，进而体察异文化传通过程中由于文化差异引起的隔阂与变形。

第一节　天主或耶稣：耶稣形象的引入与传播

虽然明末入华的耶稣会传教士是以"赚取中国"的"精神狩猎"为目的，但是他们采取了灵活多样的传教策略，[2] 这些策略包括"争取士大夫的同情""以学术传教""自上而下"等。其中，图像（包括地图、绘画等）就是最为有效的辅助方式之一。

由于西方圣像采用了透视法，或铜印或油画，明暗分明，颜色丰富，人物形象栩栩如生，跃然纸上，"绘画而若塑者，耳鼻隆起，俨然如生人"[3]；"脸之凸凹处，正视与生人不殊"[4]；"耳隆其轮，鼻隆其准，目容有瞩，口容有声"[5]；"眉目衣纹如明镜"[6]；"人可呼而

---

[1]　参见 Nicolas Standaert, *An Illustrated Life of Christ Presented to the Chinese Emperor: The History of Jincheng shuxiang (1640)* (Sankt Augustin: Institut Monumenta Serica, 2007)。

[2]　利玛窦、金尼阁:《利玛窦中国札记》，何高济等译，中华书局，1983，第 180 页。

[3]　吴长元:《宸垣识略》卷七《内城三》，北京古籍出版社，1981，第 125 页。

[4]　顾起元:《客座赘语》卷六《利玛窦》，《续修四库全书》子部 1260 册，上海古籍出版社，1995，第 192 页。

[5]　刘侗、于奕正:《帝京景物略》卷四，《四库全书存目丛书》史部 248 册，齐鲁书社，1995，第 271 页。

[6]　姜绍书:《无声诗史》卷七，《四库全书存目丛书》子部 072 册，第 789 页。

至"[1];因此,引起了人们的广泛好奇。明末来华的利玛窦(Matteo
Ricci, 1552—1610)等传教士,则充分利用了人们的这种好奇心,
使用圣像来吸引人们进入教堂或会院,从而为传教创造了机会。

这些圣像一般由修会赠送给传教士。《利玛窦中国札记》记载,
耶稣会总长在肇庆教堂建立时,就"送去一些对传教工作非常有用
的礼物,其中一幅为罗马著名艺术家绘制的基督画像"。其他教区
的主教或神父也会赠送一些画像,一般由澳门中转到内地传教士的
手中。[2]

这些圣像除了送给信徒之外,也常常被传教士当作礼物送给
当地的官员或士大夫,以建立友谊或为传教事业寻求帮助。[3] 范礼
安(Alexandre Valignani, 1538—1606)为了让利玛窦在北京开辟会
院,就曾将圣像当作礼物送给当时在南昌的利玛窦,"为了促进他
设想的目的,视察员神父搜集了他认为凡是有助于这个目标的所有
物品,都送往南昌府;其中有一帧从西班牙寄来的圣母像,一帧救
世主基督像"[4]。而士大夫收到这些圣像之后,往往又会邀请其他士
大夫来观看这些"不可思议"的画像,这样就在无形中传播了天主
教,尤其是耶稣的形象。[5] 由于这些赠送的画像十分有限,因此传
教士就使用当地的雕版来印制圣像;或由当地信徒自己绘制。[6]

---

[1]　魏禧:《跋伯兄泰西画记》,载《魏叔子文集》卷十二,《续修四库全书》集
部 1408 册,第 689 页。

[2]　利玛窦、金尼阁:《利玛窦中国札记》,194 页。

[3]　汤开建:《明清之际天主教艺术传入中国内地考略》,《暨南学报(哲学社会
科学版)》2001 年第 5 期。

[4]　利玛窦、金尼阁:《利玛窦中国札记》,第 314 页。

[5]　利玛窦、金尼阁:《利玛窦中国札记》,第 323 页。

[6]　如清初赵仑所绘"圣母像",参见赵仑:《续〈口铎日抄〉》,载吴历撰《吴
渔山集笺注》,章文钦笺注,中华书局,2007,第 596 页。

因为通过圣像传教取得了良好的效果，所以传教士注意在教堂以及其他场合使用圣像。[1] 罗明坚（Michel Ruggieri，1543—1607）和利玛窦在肇庆时，就开始在教堂里供奉圣母像。[2] 利玛窦在南京时所供奉的"圣母抱婴像"给时人顾起元留下了深刻印象："所画天主，乃一小儿，一妇人抱之，曰天母。"[3] 程大约曾将利玛窦所赠四幅西方版画在《程氏墨苑》中再版。成年耶稣以及幼年耶稣形象，随着《程氏墨苑》在明末社会得到广泛传播。

清初鲁日满（François de Rougemont，1624—1676）在江南时，积极通过圣像来传教。[4] 此时教堂里除了供奉圣母、天主圣像之外，还会悬挂一些其他内容的宗教画，甚至是世俗内容的图画："在这座房子的柱廊和礼堂中挂上图片和绘画，包括欧洲作品，会使中国人多么羡慕。他们会从远近赶来欣赏，并常来光顾。"[5] 清初杭州教堂里除了悬挂天主圣像外，还有宗徒、圣人等画像，并配有信徒张星曜撰写的诗歌。这些"图文并茂"的绘画便成为"宣传福音的讲解员"。[6]

在明末世人的思想世界中，这些图像里的人物形象无不昭示

---

[1]　参见高华士：《清初耶稣会士鲁日满常熟账本及灵修笔记研究》，大象出版社，2007，第381页。

[2]　裴化行（H. Bernard）：《天主教16世纪在华传教志》，商务印书馆，1936，第281页。

[3]　顾起元：《客座赘语》卷六《利玛窦》，第192页。

[4]　高华士：《清初耶稣会士鲁日满常熟账本及灵修笔记研究》，第173、198、208、210、230、381-395页。

[5]　高华士：《清初耶稣会士鲁日满常熟账本及灵修笔记研究》，第384页。

[6]　张星曜：《圣教赞铭》，载《法国国家图书馆明清天主教文献》第8册，台北：利氏学社，2009，第583-587页；D. E. Mungello, *The Forgotten Christians of Hangzhou* (Honolulu: University of Hawaii Press, 1994), pp.111-112。

着一种类似于佛教的信仰。[1] 因此，当传教士在圣坛上摆放圣母像时，人们也"习惯地弯腰下跪，在地上叩头"，以至于不少人以为天主教是崇拜圣母的宗教。[2] 有些人还根据佛教或民间宗教的习惯，"十分恭敬地迎接了圣像，奉为神物"，并且"在圣像前点起了檀香灯"。[3] 龙华民（Nicholas Longobardi, 1559—1654）在韶州传教时，在某个村庄的"客厅里有一个讲坛或类似祈祷的角落，在那里他很惊奇地在大约五十个偶像当中看到一幅很显眼的圣母像，手里抱着婴儿耶稣"[4]。明蔡汝贤《东夷图像》中的《天竺图》，使用"佛"来指称"天主教"，该画中的圣母抱婴像即类似于佛教中的观音形象。[5] 程大约在编辑出版《程氏墨苑》时，就将利玛窦所赠予的四幅福音画像归于"缁黄"类。[6] 在明末城市的市场里，耶稣圣像常被当作西藏佛像、日本扇子之类的"域外奇珍"。[7] 很显然，人们很容易将天主教当作佛教一样的宗教，而天主教圣像里的人物，无非类似于佛教里的神佛，或道教的神灵；只不过，天主教圣像里的人物有点"异域风格"而已。[8]

---

[1] 1600 年就出现了类似于白衣观音的圣母抱婴像，其中，圣婴是中国儿童的形象，参见 Pasquale M. D'Elia, *Le origini dell'arte cristiana cinese, 1583–1640*, p.51。

[2] 利玛窦、金尼阁：《利玛窦中国札记》，第 169 页。

[3] 利玛窦、金尼阁：《利玛窦中国札记》，第 376 页。

[4] 利玛窦、金尼阁：《利玛窦中国札记》，第 503 页。

[5] 蔡汝贤：《东夷图像》，载《四库全书存目丛书》史部 255 册，第 414、426-427 页。

[6] 陈垣：《跋明末之欧化美术及罗马字注音》，载《陈垣学术论文集》（一），中华书局，1980，第 8 页。

[7] Craig Clunas, *Pictures and Visuality in Early Modern China* (London: Reaktion Books, 2006), p.173.

[8] 利玛窦、金尼阁：《利玛窦中国札记》，第 452-453 页。

因此，就早期在华传播的耶稣形象而言，人们并没有在意其自身所蕴含的一神信仰、救赎、末世审判等特定的宗教含义。观众只能从自身所知的宗教背景出发，去理解天主教圣像。人们甚至对耶稣受难、耶稣所具有的犹太人身份产生怀疑，而认为圣像所表达出来的耶稣是传教士的"祖先"，甚至是传教士"自己"而已。[1]

利玛窦等传教士也意识到这些因为文化、思想、宗教背景的差异所产生的问题。一方面，利玛窦有意减少耶稣在十字架上受难的展示机会，因为明末世人对赤身裸体的耶稣苦像难以接受；另一方面，利玛窦则有意构建出耶稣就是天主，就是天地唯一真主的形象。但就相关的记载来看，在信徒的思想世界中，利玛窦所构建的耶稣形象显然不同于天主形象。在各种"奥迹"中，天主一般都是以"老者"的形象出现，圣母则是类似观音的白衣女子；而耶稣形象往往都停留在"圣婴"上。[2] 在著名的徐光启梦见"三位一体"的描述中，最突出的、首先出现的画面就是"老人像"；而"圣子"像则没有过多描述。很显然，即使是类似于徐光启这样的信徒，对于天主是位"老者"形象的印象还是十分深刻，而对于充满"异域"色彩的"耶稣"形象的想象则显得十分有限。[3]

实际上，这也是其他修会的传教士，以及某些学者指责利玛窦过分宣传"上帝论"而忽视"基督论"的原因。[4] 利玛窦自己也承

---

[1]　利玛窦：《利玛窦全集》第 4 册《利玛窦书信集（下）》，台北：光启出版社，1986，第 343 页。

[2]　利玛窦：《利玛窦全集》第 4 册《利玛窦书信集（下）》，第 267、283、291 页。

[3]　利玛窦、金尼阁：《利玛窦中国札记》，第 468 页；利玛窦：《利玛窦全集》第 4 册《利玛窦书信集（下）》，第 266-267、290 页。

[4]　其他修会如多明我会、方济各会；学者如谢和耐等。参见柯毅霖 （转下页）

认，他首先的目的是让中国人认识到"在天上有一天地万物的创造者——天主"，"世上许多人张开双眼向天，承认'的确天地间应有一位造物者，极睿智地管理宇宙的一切'"。[1] 而对于充满奥秘的耶稣诞生、受难、复活、救赎等内容，则需要时间慢慢向中国人传达。[2]

第二节　陡斯或上帝：天主教中文著作中的耶稣形象

利玛窦等传教士在其中文著作中，着力刻画或构建了唯一神的"天主"形象。但是，利玛窦并非向世人凭空构建一个来自"泰西"之神，而是通过利用古代儒家经典中所塑造的"上帝"形象来进行"移植"或"披戴"。其最终目的是通过唯一神"上帝"来为耶稣的诞生、受难、救赎作铺垫。

罗明坚《天主实录》的前四章、利玛窦《天主实义》的第一章，均在论证唯一神"天主"，是天地主宰，"始制天地万物而主宰安养之"。利玛窦还采用阿奎那（Thomas Aquinas，1225—1274）的"五个证明"来论证天主的存在。利玛窦认为，"吾国天主，即华言上帝"，又"夫即天主，吾西国所称'徒斯'是也"。[3] 因此，陡斯（Deus）就等于上帝。同时，在《天主实义》中，利玛窦对陡斯的各种属性，如唯一、无形无声、全知、全善、全能、全听、赏善罚

（接上页）《晚明基督论》，四川人民出版社，1999，第4、97页；孙尚扬：《基督教与明末儒学》，东方出版社，第79—80页。

　　[1]　利玛窦：《利玛窦全集》第4册《利玛窦书信集（下）》，第168页。

　　[2]　柯毅霖：《晚明基督论》，第127—128页。

　　[3]　利玛窦：《天主实义》，载《天学初函》第1册，台北：学生书局，1964，第415、381页。

恶、创造万物等等均做了详细的论述。[1] 另外，利玛窦还对其他宗教的多神崇拜进行了批判与攻击，从而进一步确立了天主教唯一神的形象。

在《天主实义》的最后一章，利玛窦用了少量的笔墨提及耶稣。利玛窦很清楚，在明末社会中，有各种类似于耶稣的形象，甚至也有类似于天主降生成人的情节、传说、故事或想象。利玛窦还杜撰出汉明帝误求佛经的故事："考之中国之史，当时汉明帝尝闻其事，遣使西往求经，使者半途误值身毒之国，取其佛经传流中华。"[2] 随后利玛窦以《旧约》里先知的"预兆"、《新约》福音故事里的"神迹"等，证明耶稣即是天主。但是，对于世人颇多疑问的耶稣为何降生在以色列、既然耶稣是天主为何会受难、耶稣为何是"夷人"形象等，均未作回答。

这些问题留给了利玛窦之后的传教士。在艾儒略（Giulio Aleni, 1582—1649）的《三山论学记》中，叶向高（1559—1627）针对耶稣救世所提出的一系列问题就富有代表性。其中，最首要的问题是，既然天主全善、全能，且能"造世"，为什么"不能救世"，而"躬为降生"？其次的问题是，既然天主必须降生，完全可以"从天而降"，"何必胎于女腹中"？再次，耶稣为什么降生于"如德亚"（以色列），"何不降我中土文明之域"？[3] 这三个问题实际上反映了明末世人的一般思维习惯。对佛、神、仙的传统想象导致世人有关耶稣降生的不解，甚至曲解，尤其是有关三位一体、受难、救世

---

[1]　此在《万物真原》《主制群征》等其他传教士的作品中得到进一步论述。

[2]　利玛窦：《天主实义》，载《天学初函》第 1 册，第 628–632 页。

[3]　艾儒略：《三山论学记》，载《天主教东传文献续编》第 1 册，台北：学生书局，1966，第 486–492 页。

的天主教核心教义。在叶向高所代表的士人的思想世界中，天主全能、全善，完全可以不必降生成人；即使要降生，也不必由童贞女受孕，直接"由天而降"即可；同时，如果要降生也应该降生在文明之地的中华。[1] 对于这些问题，艾儒略最后只能强调"信"，即"要之信之一字，道之根原也，功之魁首也，万善之纲领也"。[2] 换言之，在理性或逻辑无法让世人明了的情况下，艾儒略只能诉诸"信仰"本身。

在被许理和（Erik Zürcher，1928—2008）称为记录明末福建天主教徒宗教生活的"百科全书"式的著作《口铎日抄》中，传教士在不同场合通过讲解福音故事，试图构建、传播耶稣形象。这些福音故事尽管有很多"神迹"，却在某种程度上无法将耶稣形象与天主形象重合起来。尤其是世人无法理解的耶稣受难的情节、耶稣兼有神性与人性、耶稣通过受难而救世等内容，更无法让全能的天主形象赋予耶稣身上。相反，世人甚至信徒认为，耶稣是圣母所生之人类，而佛陀同样也有可能是救世主："释迦虽出人类，安知非降生救世之身耶？"[3] 在这里明显可以看到，佛教、道教以及中国本土宗教的文化背景，严重影响了人们对耶稣形象的理解与接受。一位士人向传教士如此说道："人之疑者，以耶稣为天所笃生之大圣，亦如儒之孔、玄之老、禅之释等尔，未必为真天主。"[4] 而且，如果根据古儒经典，天主降生更是不可理解的。一方面，古儒经典没有降

---

[1]　参见柯毅霖：《晚明基督论》，第 281-284 页。

[2]　艾儒略：《三山论学记》，载《天主教东传文献续编》第 1 册，第 491 页。

[3]　李九标等：《口铎日抄》，载《耶稣会罗马档案馆明清天主教文献》第 7 册，台北：利氏学社，2002，第 326 页。

[4]　李九标等：《口铎日抄》，载《耶稣会罗马档案馆明清天主教文献》第 7 册，第 491-492 页。

生救世的相关记载；一方面，古儒经典中或儒家的上帝，虽然可以解释为人格神，但不必有降生救世之举。正如一士人所谓："《诗》云：'上天之载，无声无臭。'子曰：'天何言哉。'天虽有主，从未尝指何者为天之主，故疑天主不必有降生之像也。"[1]

　　虽然在《天主实义》《三山论学记》以及《口铎日抄》中有耶稣形象的描述，但是具体介绍耶稣生平与福音故事的却是《天主降生引义》《天主降生言行纪略》之类的著作。[2] 中国信徒的著作，如杨廷筠的《代疑篇》、朱宗元的《答客问》与《拯世略说》等，也有对耶稣形象的诠释与重构。但是，杨廷筠也承认，耶稣降生一事，"此理甚长，须尽看别篇，方能晓悟"，其《代疑篇》只能"略言之"。[3] 杨廷筠本人在受洗入教之时，亦对天主降生提出"惧亵天主"的质疑。[4] 而朱宗元认为："今世群疑而不决者，莫如耶稣降生一事。"[5] 刘凝亦有类似的看法："独降生救赎，其理奥窔，非天牖其衷，难以猝晓。"[6] 就《代疑篇》《答客问》等有关耶稣形象的内容

---

[1]　李九标等：《口铎日抄》，载《耶稣会罗马档案馆明清天主教文献》第 7 册，第 495-496 页。

[2]　艾儒略：《天主降生引义》，载《东传福音》第 4 册，黄山书社，2005，第 17-41 页；艾儒略：《天主降生言行纪略》，载《耶稣会罗马档案馆明清天主教文献》第 4 册，第 1-336 页。

[3]　杨廷筠：《代疑篇》，载李天纲编注《明末天主教三柱石文笺注——徐光启、李之藻、杨廷筠论教文集》，香港：道风书社，2007，第 234 页。

[4]　丁志麟：《杨淇园先生超性事迹》，载《徐家汇藏书楼明清天主教文献》第 1 册，台北：方济出版社，1986，第 220 页。

[5]　朱宗元：《拯世略说》，原文附于 Dominic Sachsenmaier, *Die Aufnahme europäischer Inhalte in die chinesische Kultur durch Zhu Zongyuan (ca.1616–1660)* (Nettetal: Steyler, 2001), p.353。

[6]　刘凝：《觉斯录》，载《耶稣会罗马档案馆明清天主教文献》第 9 册，第 583 页。

来看，世人对于耶稣降生、受难、救世等行为颇多不解，因而，这些著作不得不多所着墨以释群疑。

从《代疑篇》来看，信徒或世人对于耶稣降生成人、由童贞女受孕、十字架受难、耶稣是否是天主等内容存在颇多疑问。甚至有人这样认为："至被钉死十字架，天主为无能矣。"[1] 还有这样的疑问："天主至仁至慈，何不竟赦人罪，以身代之何为？"[2] 这些内容实际上反映出当时信徒或世人对耶稣形象的理解与诠释。

而在信徒张星曜的《天儒同异考》中，他认为耶稣就是天主，而且还将天主受难救赎世人当作天主教超越儒教的表征之一。[3] 但是在张星曜的另一部著作《天教明辨》中，他却认为耶稣是"天主子"，"引人尊天主，人乃知有天主之宜尊"。[4] 换言之，在耶稣降生之后，人们才知道尊重天主。而这里的耶稣、天主子与天主之间的关系则语焉不详。张星曜又谓："况降生之天主，实为上帝之子，俨然与人共处三十三载，定立教规，则安得不以像祀之。"[5] 正是因为耶稣降生之后，上帝才有像，为人所见，因而可以像设崇拜。张星曜的《天教明辨自序》又以简短文字概述天主降生的经过：

　　　　昔天主上帝悯人心之不检，妄为魔诱，于开辟之时，躬许

---

[1]　杨廷筠：《代疑篇》，载李天纲编注《明末天主教三柱石文笺注——徐光启、李之藻、杨廷筠论教文集》，第 259 页。

[2]　杨廷筠：《代疑篇》，载李天纲编注《明末天主教三柱石文笺注——徐光启、李之藻、杨廷筠论教文集》，第 259–260 页。

[3]　张星曜：《天儒同异考》，BNF（法国国家图书馆），Courant 7171，第 57 页。

[4]　张星曜：《天教明辨》第 1 册，中国国家图书馆藏，索书号 133363，第 125 页。

[5]　张星曜：《天教明辨》第 1 册，第 131 页。

降生，至汉元帝元寿二年，果降生于如德亚国，行教三载，圣
迹不可殚述。当是时，国人忌之，诬以欲王如德亚，以至受难
受死。盖天主降生原为斯人赎罪，受难其本志也。自复活之后，
驻世四十日，命宗徒四出行教，设立教皇，拣选粹德使穷乡僻
远、戴发之伦皆启迪之，故西国千余年来皆道德一而风俗
淳矣。[1]

总体而言，信徒有关耶稣形象的信息来源均是传教士的著作。
虽然对耶稣形象的理解或多或少存在差异，基本上能以传教士所构
建的耶稣形象为准绳。其中一个原因就是明末清初天主教的中文著
作，一般都要经过教会内部或传教士或信徒的审校，然后才可以刻
印出版。因此，在这些著作中不太可能出现偏离传教士所构建的耶
稣形象的相关信息。

第三节　神圣与世俗:《进呈书像》中的耶稣形象

在《进呈书像》刻印之前，类似的著作有罗儒望（Jean da Rocha，
1566—1623）的《诵念珠规程》，共载有14幅图画。[2] 在这本书里，
圣母被描绘成穿白衣的女子；而耶稣在升天之后，也变成了一位老
者的形象。耶稣形象仍然以原作为底本，除了场景有所变化之外，

---

[1]　张星曜:《天教明辨自序》，载《天教明辨》，第 3 页；张星曜的《圣教赞
铭》也体现出其对耶稣受难等核心教义的理解，参见 D. E. Mungello, *The Forgotten
Christians of Hangzhou*, p.91。

[2]　《耶稣会罗马档案馆明清天主教文献》第 1 册，第 515-574 页。

并没有多大改变。这种描述或许正是不少信徒梦中所出现的白衣圣母、老者天主形象的来源。另外，还有艾儒略的《天主降生出像经解》（简称《出像经解》），共载图 50 幅（不包括封面）。[1] 其中，圣母、天主的形象一如《诵念珠规程》，但是耶稣的形象更加丰富。

这两部图版福音故事书的底本，均来自纳达尔（Jerome Nadal，1507—1580）的作品。1593 年纳达尔在安特卫普出版铜版画《福音历史绘画集》（Adnotationes et Meditationes in Evangelia）。1594 年、1595 年修订再版，改名为《福音注释与默想》。1595 年版共有图画153 幅，排列顺序与 1593 年版不同。1605 年利玛窦写回欧洲的书信中，已经提到欧洲教会寄给他一本《福音历史绘画集》；当时在南京的李玛诺神父（Manoel Diaz）也拥有一本。[2] 再加上明末雕版印刷和绘画技术的成熟与广泛运用，以及印刷成本的低廉，利玛窦等传教士是很容易再版这些作品的。实际上，前文业已提及利玛窦曾将纳达尔《福音历史绘画集》的三幅雕版画像，赠给徽州制墨名家程大约。[3] 其中的成年耶稣形象也有改变，可能是利玛窦有意掩盖耶稣受刑的事实，而将原作中耶稣的伤疤全部消除了。[4]

通过比较原作与中文版可以发现，《出像经解》的作者试图构建出与原作稍微不同的耶稣形象。1593 年纳达尔原作的封面是老者天主形象，而《出像经解》的封面则是中年耶稣。中年耶稣在服

---

[1]　《耶稣会罗马档案馆明清天主教文献》第 3 册，第 527–582 页。

[2]　利玛窦：《利玛窦全集》第 4 册《利玛窦书信集（下）》，第 271 页。

[3]　Craig Clunas, *Pictures and Visuality in Early Modern China*, p.173；顾卫民：《基督宗教艺术在华发展史》，第 121 页。

[4]　莫小也：《十七—十八世纪传教士与西画东渐》，第 105 页。

饰、手势、表情上与原作也不太相同，显然在某种程度上受到佛教圣像的深刻影响。[1] 另外，中文版还有些微的本土化尝试，如第 5 幅《遵古礼命名》，注解文字为："乙、司教者行圈割礼，命名耶稣，译言救世者。"而纳达尔原作题为《耶稣割礼》，注解为："Sacerdos cum caeremoniis circumcisionis"（"司铎行割礼"）。中文版根据环境要求，增加了"命名耶稣"以及"救世者"等内容，在标题上忽略时人所不熟悉的"割礼"，改成"命名"仪式，从而更加方便信徒或非信徒的理解及接受。又如第 33 幅《入都城发叹》，右上方的云朵很显然是中国山水画中常见的样式。最后一幅《圣母端冕居诸神圣之上》，则在原作的基础上增加了穿着中国服饰的"帝王"和"士民"，以表示"诸国帝王士民"也包括中国在内。[2]

汤若望（Johann Adam Schall von Bell，1591—1666）的《进呈书像》于 1640 年在北京刻印。在此之前，汤若望向崇祯敬献了一批由金尼阁（Nicolas Trigault，1577—1629）从欧洲带来的礼物，其中包括巴伐利亚皇帝马克西米连（Maximilian）等人赠送的彩绘耶稣生平事迹图。"若望将图中圣迹，释以华文，工楷缮就。至是，若望恭赍趋朝进呈。"[3] 为了更好地向崇祯解释绘图中耶稣的生平事迹，汤若望撰写了解释性的文字《书像解略》，对 48 幅图画进行简

---

[1]　参见 SHIN Junhyoung Michael, "The Reception of Evangelicae Historiae Imagines in Late Ming China: Visualizing Holy Topography in Jesuit Spirituality and Pure Land Buddhism," in *The Sixteenth Century Journal*, vol.40, no.2 (2009), pp. 303－333。

[2]　柯毅霖：《晚明基督论》，第 251－252 页。

[3]　黄伯禄：《正教奉褒》，载辅仁大学天主教史料研究中心编《中国天主教史籍汇编》，台北：辅仁大学出版社，2003，第 480－481 页；Pasquale M. D'Elia, *Le origini dell'arte cristiana cinese, 1583－1640*, pp. 122－124。

单说明与解释。在进呈之后，汤若望重新刻印了这些图画，并配上
《书像解略》，合成一册，题为《进呈书像》。[1]

《进呈书像》的48幅图画的底本来自不同的作品，其中至少有
10幅来自纳达尔的《福音历史绘画集》。[2]《进呈书像》整部书虽然
可视为用图文并茂的方式，向读者介绍耶稣的生平事迹，但是，通
过编者挑选图片的目的性、中文版的创作以及相关的文字说明，可
以看出汤若望等传教士所着意构建的耶稣形象。

首先，为了降低耶稣降生成人事件的"异域性"与"异质
性"，《进呈书像》画面背景多采用中国山水画的山水、树木、云
石等作为装饰，从而创造出读者所熟悉的事件发生场景。其次，
42幅画的主角均是"天主耶稣"。耶稣降生之前的图画有6幅，
从幼时耶稣到耶稣受洗共5幅，耶稣神迹16幅，耶稣受难过程16
幅，耶稣死后5幅。由此可见，《进呈书像》的重点是向世人介绍
耶稣神迹以及受难过程。实际上，耶稣神迹体现出耶稣是天主，具
有神性；而耶稣受难，则体现出耶稣是人，兼有人性。再次，与
《诵念珠规程》《出像经解》相比，《进呈书像》有2幅《三王朝献》
图，其中1幅放在首页；又加入了《圣母玛利亚宗系像》。这样做的

[1]　汤若望：《进呈书像自序》，载 Nicolas Standaert, *An Illustrated Life of Christ Presented to the Chinese Emperor: The History of Jincheng shuxiang (1640)*, p.101。

[2]　一般信息显示，目前仅有4部《进呈书像》存世，巴黎国家图书馆1部、罗马国家中央图书馆1部、奥地利国家图书馆2部。但据相关书目，巴黎国家图书馆还藏有1部（Courant 7276）。台北"中研院"傅斯年图书馆藏有2部（610与067R），这两部原先藏于上海徐家汇藏书楼，现已制作成光盘。另外，笔者在巴黎耶稣会档案馆曾看到该馆内藏有1部复印本。中国国家图书馆也藏有1部《进呈书像》（索书号21368），不过并不完整，只有《天主正道解略》2页，（重）刻于1661年（辛丑孟夏武林昭事堂刻）。

目的是向读者表明，耶稣虽然降生在马厩里，但是出身高贵，且确是天主。

由于佛教本生故事与各种"出像"的广泛流传，以及佛教所提供的宗教思想背景，人们对于耶稣神迹的情节是很容易理解的。反教者钟始声在评述天主降生前后的神迹时谓："此与释氏所述佛生瑞应何异也？"[1] 而且，《进呈书像》也在某种程度上使用了佛教画像的"本土化"方式。在明版《释氏源流》版画中，人物（服饰、表情、手势等）、背景（山、水、树木、房屋等）、场景（讲道、拜见、会客等）全部被置换成了当时中国人所熟悉的情景。对于习惯操作佛教画像的雕工来说，在制作《进呈书像》的底版时不可避免地留下"异类"的痕迹。《进呈书像》中圣母的服饰、手势，天主的手势以及云朵等，很明显带有佛教的特征。[2]

但是，相比起《释氏源流》而言，《进呈书像》的本土化努力十分有限。整部著作的主角、场景、情节都是读者所不熟悉的，也都充满了"异域"特征。《进呈书像》等著作中的耶稣形象很明显是处于"神圣"与"世俗"之间的。对于"神圣"的耶稣，人们可以借助佛教或道教的类似情节得到理解；但是，对于"世俗"的耶稣，人们的理解可能会出现困难。具体来说，从"世俗"到"神圣"（即从人到神）的转化是容易理解的，而从"神圣"到"世俗"（尤其是作为天主的耶稣的受难、受辱等）则是无法理解的。另外，发生在如德亚的耶稣降生、受难、救赎的具体历史事件，对于远离

---

[1]　钟始声（蕅益智旭）：《辟邪集》，载《大藏经补编》第 24 册，台北：华宇出版社，1986，第 149 页。

[2]　参见顾卫民：《基督宗教艺术在华发展史》，第 118 页；Craig Clunas, *Pictures and Visuality in Early Modern China*, pp.175-176。

发生时空的中国人而言，又具有哪些意义呢？

第四节　"渠魁"与"厉鬼"：明末清初世人对耶稣　　　　形象的反应

反教者对耶稣形象的理解，充分利用了传教士构建的耶稣形象中所存在的"神圣"与"世俗"之间的张力。对于保守的儒家而言，耶稣的"神圣性"完全可以被理解为"虚构"或"附会"。而本来就是具体历史事件的耶稣被钉、受难，则被理解成一种与中国人毫无关系的"政治性事件"。

清初杨光先的《不得已》集中反映出保守主义者，或一部分儒家知识分子对于耶稣形象的看法：

> 盖法氏之见耶稣频行灵迹，人心翕从，其忌益甚之语，则知耶稣之聚众谋为不轨矣。……观此，则耶稣为谋反之渠魁，事露正法明矣。而其徒邪心未革，故为三日复生之说，以愚彼国之愚民……夫人心翕从，聚众之迹也；被人首告，机事之败也；知难之至，无所逃罪也；恐众被拘，多口之供也；傍晚出城，乘天之黑也；入山圈中，逃形之深也；跪祷于天，祈神之佑也；被以王者之衮冕，戏遂其平日之愿也；伪为跪拜，戏其今日得为王也；众挞泄恨，泄其惑人之恨也；钉死十字架上，正国法快人心也。……且十字架物何也？以中夏之刑具考之，实凌迟重犯之木驴子尔。[1]

---

[1]　杨光先：《不得已》，载《天主教东传文献续编》第3册，第1113—1115页。

在这里，《进呈书像》成为"供招"耶稣"聚众谋为不轨"的证据。杨光先认为，耶稣是"谋反之渠魁"。而耶稣死后三日复活升天，则是耶稣之徒捏造出来，"以愚彼国之愚民"。《进呈书像》里应被理解为神圣的奥秘事件，均被杨光先"解构"为"政治性"事件："人心翕从"，是耶稣"聚众之迹"；"被人首告"，则是"机事之败"；"傍晚出城"，是为了"乘天之黑"；"入山圃中"，是耶稣"逃形之深"；"跪祷于天"，则是耶稣"祈神之佑"；"钉死十字架上"，即是将耶稣"正国法"；而十字架形同"凌迟重犯之木驴子"。同时，"耶稣既钉死十字架上，则其教必为彼国之所禁"。

实际上，杨光先对耶稣被钉受难的理解并不完全是"曲解"或"误解"。就具体的历史事件而言，耶稣的受难确是一个真实的"政治性"事件。仅仅从《进呈书像》来看，耶稣也极其容易被理解为"谋反之渠魁"。很显然，杨光先是将"神圣性"耶稣与"世俗性"耶稣剥离，而将作为天主的耶稣形象忽略不计，策略性地突出"世俗"的耶稣形象。

虽然利玛窦、汤若望等传教士力图证明耶稣就是天主，但是，在明末清初世人尤其是反教者的思想世界中，耶稣能否等同于天主，或者耶稣是否就是天主则是一个很大的问题。杨光先《辟邪论》的核心观点就是认为，耶稣是"彼国正法之罪犯"。信徒张星曜之兄在反教作品《弼教录》中亦指出：

> 帝者，谓其德足以主宰天下也。故宰世之君，称之曰帝。天之主宰万物，其功德更大而在上，并以尊君的道而尊天，故称天曰上帝，而非有耳目口鼻形骸状貌之如人者，称为上帝也。天之造物，自然之工也。神工也非人工也，故曰，上天之载无声无臭，其病源业根，在于偏方之人，不知学问，而以人工念

想其天上，甚至以耶稣之凡人，而称之为天主，而妄言矣。[1]

在这里，张星曜之兄不仅不承认耶稣为天主，而且否认天主创造万物的说法。实际上，张星曜之兄的观点来源于宋明理学中的宇宙论。利玛窦批评"今儒"的原因，也在于宋明理学中的宇宙论，暗含着一种理性化的、模糊的生成论，与人格神信仰背道而驰。

早在晚明时期，一些反教者就提出了类似的观点。1617 年南京教案发生之后，南京礼部在《移都察院咨》中就认为，传教士是将"西洋罪死之鬼为天主也"，并且将耶稣降生的历史事件界定为具体的、没有普世意义的事件。换言之，耶稣只是"西洋"之耶稣，耶稣降生不具有普遍意义。所以咨文里出现了这样的表述："将中国一天，而西洋又一天耶！将汉以前无天主，而汉以后始有天主耶！据斯谬谭，直巫觋之邪术也。"[2]

利玛窦等传教士企图通过"披戴"古儒外衣，构建等同于古儒经典中"上帝"的"天主"形象，虽然有益于减少天主教信仰的"异质性"，但是，他们在构建耶稣形象时却遇到了困难。利玛窦等传教士在时机成熟之后，力图证明耶稣就是天主，可是耶稣被钉、受难的历史事件，却往往成为反教者质疑耶稣就是天主的关键所在。南京礼部《拿获邪党后告示》即如此明示：

夷人《辨疏》、《辨揭》，俱称天主即中国所奉之天。而附和其说者，亦曰："吾中国何尝不事天事天也？"乃彼夷自刻

---

[1]　张星曜：《天教明辨》第 1 册，第 127-128 页。

[2]　《明朝破邪集》卷一，载《四库未收书辑刊》第 10 辑第 4 册，北京出版社，2000，第 336 页。

《天主教解要略》，明言"天主生于汉哀帝某年"，其名曰"耶稣"，其母"亚利玛"，是西洋一胡耳。又曰"被恶官将十字枷钉死"，是胡之以罪死者耳。焉有罪胡而可名天主者乎？甚至辨疏内，明言"天主降生西国"，其矫诬无礼，敢于欺诳天听，岂谓我中国无一人觉其诈耶？[1]

　　换言之，南京礼部所代表的士大夫对于天主降生成人、耶稣受难救赎等事件难以理解。他们只能从一般的历史事件出发，将耶稣理解为一般的历史人物，而断定耶稣受难是因为其"以罪死"。而且，由于天主降生是一个具体的历史事件，因此，耶稣与玛利亚所具有的身份，甚至耶稣的诞生地点，都被深深烙上特殊的时代背景，因而很容易被反教者予以拒绝与抨击。他们认为，无论是耶稣还是玛利亚，抑或是如德亚或耶稣受难，都是与中国毫无关系的历史人物、历史场景与历史事件，所以，天主教只能是如德亚或西洋的宗教，而不能成为"普世"的宗教。

　　实际上，利玛窦等传教士在构建耶稣形象时所遇到的问题，是天主的"普世性"与耶稣的历史性之间张力的反映。天主在特定的时间降生在特定地点的特定历史事件，在没有《旧约》或犹太教的背景下，是难以被理解和接受的。

　　利玛窦之后的传教士如艾儒略，在传播基督论或构建耶稣形象方面最为努力。伴随着艾儒略在福建传教事业的进展，有关基督论的著作也不断付梓出版。相关的研究表明，在晚明的传教事业中，"基督论也没有被边缘化，而是处于慕道者和基督徒的灵性形成的核心"。但是，艾儒略所构建和传播的耶稣形象，始终不能摆脱耶

[1]　《明朝破邪集》卷一，载《四库未收书辑刊》第10辑第4册，第352页。

稣的"异域"特征。蒋德璟在《破邪集序》中以一种极其嘲讽的语气，讽刺耶稣形象：

> 比吾筑家庙奉先，而西土见过，谓予："此君家主，当更有大主公知之乎？"予笑谓："大主则上帝也，吾中国惟天子得祀上帝，余无敢干者。若吾儒性命之学，则畏天敬天，无之非天，安有画像？即有之，恐不是深目、高鼻、一浓胡子耳。"[1]

在蒋德璟看来，"深目""高鼻""浓胡子"的耶稣不可能就是"天主"。传教士也清楚，天主是不可能有任何具体形象的，"天主……亦无形声，安得有像？"正是因为天主降生在如德亚，通过童贞女受孕而有耶稣形象，"是以有此降生圣像"。[2] 但是，以"深目隆鼻"的耶稣形象等同于天主，则是中国人所不能理解的。

传教士所构建的耶稣形象，往往让人认为耶稣不过等同于佛道里神佛之类的角色，因而对于传教士在构建、传播耶稣形象的同时，大力批评佛道两教所崇拜的神灵的行为感到不解。[3] 如蕅益智旭在《辟邪集》中谓："若谓释迦为摩耶所生，不过是人；则天主为圣女所生，独非人乎？"[4] 换言之，在反教者来看，由于耶稣只是一个具体的历史人物，而且还被钉受难，不可能是神，甚至也不可

---

[1] 蒋德璟：《破邪集序》，见《明朝破邪集》卷三，载《四库未收书辑刊》第10辑第4册，第361页。

[2] 《天主圣像来历》，载《法国国家图书馆明清天主教文献》第24册，第603—604页。

[3] 参见陈候光：《辨学刍言·西学辨一》，见《明朝破邪集》卷五，载《四库未收书辑刊》第10辑第4册，第402页。

[4] 钟始声（蕅益智旭）：《辟邪集》，载《大藏经补编》第24册，第149页。

能是与孔子等量齐观的"圣人"，因为"从古圣人皆无死地，矧天主乎？"[1] 反教领袖黄贞在《尊儒亟镜》中称："今观其尊刑枷之凶，夫贵钉死之罪人，恭敬奉持无所不至，诚为可悲。"[2]

　　总而言之，基督论中最为重要的内容即作为人的耶稣的受难，是明清社会士人最难以理解和接受的内容。正如刘凝曾在其著作中提及世人对耶稣的看法时说："乃厉鬼之呼，不绝于口；又呼为毙狱之厉鬼，且以耶稣为图篡国位。"[3]

　　当然，明清社会里还有一些士大夫虽非反教者，但是对"耶稣形象"亦持否定态度。明末刘侗等人所著的《帝京景物略》，认为传教士所构建的"耶稣形象""近墨尔"。[4] 清初董含（1624—？）的《三冈识略》转述艾儒略《职方外纪》中有关耶稣形象的描述，[5] 并对耶稣形象提出质疑与批评："其立说大略如此，诞妄汗漫，茫无可据。"又称艾儒略等传教士为"海外小夷"，称天主教为"邪说"。[6] 黄宗羲则认为，天主教的"耶稣"圣像，是以"人鬼"当之，因而是"邪说"。[7] 魏禧亦认为，天主教"为耶稣等说，荒诞

---

[1]　戴起凤：《天学剖疑》，见《明朝破邪集》卷五，载《四库未收书辑刊》第10辑第4册，第406页；许大受：《圣朝佐辟》，见《明朝破邪集》卷四，载《四库未收书辑刊》第10辑第4册，第381页。

[2]　黄贞：《尊儒亟镜》，见《明朝破邪集》卷三，载《四库未收书辑刊》第10辑第4册，第369页。

[3]　刘凝：《觉斯录》，载《耶稣会罗马档案馆明清天主教文献》第9册，第583页。

[4]　刘侗、于奕正：《帝京景物略》卷四，载《四库全书存目丛书》史部第248册，第271-272页。

[5]　董含：《三冈识略》卷五，载《四库未收书辑刊》第3辑第29册，第685页。

[6]　董含：《三冈识略》卷五，载《四库未收书辑刊》第3辑第29册，第686页。

[7]　黄宗羲：《辟邪论》，转引自徐海松：《清初士人与西学》，东方出版社，2000，第305页。

鄙陋，反成可笑"。魏甚至想当然地认为，天主之说"西国自古有之"，后来因为"有妄男子造为异论，乃实之于身"，"其徒转相增衍推崇"，于是才有了天主教。魏禧比较认可天主教有关"天主"或"上帝"的内容，但是认为有关基督、耶稣的内容则是"妄男子"捏造的，因而是"荒诞鄙陋"的无稽之谈。[1]

结　语

实际上，传教士所强调的作为历史人物的耶稣，以及作为具体历史事件的耶稣受难，与作为天主的耶稣之间的断裂，是明清世人理解耶稣形象的障碍所在。在没有犹太教思想的背景之下，人们对于福音的理解不可避免地会出现困难，这也是天主教传播过程中所遇到的问题之一。[2]

从反教文献来看，明清世人对传教士所构建的耶稣形象仍然不能理解。这种误解、拒斥一直延续到民族主义逐渐高涨的晚清。在1861年的《湖南合省公檄》中，反教者对耶稣形象的最大质疑，就是作为天主的耶稣所具有的人格性。换言之，在反教者看来，既然耶稣是天主，那么他不应该只会救人却没有能力保护自己，以致被钉身死，更不应该不能预知其会被犹大出卖：

耶稣既为天主，其神圣宜非人思议所及，乃考其所述，不过能医……天主之所降，天比护之。乃耶稣在世，仅三十余

[1]　魏禧：《魏叔子日录》，参见徐海松《清初士人与西学》，第171页。
[2]　具体可参见柯毅霖：《晚明基督论》，第372—376页。

年，即为巴斗国王钉死。身且不保，而谓其鬼可福人，此不待
智者而直矣。……尤可笑者，其死为弟子观音保所卖。……弟
子不能知，而谓能知人善恶，谁信乎？[1]

　　在其他类似的反教书帖中，反教者秉承了南京教案及杨光先
反教以来的传统，把作为人的耶稣以及作为历史事件的耶稣受难
作为攻击的焦点。在晚清各种"谣言"中，有部分内容是对"耶
稣"形象的描述，"有谓耶稣即上帝者……有谓耶稣为上帝子，号
神子……有谓耶稣死无后者；有谓耶稣死有遗腹子，名耶稣太子者；
有谓耶稣以肉身升天，而妻被恶人夺者"。这些"自相乖舛"的描
述实际上是对作为"上帝"或"天主"耶稣的不解与怀疑。[2]
　　同时，反教群体充分意识到图像在传播形象过程中的作用，因
此也构建了诸多批评、消解耶稣形象的图像。
　　反教者试图颠覆耶稣的神圣性，并作为攻击天主教或基督教的
武器。虽然其中充满了谩骂、曲解，但是，这些图画以及对耶稣的
"诠释"，正是利用了明清以来传教士所构建的耶稣形象，以及耶稣
形象自身所存在的张力。[3]
　　钟鸣旦（Nicolas Standaert）指出，在明清中西文化交流中存

---

[1]　《湖南合省公檄》（1861），见王明伦编《反洋教书文揭帖选》，齐鲁书社，
1984，第 2 页。
[2]　引文参见"天下第一伤心人"：《天主邪教集说》，载《破邪纪实》上卷，
同治辛未季夏重刊，香港中文大学藏缩微胶卷。
[3]　关于鸦片战争之后，世人对耶稣形象的理解，参见 Roman Malek, "Faces
and Images of Jesus Christ in the Chinese Context", in *The Chinese Face of Jesus Christ*,
Vol.1(2004): 42-45。

在着双向诠释。[1] 在不同主体的诠释过程中，东西方文化的某些内容可能在某种程度上产生"歧变""误解""曲解""解构"。以耶稣形象为例，传播者即耶稣会士根据西方宗教和神学传统，欲将耶稣形象中最为核心的基督论如实传递给中国人；同时，又依据从中国接受者所收集到的反馈信息进行调整，从而以更有效的方式促进传播效果。但是，接受者即中国信徒以及反教者所处的宗教传统与文化背景，使得他们对基督论的理解出现偏差，并导致对此信息的曲解、拒绝以及攻击。造成这种歧变（variation）的原因，一方面如谢和耐（Jacques Gernet）所指出，是东西方文化结构、心理认知等存在差异，另一方面则是因为基督论本身的复杂性。

由此可以理解，最"荣耀"的耶稣形象，在西方被称为"救赎"的最大奥秘，在东方却被称为"罪胡"。影响接受者的因素，除了"耶稣形象"的构建方式、内容以及中国传统文化和宗教背景之外，还与当时的社会、政治、经济等环境有关。晚清民族主义高涨的时候，充满"异域色彩"的"耶稣形象"被当作西方帝国主义文化侵略的一部分，引起士绅们极端的消极反应。耶稣形象在明清社会里的传播及其反应过程，可以视作西方知识或文化在近代中国嬗变的一个典型案例。

---

[1]　钟鸣旦：《杨廷筠：明末天主教儒者》，社会科学文献出版社，2002，第275-276页。

第三章　严复《群己权界论》的翻译及其纠结

1903 年，严复以密尔（旧译穆勒）[1] 的《论自由》（*On Liberty*, 1859）为底本，翻译出版了《群己权界论》。此书的翻译，严复一反常态，紧随密尔的行文思路，力求忠实于原著，在严译诸书中堪称特例。然而，为了准确传达西方的自由观念，跳脱逐词对应反而丧失原意的陷阱，并确保译著在中文世界的接受与流通，严复仍然选择借助中国传统文化资源，以雅洁的文辞进行翻译。大体而言，《群己权界论》基本遵循原文，但受限于文字、时局及个人关怀，译著与原著仍有细微偏差，个别地方还有明显删改。只是，他虽然力求精准传译，仍然难以摆脱中西学各有体用，强行牵混则非驴非马的困扰。

---

[1]　约翰·斯图亚特·密尔（John Stuart Mill），英国著名哲学家、逻辑学家、经济学家及政治思想家。1806 年出生于伦敦，从小接受父亲詹姆士·密尔（James Mill）的严格教育，17 岁（1823 年）便进入东印度公司工作。1858 年，他因东印度公司的撤销而退休，其后担任过国会议员，致力于社会改良活动。密尔从 19 世纪 40 年代开始从事学术著述，1859 年出版了《论自由》一书。

第一节　引言

甲午中日战争后，严复"腐心切齿"，"欲致力于译述以警世"。[1] 自《天演论》（1898）之后，他陆续翻译出版了《原富》（1902）、《群学肄言》（1903）、《群己权界论》（1903）[2]、《社会通诠》（1904）、《法意》（1904—1909）、《穆勒名学》（1905）、《名学浅说》（1909）等一系列译著。

严译各书，流行一时，备受推崇，如吴汝纶、康有为、梁启超等评价《天演论》及其译者："盖自中土翻译西书以来，无此宏制。"[3] "眼中未见此等人"。[4] 后来胡先骕更赞许道："严氏译文之佳处，在其殚思竭虑，一字不苟，'一名之立，旬月踟蹰'。故其译笔信雅达三善俱备。吾尝取《群己权界论》，《社会通诠》，与原文对观，见其义无不达，句无剩义。……要为从事翻译者永久之模范也。"[5]

但严式的翻译也引起一些质疑。傅斯年就很不以为然地评论道："严几道先生译的书中，《天演论》和《法意》最糟。……这都因为严先生不曾对于作者负责任。他只对于自己负责任。"[6] 张君劢

[1]　王蘧常：《民国严几道先生复年谱》，台北：商务印书馆，1981，第14页。

[2]　据《群己权界论·译凡例》，严复于1899年着手翻译此书，庚子事变使得译稿失散，幸而为西人所得，1903年寄还，严复"略加改削"后交由上海商务印书馆出版。

[3]　王栻主编：《严复集》第5册，中华书局，1986，第1560页。

[4]　王栻主编：《严复集》第5册，第1570页。

[5]　贺麟：《严复的翻译》，载商务印书馆编辑部编《论严复与严译名著》，商务印书馆，1982，第33页。

[6]　傅斯年：《译书感言》，《新潮》1919年3月第1卷第3号，第534页。

则认为，"严氏译文，好以中国旧观念，译西洋新思想，故失科学家字义明确之精神。"[1] 也就是说，擅加意思和会通中西，反而陷入逞臆和守旧的窠臼。

学界对严复及其译著的研究热情持续了很长时间，许多学者认为，严复译书并未忠实于原著，除了在按语部分集中发表议论外，在译文中也往往添加自己的意思，或是兼取其他著作的思想。[2] 有学者发现，严复的译著不可一概而论，"中期各译品"即《群学肆言》《原富》《群己权界论》《社会通诠》，可谓信、达、雅"三善俱备"。[3] 其中《群己权界论》的特殊之处在于：翻译风格接近直译，并且未添"成段的按语"，只有"无思想性可言"的译者注，只是文中仍然夹杂"不符合原文之处，用来表达严复自己的思想"。[4]

《群己权界论》在严复众多译著中具有其特殊性，不仅可以作为文本比较比勘的范例，探究译著与原文的相符程度，更为重要的是，能够进而考察严复的翻译主张、风格及其背后牵连译者本人的跨文化传通问题。

---

[1]　贺麟：《严复的翻译》，载商务印书馆编辑部编《论严复与严译名著》，第33页。

[2]　参见王栻：《严复与严译名著》，载商务印书馆编辑部编《论严复与严译名著》；本杰明·史华慈：《寻求富强：严复与西方》，叶凤美译，江苏人民出版社，1996；黄克武：《自由的所以然——严复对约翰弥尔自由思想的认识与批判》，上海书店出版社，2000；俞政：《严复著译研究》，苏州大学出版社，2003；王宪明：《语言、翻译与政治：严复译〈社会通诠〉研究》，北京大学出版社，2005。

[3]　贺麟：《严复的翻译》，载商务印书馆编辑部编《论严复与严译名著》，第34页。

[4]　俞政：《严复著译研究》，第211、208页。

第二节　力求忠于原著

严复以译书名噪一时，曾提出"惟有此种是真实事业"[1]。当时市面上流行的译著不如人意，严复在《国闻报》著文批评道："夫如是，则读译书者，非读西书，乃读中土所以意自撰之书而已。"[2] 在他看来，翻译质量低下的关键，是完全没有体现原著的精义。在其提倡的译书标准"信、达、雅"中，"信"即完整传达原意，是颇为重要的一端，这也是他经过一番摸索之后得出的认识。

1897 年《天演论》翻译初成，严复将手稿寄予晚清桐城大家吴汝纶过目。吴对书稿赞誉有加，同时提出一些意见：

> 执事若自为一书，则可纵意驰骋；若以译赫氏之书为名，则篇中所引古书古事，皆宜以元书所称西方者为当，似不必改用中国人语。以中事中人，固非赫氏所及知，法宜如晋宋名流所译佛书，与中儒著述，显分体制，似为入式。此在大著虽为小节，又已见之例言，然究不若纯用元书之为尤美。[3]

严复考量和采纳了吴汝纶的建议，并将修改后的译稿再次寄予吴，他在去信中说："拙译《天演论》近已删改就绪，其参引己说多者，皆削归后案而张皇之，虽未能悉用晋唐名流翻译义例，而似较前为优，凡此皆受先生之赐矣。"[4] 吴汝纶对译稿的修改表示满意：

---

[1]　严复：《与长子严璩书》，载王栻主编《严复集》第 3 册，第 780 页。

[2]　严复：《论译才之难》，载王栻主编《严复集》第 1 册，第 91 页。

[3]　王栻主编：《严复集》第 5 册，第 1560 页。

[4]　严复：《与吴汝纶书》，载王栻主编《严复集》第 3 册，第 520－521 页。

"《天演论》凡己意所发明，皆退入后案，义例精审"。[1] 尽管如此，据现代学者的比勘，《天演论》修改后的通行本在非按语部分依然掺杂严复增添的意思。[2] 可见，经过《天演论》的翻译与修改，严复明白以"中国人语"对应西文容易羼杂己意，只是究竟在译著中保留多少"己意"，严复自有拿捏。

经过《天演论》翻译的小小曲折，到翻译《群己权界论》时，严复基本遵循照实直译的原则，紧跟密尔的行文思路，力求忠于原文。《论自由》全书分为五章，即"导论""论思想言论自由""论作为幸福要素之一的个性自由""论社会权力之于个人的限度""论自由原则的应用"。第一章"导论"统领全书，概述主旨与立意。在此以"导论"为主，逐词比勘，列出未能精确对应的部分，进而考察严译对原文的忠实程度。若其他章节出现"导论"未能体现的译文特征，则举例说明。除严译《群己权界论》外，《论自由》还有其他中译本，其中认可度较高的有三种，即程崇华、顾肃和孟凡礼的译本。将原文、严译和其他译本进行对照，情形可以一目了然。程崇华的译本注重逐字逐句的对译，较难兼顾中文读者的阅读习惯。本文主要参照顾肃和孟凡礼的译文（以下分别简称"顾译""孟译"）。

《群己权界论》的翻译有如下值得注意和讨论的情形：

（一）

1. The subject of this essay is not the so-called "liberty of the will", so unfortunately opposed to the misnamed doctrine of

---

[1]　王栻主编：《严复集》第 5 册，第 1562 页。

[2]　参见俞政：《严复著译研究》，第 21-63 页。

philosophical necessity; but civil, or social liberty: the nature and limits of the power which can be legitimately exercised by society over the individual. [1]

顾译:

本文的主题不是所谓的"意志之自由",即不幸与那个被不当地称呼为哲学必然性的学说相对立的东西;而是公民自由或社会自由,即社会可以合法地施加于个人的权力之性质和界限。[2]

严译:

有心理之自繇,有群理之自繇。心理之自繇,与前定对;群理之自繇,与节制对。今此篇所论释,群理自繇也。盖国,合众民而言之曰国人(函社会国家在内),举一民而言之曰小己。今问国人范围小己,小己受制国人,以正道大法言之,彼此权力界限,定于何所? [3]

2. The struggle between liberty and authority is the most conspicuous feature in the portions of history with which we are earliest familiar, particularly in that of Greece, Rome, and

---

[1]   John Stuart Mill, *On Liberty* (Indianapolis: Hackett Publishing Company, 1978), p. 1.

[2]   约翰·密尔:《论自由》,顾肃译,译林出版社,2010,第 3 页。

[3]   约翰·穆勒:《群己权界论》,严复译,商务印书馆(上海),1931,第 1 页。

England. [1]

顾译:

在我们最早熟悉的历史，特别是希腊、罗马和英国历史的那些部分中，自由与权威之间的斗争是最显著的特征。[2]

严译:

与自繇反对者为节制（亦云干涉）。自繇节制，二义之争，我曹胜衣就傅以还，于历史最为耳熟，而于希腊罗马英伦三史，所遇尤多。[3]

3. To the first of these modes of limitation, the ruling power, in most European countries, was compelled, more or less, to submit. It was not so with the second; ... [4]

顾译:

在这两种限制方式中，第一种曾在多数欧洲国家迫使统治

---

[1]　John Stuart Mill, *On Liberty*, p. 1.

[2]　约翰·密尔:《论自由》，顾肃译，第 3 页。

[3]　约翰·穆勒:《群己权界论》，第 1-2 页。

[4]　John Stuart Mill, *On Liberty*, p. 2.

权力或多或少有所屈服；第二种限制却没有做到这一点；[1]

严译:

前日有限君权，后曰代表治制。夫君权有限，欧洲诸国大抵同之，至代表治制，则不尽然。[2]

4. Their power was but the nation's own power, concentrated and in a form convenient for exercise. [3]

顾译:

他们的权力就是全体国民自己的权力，只是以一种便于运用的形式集中了起来……[4]

严译:

彼之权力威福，国人之权力威福也，而所以集于其躬者，以行政势便耳，是谓自治之民。[5]

[1] 约翰·密尔:《论自由》，顾肃译，第 4 页。
[2] 约翰·穆勒:《群己权界论》，第 2 页。
[3] John Stuart Mill, *On Liberty*, p. 3.
[4] 约翰·密尔:《论自由》，顾肃译，第 5 页。
[5] 约翰·穆勒:《群己权界论》，第 3 页。

这几段严译呈现出异于原文的类似特征：行文间对特定概念进行额外界定，其实质为解释说明，或对原意进行归纳。上引文中额外界定的概念有：国人、小己、节制（干涉）、有限君权、代表治制、自治之民。就字句的严格对应而言，严译未与原文一律；但译文的意思不仅没有偏离原意，反而使论述臻于清晰，同时也方便后文中的指称。

（二）

1. ...but to a sudden and convulsive outbreak against monarchical and aristocratic despotism. [1]

顾译：

……而只能算作一种反对君主和贵族专制的突发性骚乱。[2]

严译：

夫叩心疾视之民，发狂乍起，而以与积久之专制为雠，则逆理不道之事，诚有然者，不得据此议前说也。[3]

2. And in general, those who have been in advance of society in thought and feeling have left this condition of things unassailed

---

[1]　John Stuart Mill, *On Liberty*, p. 3.

[2]　约翰·密尔：《论自由》，顾肃译，第 5 页。

[3]　约翰·穆勒：《群己权界论》，第 4 页。

in principle, however they may have come into conflict with it in some of its details. [1]

孟译:

而且一般说来，那些在思想和感觉方面都走在社会前面的人，也未从原则上对这种情形提出批评，尽管在某些细节方面会和它发生冲突。[2]

严译:

虽有先知先觉之民，其为虑出于其群甚远，莫能辞而辟之也。所断断者，特一二节目间，见其所操持，与旧义不相得耳。[3]

3. But, as yet, there is a considerable amount of feeling ready to be called forth against any attempt of the law to control individuals in things in which they have not hitherto been accustomed to be controlled by it; and this with very little discrimination as to whether the matter is, or is not, within the legitimate sphere of legal control; ... [4]

---

[1]   John Stuart Mill, *On Liberty*, p. 7.

[2]   约翰·穆勒:《论自由》，孟凡礼译，广西师范大学出版社，2011，第 8 页。

[3]   约翰·穆勒:《群己权界论》，第 7 页。

[4]   John Stuart Mill, *On Liberty*, p. 8.

顾译:

　　但是，目前仍然存在一种相当强烈的情绪，随时都会把它引发出来，以反对用法律在人们迄今未曾习惯由法律控制的一些事情上对个人实施控制；至于事情是否在法律控制的合法范围以内，倒几乎没有作出什么分辨；……[1]

严译:

　　但以此时民情言之，使操执国柄之人，取一民之私计，向为国家所不过问者，欲以法整齐之，将其反抗之情立见，至其事为国法所当问与否，彼则未暇辨也。故民情如是，虽为上之人，有所忌而不敢肆。[2]

4. The object of this essay is to assert one very simple principle... [3]

顾译:

　　本文旨在确立一条极简原则……[4]

---

[1]　约翰·密尔:《论自由》，顾肃译，第 10 页。

[2]　约翰·穆勒:《群己权界论》，第 8 页。

[3]　John Stuart Mill, *On Liberty*, p. 9.

[4]　约翰·密尔:《论自由》，顾肃译，第 11 页。

严译:

　　夫不佞此书，所以释自繇者也，即所以明此公理立此大法者也。[1]

5. ... because the case does not admit of his being made accountable to the judgment of his fellow creatures. [2]

顾译:

　　……因为这种情况并不容许他为同胞的判断负责任。[3]

严译:

　　……而同类之众，虽欲绳检之，而其道无由，凡此皆其不得自繇者矣。[4]

　　以上五组对比可见，译文的后半段或中间，均添加原文所无之句，如"逆理不道之事，诚有然者，不得据此议前说也"；"见其所操持，与旧义不相得耳"；"故民情如是，虽为上之人，有所忌而不敢肆"；"所以释自繇者也"；"凡此皆其不得自繇者矣"。仔细考察，

---

[1]　约翰·穆勒：《群己权界论》，第 9 页。

[2]　John Stuart Mill, *On Liberty*, p. 11.

[3]　约翰·密尔：《论自由》，顾肃译，第 13 页。

[4]　约翰·穆勒：《群己权界论》，第 11 页。

所添之句或为承接前文，解释说明；或为补充论述，重申密尔的中心意涵，无不与原意一贯，并未植入严复自己的思想。

（三）

1. That principle is that the sole end for which mankind are warranted, individually or collectively, in interfering with the liberty of action of any of their number is self-protection. [1]

孟译：

　　该原则就是，人们若要干涉群体中任何个体的行动自由，无论干涉出自个人还是出自集体，其唯一正当的目的乃是保障自我不受伤害。[2]

严译：

　　今夫人类，所可以己干人者无他，曰吾以保吾之生云耳。其所谓己者，一人可也，一国可也；其所谓人者，一人可也，一国可也；干之云者，使不得为所欲为；而生者，性命财产其最著也。[3]

2. I regard utility as the ultimate appeal on all ethical questions; but it must be utility in the largest sense, grounded on the permanent

---

[1]　John Stuart Mill, *On Liberty*, p. 9.

[2]　约翰·穆勒：《论自由》，孟凡礼译，第 10 页。

[3]　约翰·穆勒：《群己权界论》，第 9 页。

interests of man as a progressive being. [1]

孟译:

因为我把功利视为一切伦理问题上的最终归宿。但这里的功利是最广义上的，是基于作为不断进步之物的人的长远利益而言的。[2]

严译:

不佞之论自縣，且将以利害为究义，凡论人伦相系之端，固当以利害为究义也。特其所谓利害者，必观之于至广之域，通之乎至久之程，何则？人道者进而无穷者也。[3]

3. There are also many positive acts for the benefit of others which he may rightfully be compelled to perform, such as to give evidence in a court of justice, to bear his fair share in the common defense or in any other joint work necessary to the interest of the society of which he enjoys the protection, and to perform certain acts of individual beneficence, such as saving a fellow creature's life or interposing to protect the defenseless against ill usage-things which whenever it is obviously a man's duty to do he may

[1]   John Stuart Mill, *On Liberty*, p. 10.

[2]   约翰·穆勒:《论自由》，孟凡礼译，第 11 页。

[3]   约翰·穆勒:《群己权界论》，第 11 页。

rightfully be made responsible to society for not doing. [1]

孟译:

　　也有很多有益于他人的积极行动，可以正当地强制推行，诸如出庭作证，为共同防御外敌或他托庇于其中的社会所必需的其他任何联合行动公平分担义务；某些对个人有益的事也可以强制推行，诸如挽救同胞生命、挺身保护无力自卫的人不受虐待，等等；这些事情无论何时显然都是一个人有义务去做的，如果他没有做，社会就可以理直气壮地要求他负责。[2]

严译:

　　彼既讬庇于社会矣，故其中之义务，如鞠狱见证，捍卫疆场，徭役，道路，恤亡，救灾，惠保茕独，凡民义之所宜为，设彼而旷之，亦社会之所得论也。[3]

　　这三段译文，严复拆分了原文的句义，将原文的复合意涵层层剥离，单独呈现。尤其是第三段，严复将抽象的"社会所必需的其他任何联合行动"具体化为徭役、道路、救灾，使举例更为丰富，也更贴近中国的实际生活。这种做法虽然损失了原文的紧凑与简洁，但就句义的完整性而言，没有丢失原意。

---

[1] John Stuart Mill, *On Liberty*, pp. 10-11.

[2] 约翰·穆勒:《论自由》，孟凡礼译，第 12 页。

[3] 约翰·穆勒:《群己权界论》，第 11 页。

（四）

Some, whenever they see any good to be done, or evil to be remedied, would willingly instigate the government to undertake the business, while others prefer to bear almost any amount of social evil rather than add one to the departments of human interests amenable to governmental control. [1]

顾译：

一些人每当看到有好事要做，或者有祸害要补救，就倾向于怂恿政府去承当此项任务；另一些人则宁愿忍受几乎是任何数量的社会恶事，也不愿在人的各种利益中加上有责任服从政府控制这一项。[2]

严译：

由是人各用其所私是，见一利之当兴，一弊之当塞，或则曰："此而不事，将安用政府为？"或则曰："吾民宁忍无穷之苦况，慎勿以柄授官，彼将因之以为虐。"[3]

此段严复以对话的形式展现原文中的两方观点，生动而贴切，且未脱原意。

---

[1]　John Stuart Mill, *On Liberty*, pp. 8-9.

[2]　约翰·密尔：《论自由》，顾肃译，第 11 页。

[3]　约翰·穆勒：《群己权界论》，第 8-9 页。

此外，全书中存在多处以改变句式（如陈述句变为设问句、反问句）进行翻译的例子，但没有因此而妨碍原意的表达。

严复并不提倡逐字硬译，以上各节可以一窥其翻译的习惯与技巧。在《群己权界论》的译凡例中，严复对翻译之法简要说明："原书文理颇深，意繁句重，若依文作译，必至难索解人，故不得不略为颠倒，此以中文译西书定法也。"[1] 所谓"依文作译"，即逐字翻译，而"略为颠倒"，则不仅指语序的调整，也应包含上述种种变通方式。尽管就文法顺序而言，译文无法与原文精确对应，但严复努力遵循密尔的行文，大体做到忠实于原文。

第三节　信、达、雅的理想境界

严复翻译《论自由》始于 1899 年，关于他为何选择此书，众说纷纭。蔡元培相信，严复"每译一书，必有一番用意"。[2] 欧阳哲生认同这一判断，并认为其译书"或根据时势的需要，对症下药；或选择他所信奉的理论原著，为之步道；或填补士人阶层的知识空白，提倡新知"[3]。据此前的研究，严复翻译《群己权界论》的动机大致有二：一是出于对言论自由的渴求[4]，二则是为正自由之义[5]。

---

[1]　约翰·穆勒：《群己权界论》，第 3 页。

[2]　蔡元培：《五十年来中国之哲学》，载高平叔编《蔡元培全集》第 4 卷，中华书局，1984，第 353 页。

[3]　欧阳哲生：《严复评传》，百花洲文艺出版社，2010，第 75 页。

[4]　参见欧阳哲生：《严复评传》，第 89 页；本杰明·史华慈：《寻求富强：严复与西方》，第 119 页。

[5]　参见欧阳哲生：《严复评传》，第 90 页。

皮后锋在考察《群己权界论》原序后指出："严复译介《论自由》的最初动机主要是鼓吹自由民权，主张君主立宪，为批判专制制度提供理论根据。"[1]

不论动机如何，译书的基本目的不外乎引介新的思想观念，振奋中国思想界。因此，如何使译书能够被普遍理解和接受，并在中文世界中流通，成为严复的重要考量。这也促使其在力求忠于原著的同时，仍然坚持此前的翻译习惯，立足中国传统文化资源，以雅洁的文辞对应西文，讲究韵律与对仗，追求"信、达、雅"的理想之境。以下各例可以体现严复在这方面的努力与严译特色。

（一）

First, by obtaining a recognition of certain immunities, called political liberties or rights, which it was to be regarded as a breach of duty in the ruler to infringe, and which if he did infringe, specific resistance or general rebellion was held to be justifiable. [2]

顾译：

第一种方式，获得对某些豁免权，即所谓政治的自由或权

---

[1]　皮后锋：《严复评传》，南京大学出版社，2006，第495页。根据皮后锋的研究："对严复来说，顽固派及革命派的政治主张都是需要批判的极端思想。《群己权界论》出版前，严复曾撰有一篇1600字的序言，再次站在中庸立场上对两种极端主张提出批评。他当时担任京师大学堂译书局总办，身处皇城，顾忌很多，故出版前又将这篇长序删除，仅保留该序最后一段，不足200字，这就是公开发表于《群己权界论》卷首的短序。"（第497页）原序现藏中国历史博物馆。

[2]　John Stuart Mill, *On Liberty*, p. 2.

利的承认，统治者如果侵犯了这些自由或权利，就可认为是违背义务，而统治者如果真的侵犯了这些权利，"那么，具体的抗拒成一般的造反就可以得到证成。"[1]

严译：

与其君约，除烦解娆，著为宽政，如是者谓之自繇国典。国典亦称民直，侵犯民直者，其君为大不道，而其民可以叛，一也。[2]

严复将"政治自由"（political liberties）译为"自繇国典"，将"政治权利"译为"民直"，此种译法与现代用语存在诸多隔膜，却是严复"一名之立，旬月踟蹰"的结果。他力图在中国文化系统中寻找西方政治概念的对应物。"国典"指国家的典章制度[3]，严复将"政治自由"译为"自繇国典"，也许是为了强调"自由"的政治意涵，或专指"自由"被写进国典的部分内容，即制度所保障的"自由"。至于以"民直"译"rights"，其确定的过程则颇费一番周折。起初，严复"强译'权利'二字"。"后因偶披《汉书》，遇'朱虚侯忿刘氏不得职'一语，恍然知此职字，即 rights 的译。"又见《毛诗》"爱得我直"一语，以及《管子》"法天地以覆载万民，故莫不

---

[1]　约翰·密尔：《论自由》，顾肃译，第4页；另外可参考约翰·穆勒：《论自由》，孟凡礼译，第2页，孟将最后一句译为："那么，具体的抗拒成一般的造反就可以得到证成。"

[2]　约翰·穆勒：《群己权界论》，第2页。

[3]　"夫祀，国之大节也；而节，政之所成也，故慎制祀，以为国典。"见《国语》卷二十一，韦昭注，四部丛刊景明金李刊本，第53页。

得其职"等语，最终确定"以直字翻 rights 尤为铁案不可动也"。此外，"right"本有直义，如"几何直线谓之 right line，直角谓 right Angle"，可见中西引申义同。[1]

（二）

There needs protection also against the tyranny of the prevailing opinion and feeling, against the tendency of society to impose, by other means than civil penalties, its own ideas and practices as rules of conduct on those who dissent from them; to fetter the development and, if possible, prevent the formation of any individuality not in harmony with its ways, and compel all characters to fashion themselves upon the model of its own. ... and to find that limit, and maintain it against encroachment, is as indispensable to a good condition of human affairs... [2]

孟译:

还需防范优势意见和大众情感的暴政，防范社会即便不用民事惩罚，也能有法将自己的观念和做法作为行为准则强加于异见者的趋势，防范社会束缚与自己不相一致的个性的发展，甚至有可能遏止其形成，从而使所有人都必须按照社会自身的模式来塑造自己的那种倾向。……发现这一限度并维护其不受侵蚀，对于使人类事务进至良善之境来说，正像防范政

[1] 严复:《与梁启超书》，载王栻主编《严复集》第 3 册，第 519 页。

[2] John Stuart Mill, *On Liberty*, pp. 4-5.

治上的专制一样，是不可或缺的。[1]

严译：

> 必常有以围众情时论之劫持，使不得用众同之威，是其所是，制为理想行谊之当然，以逼挟吾小己之特操，甚或禁锢进步，使吾之天资赋禀，无以相得以底于成材，必隤然泯其品量之殊，以与俗俱靡而后可。……必立权限，而谨守之，无任侵越，此其事关于民生之休戚，与世风之升降…… [2]

严复将"个性"（individuality）译成了"特操"。"特操"两字连用较早见于《庄子·齐物论》："罔两问景曰：'曩子行，今子止；曩子坐，今子起；何其无特操与？'"陈鼓应将"特操"解释为"独特的意志"[3]。"特操"现于其他典籍时，含义与之相类。而就"操"单字而言，除"意志"外，亦包含"行为"之意。例如，《汉书》中有"汤客田甲，虽贾人，有贤操"。颜师古将"操"释为"所执持之志行也"。[4] 因此，严复所采用的"特操"，其意当为独特的、独立的意志与行为。"individuality"在现代英文词典中的一般解释为：the qualities that make sb./sth. different from other people or things。根据密尔的上下文，此处"individuality"与现代英文含义一致，即个性，强调每个人所独有的、不同于别人的特征与品质。这与严复

[1] 约翰·穆勒：《论自由》，孟凡礼译，第 5 页。
[2] 约翰·穆勒：《群己权界论》，第 4-5 页。
[3] 陈鼓应：《庄子今注今译》，中华书局，1983，第 91 页。
[4] 班固：《汉书》一百卷，清乾隆武英殿刻本，第 911-912 页。

所用的"特操"意涵基本一致，但"特操"多了一层道德的意味，强调人的品行与志节。

这一段的后半部分，严复将"a good condition of human affairs"译为"民生之休戚，与世风之升降"，使密尔抽象的论述变得具体。实际上，"民生之休（戚）"就已经足以表达原意，但严复特意加上"世风"一句，应是出于对仗与用韵的需要，使译文更符合"雅洁"的标准。

（三）

> Finally, if by his vices or follies a person does no direct harm to others, he is nevertheless (it may be said) injurious by his example, and ought to be compelled to control himself for the sake of those whom the sight or knowledge of his conduct might corrupt or mislead. [1]

孟译：

> 最后，还有人会说，纵使他的罪恶或愚蠢没有直接伤害到别人，他的榜样力量仍然是有害的；为使某些人不至因看到或知道其所作所为就有可能堕落或误入歧途，我们也应当强迫他控制自己。[2]

---

[1]　John Stuart Mill, *On Liberty*, p. 78.

[2]　约翰·穆勒：《论自由》，孟凡礼译，第 95 页。

严译:

　　是故国多暴弃放荡之民，其势未尝不贫弱，谓彼之愚不肖，于人无直接之伤害固也，而无形之习染，谁能计之？国家之于民行，实不得已而用其干涉。何则？所以防风气之成，而其效将终于害国也。[1]

　　严复将"社会"（society）译为"国"，"交之所在，法之所在"指个人存在于一个国家之中，其生活及生存受到国家的保护，作为交换，个人需要让渡一部分权利，那就是"交"给"国家"的，也是法律可以管辖的范围。密尔的论述对象是个人与他人，以及他人组合成的群体（社会），论述范围由小及大，由具体而抽象；严复论述的对象则为"己"与"国"，自始至终讨论的都是具体的个人与笼统的国家之间的关系。虽然"社会"与"国家"是两个密切相关的概念，但并不完全相同，严复对此也有所认知。[2]此处严复选择以"己"与"国"对应，除了文辞方面的考虑外，当与士绅的思维模式有关。"家、国、天下"自古以来都是士绅关注的重心，严复虽然深受西学熏染，但仍不脱离或努力进入"士"的群体。况且译著的潜在读者，不外乎中国的士绅。此外，传统中文语境的"社会"，与今日通行的清季逆输入的明治新汉语概念截然不同。

---

[1]　约翰·穆勒:《群己权界论》，第 95 页。

[2]　严复曾言:"盖国，合众民而言之曰国人（函社会国家在内），举一民而言之曰小己。"（约翰·穆勒:《群己权界论》，第 1 页）严复将"society"译为"国人"，并在括弧中指出:函社会国家在内。可见，严复并非不理解 society 的含义，也知道中文的"社会"与"国家"相近而不相同，只是在翻译的行文过程中，兼顾译文整体的雅洁，采用了比较多样的对应形式。

（四）

1. Each is the proper guardian of his own health, whether bodily or
   mental and spiritual. [1]

顾译：

　　无论是身体的健康，还是智力和精神的健康，每个人是其
自身健康的恰当保卫者。[2]

严译：

　　民自成丁以上，所谓师傅保三者之事，各自任之，其形
体，其学术，其宗教，皆其所自择而持守修进者也。[3]

2. Apart from the peculiar tenets of individual thinkers, there is also
   in the world at large an increasing inclination to stretch unduly
   the powers of society over the individual both by the force of
   opinion and even by that of legislation; … [4]

顾译：

　　除了思想家个人的具体学说之外，这个世界还广泛地存在

---

[1]　John Stuart Mill, *On Liberty*, p. 12.

[2]　约翰·密尔：《论自由》，顾肃译，第 14 页。

[3]　约翰·穆勒：《群己权界论》，第 13 页。

[4]　John Stuart Mill, *On Liberty*, p. 13.

着一种日益增长的倾向，即用舆论力量，甚至借助立法力量将社会对于个人的权力不适当地加以扩展；……[1]

严译:

> 自夫俗，以一道同风为郅治之实象也。张皇治柄之家，常欲社会节制权力，日益扩充，清议之所维持，法律之所防范，皆此志也。[2]

严复将"guardian"译为"师傅保者"，采用了中国文化系统中的意象。与之类似，严复曾将"the conscience of the agent himself"译为"己之方寸，即其国之士师"。[3] 可见，严复力求使译文符合中文世界的阅读习惯。第二段严复在原意之外添加"自夫俗，以一道同风为郅治之实象也"，以解释社会对于个人的权力不断扩展这一倾向产生的原因。"一道同风"是中国统治者所追求的理想境界，本来密尔在此只是陈述一种现象，并未指明背后的原因，严复根据中国人的思维模式演绎密尔的逻辑，难免有些失真。

纵观全书，严复大量提取中国传统文化资源中的语汇以对应西文，除了以上种种例证之外，还有："custom"译为"服惯"，"morality"译为"礼义"，"public opinion"译为"清议"，"self-regarding virtues"与"social (other) -regarding virtues"分别译为"褆躬"与"及物"，"rules"译为"典常"，等等，不胜枚举。

---

[1] 约翰·密尔:《论自由》，顾肃译，第 16 页。

[2] 约翰·穆勒:《群己权界论》，第 14 页。

[3] John Stuart Mill, *On Liberty*, p. 11. 约翰·穆勒:《群己权界论》，第 11 页。

　　严复翻译以"雅"为标准之一，和他的身世阅历不无关联。严复 15 岁即入福州船政学堂学习驾驶，除幼年的家塾开蒙外，未曾接受进一步的中学训练。1879 年，曾纪泽新任出使英法钦差大臣，严复前往拜会，并呈文三篇。曾纪泽的评语是："于中华文字，未甚通顺。"[1] 1885 年 6 月 28 日，郑孝胥于日记中记道："观幼陵文，天资绝高，而粗服未饰。"[2] 这时西学虽然已成时髦，可是连在华教会学校都知道，所教学生要想进入上流社会，还是需要凭借中学。中学底子甚薄又未经科举正途出身的严复，归国后拜吴汝纶为师，努力补课。吴汝纶是晚清桐城派要角，被曾国藩誉为"古文、经学、时文皆卓然不群"的"异材"[3]。得其亲炙，严复的古文程度突飞猛进。至《天演论》初成之时，吴汝纶称赞其"高文雄笔"。

　　尽管如此，学西学的严复仍旧是杂途出身，身份不能变，形象不能不变，译西书而示人以典雅的古文，便是两全其美之举。不过，过于追求古雅，难免影响原意的传达。吴汝纶以"辞气远鄙"为首要原则，当严复在行文方面遭遇"改窜则失真，因仍则伤洁"的困难时，吴汝纶明确指示："与其伤洁，毋宁失真。"可是他也明白，翻译毕竟不能有违达意的基本要求，因此，西文不佳的古文大家吴汝纶对严复译书的体例与翻译原则提出看法。在复严复的一封信中，吴汝纶谈道："欧洲文字与吾国绝殊，译之似宜别创体制，如六朝人之译佛书，其体全是特创，今不但不宜袭用中文，亦并不宜袭用佛书。……又妄意彼书固自有体制，或易其辞而仍其体，似亦可也。"他认为，中西文字不同，写作体例亦应有所区分，或学

---

[1]　曾纪泽:《出使英法俄国日记》，岳麓书社，1985，第 186 页。

[2]　郑孝胥著，劳祖德整理:《郑孝胥日记》第 1 册，中华书局，1993，第 60 页。

[3]　曾国藩:《曾国藩全集·日记》（二），岳麓书社，1988，第 1197 页。

习六朝人译佛书之法,"别创体制";或基于原书,"易其辞而仍其
体"。[1]《群己权界论》的译文特征可见,严复很大程度上接纳了吴
汝纶对于译书的意见和建议,并在此基础上形成了自身的翻译风
格。只是这样的两全往往变成两难,轻重取舍,不易拿捏得当。

第四节 中西各有体用

严译所采之雅洁文辞虽然得到吴汝纶的肯定,但因为滞涩难
懂也往往遭到时人的非议。梁启超在《新民丛报》创刊号撰文称
誉严复的《原富》,却对其文字略有微词,认为"其文笔太务渊
雅,刻意摹仿先秦文体,非多读古书之人,一翻殆难索解",不利
于"播文明思想于国民也"。[2] 对此,严复回应道:"仆之为文,非
务渊雅也,务其是耳。"在他看来,译书的理想境界是"信、达、
雅"三者相辅相成,文辞是"载理想之羽翼",翻译学理精深的著
作难用"近俗之辞"。各人程度迥异,虽欲"喻诸人人"而"势不
可耳"。[3]

不过,虽然严复否认其为文刻意求古,强调如此行文是"务其
是"的结果,但也承认,西文名义中有不少"本为中国所无","或
有之而为译者所未经见",因此翻译一事,"在己能达,在人能喻,

---

[1] 吴汝纶:《答严几道》,载施培毅、徐寿凯校点《吴汝纶全集》第 3 册,黄
山书社,2002,第 235 页。

[2] 梁启超:《绍介新著:原富》,《新民丛报》1902 年 2 月 8 日第 1 期,第
115 页。

[3] 严复:《与梁启超书》,载王栻主编《严复集》第 3 册,第 516-517 页。

足矣，不能避不通之讥"。[1] 由此可见，严复翻译西书，虽然努力在中国传统文化语境中寻求精准的对应，但也无法完美地实现"熔中西于一冶"，类似"民直"译"rights"般的"铁案"，实为可遇而不可求。

更为重要的是，1902 年严复在《与〈外交报〉主人论教育书》中，强调中西学各有体用，"分之则并立，合之则两亡"[2]。既然中西学无法汇通，中译西书如何能够完全相通无碍？《群己权界论》的翻译显然也遇到了很大的困扰。以下事例可以显现一二：

（一）

在译《论自由》时，严复遭遇的首要问题便是"自由"一词的翻译。中文的"自由"最初并非专门独立的词语，而是由前后两个单字组成，表达复合的意涵，如《申鉴》："纵民之情，使自由之，则降于下者多矣。"[3] 在后来的文献中，"自由"逐渐变为一种相对固定的用法，意指能够但凭己意，自主而无拘束、无掣肘，但仍然不是现代意义的专门名词。如《三国志·朱桓传》中："桓性护前，耻为人下。每临敌交战，节度不得自由，辄嗔恚愤激。"[4] 此处"不得自由"指军队用度不受朱桓自己掌控。又如《后汉纪·后汉孝灵皇帝纪》中："方今权官群居，同恶如市，上不自由，政出左右。"[5] 此处则指皇帝被权官所包围，政令的草拟与下达都身不由己，难以

---

[1]　严复：《与梁启超书》，载王栻主编《严复集》第 3 册，第 518 页。

[2]　严复：《与〈外交报〉主人书》，载见王栻主编《严复集》第 3 册，第 559 页。

[3]　荀悦：《申鉴》卷五，黄省曾注，四部丛刊景明嘉靖本，第 33 页。

[4]　陈寿：《朱桓传》，载《三国志》卷六十五，百衲本景宋绍熙刊本，第 816 页。

[5]　袁宏：《后汉孝灵皇帝纪》，载《后汉纪》卷三十，四部丛刊景明嘉靖刻本，第 220 页。

自主。

　　随着语境的变化，"自由"所表达的具体意涵及程度也略有不同。《风俗通义·江夏太守河内赵仲让》篇中，应劭评论道："君子之仕，行其道也。……何得乱道，进退自由。傲很天常，若无君父。"[1]"自由"带有负面意味。《后汉纪·后汉光武皇帝纪》中"有人上书，言冯异专制关中，威福自由"[2]中的"自由"，也含贬义，指作威作福，为所欲为。而诗人常常咏叹的"自由"，如"贫贱亦有乐，乐在身自由"[3]"我云以病归，此已颇自由"[4]"有酒不暇饮，有山不得游。岂无平生志，拘牵不自由"[5]，都是指身心了无牵挂。

　　随着佛教文献[6]的传入，"自由"开始与"自在"并立，较早见于《大般涅槃经》："一切女人，势不自由；一切男子，自在无碍。"[7]在《坛经》中，"自由自在"连用，"师曰:自性无非无痴无乱，念念般若观照，常离法相，自由自在，纵横尽得，有何可立?"[8]宋

---

[1]　应劭:《江夏太守河内赵仲让》，载《风俗通义》卷十，明万历两京遗编本，第 22 页。

[2]　袁宏:《后汉光武皇帝纪》，载《后汉纪》卷三十，四部丛刊景明嘉靖刻本，第 46 页。

[3]　白居易:《咏意》，载《白氏长庆集》卷七十一，四部丛刊景日本翻宋大字本，第 61 页。

[4]　韩愈:《南溪始泛三首》，载《昌黎先生文集》卷四十，宋蜀本，第 55 页。

[5]　白居易:《适意二首》，载《白氏长庆集》卷七十一，四部丛刊景日本翻宋大字本，第 50 页。

[6]　有学者认为，佛经中"自由"，多表示"一种'因果'律规范内的超生死、不拘执"。(胡其柱:《"自由"语词的前世今生》，《寻根》2008 年第 4 期。)

[7]　《大般涅槃经》卷四十，昙无谶译，大正新修大藏经本，第 119 页。

[8]　释惠能编:《六祖大师法宝坛经》卷一，大正新修大藏经本，第 22-23 页。

儒"取其珠而还其椟","采佛理之精粹",遍注群经[1],"自由自在"也开始出现于非佛教文献中,如《朱子读书法》:"又曰:江西人尚气,不肯随人后。凡事要自我出,自由自在,故不耐烦。"[2]

西文 liberty 的含义与中文"自由"的意思有部分重叠,但又有所分别,liberty 主要在政治制度的层面进行界定。严复译 liberty 时,一律采用"自繇",并解释:"由繇二字,古相通叚……视其字依西文规例,本一玄名,非虚乃实,写为自繇。欲略示区别而已。"[3] 由、繇二字之通假关系,可在《尔雅·释水》中得到印证:"繇膝以下为揭,繇膝以上为涉。"[4] 但严复以"自繇"代替"自由"译 liberty 的原因也许更在于,在他看来,"自由"一词被滥用之后,已沦为贬义词。"中文自繇,常含放诞、恣睢、无忌惮诸劣义","初义但云不为外物拘牵",密尔此篇"只如其初而止"。[5]

此外,如严复所说,诸多西学名义,"其理虽中国所旧有,而其学则中国所本无"。[6] 就 liberty 一词而言,严复类比为中国的"恕与絜矩",可见其对密尔自由观念中的群己界限有较为准确的理解:"自入群而后,我自繇者人亦自繇,使无限制约束,便入强权世界,而相冲突。故曰人得自繇,而必以他人之自繇为界。"[7] 同时,他还

　[1]　吴宓著,吴学昭整理:《吴宓日记》第 2 册,生活·读书·新知三联书店,1998,第 102 页。

　[2]　朱熹:《朱子读书法》卷四,张洪辑,清文渊阁四库全书本,第 44-45 页。

　[3]　约翰·穆勒:《群己权界论》,"译凡例",第 3 页。

　[4]　陈静:《自由的含义——中文背景下的古今差别》,《哲学研究》2012 年第 11 期。

　[5]　约翰·穆勒:《群己权界论》,"译凡例",第 1-3 页。

　[6]　严复:《与梁启超书》,载王栻主编《严复集》第 3 册,第 518 页。

　[7]　约翰·穆勒:《群己权界论》,第 1 页。

明确区别中西观念，指出"自繇之说，非亚产也"[1]，"中国恕与絜矩，专以待人及物而言。而西人自由，则于及物之中，则实寓所以存我者也"[2]。

在《群己权界论》中，严复除了以"自繇"译 liberty 外，还间或以之对应"independence""freedom""their own guidance"。[3] 时至今日，liberty 与 freedom 依然都被译作"自由"，英语世界在使用这两个词时，似乎也未做严格区分。但追根究底，这两个英文单词的来源和初义都是不同的。据考证，"'liberty'起源于古代地中海世界"，强调"一种没有压迫或束缚的状态"，"是可以被授予的"；"'freedom'则是指一种生来就有的权利，是个人作为自由群体一员天然享有的禀赋"。而且，在不同的文化与语境中，"'liberty'或'freedom'的含义也不能一概而论"。[4] 在《论自由》中，liberty 与 freedom 都频繁出现。大体而言，密尔所谓的 liberty，偏重政治层面，强调个人（individual）与社会（society）之间的权利界限，也是全书论述的重点概念；而他在使用 freedom 时，则偏重精神层面，常见搭配有：freedom of conscience，freedom of thinking，mental freedom，religious freedom，等等。在翻译时，严复虽在"译凡例"中界定了 liberty 的意涵并以"自繇"相对，但在实际行文过程中，中西语汇的转码却远非得心应手、顺理成章。

类似的困境还体现在第三章篇名的翻译，严复将"Of Indivi-

---

[1]　约翰·穆勒：《群己权界论》，原序未刊稿，中国历史博物馆藏，转引自皮后锋：《严复评传》，第 496 页。

[2]　严复：《论世变之亟》，载王栻主编《严复集》第 1 册，第 3 页。

[3]　John Stuart Mill, *On Liberty*, pp. 5, 8, 78. 约翰·穆勒：《群己权界论》，第 5、7、96 页。

[4]　李剑鸣：《隔岸观景》，社会科学文献出版社，2012，第 46 页。

duality as One of the Elements of Well-Being"译为"释行己自繇明特操为民德之本"。"well-being"是一种抽象概念，指人的美好的生命状态，严复将其与"民德"对应，指百姓之福[1]，在一定程度上是准确的。但这样的说法始终处于君民相对的语境中，"民德"是君王为政的首要目标，亦即百姓之福仰赖于明君美政。这层意涵自然不是密尔想要表达的。另外，在这一章中，"德"字的意涵也非一成不变。有与标题译法相类的，以"民德"译"human development"。[2]也有采用"德"字更为常见的"道德、德行"之意的，将"mental and moral"译为"智照德操"，将"conscience"译为"心德"等。[3]如此处理，可谓灵活，但也容易引发歧义与误读，导致"难索解人"。

（二）

严复遭遇的另一大难题，是如何重现原文的严密逻辑。中文本非逻辑语言，而要兼顾文辞的雅洁与逻辑的严密，更是难上加难。

1. But there is no room for entertaining any such question when a person's conduct affects the interests of no persons besides himself, or needs not affect them unless they like (all the persons concerned being of full age and the ordinary amount of

---

[1] "哀公曰：'敢问人道谁为大？'孔子愀然作色而对曰：'君及此言也，百姓之德也。'"见戴德：《大戴礼记》卷十三，四部丛刊景明袁氏嘉趣堂本，第4页。

[2] John Stuart Mill, *On Liberty*, p. 60. 约翰·穆勒：《群己权界论》，第75页。

[3] John Stuart Mill, *On Liberty*, pp. 56, 57. 约翰·穆勒：《群己权界论》，第68、70页。

understanding). In all such cases, there should be perfect freedom, legal and social, to do the action and stand the consequences. [1]

孟译:

但是当一个人的行为，其利害仅止于自身而不关涉他人，或虽有影响也是出于他们自愿（注意这里所谈及的个人都是指已经成年且具有一般是非常识的人），则上述所论于此迄无用武之地。在一切此类情境之下，他们都该完全不受法律和社会的束缚而自由行动，并且自得其乐或自食其果。[2]

严译:

独至一民行事，吉凶利害，止于其身，而与余人为无涉，或虽涉之，而其事由其人之自甘，而非行事者之诪诱而抑勒，则无论事居何等，前者之议，皆不可行。盖自繇之义，本以论丁壮已及年格之人，有分别是非之常识者，其人无论对于国律，对于舆论，皆宜享完全自繇，自为造因，自受报果，决非局外之人，所得拘束牵缠之也。[3]

2. As soon as any part of a person's conduct affects prejudicially the interests of others, society has jurisdiction over it, and

---

[1] John Stuart Mill, *On Liberty*, pp. 73-74.

[2] 约翰·穆勒:《论自由》，孟凡礼译，第 90 页。

[3] 约翰·穆勒:《群己权界论》，第 90 页。

the question whether the general welfare will or will not be promoted by interfering with it becomes open to discussion. [1]

孟译:

只要个人行为的任何部分有损他人利益，社会对此就有了裁夺的正当权力，而这种干涉是否能够提高社会的总体福利也要成为公开讨论的话题。[2]

严译:

大抵一民之为作，而其邻之利损系焉，斯其曲直是非，皆为国群所可议者。[3]

第一段严复将括号中的补充性说明单独立为一句，插于正文之中，由此引发一个问题，即密尔原文中的限定语"在这样的情况下"（In all such cases）并未在译文中得到体现。这个短语连接上下文，表明内在逻辑，更是后文享受"完全自由"（perfect freedom）的限定条件。也许严复意在将插入句后面的"其人"作为与上文所述情形相连接的代词，但"其人"容易被理解为插入句所说的，界已成年、能够分辨是非的人。因此，失却了这个短语，译文中"皆宜享完全自繇"的适用范围便与原意不符。第二段密尔的原意是：

---

[1]   John Stuart Mill, *On Liberty*, p. 73.

[2]   约翰·穆勒：《论自由》，孟凡礼译，第 90 页。

[3]   约翰·穆勒：《群己权界论》，第 90 页。

社会的这种干涉行为能否促进大众的整体福祉，成为可供公开讨论的问题。严译则使可供公开讨论的对象产生了偏差，若个人行为影响到他人的利益，那么这件事的"曲直是非"就变成可供讨论的了。由此可见，受到语言和文体的限制，严复翻译逻辑关系较强的句子时，有时显得力不从心。

（三）

此外，由于心中的言说对象不同，密尔在抽象论述时的具体指代容易被忽视，严复有意无意间会流露掺杂自身的关怀。

1. In time, however, a democratic republic came to occupy a large portion of the earth's surface and made itself felt as one of the most powerful members of the community of nations, and the elective and responsible government became subject to the observations and criticisms which wait upon a great existing fact. [1]

孟译:

然而，当一个幅员广阔的民主共和国最终雄踞地表，并且被视为世界民族之林最强大的成员之一时，民选的责任政府作为一个重大的既存事实，就成为观察和批评的对象。[2]

---

[1] John Stuart Mill, *On Liberty*, p. 3.

[2] 约翰·穆勒:《论自由》，孟凡礼译，第4页。

严译:

乃浸假民主之治制立矣，于是论治之士，乃得取其制，徐察而微讥之。何则？于此之时，固有事实之可论也。[1]

密尔所谓的"幅员广阔的民主共和国"是指美国，而严复的译文省略了"a democratic republic came to... one of the most powerful members of the community of nations"所论述的内容，仅仅指出民主治制建立后能被观察和批评，忽视了密尔立论的事实基础。

2. Their power was but the nation's own power, concentrated and in a form convenient for exercise. [2]

顾译:

他们的权力就是全体国民自己的权力，只是以一种便于运用的形式集中了起来……[3]

严译:

彼之权力威福，国人之权力威福也，而所以集于其躬者，以行政势便耳，是谓自治之民。惟自治之民，乃真自繇也。[4]

---

[1]　约翰·穆勒：《群己权界论》，第 4 页。

[2]　John Stuart Mill, *On Liberty*, p. 3.

[3]　约翰·密尔：《论自由》，顾肃译，第 5 页。

[4]　约翰·穆勒：《群己权界论》，第 3 页。

严译中"惟自治之民，乃真自繇也"一句为原文所无，添加这句也许是严复理解此段原文后的一种总结，但亦不免流露出严复自身对民选政府的青睐。在他看来，人民能够选出并监督君主，便能实现自治，也能享受真正的自由。这层意思并非密尔的原意，但此处仅为一个特例，严复并没有在译文中过多增添诸如此类的内容。

3. In all things which regard the external relations of the individual, he is de jure amenable to those whose interests are concerned, and, if need be, to society as their protector. [1]

孟译:

在个人与外部发生关系的所有事情上，从法理来说，他都应该对与之有利害关系的那些人负责，并且如有必要，还要对作为他们保护者的社会负责。[2]

严译:

人以一身而交于国，交之所在，法之所在也，小则所交者责之，大则其国责之。[3]

原文讨论的是微观层面的问题，即一个人满身恶习或是品德败

---

[1] John Stuart Mill, *On Liberty*, p. 11.

[2] 约翰·穆勒:《论自由》，孟凡礼译，第 12 页。

[3] 约翰·穆勒:《群己权界论》，第 11 页。

坏并不会对他人造成直接的危害，但会树立一种反面的榜样，进而使他人"堕落或者误入歧途"（corrupt or mislead）。严复则将其提高到一个宏观的层面，指出这种恶行将败坏风气，而"终于害国"。严译虽然没有完全背离原著，但这种细微差别却透露出中西思想文化资源之迥异。《论自由》全书的行文当中，随处可见基督教思想的影子，而密尔在此处特别将可能对他人产生间接、潜在危害的行为排除于自由界限之外，似与《圣经》中有关饮食当否的判断原则一贯。[1] 严复即便能够体会这一思想根源，也很难在中国的文化体系中找到准确对应。严译常将涉及众人或社群的探讨提升到"国"的层面来论述，既体现了其自身对国家政治及国家当下处境的关切，又是使书中义理能够达于士林的必要之举。

4. Armed not only with all the powers of education, but with the ascendency which the authority of a received opinion always exercises over the minds who are least fitted to judge for themselves ... [2]

孟译：

既然社会不但垄断着一切教育的权力，而且拥有公认意见的权威带来的支配优势，总是左右着那些最不配自我决断的头脑；…… [3]

---

[1] 参见《圣经·哥林多前书》8：7—13。

[2] John Stuart Mill, *On Liberty*, p. 80.

[3] 约翰·穆勒：《论自由》，孟凡礼译，第 98 页。

严译:

国中学校林立，师资云屯，先正之格言，前王之法典，此真中材以下之民，不能自用其别识者之所倚恃，而于其心最有率导之权力者也。[1]

严复将"不能自用其别识者之所倚恃"（who are least fitted to judge for themselves）之人称为"中材以下之民"，即中等才智以下的人，这是原文没有的定性判断，一定程度上反映了中国礼制中的等级划分，《论语》中即有"中人以下，不可以语上也"[2]之句；同时，也暗示了严复思想的一大倾向：先开民智，再立自由民主。严复认为，西学"以自由为体，民主为用"，自由是西方文化精神之本，也是他最向往的。而民智不开，再彻底的政治改革也无法成功，反而会带来动乱。他在 1897 年的《中俄交谊论》中强调："夫君权之轻重，与民智之浅深为比例。论者动言中国宜减君权、兴议院，嗟呼！以今日民智未开之中国，而欲效泰西君民并主之美治，是大乱之道也。"[3] 此后与友人的书信往来，他也反复提及"开民智"的重要性。

（四）

《论自由》第 6 至 7 页有如下内容：

---

[1]　约翰·穆勒:《群己权界论》，第 98 页。

[2]　《论语》卷十，何晏集解，四部丛刊景日本正平本，第 13 页。

[3]　严复:《中俄交谊论》，载王栻主编《严复集》第 2 册，第 475 页。

... and the sentiments thus generated react in turn upon the moral feelings of the members of the ascendant class, in their relations among themselves. ... and sympathies and antipathies which had little or nothing to do with the interests of society have made themselves felt in the establishment of moralities with quite as great force. [1]

这一整段内容严复都省略未译。其中密尔主要论述了两层意思：一方面，道德情操大多是上层阶级利益和优越感的产物，并会随着阶级地位的更替而改变；另一方面，人类对他们现世主人或所奉神祇的好恶有一种屈从性，从中产生的同情或反感对道德情操的确立有重大作用。严复将这一段截去不译并非偶然。戊戌维新失败后，严复等人因与《国闻报》的关系而"屡被参劾"[2]，处境危险；庚子事变，学堂尽毁，严复避地沪上，之后回京，言论环境较不自由。此段内容涉及上层阶级地位升降的问题，稍显敏感。为避免"过触时讳"，删去不译，也在情理之中。另一种可能则是后半段内容谈到的一神论及异端审判问题不适用于中国。据严复的观察，中国官方倡导儒家学说，即所谓"孔教"，而普通民众却大多信仰佛教。严复认为，"孔教之高处，在于不设鬼神，不谈格致，专明人事，平实易行"[3]，因此对"鬼神"一事不愿多谈，索性将此段删去不译。

由于"中西各有体用"，虽然严复试图在翻译方面沟通中西，

---

[1]   John Stuart Mill, *On Liberty*, pp. 6-7.

[2]   郭廷以：《近代中国史事日志》第 2 册，中华书局，1987，第 1034 页。

[3]   严复：《保教余义》，载王栻主编《严复集》第 1 册，第 85 页。

既力求立足于中国传统文化资源以便流通，同时又能准确传达西书的本意，可是许多西方的概念并不能在中文找到精确对应，在具体翻译过程中，常常出现顾此失彼的情形。加上文字、时局及个人关怀的作用，译文与原文难免存在些微偏差。

结　语

　　严复 1899 年着手翻译约翰·密尔的《论自由》，经历了诸多波折，最终于 1903 年出版《群己权界论》。他力求调整《天演论》翻译时一些随意增减内容文字的偏蔽，更加着重于"信"，基本遵循照实直译的原则，紧跟密尔的行文思路进行翻译，并且没有添加任何按语，大体做到了符合原著。同时，为了使译著被中文世界所接受和理解，还是选择使用雅洁的文辞，遵照中文的表达习惯，从中国传统文化资源中寻觅西文语汇的精准对应，力图完全实现"信、达、雅"的理想境界。可是按照严复自己的观念，中西各有体用，无法强同，所谓"分之则并立，合之则两亡"，在翻译的历史上也不乏其例。或者如前贤所论，跨文化传通本来就是充满误会，要想兼顾各面，在逼真和如画之间就会左右为难，进退失据。严译西书，翻译之际已经相当纠结，不得不有轻重取舍的抉择，无法面面俱到，时过境迁，更加难逃非驴非马的尴尬与困境。

第四章　清朝中越边境区划及观念变迁
（1881—1886）

中法战争是近代中越关系的重要分水岭，在此之前，越南作为清王朝重要的外藩属国之一（地位仅次于琉球与朝鲜），自康熙五年（1666）清廷册封黎维禧为安南国王开始，便正式建立起两国的特殊关系体制（清廷称之为"屏藩之制"）。[1] 在这种关系体制之下，清朝长期视越南为"藩夷"，以其为南疆屏藩，并无过多中外之别的考量。在中国帝王看来，"王者有分土，无分民。故小所以事大，信也；大所以保小，仁也。体统情义，皆所当然"，[2] 以往视为当然的体统情义，在近代"他族逼处"的千古未有奇局面前，清政府陷入前所未有的窘境。

中法战争前后，法国侵占越南，渐逼中越边境，边务形势出现

---

[1]　古代中越交往关系体制，学术界有多种称谓，较为典型的如"朝贡体制""封贡体系""宗藩体制""天朝礼治体系"等。清廷则称其为"屏藩之制"，如乾隆五十三年（1788）清廷诏封黎维祁为安南国王，册文有"（越南）久列世封，遘家国之多艰，属臣民之不靖，则必去其蟊贼，拯厥颠隮，俾还钟虡之观，以肃屏藩之制"的字句。（清实录馆编：《清高宗实录》卷一三一五，载《清实录》第25册，中华书局，1986，第778页。）

[2]　郭廷以主编：《中法越南交涉档》第1册，台北：精华印书馆股份有限公司，1962，第137—138页。

重大变动。从前唇齿相依的"藩夷"，一变为卧榻之侧的"敌国"，迫使清人积极绸缪济变之法，以挽救时局。清政府为此提出多种中越边境区划方案，但无一不是囿于保藩封、树藩篱的传统认知，在保藩与固边问题上纠结徘徊。战后，尽管清廷开始承认中外界限自此而分，随之而来的中越勘界活动却仍然纠葛不断。近代民族国家间划分边界的行为，[1] 今人看来正常且必要，对于清人而言却有莫大纠结。从最先寻求边境划留"隙地"，到最后接受"一线为界"的划界规则。伴随分界认识的不断变化，清政府的边境措置也各不相同，此一递嬗过程，成为中国近代边界、边务观念形成的重要时期。旧有一套守藩封、树藩篱、严隘防的观念与体制，越来越不合时宜。边局迥异下的种种新知新物，使懵懂初开的清朝士大夫在边疆逼仄的战战兢兢下，拉开了国人百年来探索中越边境边界问题的历史序幕。

　　学人很早已经开始关注清政府在"保藩固圉"问题上的态度变

---

[1]　近代意义的边界，又称国界（现代汉语关于国际法中"边界"一词的词义比较固定，就是指边界线本身，但英语与法语中用以表示边界的词却有很多，英语中的"boundary""border""frontier"皆可译作边界，但后两词含义较为宽泛，可指分界线本身或沿边地区，即兼有边界线与边境、边疆之义。同样，法语中的"limite""bornes""frontière"皆可译为边界，"limite"词义较为明确，指界线，但"bornes""frontière"除了界界线本身外，还可以指边境、边疆。据研究，中法勘界过程中，双方代表较倾向使用法语"frontière"一词以指称边界），最早出现于 17 世纪的欧洲，伴随民族国家以及领土、主权观念的出现，渐为欧洲各国所接受。国际法一般认为，国家边界是"一条划分一国领土与他国领土或国家管辖范围之外区域的界线"。（王铁崖主编：《国际法》，法律出版社，2007，第 176 页。）但清人没有划分边界的行为，却不代表没有分疆划界的意识与举动，雍正指"分疆定界，政所当先。侯甸要荒，事同一体。"小到划分田亩的经界，大到与藩部、属国的分疆，皆遵行这样一种认识，只是与今人划分边界的做法有很大差异。

化，[1] 对于清政府战前边境政策的提出以及战后中越勘界的交涉经
过，也进行了颇为有益的先行探究。[2] 但对于中法战争前后清政府
在中越分界观念与政策的演变问题上，至今仍缺乏能够贯穿始终的
专题研究。此外，有关清政府内部对待中越分界问题的认识差异、
观念的前后变化以及由此导致的措置纠葛，仍有很大的研讨空间。
从知识层面考察清政府的划界活动，更能有助于理解近代中越边界
问题的形成与演化，为解决当前复杂国际与地区局势背景下的中国
周边问题，提供有益的历史借鉴。

---

[1]　典型研究如郑灿、郑友来：《论晚清"保藩固圉"的边防政策》，《中国边疆
史地研究》1993 年第 4 期。

[2]　邵循正注意到 1882 年李宝谈判中的"分界保护"以及后来的"中立地
带"问题（邵循正：《中法越南关系始末》，河北教育出版社，2000）；美国学者注
意到中法在红河流域建立缓冲地带或者中法共同占有方案与中日甲午战前清廷企
图控制朝鲜的行为类似 [Diss. Chere, Lewis, *The Diplomacy of the Sino-French War
(1883–1885): Finding a way out of an Unwanted, Undeclarde War* (Washington State
University, 1978)]；日本学者注意到中法交涉中有关"一种の缓冲地"与"保护
区""分割"案的问题，以及清廷在"属国"问题与"保护"问题上的纠葛（冈本
隆司：《属国と保護のあいだ：一八八〇年代初頭、ヴェトナムをめぐる清佛交涉》，
《東洋史研究》2007 年第 6 期）；吴宝晓指出清廷对于"分界保护"一说，一不关
心，二则认为是李福协定后的善后具体问题，因此并不热衷（吴宝晓：《关于中法战
争时期李鸿章违旨问题考辨》，《安徽史学》2006 年第 3 期）；战后中越勘界问题则
主要集中于勘界过程的梳理，相关论文有龙永行的《中越界务会谈及滇越段勘定》
（《中国边疆史地研究报告》1991 年第 3—4 期）、《中越界务（粤越段）会谈及其勘
定》（《东南亚研究》1991 年第 4 期）与《中越边界桂越段会谈及勘定》（《中国边疆
史地研究报告》1992 年第 1—2 期）、彭巧云的《中越历代疆界变迁与中法越南勘界
问题研究》（博士学位论文，厦门大学，2006）；P. Neis, *The Sino-Vietnamese Border
Demarcation, 1885–1887* (White Lotus Press, 1998)。

第一节　中越边务形势的丕变

近代以前，国人在论及疆界问题时，所称"边"与"边务"，并非纯粹地理方位与缘边事务的直接称谓，背后还蕴含有古人华夷分际的文化关怀。中法战争前后，由于中越边务形势发生根本转变，被清朝长期视为"藩夷"的越南名存实亡，作为"敌国"的法国代之而起，使得时人对于中越边务的认知，逐渐脱离传统夷夏大防的窠臼，迫使清王朝重新审视传统中越边境政策，并调整边务措置。总体而言，由原本处置夷情藩务为主，一变而为以防敌御外为急务，中越边务从此呈现出新的特质。

一、传统视域下的"边"与"边务"

中国古代有关"边"的认识，《尔雅》指"疆、界、边、卫、圉，垂也"，《说文解字》释为"行垂崖"，郝懿行《尔雅义疏》称"崖岸亦边垂"，"边兼远近二义"，且"边与鄙义同"[1]。可见古人言"边"，一开始确有方位远近之义。有学者就指出，从意义上看，"边"与"中""内"一定程度上是相对的。但古人所称"中"（"内"）与"边"二字，意涵远比方位远近为多。研究秦汉边郡问题的学人发现，春秋战国时期，"边郡"都设置在各国新征服地区或边界上，是政权的边地。到了秦汉大一统后，国家主要防守对象由原来争雄对峙的诸侯转向边疆异族，[2]"边"与"边郡"的称谓自此也有了新的意味，开始用以指称与周边民族的界限，如《史记·秦始皇本纪》与《史记·韩信卢绾列传》中的"边"，都指与周边民族的界

---

[1]　（清）郝懿行：《尔雅义疏》，商务印书馆，1933，第 84 页。

[2]　谢绍鹢：《秦汉边郡概念小考》，《中国历史地理论丛》2009 年第 3 期。

限。[1] 随后郑玄释"边邑"为"九州之外"[2]，《盐铁论》称"边郡山居谷处，阴阳不和"，而"中国，天地之中，阴阳之际也"[3]，其"边"之所指，已非地理方位的简单称谓，而是包含有明显的文化区别。

到了清代，由于国家大一统程度相比前代有过之无不及，对于疆域的文化区分也愈发明显。尤其到了乾隆以后，清王朝在区分疆域版图中的"内"与"边"时，更多是在华夷大防的观照下，以是否遵王化为尺度。官方所称"边疆（边地）"，多用以指称民夷杂处之地或是与夷疆、外藩接壤之区，有时就是对外藩的直接指称（如蒙古诸藩部、西藏）。在清王朝看来，这些地方的向化程度与内地明显有别，是所谓"未开化"或"未完全开化"之地。乾隆三年（1738），清帝谕令慎选云贵"苗疆"守令，理由是此地为"边疆"，而"边疆之地，民夷杂处，抚绥化导，职任尤重"。乾隆尤其强调"云贵诸苗，向在王化之外"[4]，其文化区分意味颇重。到了道光十二年（1832），清廷在议定广东连山直隶厅员缺时，仍然因连山地属"瑶疆"，定为"边疆要缺"，连山的边疆区位，并没有因为其位处直省内地而有所改变。[5]

---

[1]　参见杜晓宇:《试论秦汉"边郡"的概念、范围与特征》,《中国边疆史地研究》2012 年第 4 期。

[2]　（汉）郑玄注:《礼记正义》卷四十,上海古籍出版社,2008,第 1249 页。

[3]　（汉）桑弘羊:《盐铁论校注》卷三,中华书局,1992,第 180 页。

[4]　清实录馆编:《清高宗实录》卷八三,载《清实录》第 10 册,第 305 页。

[5]　（清）昆岗、李鸿章编:《钦定大清会典事例》卷六六,光绪二十五年（1899）重修本。近年来学者已注意到其与今人边疆的差异。学者在论述古代边疆概念时指出,中国历史的边疆概念不是一个纯地理概念,是与经济、政治、文化的发展水平密切相关的。参见杜文忠:《边疆的概念与边疆的法律》,《中国边疆史地研究》2003 年第 4 期。

　　由此可见，清人疆域认识中的"边"，以及与之相关的"边疆""边地""边界""边缺""边防""边务"等一系列概念，其文化区别要比地理方位的含义为多。有学人指出："中原王朝虽明确认识到边疆问题的核心是'四夷'问题，但区分'华夷'的根据又不在地域之别，而是重在经济文化的差距。"[1] 乾隆朝修撰的《皇朝文献通考·四裔考》称："中国居大地之中，其缘边滨海而居者是谓裔，海外诸国亦谓之裔。裔之为言，边也。"反映在其观念中，"边"与作为夷狄的"裔"，两者间有难以割舍的关系。同时期修订的《钦定皇朝通典·边防典》在论及唐代杜佑的《通典》时，指其所称"边防"为"列史之四裔传"，而今"举凡前代之所为劳师设备，长驾远驭，兢兢防制之不暇者，莫不备职方而凛藩服。东瀛西蒙，环集辐凑，固已无边之可言"，[2] 因此当下言"边"不宜只言"裔（夷）"。所谓无边可言，更多的当是对乾隆武功的颂扬，赞颂其将四方夷狄收归版图而已，"裔"在清人心目中即为"边"的地位并未改变。所谓"守边之要首在熟悉夷情"[3]，朝野上下的疆域认知，仍然难以逾越内华外夷的分际，并据此认识周边边务问题。

　　晚清以前，清朝所谓"边务"，因筹办对象不同，内容略有差异，不同人因关注不同，认识也有参差，但一般皆与藩夷事务有关。《光绪朝大清会典事例·理藩院》有"边务""兵制""会盟""朝觐"四事，"边务"一项专指蒙古民人贸易与外藩驿站两

---

[1]　王日根：《明清海疆政策与中国社会发展》，福建人民出版社，2006，第4页。

[2]　（清）嵇璜、刘墉等撰：《清朝通典》卷九七，商务印书馆（上海），1935，第2729页。

[3]　（清）徐松：《钦定新疆识略·外裔》，台北：文海出版社，1965，第1129页。

项事务。清人张牧论俄罗斯互市问题，指清廷设库仑办事大臣及所属司官、笔帖式诸员"以理边务"[1]。虽说此"边务"与《会典事例》所记理藩院"边务"不能一概而论，但何秋涛指"设库仑大臣所以经理俄罗斯边境事务，继而车臣汗、谢图干二部之事务皆归统辖"[2]，大概仍不出藩夷事务范畴。

此外，清廷官书奏章中，"边务"二字通常与"夷情"连用，所指也多为藩夷一类事务。乾隆三十四年（1769）征缅之役，清廷以副将哈国兴"于边务夷情，素所熟悉，令其整理滇省营务"[3]。在处理征缅善后问题上，指云贵总督鄂尔泰"办理云南边务时，意在张大其事，而未加核实，于地方事务，毫无裨益"[4]，对边务与地方事务有明确区分。第二年清廷以总督彰宝奏陈"俱属本省寻常公务，而于边外夷情，不提一字"，指责其擅发驿递，"无一折及于边务"，对"边务"与"寻常公务"也有清晰区分。清廷此时所称"边务"，专指"传述缅匪投降之语有无粉饰，及缅匪索取土司一事"而言，[5] 与后来大小金川之役所称"边夷要务"，并无根本不同。[6] 清廷同时指"此事（指四川小金川与沃克什土司构衅事）虽边夷自相构怨，但既关白地方大吏，即属紧要边务"[7]，所称"边务"，实际上仍是对于"夷务"的互称。

---

[1]　（清）张牧：《蒙古游牧记》卷七，台北：南天书局，1981，第149页。

[2]　（清）何秋涛：《朔方备乘》卷一一，载《中国西北文献丛书》第93册，兰州古籍出版社，2005，第257页。

[3]　清实录馆编：《清高宗实录》卷八四八，载《清实录》第19册，第356页。

[4]　清实录馆编：《清高宗实录》卷八四九，载《清实录》第19册，第370页。

[5]　清实录馆编：《清高宗实录》卷八五七，载《清实录》第19册，第480页。

[6]　清实录馆编：《清高宗实录》卷八八九，载《清实录》第19册，第919页。

[7]　清实录馆编：《清高宗实录》卷八六六，载《清实录》第19册，第622页。

对于中越边务，清廷也有类似认识。清朝在处理中越边界问题时，向来坚持"内地民人私出边境，例禁綦严"[1]的态度。事实上，自雍正二年（1724年）广西提督韩良辅禁止中外一切商民任意出入中越边境开始，[2]清廷就一直坚持内地民众不得"擅越外夷地界"，"外夷地界"即指越南境内。[3]清朝同时也将私自进入"夷地"的内地民众，称之为"愚民""奸民"，边吏的边务处置也主要以禁防"夷匪潜入边境以及内地奸民私越滋事"为主，其中对于边务的思考，仍不出夷夏大防的范畴。[4]

二、由防"夷"到防"敌"

清朝的边务认识，至第二次鸦片战争后开始出现变化，朝廷上下对于边务的思考逐渐脱离夷情藩务的整体认知，更凸显济变内容。光绪五年（1879）西北俄患日炽，左宗棠覆陈伊犁边务时，多以界务、商务立论，相较以往，关注点已有明显不同。[5]东北方面更注意对俄的军务布置，清季为吉林边务督办的吴禄贞指咸丰九年（1859）清廷令珲春协领加副都统衔以资镇摄边疆（珲春同时与俄国、朝鲜接壤），是因为该处"边务事繁"。又指光绪七年（1881）

---

[1]　清实录馆编：《清穆宗实录》卷二七二，载《清实录》第59册，第771页。

[2]　中国第一历史档案馆编：《雍正朝汉文朱批奏章汇编》第3册，江苏古籍出版社，1989，第443页。但中越边界禁防的全面实行实际上却难以实现，禁防力度最大的广西一边，其后措施也几经变动，由最先全边封禁，到之后开放个别关隘（如平而、水口关）予边民出入。边省态度和实施力度互有参差，云南、广东方面对于封禁事宜便不甚积极。

[3]　清实录馆编：《清高宗实录》卷九八六，载《清实录》第21册，第159页。

[4]　清实录馆编：《清高宗实录》卷一四五，载《清实录》第10册，第1092页。

[5]　（清）左宗棠：《左宗棠全集》，岳麓书社，1996，第371—377页。

上谕以吉林三姓、宁古塔、珲春等处防务紧要，责成吴大澂督办边防，吴禄贞认为是吉林设边务督办的开始，其目的是防范俄国入侵。[1] 据薛福成称，在此之前，清朝对东北中朝边境并不讲求边防设备，因为朝鲜"向列东藩，最称恭顺，原可礼仪为防，不必严于设备"[2]。表明清朝此前筹办中朝边务也讲究边防，但所防非指边防军务的严于设备，而是讲求对藩夷的控驭之道，如薛福成所称，可以"礼仪为防"。但是，随着晚清边疆危机的爆发，清王朝在筹办传统边务时的防夷与驭夷之道，显然无以应对变局。

近代以来，西方列强对中国周边藩属国的不断侵逼，使清朝筹办边务的对象，明显发生转变。尽管边吏对周边边务的缓急轻重，认识互有参差，各时期所指也各有不同，但无一不是多了几分强邻逼处的担忧，少了几分对于夷情藩务的执拗，中法战争前后时人的中越边务认知亦然。加上滇桂粤三省都是内地直省，对于固执"守在四夷"情结的清朝士大夫们，触动远非东北、蒙古、西藏诸将军辖区与藩部可比。邓承修就表示："当日（越南）与我辅车，本有屏藩可固，而此后捍吾牧圉，保无逼处之虞。"[3] 由辅车相依到卧榻之侧，尽管《清史稿》论及广西提督由柳州移驻龙州，仍坚称是"控边夷"之举，[4] 但中越边务早已今非昔比。

---

[1]　李树田主编:《长白丛书·光绪丁未延吉边务报告》，吉林文史出版社，1986，第 28 页。

[2]　（清）薛福成:《庸庵别集》，上海古籍出版社，1985，第 155 页。

[3]　故宫博物院档案馆编:《中法越南交涉资料》，载中国史学会编《中法战争》第 7 册，上海人民出版社，1957，第 22 页。

[4]　赵尔巽等撰:《清史稿》卷一百三十七，中华书局，1998，第 4075 页。

光绪八年（1881）三月，法国攻占越南北圻重镇河内，[1] 锋芒直逼滇粤边境，边局岌岌可危，时人边务关注也随之发生重大转变。是年九月，云贵总督岑毓英为中越边防事上奏，对于当前"边务敌情"，建言华军只宜分布边内要害。[2] 同年，津海关道周馥致函两广总督张树声，坦言"（中越）边务、商务未必顺手"，表示"将来商务、边防俟明春两国使臣详议"[3]。光绪九年（1883）七月，两江总督左宗棠奏陈南洋应办边务情形，清廷指其所陈"系为防务尚未就绪起见"[4]。光绪十年（1884）十月，广西巡抚徐延旭奏请筹办中越边务，请清廷"保守北圻，力固滇粤门户，固结刘团，进规河内"[5]。

　　由此可见，在法国侵占越南，逼近滇粤边境的形势下，清朝官员所谈中越边务，多指向中越边境的边防军务。伴随其间的，是中越边务局面由"夷夏大防"到"他族逼处"的情势转换，以及疆臣边吏的呱呱思量。张之洞便指出，"防敌国与防藩夷不同"，藩夷为"寇掠无时，攻占无定"[6]，敌国则"绝无突然犯之理"[7]。如何防范

---

[1]　旧时越南共分为北圻、中圻、南圻三部分，法国则分别称之为东京、安南、交趾支那。北圻共有十六省，其中谅山、广安、太原、高平、宣光等省与中国广东、广西、云南三省接界。

[2]　（清）岑毓英：《岑毓英奏稿》，广西人民出版社，1989，第574页。

[3]　（清）张树声：《张树声来往函牍》，载中国史学会编《中法战争》第2册，第510—511页。

[4]　《两江总督左宗棠敬奏南洋应办边务机宜折》，载张振鹍主编《中国近代史资料丛刊续编·中法战争》第1册，中华书局，1996，第458页。

[5]　清实录馆编：《清德宗实录》卷一七一，载《清实录》第54册，第384页。

[6]　苑书义等主编：《张之洞全集》第7册，河北人民出版社，1998，第5057页。

[7]　全国图书馆文献缩微复制中心编：《张文襄公（未刊）电稿》第39册，全国图书馆缩微复制中心，2005，第17895页。

外敌，俨然成为清朝此时筹办中越边务的焦点所在。

当然，并非所有人士都仅专注于中越边境的军防设备。吏部主事唐景崧表示，其弟唐禹卿在光绪九年（1883）曾有"集款兴屯裕边持久"一折。对"谈边务者，率以多增兵饷为言"不以为然，建议在越南近边省份兴屯政。唐景崧对此表赞同，认为"其议若行之五年前，诚为善策，边防有资"。尽管唐禹卿的认识已经超出单纯的筹防问题，但所称屯政，仍是出于关系边防的原因。[1]

相关边务认识一直延续到中法战争后，而且值得注意的是，清朝有关中越边境区划的范围，并非仅限于滇桂粤三省接壤越南的边境一带，其筹划地域甚至直接延伸至越南境内，涉及越南河内以北地区的整体布置，以致朝廷内部出现"利属国土地"的质疑。[2] 很显然，由于此时边务情势骤变，时人已无暇顾及传统的藩属之义，清朝传统的"守在四夷""保藩固圉"认识正在逐渐开始变质。

三、中越缘边情势的前后两异

中法战争前，中越疆域间所谓"界限（限界）"，与近代国家间的"边界（国界）"有不小差异。对此，越南史籍甚少记载，越南官修《大南实录》称："本国疆界，北邻大清，西南接暹罗、缅甸，从前应有限界在何处，向来国史罕存见闻，亦寡节次。"[3] 清方的观念多见于会典通志，但据李鸿章转述法国勘界大臣狄隆（Charles

---

[1]　（清）唐景崧：《请缨日记》，载中国史学会编《中法战争》第 2 册，第 187-191 页。

[2]　顾廷龙、戴逸主编：《李鸿章全集》第 33 册，安徽教育出版社，2008，第 274 页。

[3]　越南阮朝国史馆编：《大南实录》正编第六纪，东京：庆应义塾大学言语文化研究所，1980，第 7456 页。

Dillon）所称:"以此种地理志为定界根据，究竟明白有识者，以为不能照办，盖因其地里不准，且地方过大。"[1] 自认有识的狄氏，显然是用西方划界眼光看待中越传统疆域界限，故有此说。

相比会典通志，边吏则有另一番描述。乾隆八年（1743），署两广总督策楞奏称，广东廉州府所属钦州西境有古森江，为"天然中外界限"。[2] 此外，广西南宁、太平、镇安三府都与越南接壤，"中间以山为限，山之外为安南，山之内为各属土司"。[3] 这一说法显然过于理想化，中越交界地方事实上并非处处能有判若分明的名山大川，更多是"平坦空旷地方，夷地、内地民人村落毗连，声闻鸡犬"[4]。雍正二年（1724）广西巡抚李绂称:"南（宁）、太（平）、思（恩）三府西南土司，界连交趾，沿边千里，既无边墙，又无高山大川为之间隔，田地相连，村落相望。"[5] 两广总督福康安强调中越沿边除重要关隘外，多为平坡衍阜，"中外交界处所，不过列木为栅，垒石为墙，掘沟为堑"。[6] 这些关隘、哨卡、栅、墙、堑等边界设施，如广西巡抚舒辂所称，仅是随地布置，"非如西北边墙，

[1] 故宫博物院档案馆编:《中法越南交涉资料》，载中国史学会编《中法战争》第 7 册，第 89 页。

[2] 《军机处录副奏折》，载萧德浩等编《中越边界历史资料选编》上册，社会科学文献出版社，1993，第 342 页。

[3] 《广州将军策楞奏折》，载"中央研究院"历史语言研究所编《明清史料》庚编第 1 本，中华书局，1987，第 137 页。

[4] 《礼部为内阁抄出两广总督福等奏移会》，载"中央研究院"历史语言研究所编《明清史料》庚编第 2 本，第 292 页。

[5] 中国第一历史档案馆编:《雍正朝汉文朱批奏折汇编》第 3 册，江苏古籍出版社，1989，第 875 页。

[6] （清）方略馆编:《钦定安南纪略》，载《清代方略全书》第 39 册，北京图书馆出版社，2006，第 1 页。

划然分定中外。故有虽在隘外而仍系内地者", [1] 情形颇为浑涵。

　　这样的边境局面到晚近更甚。光绪十一年（1885）奕劻奏称，"越南北圻与两广、云南三省毗连，其间山林川泽，华离交错，未易分明"，只是越南"从前属在荒服，彼此居民久安耕凿，自无越畔之虞"。[2] 但奕劻的认识不免过于一厢情愿，两广总督张之洞便发现事情没那么简单。后者经过调查后发现，广东钦州与越南广安各省"中间分界之处，旧址漫漶"，"中越地势，华离参错，民夷杂处。有既入越界后数十里复得华界者；有前后皆华界中间一线名为越界者；有衙署里社尚存华名档案可据者；有钱粮赋税输缴本州名学册者；有田宅庐墓全属华人并无越民者。"[3] 总税务司赫德（Robert Hart）也有类似发现，认为中越边界地方，从前"只有从中国出关往南者有到某处方知已入越南，而从越南往北者到某处方知已入中国，其往来某处中间之地，并无人称为中国者，亦无人称为越南者，而中越亦未尝争其地"，他因此奉劝总署，在中越勘界问题上，办结愈早愈妙。赫德当然明白，照此边境浑涵情况，若要与法国详细勘分中越边界，对华实属不利。[4]

　　至于中越边界地方浑涵不清的原因，张之洞道出两点：一是因为越南长期作为清朝属藩国，朝廷上下对中越边界问题考虑不多；二是因为中越边地荒远，边界地方官不能抚驭周密。[5] 岑毓英对此颇为烦恼，认为"越（南）为中国外藩，要地归藩，原系守在四夷

[1]　清实录馆编：《清高宗实录》卷三七一，载《清实录》第 13 册，第 1105 页。

[2]　中国史学会编：《中法战争》第 7 册，第 1 页。

[3]　郭廷以主编：《中法越南交涉档》第 6 册，第 3601 页。

[4]　郭廷以主编：《中法越南交涉档》第 5 册，第 3362-3363 页。

[5]　郭廷以主编：《中法越南交涉档》第 6 册，第 3601 页。

之义"，如今"几不能自存，何能为我守险"[1]。张之洞感同身受：
"从前越为属藩，中外界限尚可稍为浑涵。今该国归法保护，此次
勘界，一归越壤，其土地即沦为异域，其人民即弃为侏。"[2] 岑、张
所虑，正是这时清朝上下普遍关心的问题。法国侵占越南导致中越
边务的严峻态势，正是忧虑的症结所在。

第二节　中越近边区划的提出

中法战争前后持续不足一年半，但其酝酿则可远溯到同治末
年。在此过程中，清朝内部曾就和战的一个重要诱因——"保藩"
与"固圉"问题纠结不已，而这其实与中国传统守四夷认识下难以
割舍的藩属体统有着密切关系，中越近边地方的区划问题正是于此
际在清朝内部萌生。此问题最早发议于两广总督张树声，此后有李
鸿章等人的分界保护之说，以及曾纪泽等人的划留"瓯脱"方案。
清朝不同时期对各种方案的态度差异，反映的不仅是观念倾向的变
化，更是对以往边界边务认知的重新审视。

一、经营北圻策略的出台

咸丰八年（1858），法越战争爆发，同治六年（1867）法国已
占有越南南圻六省。清廷对事件虽有了解，但措意不多。边吏因为
事关自身职责，观察较为敏锐，同治十二年（1873）广西巡抚刘长

---

[1]　郭廷以主编：《中法越南交涉档》第 5 册，第 3284 页。

[2]　郭廷以主编：《中法越南交涉档》第 5 册，第 3354 页。

佑表示："法人之欲图越南非一日，法人之不忘粤西亦非一日。"[1] 两广总督刘坤一认为："安南与我有唇齿相依之势，且系久列外藩，休戚相关，决无坐视之理。"[2] 刘长佑与刘坤一此刻已经意识到法国侵逼中国边境的危险性，但两人随后提出的边境应对方案，仍然没有逾越申明关禁、严防内奸外匪的传统边务认识。[3]

至光绪七年（1881）秋，清朝获悉法方正谋求红江（即红河，发源于云南中部，经河口流入越南）通商，企图经由红江直达中越边境。朝廷大员始觉察问题严重，开始积极筹划应对方案，如何处理保藩与固边问题，成为各方的讨论焦点。是年十月，总署上奏，指法国如果占领越南，后患堪虞，"为中国藩篱计，实不能不度外置之"。折中还列有丁日昌等人所提出的边务应对方案，其中不乏在边境多设关卡、堵塞交界通道等传统办法，但对于以上建议，总署不置可否。[4] 随后清廷下谕，表示如果"滇粤藩篱尽为他族逼处，后患不可胜言"，要求滇桂粤三省督抚及南北洋大臣各抒己见，拟筹办法。所议结果是，大部分官员视保藩与固边为一致，反对守在本境。翰林院侍讲学士周德润以"天子守四夷"为由，反对不守四夷而守边境。[5] 刘坤一认为，清朝对越南有"字小之仁"，如果

[1] （清）刘长佑：《刘武慎公遗书》，载沈云龙主编《近代中国史料丛刊》正编第 25 辑，台北：文海出版社，1967，第 2072 页。

[2] （清）刘坤一：《刘坤一遗集》第 4 册，中华书局，1959，第 1789 页。

[3] （清）刘长佑：《刘武慎公遗书》，载沈云龙主编《近代中国史料丛刊》正编第 25 辑，第 3402 页。

[4] 故宫博物院编：《清光绪朝中法交涉史料》，故宫博物院，1932—1933，第 87-88 页。

[5] 故宫博物院编：《清光绪朝中法交涉史料》，第 89 页。

越南覆亡，"滇粤藩篱尽失，将有逼处之虞"。[1] 两广总督张树声与
广西巡抚庆裕主张在驻越勇营的基础上增加哨队，"内以障蔽边圉，
外为彼国声援"，主张保守南藩。[2]

　　此前提议申明关禁的刘长佑，此时却颇为纠结，认为越南如
果被法国吞并，法国将"阚我门户"。但是寄希望于越南发愤自强已
不可能，声明保藩也不切实际。如果中国方面要防边自固，滇粤边
界绵延二千余里，防范实在困难，况且在边境"相度营垒、早据要
害"，等于"明委南藩于不顾"，有违道义，刘长佑因而顾虑百端。[3]

　　如果说此前清朝还株守保藩封、守四夷传统认识的话，那么自
光绪八年（1882）三月法国攻占河内后，清朝官员对保藩固圉的憧
憬已大为消退，对于固守本境的考虑开始上升为主要，有官员甚
至开始主张占据越地以自守。是年三月，总署上奏，认为论藩属
之义，中国理应派军救援越南，但当前形势很难实现。总署担心，
"若待法人尽占北圻而始为闭关自守之计"，则"藩篱全撤，后患无
可穷期"。翰林院侍讲学士陈宝琛说得更直白："在阮氏事我不专，
奉法惟谨，放虎自卫，坐取灭亡，本无足惜"，但"越折入法，则
滇粤水陆处处逼处他族"，建议"与其隐忍纵敌而致之于门户，不
如急起图功而制之于边徼"[4]。广西巡抚倪文蔚认为："越南孱弱无
政，夜郎自大，阅其前与法人和约称系操自主之权，并未遵服何

[1]　故宫博物院编：《清光绪朝中法交涉史料》，第93页。

[2]　（清）张树声：《张靖达公奏议》，载沈云龙主编《近代中国史料丛刊》正编
第23辑，台北：文海出版社，1967，第296-297页。庆裕奏折见中国史学会编：《中
法战争》第5册，第95页。

[3]　（清）刘长佑：《刘武慎公遗书》，载沈云龙主编《近代中国史料丛刊》正编
第25辑，第3442-3445页。

[4]　故宫博物院编：《清光绪朝中法交涉史料》，第103-105页。

国"，表示虽然广西有险可守，"然总以御之于境外为妥"。[1]

　　两广总督张树声的认识最为典型，他认为："（越南）北圻尤我所必争，守在四境，备在事前"，越南"难望其自谋"，中国"必不可自误"。建议令华军防守边外，并设法经营，准备长久驻扎越境。随后又密陈经营北圻事，请清廷委任重臣经营北圻，"能多守越南尺寸之地，即多增中国尺寸之卫"。[2] 对于重臣人选，他表示曾与李鸿章密商，希望举荐福建巡抚岑毓英，后又据李所言，欲推台湾道刘璈。如果两人确实密商过人选问题，则李对经营北圻策当不表反对。[3] 张随后进一步表示，"若用汉代护属国中郎之义、本朝驻藏大臣之制，妥为区画，则越南之社不虚，中国之边亦靖"。即使越南因此或对中国有不满，也不能顾虑。[4] 他同时还指出，越南近边各省本是中国历年来用兵力剿除土匪收复之地，现在越官力不能治，华军应马上进城驻扎"代为保守"，名义上是"据城以保各省辖之境"，实际上是做占地自守的打算。[5]

　　张树声后来奉调直隶，仍不忘致函统兵驻越的黄桂兰，叮嘱："我军即但为固围之谋，北宁、谅山一带要地亦自以得尺得寸为至计。"[6] 云贵总督刘长佑对张树声区划北圻的策略颇表支持，认为需

[1]　张振鹍主编：《中国近代史资料丛刊续编·中法战争》第1册，第165页。

[2]　（清）张树声：《张靖达公奏议》，载沈云龙主编《近代中国史料丛刊》正编第23辑，第335页。

[3]　（清）张树声：《张靖达公奏议》，载沈云龙主编《近代中国史料丛刊》正编第23辑，第337页。

[4]　张振鹍主编：《中国近代史资料丛刊续编·中法战争》第1册，第126页。

[5]　《张树声来往函牍》，载中国史学会编《中法战争》第2册，第540页。

[6]　《张树声来往函牍》，载中国史学会编《中法战争》第2册，第535页。

"乘势早图"[1]。同时还向广东布政使沈寿榕表示："所幸接总署来函，似于区画北圻一策最为关心，虽尚以下手之难，转向诘问，意在各督抚同声一诺，便可照行。"[2]刘长佑对清廷态度的把握大概不错，光绪八年（1882），法国交趾支那总督曾致电巴黎方面，指"中国对在昆明南部边界、云南东部边界建立中间地带颇为重视"，"中国最害怕的是和一个欧洲大国为邻……我们（指法国）在东京的出现，无疑是中国的一大灾难"[3]。

但是，在区划北圻问题上，清廷还有其他考虑，尽管随后颁布上谕，令沿边将领勒兵出关，驻扎越境，并叮嘱各军毋谨作闭关自守计。[4]表面看似接受张树声等人的建议，事实上却有很大保留。刘长佑注意到，清廷虽有毋仅闭关自守的指示，总署来函却"但以严密设防为词"，"是水陆军仅为远御法人之进止，有但视越兵之重轻"，这与张树声的区划策略有所不同。刘因此非常沮丧，"边城掉首，未知攸济"[5]。清流党健将张佩纶也表示，"朝廷固有忧边之色，然亦犹有存越之心"，越南"即灰灭亦何足惜"，只是"越灭则滇粤震动，弃越是弃滇粤也"，所以"欲固吾圉，欲屏他族，则此土在所必争"，主张争土自守，而非保藩。张还专门针对论者"以越固

[1] （清）刘长佑：《刘武慎公遗书》，载沈云龙主编《近代中国史料丛刊》正编第 25 辑，第 97 页。

[2] （清）刘长佑：《刘武慎公遗书》，载沈云龙主编《近代中国史料丛刊》正编第 25 辑，第 3481 页。

[3] 法国外交部档案：C. P. CHINE, VOL.39，见张振鹍主编《中国近代史资料丛刊续编·中法战争》第 3 册，第 634-636 页。

[4] 故宫博物院编：《清光绪朝中法交涉史料》，第 112 页。

[5] （清）刘长佑：《刘武慎公遗书》，载沈云龙主编《近代中国史料丛刊》正编第 25 辑，第 3495 页。

吾属，不能救之，反以为利，是速越之亡而助法为虐"的指责，表示"越实负我，我收吾之属，撤吾之藩，何为不可？""南交本中国旧地，此殆天所以限华夷也"。[1]

张树声一年后想起此事，称："观今日越南之君臣，即代平其难，拿全土而归之，亦必不能自保，终将坏我藩篱"，"伊古以来，拨乱定霸，未有不收地方之权，而能以客军持久济事者"。他又引曾纪泽所言，指经营北圻之议，"今虽时异势殊，仍不可缓"，劝清廷不要"顾忌抚弱字小之虚名"，应派有宿望有担当的大员总理其政。[2] 尽管后来清廷似乎有所考虑，但已缓不济急，只得转而寻求其他应对方案。清朝传统的保藩固围认识，至此已开始动摇。

二、分界保护的纠结与抉择

清廷谕令沿边将领勒兵出关的同时，巴黎与北京的交涉并没有中断。光绪八年（1882）三月，法驻华公使宝海（Bourée）曾向法国政府表示："北京方面对法国于北圻之计划，态度极旷达，只要法国表示其无积极侵略之野心"[3]，"只要我们在那些省份（指北圻）给嗣德王（指越王）留下一点权利的话，我们就不会在北京遇到任何严重的障碍"[4]。宝海的报告不排除有淡化中法紧张气氛的意图，但对清朝态度把握大概不错，这无疑成为宝海与清政府交涉的基础。

[1]　（清）张佩纶：《涧于集》，载沈云龙主编《近代中国史料丛刊》正编第10辑，台北：文海出版社，1966，第244—245页。

[2]　《张树声来往函牍》，载中国史学会编《中法战争》第2册，第541页。

[3]　转引自邵循正：《中法越南关系始末》，第87页。

[4]　法国外交部档案：C. P. CHINE, VOL.60，见张振鹍主编《中国近代史资料丛刊续编·中法战争》第3册，第554页。

　　光绪八年（1882）十月初，宝海赴天津与李鸿章会晤，重申法国无意占据北圻，劝清廷从关外撤军。总署随后提出三点要求，其中之一，即是两国协商"保障中国南部安全之办法"[1]。这在李、宝谈判中得到具体落实，并初步议定草约三条。其中第一条要求中国将入越华军撤退，或令华军在离中国境外不远处驻扎，不要深入北圻。第二条拟在越南保胜开埠通商。第三条尤其值得注意，该条规定："中法两国国家在云南、广西界外与红江间之地应划定界限，北归中国巡查保护，南归法国巡查保护。"[2] 这是中法两国有关中越分界问题的首次提出，其中有关保护的条文，与清廷反复强调的保藩有相当差距，李鸿章本人也难言满意。[3]

　　李鸿章随后致函总署，指"分界保护"一节双方最难合拢，宝海希望在红江中间划界，不愿意将北圻全部让与中国，而边省疆吏也要自揣力量能够兼顾。[4] 他尤其担心疆吏的态度，"恐滇、粤自度力量未肯多认，一时难于定议"，[5] "保护之界过多，即彼可允从，滇、粤之力岂能长守境外？"李还致函广西巡抚倪文蔚，询问广西方面能保护到越南何省何处为止，并解释称"论越为中华属国，全境皆应归中国保护，此乃泰西通例。然中国自古朝廷之邦，不揽与

---

[1]　转引自邵循正：《中法越南关系始末》，第 91 页。

[2]　故宫博物院编：《清光绪朝中法交涉史料》，第 133 页。

[3]　其实早在两年前（光绪六年）中日交涉琉球"割岛分隶"问题时，李鸿章也为保守琉球藩封问题有过纠结，最终在"守此瓯脱不毛之土"与"失我内地之利"的权衡下，放弃了"延一线之祀"的认识。两年后李议及越南的保藩问题，对清朝内部有可能因分界保护所产生的抵触心理，自然深有体会，甚至此分界案要得到朝野认同，显然不易。

[4]　顾廷龙、戴逸主编：《李鸿章全集》第 33 册，第 188 页。

[5]　顾廷龙、戴逸主编：《李鸿章全集》第 33 册，第 203 页。

其内政，更无保护明文"，不如趁此机会与法国划定鸿沟，使其不扰及中国边界。[1] 其中有关"属国"与"保护"的表述，李鸿章似乎有意将中国的"藩属"之说附会于西方的"属国"概念，有可能是希望借此减少疆吏的抵触。[2] 但是收效甚微，不以为然的呼声仍不绝于耳。

奉旨入越的吏部候补主事唐景崧，此时刚行抵越南顺化，对北圻分界一事颇有看法："适闻天津会议通商分界事宜，窃叹越南孱弱之难扶，而彼族横行之已甚，此际纵不谋绥藩，而应谋固圉。"但他同时指出："我既立保护之名，先委其都于度外（越南都城顺化位于南圻），是显示中国专为边隅起见，未免孤属国之心，此不从之在越南者也。"对不顾藩属之义，仅自固边圉的分界行为，表达了纠结与不安。[3]

刚调任云贵总督的岑毓英也不主张与法分界保护北圻，表达却颇为老练。他先是向总署表示分界保护之议若成，"不惟越南可恃为长城，即滇粤边务亦有裨益"。[4] 但一月后又称，"越南久列藩封，尺地一民无不仰邀覆帱，又何容更分疆界"，如果要分界，也必须将北圻各省令归中国保护。[5] 实则岑所奏仅是表面说辞，原来在中法通商分界草约议定前，岑就有密奏，指华军只宜分布关内要害，不宜进取北圻，只须资助刘永福拒法。岑同时表达了对前督刘长佑

---

[1]　顾廷龙、戴逸主编：《李鸿章全集》第 33 册，第 206 页。

[2]　有关中越藩属体制与欧美属国体制的异同，时人当有较清晰的认识，有评论便指"中西属国之体本不同，中国则但有封贡之名，而泰西则必尽统属之实"（《论边防近势》，《申报》1883 年 9 月 1 日，第 1 张第 1 版）。

[3]　（清）唐景崧：《请缨日记》，载中国史学会编《中法战争》第 2 册，第 61-62 页。

[4]　张振鹍主编：《中国近代史资料丛刊续编·中法战争》第 1 册，第 257 页。

[5]　故宫博物院编：《清光绪朝中法交涉史料》，第 135 页。

经营北圻策略的不同认识，认为即使滇粤两省合作，也不能长为越南戍守。[1] 后来两广总督曾国荃也认为华军"驻边保围，可不必深入"[2]，实际上和岑毓英一样，不愿意担负防守北圻的责任。

广西巡抚倪文蔚同样有自己的盘算，他一面奏称如果要分界，法方必须让出河内，滇粤各省才能就毗连省份进行保护；一面又密奏广西方面对保护北圻没有把握，认为"欲保护越藩，自非改易政令，与民更新，将费财劳师无有穷期，中国侵成自敝之道"。"凡泰西各国，于弱小之国交涉事件，辄举保护为名，实则政权、利权归之自操，与吞灭者无异"，而"越藩等属，仅于轮年职贡，以示臣服，其于土地政事，历由各藩自主"，如今"越藩势难自立"，理当亟予补救。对与法分界顾虑重重，对所谓"保护"颇有戒心。[3]

并非所有官员对分界保护都持抵制态度，有官员所谋甚至早已超出单纯的保藩与固围范畴，认识更趋于务实，薛福成便是其中之一。薛首先质疑富良江（即红江）南北分界的方案不可行，更倾向于北圻归中国保护、南圻归法国保护的分界办法。薛自知后者不易实现，却理应争取，如果成功，则可将越南南北圻之间、顺化左右圻地方仍令越南自为经理。如果不能，中国在富良江北各省也必须驻有防军，万一越南终为法所灭，"中国分此一隅，亦差免为各国所轻视"。主张驻越各军先"以休军为名，入屯各省城中"[4]。薛福成的主张一定程度调和了清朝内部在绥藩与固围问题上的两难，既

---

[1]　故宫博物院编：《清光绪朝中法交涉史料》，第 129 页。

[2]　（清）曾国荃：《曾忠襄公全集》，载中国史学会编《中法战争》第 4 册，第 280 页。

[3]　故宫博物院编：《清光绪朝中法交涉史料》，第 138-139 页。

[4]　（清）薛福成：《庸庵文编》，载沈云龙主编《近代中国史料丛刊》正编第 95 辑，台北：文海出版社，1973，第 189—199 页。

无须担心违背藩属之义，亦可谋固圉之方。以休军为名屯城，与张树声经营北圻之议如出一辙。

薛福成同时还驳斥岑毓英有关华军仅防守关内的观点，认为越南本隶中国版图，"幸有复归中国之机"，"越南既不能自有，中国复不为保护，是弃要地以资敌也"，在我"本不贪藩服之土地，而天时人事欲让不能，固不必务不贪土地虚名而受实祸"[1]。由此可见，薛福成虽然赞成分界保护，但更倾向于占土自守，与张佩纶、张树声、倪文蔚的认识相近。还要注意的是，无论是应谋固圉的唐景崧，还是认为北圻有复归之机的薛福成，都反复强调固边之谋非为利己，并为此置辩不已，足见保藩问题不可忽视回避。

对于各方意见，总署始终未予明确表态，即使是对分界保护，也仅表示"俟派员会议时，再行酌量定议"[2]。津海关道周馥认为："越南事，我本无意用兵，总署正好籍此转圜。"[3]《申报》评论称，清廷此刻还是基本同意李宝谈判的分界原则："盖现在政府之意，但以云南等省边地为虑，而不以安南之被占与否为重。若法人既得安南而虚与委蛇，存其名而不绝其祀，则中国固忍受之。踞安土而不更思内地，则中国愈乐听之。"[4]

边省疆吏大都反对或异议，使分界之事实施起来困难重重。主持草约的李鸿章异常苦恼，对岑毓英北圻全归中国保护的说法，虽然表示将来会争取，[5]却向张佩纶抱怨道，自己并非一味慎葸，只

---

[1]　（清）薛福成：《庸庵文外编》，载沈云龙主编《近代中国史料丛刊》正编第95辑，台北：文海出版社，1973，第694—698页。

[2]　故宫博物院编：《清光绪朝中法交涉史料》，第132页。

[3]　《张树声来往函牍》，载中国史学会编《中法战争》第2册，第511页。

[4]　《续论安南事》，《申报》1883年5月17日，第1张第1版。

[5]　《议署函稿》，转引自邵循正《中法越南关系始末》，第95页。

是担心滇桂兵力、饷力无法支撑。[1] 李鸿章进退失据，枢廷态度又不甚明朗，分界保护渐成空中楼阁。

分界保护方案在中国遭到强力抵制，在法国方面也不被看好。光绪九年（1883）正月，法方以天津草约三款违背本国政策，将宝海撤回，拒不承认分界保护条款。法国政府的表态对清廷影响极大，总署态度随之迅速发生转变，声言"保护藩邦，固守边界"均关紧要，要驻越华军扼要进扎。[2] 枢廷也再次重申越南列在藩封，不能不为保护，"倘藩篱一撤，后患何可甚言"，要李鸿章迅速前往广东督办越南事宜。[3]

清廷再度倾向于保藩，河南道监察御史刘恩溥似有觉察，随即奏请保护越南以固疆圉，并引春秋末年楚国沈尹戌"古者天子守在四夷"之说，认为"若徒画疆自守，作壁上观"非长治久安之策。[4] 倪文蔚则请清廷"先正属藩之名"，"庶于朝廷字小绥边之意终始两全"。[5] 李鸿章也表示"中国亟思存此外藩，以固吾圉。是昔之虑其桀骜者，今且忧其孱弱；昔之意存裁制者，今宜力为扶持"。[6] 此话与其四月前所称"只有听越之自为而已"[7]，前后判若两人。极可能是由于保藩之说甚嚣尘上，众官员无法公然抵制。[8]

---

[1]　顾廷龙、戴逸主编：《李鸿章全集》第 33 册，第 211 页。

[2]　故宫博物院编：《清光绪朝中法交涉史料》，第 142 页。

[3]　故宫博物院编：《清光绪朝中法交涉史料》，第 145 页。

[4]　故宫博物院编：《清光绪朝中法交涉史料》，第 308 页。

[5]　故宫博物院编：《清光绪朝中法交涉史料》，第 219 页。

[6]　顾廷龙、戴逸主编：《李鸿章全集》第 33 册，第 256 页。

[7]　故宫博物院编：《清光绪朝中法交涉史料》，第 150 页。

[8]　清廷在对越南问题态度上的变化，当与此前中国迅速平定朝鲜壬午兵变，稳定朝鲜局势有关。此次事件的迅速解决，一定程度上会加强清廷保藩的信心。

　　事后香港《循环日报》称:"中国今向法人理论,又欲视越南为藩服而坚持其说矣。"反映的正是清廷在保藩绥藩与画疆自守两者间摇摆不定的窘态。[1] 后来唐景崧作"上都中诸大臣书",指"若我不见机早图,于北圻沿边各省,收其土地人民,势必全委于法人",而"疆吏未敢擅行,朝廷或碍于义有未宜","眼见南交二千年来同轨同文之土地,阮氏不能有,刘氏不能有,中国亦不能有,终归非我族类之人而已矣! 伤心痛恨,曷有既极! "[2]

　　尽管清廷方面在分界保护问题上态度转变,李鸿章本人和出使法国的大臣曾纪泽,随后并没有放弃外交努力。光绪九年(1883)五月,继任法使的脱利固(Tricou)与李鸿章继续就越南问题进行商谈,北圻分界仍是中方竭力争取之事。八月,李鸿章提出以河内为界(略与曾纪泽所争取的21度分界同)的建议,脱利固希望以纬度20度分界,英国驻华公使巴夏礼(Harry Smith Parkes)则建议以21—22度间分界,皆无法成议。此时李鸿章的争界重心,仍倾向于自守,而非保藩。他向巴夏礼指出:"中国封(越南)为藩属,原为保固边疆起见,并不专为越南,则北圻自重,南圻较轻。"[3] 随后又向脱利固重申此意,指北圻距中国边境较近,自然要全归中国保护。同时强调分界"是中国保护越南之界,界内土地仍是越南所有"。脱氏认为"或归入中国版图,或仅由中国保护,原可由中国自便"。但脱氏强调如果是分定边界,则分界应在滇粤境

---

　　[1]　《西报论法攻东京》,《循环日报》1883 年 11 月 8 日,见《越南問題と清国ジャーナリズム(資料編 7)》,载《琉球大学教育学部纪要》第 67 集,第 316 页。

　　[2]　(清)唐景崧:《请缨日记》,载中国史学会编《中法战争》第 2 册,第 61-62 页。

　　[3]　顾廷龙、戴逸主编:《李鸿章全集》第 33 册,第 271 页。

外，不能过宽。他援引国际法有关规定，认为可在原有边界基础上略为增减，拓开十五里为新界，若定为两国皆不驻兵的"瓯脱"，界画可以略宽。

在李、脱谈判中，有两点须注意：一是分界问题开始涉及华界，已不是单纯分界保护问题；二是双方首次就瓯脱问题交换意见。对于"拓界"一层，脱利固奉劝中国不要奢望过多，以免中国属邦有自危之心。李鸿章重申"中国本不利属国土地，但为之保护而已"，不过从其与脱利固争执拓十五里或十里的举动看，对拓界问题还是非常注意。[1] 此举当与曾纪泽的主张有关，曾此前向李表示："据者名为保护，实则扩地耳。我仿驻藏之例，奏派驻越大臣，统劲旅以镇之，府县之官仍用越人，我操黜陟之权，仍命越王颁以敕谕，整顿商人。异日法人废保护之名，据其所得而有之，则我亦据所得而有之。人不能以我占属国之地而议，盖知其势布置不得不已也。先扼险要以拒强邻，实目前之急务。"[2] 所谓仿驻藏之例，为张树声前此所倡，可见前后区划实有影响。谈判依旧不欢而散。

对于李鸿章与曾纪泽的努力，枢廷不以为然。军机大臣翁同龢认为"曾、李以分界为重，此甚谬"，"上意亦令总署坚持不许也"。[3] 张佩纶也称李鸿章拟就宝海旧约调停，而"中枢亦颇觉其非，不肯遽就和局"。[4] 袁保龄对枢廷的态度非常不满："譬犹邻家失火，势已不可响迩，急应撤屋苴涂，速图自救。必欲全力尽睦邻

[1]　顾廷龙、戴逸主编：《李鸿章全集》第 33 册，第 274 页。

[2]　（清）胡传剑：《盾墨留芬》，台北：学生书局，1973，第 291—292 页。

[3]　（清）翁同龢著，陈义杰点校：《翁同龢日记》第 4 册，中华书局，1989，第 1771 页。

[4]　（清）张佩纶：《涧于集》，载中国史学会编《中法战争》第 4 册，第 363 页。

之谊，转置自家房屋于不顾，此真大惑不解者矣！"[1] 此言或有为幕主打抱不平之意（袁保龄为李鸿章幕客），也反映部分官员确实对清廷仍株守保藩问题不以为然。

至越法签订第一次顺化条约，边务情势进一步棘手，再一次冲击着清王朝本以摇摇欲坠的"保藩固圉"认识与"守在四夷"情结。

光绪九年（1883）八月，法军进攻越南都城顺化，南疆局势岌岌可危。二十四日，清廷密谕倪文蔚，称北圻终难自固，对于继续保守北圻明显信心不足。[2] 当获悉越南被迫与法国签订城下之盟，允许法据有北圻时，清廷触动更大。九月，广西布政使徐延旭上奏，称"越已举国授敌，甘为城下之盟。利尽属于他人，越诚无以保社稷；政不预于中国，我又何以固藩篱"。[3] 倪文蔚则请求清廷宣谕"闭关绝市，设险整军"，"滇、粤两边，以越南本我藩属，北圻即我疆宇，尺寸不可以让人，法人若有侵夺，即行尽锐进攻"。[4]

面对局势，清廷也觉得退无可退，是年九月三十日（1883 年 10 月 30 日），密寄南北洋大臣及滇粤沿边督抚，指法越立约后必专力于北圻，"滇、粤门户岂可任令侵逼"。现已照会法使，"傥侵及我军驻扎之地，惟有开仗，不能坐视"。[5] 此为中法越南问题交涉以来清廷措辞最严厉的表态，虽然对外仍持保藩说法，难掩对法侵

---

[1]　（清）袁保龄：《阁学公集》，宣统辛亥清芬阁版，第 10 页。

[2]　故宫博物院编：《清光绪朝中法交涉史料》，第 229 页。

[3]　故宫博物院编：《清光绪朝中法交涉史料》，第 220-221 页。

[4]　故宫博物院编：《清光绪朝中法交涉史料》，第 230 页。

[5]　故宫博物院编：《清光绪朝中法交涉史料》，第 223 页。

逼边境的强烈担忧，至于边务政策，开始更多倾向于固边自守。

光绪十年三月二十五日（1884 年 4 月 18 日），清廷获悉李鸿章正与法海军中校福禄诺（François Fournier）商谈中法和议，当即表示，越南"为我藩服，世修职贡，效顺殊殷，揆之以大字小之义，不得不为保护"，此次"昧于趋向，首鼠两端，致使该国教民，肆行侵逼，抗我颜行，此皆越南君臣不识事体所致"[1]。对越南态度明显变化，首次明确表示保藩不可恃，似乎有意推脱保藩责任，寻找下台之阶。

四月初六日，清廷再次下谕："轸念藩服，不忍漠视，特命云南、广西督抚率师驻扎北圻地方，俾壮声援，此固字小之义。为保护该国计，因以为屏蔽边境计也"，而"该国昧于趋向，始则首鼠两端，继且纵令教民抗我颜行，肆意侵逼，山西、北宁之失皆系该国民人纷纷内应所致。辜恩悖义，莫此为甚"。表示"越南地方，若与法画界而守，似乎利其土地；若弃而不守，又有唇亡齿寒之虞"，要求臣工就如何固守疆圉等事覆奏。[2] 这进一步反映清廷拟放弃株守保藩的决心，转而寻求画疆自守之法。

此次讨论仍有分歧，不少官员仍固持保藩体统不放，[3] 部分官员则持分界保护之说，有的官员则闪烁其词。从军机处后来给李鸿章的指示看，所重仍在分界与画留"瓯脱"两事上。[4] 尽管清廷曾表示中法议约，最重要为关外分界与越南封贡两条，但据翁同

---

[1]　故宫博物院编：《清光绪朝中法交涉史料》，第 304 页。

[2]　故宫博物院编：《清光绪朝中法交涉史料》，第 325–326 页。

[3]　如户科掌印给事中邓承修就直言："越南属我藩封既二百余年，一旦拱手与人，所谓国体者何在？"（故宫博物院编：《清光绪朝中法交涉史料》，载中国史学会编《中法战争》第 5 册，第 333 页。）

[4]　故宫博物院编：《清光绪朝中法交涉史料》，第 390 页。

龢称，封贡一节实出于不伤体面而言，[1] 至《中法新约》时，更仅言"不致有碍中国威望体面"[2]，孰轻孰重，一目了然。

三、划留"瓯脱"之议

"瓯脱"为中国古语，[3] 据中越勘界大臣周德润称，出自《史记·匈奴列传》"中有弃地莫居千余，各居其边为瓯脱"。[4] 中法分界保护越南的方案，令清朝难逃不顾藩属之义和"分裂属藩土地"的嫌疑，划留具有中立地带性质的"瓯脱"，成为在分界保护方案之外的权宜办法。

光绪九年（1883）八月，李鸿章与脱利固在上海商讨中越分界问题时，曾致电出使法国大臣曾纪泽，指脱氏译送法外长沙梅拉库（Challemel Lacour）电稿，有"自华界二十一、二度，西趋保胜划界为瓯脱，两国均不扎兵"的方案。《申报》此前也有消息，指"李傅相初议固欲不问越南之事，但与法人约云南边界所有旷地一区，置为闲田，中法两国皆不得区，而法人未肯听从"。[5] 其实李

---

[1]　（清）翁同龢著，陈义杰点校：《翁同龢日记》第 4 册，第 1928 页。

[2]　详细条文参见中国史学会编：《中法战争》第 7 册，第 423 页。

[3]　"瓯脱"一般认为是突厥语"ordu""otar""ota"的同音异译，关于其原意，学术界现尚存有争议。有学者指出，学界对"瓯脱"的解释不外四种，分别指边界上的防卫设施、双方的"中立地带"、官号或者地名。（杨茂盛、郭红卫：《中国近年"瓯脱"研究综述》，《社会科学辑刊》1995 年第 2 期。）

[4]　故宫博物院档案馆编：《中法越南交涉资料》，载中国史学会编《中法战争》第 7 册，第 24 页。《史记》原文为："东胡王愈益骄，西侵。与匈奴间，中有弃地，莫居千余里，各居其边为瓯脱。……东胡使使谓冒顿曰：'匈奴与我界瓯脱外弃地，匈奴非能至也，吾欲有之。'冒顿问群臣，群臣或曰：'此弃地，予之亦可，勿与亦可。'"（司马迁：《史记》，中华书局，1973，第 2889 页。）

[5]　《防边后策二》，《申报》1883 年 9 月 6 日，第 1 张第 1 版。

鸿章对划分"瓯脱"并不赞同，认为"两国均不得扎兵，尤悖谬难行".[1] 画分"瓯脱"之议不了了之。

值得注意的是，类似中越边境划分"瓯脱"的说法，李、脱谈判前便已出现。光绪九年（1883）四月，外间有消息指清廷与法商定，越南听法保护，只须在"云南与越南接界之区有隙地一区，彼此置为闲田，不相侵越"[2]。后又称"宝君（宝海）与中朝所议云南隙地，两国均当弃置一条"[3]。所谓"闲田"，当为唐代"瓯脱"的另一种称谓，[4] 李、宝谈判期间，中法并未讨论及此，外间可能将红江分界方案，视作中国古制分划"闲田"，而非西方的"保护"。无独有偶，有法国学者若干年后也透露，李、宝协约有中国与越南划"中立区域"（une zone neutre）的条文。[5]

另据福建船政监督法人日意格（Prosper Giquel）回忆，他在前年（此函写于1884年，当指1882年）曾向曾纪泽表示："（中法）两国应订立东京界址，不准法兵逾越，其界外离中国之界可招越兵屯扎。"后来日意格将这一办法表述为，不由中法两国节制的自管地方。[6] 曾纪泽是否由此获得启示，不得而知，但显然有人和曾纪泽一样，愿意接受基于中国古制的分界方法，而非有统属之实的西制"保护"。在此意义上，李鸿章与张树声等人的认识更为相近，

---

[1]　顾廷龙、戴逸主编：《李鸿章全集》第33册，第272页。

[2]　《论中法大局》，《申报》1883年5月16日，第1张第1版。

[3]　《续论安南事》，《申报》1883年5月17日，第1张第1版。

[4]　《新唐书·吐蕃列传》载："吐蕃守镇兰、渭、原、会，西临洮，东成州……其间为闲田，二国所弃戍地。毋增兵，毋创城堡，毋耕边田。"（欧阳修等撰：《新唐书》，中华书局，1975，第6093—6094页。）

[5]　Édouard Petit, *LeTong-Kin* (Paris: Lacène, Oudin, 1892), p.62.

[6]　郭廷以主编：《中法越南交涉档》第5册，第2634页。

倾向于政权、利权自操的"保护权"。

醇亲王奕譞也有自己的认识，认为"瓯脱出自茹（茹费理）口，非我因败自减之价，苟设法留为后图，彼则驷不及舌，我亦不伤体面，且有戢兵保泰之大度以示外各夷"。但强调此为下策，"瓯脱占理较之彼此，原心不在此"，"我明知如此而仍说者，特为日后而设"。[1] 可是清廷显然不愿转圜，坚守之心已决，负责谈判的李鸿章又全力寻求保护区域，此案也难有详议余地。

至第二年（1884）三至四月间，中法战局对华不利，枢廷方面又爆发甲申政潮，[2] 清廷在北圻分界问题上态度随之发生变化。闰五月，针对李鸿章与法海军中校福禄诺的《中法简明条约》谈判，军机处提出若干辩论原则，要李争取，其中包括："仍以红江为界最为上策；否则亦以四月十五日以前驻兵之地为界，或于关外空出若干地作为瓯脱，彼此均不侵占亦可。"[3] 以红江为界是一年前的分界保护方案，原来不被考虑的"瓯脱"一说再被提出，可见清廷分界态度明显灵活不少。至于先前固执的保藩问题，仅要求揭明封贡照旧，法不干预即可。

饶有意味的是，清廷积极争取分界，福禄诺也表示法国愿意将法军驻扎的保胜以北地方让与中国，[4] 北圻分界方案似非毫无可能。原本提倡分界保护的李鸿章，此时却对分界问题只字不提，甚至有意回避。有日本学者发现，早在中法战争爆发前夕，"在与法驻华

[1]　谢俊美辑校：《朴园越议》，载近代史资料编辑部编《近代史资料》总87号，中国社会科学出版社，1996，第59—60页。

[2]　即"甲申易枢"，1884年4月8日，慈禧突然发布懿旨，将以恭亲王奕䜣为首的军机处大臣全班罢免。

[3]　故宫博物院编：《清光绪朝中法交涉史料》，第390页。

[4]　故宫博物院编：《清光绪朝中法交涉史料》，第308页。

公使脱利固的交涉中止以前，李鸿章已认识到清朝方面要争取北圻保护是不可能的，并逐渐倾向于放弃那种被称之为保护分割的方针"，则李对分界保护态度的转变由来有自。[1]

至于李鸿章态度为何转变，盛宣怀曾有所披露。任天津海关道的盛宣怀致函醇亲王奕譞，强调《中法简明条约》第一款关于界务问题，语意只可涵盖，"如明定分界，恐彼必以法兵所到之处，难以划让，则我得尺寸无用之边地，而反予彼以全越之实据。且中国受分裂属藩土地之名，更受分裂属藩土地之恶名"。因此，"不如不与分界，则中国终无让与越南丝毫土地之凭据，即使越王受逼或全至割地，而中国不与闻，他日兵强，何难出关收其疆宇。"[2]

据盛宣怀称，此一方案出自李鸿章。盛宣怀告诉刚入直军机的阎敬铭和张之万，自己主张保留越地为屏藩，但李认为："如能以红江为界，则滇粤界外尚有数百里之地，或可驻守。现在山西、北宁、太原、兴化皆已失险，彼兵所到之地，断不肯让，谅山、保胜咫尺之地，无以自守。既曰定界，则必大书特书，某地属中，某地属法，是予彼以明占全越之实据，而我转蒙分裂藩地之恶名。故不如含糊不与定界，彼自为助护，我自为属藩。他日我能自强，伺彼有事于欧洲，不难出师，以伸上国之兵威。法不能据界址约以我争界址也。"[3] 从后来事态的发展看，清廷确实一度听取了盛宣怀的意见，向李鸿章表示中法条约可在天津定结，"划界、通商、修河之

---

[1] 冈本隆司：《清仏戦争への道：李フルニエ協定の成立と和平の挫折》，《京都府立大学学术报告（人文·社会）》2008 年第 60 号，第 81 页。

[2] 吴伦霓霞、王尔敏编：《清季外交因应函电资料》，香港中文大学中国文化研究所，1993，第 51 页。

[3] 吴伦霓霞、王尔敏编：《清季外交因应函电资料》，第 55 页。

类，似以中法派员到越后，会勘详议为宜"。[1] 事实上给予李议结条约的极大自由，其中划界的指示，虽不如盛、李说的明白，也已表现出不株守分界保护问题的态度。

但是，盛宣怀与李鸿章的含糊不定界方案，并未打消清廷对于"分裂属藩土地"的担忧。四月，李鸿章向清廷表示，"但使妥订约章，画界分守，当能永久相安"，同时担心"将来越地分界，必有分界太少为言者"，意在试探清廷的决心。[2] 清廷似乎有所迟疑，再次强调"越南地方，若与法画界而守，似乎利其土地；若弃而不守，又有唇亡齿寒之虞"，明显对分界问题耿耿于怀。[3] 后来军机处要求仍以红江分界，否则以驻兵之地为界，或空出若干地为"瓯脱"，已经基本否定了李、盛二人的谋划。[4]

光绪十年闰五月初一日（1884 年 6 月 23 日），正当军机处要求李鸿章与法争取红江分界问题前三天，中法军队在北圻观音桥发生严重冲突（中方称为"观音桥事变"，法方称为"北黎事件"）。对于此次事件，一般认为李鸿章应负主要责任，[5] 但是清廷在中越分界问题上的态度长期摇摆不定，也是事件发生的重要原因。四月十一日，军机处曾致电广西巡抚潘鼎新，要其督饬驻越桂军"扼扎

---

[1] 故宫博物院编：《清光绪朝中法交涉史料》，第 311 页。

[2] 故宫博物院编：《清光绪朝中法交涉史料》，第 323–324 页。

[3] 故宫博物院编：《清光绪朝中法交涉史料》，第 326 页。

[4] 故宫博物院编：《清光绪朝中法交涉史料》，第 390 页。

[5] 有学者指出李鸿章在清廷谕令华军扼扎原处的指示后，未将福禄诺有关限期撤军各节及时上闻，致生龃龉。邵循正更指李对此实咎不容辞（邵循正：《中法越南关系始末》，第 170 页）。相关研究亦可参考廖宗麟《中法战争史》（天津古籍出版社，2002）及龙章《越南与中法战争》（台北：台湾商务印书馆，1996）。

原处"[1]，同时拒绝云贵总督岑毓英要求全军退守边境的请求。[2] 即便到了《中法简明条约》订立后，军机处仍对条约有关华军即行调回边界的规定视而不见，[3] 电谕岑春煊"严饬各营，仍扎原处，不准稍退示弱"[4]。观音桥事变后，总署又照覆法使，指"调回防兵所驻之界及应定之界，从前均未议及"。总署也向赫德表示"汉文条约内系'退至边界'并非边界之内，边界之内包括甚广"[5]。从这一系列举动看，清廷不撤兵，症结在于分界未定，仍寄希望于边外有所进取，以作自固疆圉之计。《申报》评论指战前清廷令坚守北宁，望法国能够知难而退，"中法之疆界从兹可定"，虽然"损于越南，尚保乎滇边，行权犹为中策"，而"守者不能体朝廷不得已之意"[6]。此论虽是针对战前驻军北圻问题而发，对清廷不愿撤军回境，也颇能道明症结所在。此时清廷坚持军队驻扎原处，考量大概不出此范围。

　　清廷随后改派两江总督曾国荃与法交涉，军机处叮嘱须注意"分界应于关外留出空地作为瓯脱"[7]，此外没有强调分界保护问题。可能是鉴于观音桥事变后中法矛盾激化，军机处希望以法方较易接受的"瓯脱"方案作为转圜，避免谈判完全破裂。不过，清廷并没有放弃红江分界的要求，随后军机处拟"与法议约八条"，其中即有"将来勘定南界，由谅山至保胜一带划一直线，为中法保护通商

[1]　故宫博物院编：《清光绪朝中法交涉史料》，第 349 页。

[2]　故宫博物院编：《清光绪朝中法交涉史料》，第 362 页。

[3]　详细条文参见中国史学会编：《中法战争》第 7 册，第 419 页。

[4]　故宫博物院编：《清光绪朝中法交涉史料》，第 381 页。

[5]　故宫博物院编：《清光绪朝中法交涉史料》，第 399-400 页。

[6]　《论中法皆有愿和之意》，《申报》1884 年 5 月 5 日，第 1 张第 1 版。

[7]　故宫博物院编：《清光绪朝中法交涉史料》，第 427 页。

界限"字句。后此条又有添改，将"为中国保护通商界限"改为
"华兵驻守，以此为限"[1]。军机处同时致电曾纪泽，指八条中"界
务、朝贡两层不能迁就"[2]。曾随后回电，指法外长阅看大怒，称
"有修界事即无和理！'"[3] 可见攻占台湾基隆以为质押的法国，已经
不太愿意就北圻分界问题与华磋商。

　　日意格曾向出使法国大臣许景澄表示，清朝在越南问题上有
三大虑："一、顿弃越国落封，有失体统；二、径与法为邻，恐滋
事端；三、广开边界，与法通商。"但他指出，法国对中越近边地
方注意不多，建议"倘能与苗瑶酋长如台湾番长之类者，约定直
管地方，不由华法两国节制，则法兵不至直逼中国边疆"，"若因
中国边防请为瓯税（当为"脱"字），法人自不阻挠也"。[4] 可是，
清廷在中越边境宽留"瓯脱"事宜上，始终摇摆不定。

　　从光绪十一年（1885）二月华军撤兵回界，到七月清廷下谕派
员勘定中越边界，再到光绪十三年（1887）正月清廷催促勘界大臣
将边界速勘速了，中越分界问题纠葛近两年之久。在此期间，尽管
中越边务形势已成定局，清朝对中越分界问题仍是纠结徘徊。由中
国古代"守在四夷"观念衍生出的"保藩固圉""树表捍边"思想，
在面对来自西方的近代国家边界观念与划界规则时，仍然展现出其
执拗的生命力。

---

　　[1]　故宫博物院档案馆编：《中法越南交涉资料》，载中国史学会编《中法战争》
第 6 册，第 102-103 页。

　　[2]　故宫博物院档案馆编：《中法越南交涉资料》，载中国史学会编《中法战争》
第 6 册，第 163 页。

　　[3]　王亮、王彦威：《清季外交史料》第 1 册，书目文献出版社，1987，第 889 页。

　　[4]　郭廷以主编：《中法越南交涉档》第 5 册，第 2630-2634 页。

第三节　中越勘界纠葛与观念转型

中法战争前后，清朝在有关中越边境区划问题上举步维艰，其中固然有边外进取的踌躇，但边员的态度显然是造成纠葛的重要原因。枢廷尚且不能面对分界事实，何况忧于强邻逼处的边省疆吏与固执守四夷的勘界大臣。战后，中法两国开始正式就勘分中越边界事宜展开交涉，过程之中仍然纠葛不断。其中既有对边务筹办的反复斟酌，更有划界观念的新旧掺揉，此一新旧观念的转型过程，成为中国近代边界、边务观念形成的重要时期。

一、"隙地"方案的最终夭折

光绪十一年七月二十日（1885 年 8 月 19 日）《中法会订越南条约》（即《中法新约》）签订一个月后，清廷正式谕令内阁学士周德润为滇越段勘界大臣，鸿胪寺卿邓承修为桂越、粤越段勘界大臣，分赴滇桂粤办理中越勘界事宜。军机处为此还专门谕令滇桂粤督抚，三省与越南北圻毗连，"其间山林川泽，华离交错，未易分明。此次既与法国勘定中越边界，中外界限即自此而分"。[1] 尽管朝廷已经承认析分中越边界的必要，在如何分界的问题上却另有打算。最早的考虑仍是竭力避免直接与法方为邻，争取在中越间划出所谓"隙地"，以此作为中法都不驻扎军队的中立地带（即前此所称"瓯脱"），传统"守在四夷"认识仍然左右着时人的勘界思考。

事实上，选派周德润、邓承修二人为勘界大臣，本身就表明清廷在勘分中越边界问题上还有所保留。总税务司赫德曾警告清廷，

---

[1] 故宫博物院档案馆编:《中法越南交涉资料》，载中国史学会编《中法战争》第 7 册，第 2 页。

外间有消息称"朝廷渐渐以战为是，以和为非"，派邓、周二人办理界务，是因为两人主战。[1] 揆之后事，清廷显然不是要与法国开战，其真实意图是希望在中越界务上能够体现朝廷的旨意。周、邓二人在中法战前便固持传统认识，力促清廷保藩固圉，时为翰林院侍讲学士的周德润反对不守四夷而守边境。[2] 二人离京前曾向醇亲王奕譞表示："此行惟有自固藩篱，勘定中越界址，亦并非与法人分界。"慈禧太后也向两人授意，中法立约是草草了事，此次勘界要二人"尽心办去"。慈禧希望争取界务进步的言外之意，邓承修是清楚的，坦言越南已归法保护，界务难有活动，法方还有可能借口侵占滇边。[3] 虽然此话当有留后路的打算，也显示清廷内部在边外争地问题上早有共识，只是当事诸人都不愿明言。

相比朝廷的犹抱琵琶半遮面，边省疆吏对与法方为邻的危机感更为切近，出于将来沿边布防困难的考虑，更不愿意遽然与法国划定边界。光绪十一年（1885）二月中法停战后，两广总督张之洞便反对弃守越南谅山、高平等处，认为沿边无险可守。[4] 随后他又建议将近边地方作为"瓯脱"，法不得屯兵。[5] 广西护理巡抚李秉衡

---

[1]　故宫博物院档案馆编：《中法越南交涉资料》，载中国史学会编《中法战争》第 7 册，第 31 页。

[2]　故宫博物院编：《清光绪朝中法交涉史料》，第 2 页。

[3]　《邓承修勘界日记》，载萧德浩、吴国强编《邓承修勘界资料汇编》，第 116-117 页。

[4]　故宫博物院档案馆编：《中法越南交涉资料》，载中国史学会编《中法战争》第 6 册，第 384 页。

[5]　故宫博物院档案馆编：《中法越南交涉资料》，载中国史学会编《中法战争》第 6 册，第 403 页。

也认为，边外划留"瓯脱"，能够限隔与法方的接触。[1] 云贵总督岑毓英则要求将越南宣光、兴化以西仍归我，认为"边外之版图稍扩，滇疆之门户益坚"，"仅绸缪于滇境，则弃门关之要隘，而设卫于堂奥，得失判然"。[2] 边吏的频繁奏请，一度令清廷有所考虑。[3] 李鸿章甚至表示中法条约可以添"拟于中国交界之越南境内展宽数十里，划定界址等语"[4]。无奈法方态度异常坚决，此事终归无果。

　　中法开始勘界后，清廷在中越界务问题上试图按照自己的意旨有所进取，边省疆吏借机旧事重提，希望在勘界中能够有所获取，竭力避免与法国直接接壤，以免有碍边防。前此争"瓯脱"为清廷诘责的张之洞，虽一度不敢再言"瓯脱"，但初衷未改，强调"此次分画疆域，即为他日战守之要害"[5]，认为"界宽则势缓易备。南关如门，谅北如栅"[6]。先前争界态度不甚积极的云南方面，此时也大力运动。九月，岑毓英奏报雍正二年（1724）让与越南的云南开化府边地问题时称，越南以往作为中国的外藩，要地归其管理本是"守在四夷"之义，不必拘定撤回，但如今越南几乎不能自存，已不能为我守险，自然需要收回。[7] 之后又以原越南国王嗣子阮福明

[1]　郭廷以主编:《中法越南交涉档》第 5 册，第 2842 页。

[2]　（清）岑毓英:《岑毓英奏稿》下册，第 750 页。

[3]　故宫博物院档案馆编:《中法越南交涉资料》，载中国史学会编《中法战争》第 6 册，第 436 页。

[4]　顾廷龙、戴逸主编:《李鸿章全集》第 21 册，第 527 页。

[5]　苑书义等主编:《张之洞全集》第 1 册，第 365 页。

[6]　苑书义等主编:《张之洞全集》第 7 册，第 5084 页。

[7]　故宫博物院档案馆编:《中法越南交涉资料》，载中国史学会编《中法战争》第 7 册，第 5 页。

请求册封为由，要法国退还越南北圻数省。[1] 岑此举虽自称是"兴灭继绝"[2]，实际上还是出于扩大边外版图，以避免滇边与法方为邻的考虑。

勘界大臣周德润持论相同。是年十二月（1886年1月），负责滇越段勘界的法国委员逾期不至，周随即向总署表示，不如建议法国放弃越南北圻，以保存越祀，中国则可以倚北圻地方为边疆藩篱，实则还是在边外划留"瓯脱"。具体做法有两种："一割越地为瓯脱，树表捍边，洵雄关之扼塞；一取两界之间为瓯脱，越留隙地，中亦留隙地。越界固分其半，中界几隐弃其半。"他还警告道，万一"法商直入户阃，戍逻烽候无所用之"。[3]

清廷对于岑毓英保存越祀的说法自难认可，但也认为如果在两界之间能留出"隙地"作为中立地区，可以避免争端，要周德润、邓承修相机办理。[4] 有了朝廷的旨意，邓、周二人自然态度积极。光绪十一年（1885）十一月，邓承修奏称，桂越沿边"肘腋毗连，腹背环绕，往来则四达不悖，控驭则三面皆虚"，"在当日与我辅车，本有屏藩可固，而此后捍吾牧圉，保无逼处之虞"，因此须在两界间广留"隙地"，巩固边防。[5] 滇边的周德润感同身受，认为滇越沿边没有"隙地"，"在昔为辅车相依，在今为卧榻之侧"，应

---

[1]　郭廷以主编：《中法越南交涉档》第5册，第3248—3249页。

[2]　（清）朱寿朋编纂：《光绪朝东华录》第2册，中华书局，1958，第90页。

[3]　郭廷以主编：《中法越南交涉档》第5册，第3329—3330页。

[4]　故宫博物院档案馆编：《中法越南交涉资料》，载中国史学会编《中法战争》第7册，第7页。

[5]　全国图书馆缩微复制中心编：《张文襄公（未刊）电稿》第28册，第12689页。

该向法方争取。[1]

直隶总督兼北洋大臣的李鸿章对邓承修等人的努力不予赞同，认为争"瓯脱"无益。[2] 而邓承修回电辩驳，态度坚定，同时也表达了自己的困惑，"瓯脱"中有居民无所属，属越则与归法无异，颇难措置，希望李给予建议。[3] 对此，李鸿章的回复是，"居民向属越者，可否仍归越管"[4]。这令邓承修颇感踌躇。

法方对于中方的活动表示严重不满，法国勘界代表浦理燮（Bourcier Saint-Chaffray）指清政府的意图是尽可能使法方远离边界，远离中国的领土，清"帝国代表团要企求的，一直是建立一种独置于其它势力之下的中立区，这是避免被视作是神圣的中国领土与保护国（指越南）接壤的唯一办法"，[5] 法方对此难以接受。之后法方态度渐趋强硬，清廷对于划留"隙地"的态度也急转直下，叮嘱在边各员与法交涉时，必须实在可行，不宜仅搏争地之名，令法方在商务上有所借口。[6]

面对这一复杂局面，邓承修等人的勘界认识开始发生根本改变，以至于由原来"以瓯脱必须遵旨力争不可"，甚至不惜决裂，

---

[1] 故宫博物院档案馆编：《中法越南交涉资料》，载中国史学会编《中法战争》第 7 册，第 35 页。

[2] 顾廷龙、戴逸主编：《李鸿章全集》第 21 册，第 634 页。

[3] （清）邓承修：《语冰阁奏议·中越勘界电稿》，载沈云龙主编《近代中国史料丛刊》正编第 12 辑，台北：文海出版社，1967 年，第 405 页。

[4] 顾廷龙、戴逸主编：《李鸿章全集》第 21 册，第 637 页。

[5] 《浦理燮致法兰西共和国驻安南东京驻扎官函》（1886 年 5 月 6 日），广西壮族自治区社会科学院法国外交部档案，档案号：M. D. CHINE, VOL.70, p. 24。

[6] 故宫博物院档案馆编：《中法越南交涉资料》，载中国史学会编《中法战争》第 7 册，第 29 页。

一变为"仍议争界为是"。随之而来的"新界"问题，成为中法勘界争执的焦点所在。原本固执避免与法为邻的边疆大吏，此时也渐趋务实，将着眼点转向边防布置方面。

二、"新界"之争

清廷在光绪十一年（1885）七月的勘界谕旨中，对中越勘界办法的原则是："凡我旧疆固应剖析详明，即约内所云或现在之界稍有改正，亦不得略涉迁就"。[1] 所谓"旧疆"，指的是中越间历史形成的"老界"或"旧界"，而要"稍有改正"的"现在之界"，指的是有别于"老界"的"新界"即"改正之界"，谕旨最后的"不得略涉迁就"，给了边员在"新界"问题上的便宜处置之权。只是随后大多勘界官员将注意力放在划留"隙地"上，争取"新界"问题很长一段时间内并未提上议程。

较早考虑"新界"问题的，是两广总督的张之洞。他早在光绪十一年（1885）三月即主张争取"瓯脱"，至九月云贵总督岑毓英再请边外划留"隙地"时，却态度消极，指岑言之过晚，[2] 所望过奢。[3] 这一表态显然有点似是而非，是年三月，张之洞要求在越南谅山、高平、广安等近边地方划作"瓯脱"，[4] 至十月，则转而主张以越南驱驴为华界，并将谅山抵郎甲（浪甲）、船头一带

---

[1]　故宫博物院档案馆编：《中法越南交涉资料》，载中国史学会编《中法战争》第 7 册，第 2 页。

[2]　（清）邓承修：《语冰阁奏议·中越勘界电稿》，载沈云龙主编《近代中国史料丛刊》正编第 12 辑，第 387 页。

[3]　全国图书馆缩微复制中心编：《张文襄公（未刊）电稿》第 27 册，第 12459 页。

[4]　故宫博物院档案馆编：《中法越南交涉资料》，载中国史学会编《中法战争》第 6 册，第 403 页。

以北地方均作为"瓯脱"，所拟中越分界界限，已超过谅山，向南推移。[1]

尽管此时张之洞称划留"瓯脱"仍是最佳选择，着眼点已不在"瓯脱"本身。十一月，他开始频繁奏陈议界宜缓，还向邓承修解释，称法方正考虑放弃北圻地区，界务上中国或有机会。其计划是将越南谅山以北的驱驴划归华界，为此还强调"所谓我界者，归我保护，可以屯兵筑垒者也"[2]。所谓"屯兵筑垒"，显示张之洞的观念已经超出原本限隔中法接触的旧有思维，更趋向于在边外布置边防，谋求御敌于国门之外的有利形势。

对于张之洞的想法，勘界诸人多不以为然，李秉衡与邓承修认为张之洞是希望在勘界外再图增益，可是划"瓯脱"较易，划越地归我则难。对于邓、李的疑虑，张解释称："所谓界者，非欲设官征赋，中朝岂止利越土？""不过以此为限，法兵不得逾此耳。""若关南谅北仅名瓯脱，数年后法必潜屯兵垒，寇太逼矣。"[3] 面对张之洞的力辨，邓承修仍不表苟同，认为其议论蹈空而不求实。[4] 连与张之洞关系密切的唐景崧也表示难以接受，称"今越方谋恢复，未便画疆而取之"[5]。

由于划留"隙地"的方案进展不甚顺利，边员的认识再次出现变化。光绪十一年十二月初（1886 年 1 月），力争"瓯脱"无果的邓承修与李秉衡商议，认为"瓯脱"中有城池居民无所属，属越

---

[1]　苑书义等主编：《张之洞全集》第 3 册，第 1957 页。

[2]　苑书义等主编：《张之洞全集》第 7 册，第 5082 页。

[3]　苑书义等主编：《张之洞全集》第 7 册，第 5084 页。

[4]　《邓承修勘界日记》，见萧德浩、吴国强《邓承修勘界资料汇编》，第 142 页。

[5]　全国图书馆缩微复制中心编：《张文襄公（未刊）电稿》第 27 册，第 12435 页。

与属法无异，提议仍以争界为是，李表示赞同。[1] 两人商议所争之"界"，显然是针对"新界"而言。李鸿章曾有"谅（山）、高（平）以北择山水要隘处拓界，或可做到"的说法，邓起初反对，此时也不得不承认是执中之论。[2] 张之洞亦表态支持，以"从前越为属藩，中外界限尚可稍为浑涵。今该国归法保护，此次勘界，一归越壤，其土地即沦为异域"为由，要求将边外原属于中国的旧界以及无主地收回。[3]

对于中方的争界活动，法勘界官员狄隆认为是要打定主意扩大边界，其理由不合逻辑。[4] 据法国外交部档案记载，邓承修在谈判中向法方表示，"整个越南国以前是我们宅院的栏栅，它隔离了我们的边界，保卫者我们的门户。今天，我们只向你们提出得到很小的一排栅栏"。[5] 对于邓承修的"守在四夷"情结，法方显然难以理解，对中国勘界官员的竭力争取，自然也难以接受。

不久法勘界代表团态度转趋强硬，断然拒绝中方的争界要求。清廷也严令勘界各员先勘原界，将原本争取多划地方作罢。[6] 邓承修为此还上奏抗争，指原界在乱山之中，界址留存不多，勘察困

---

[1]　《邓承修勘界日记》，载萧德浩、吴国强编《邓承修勘界资料汇编》，第147页。

[2]　（清）邓承修：《语冰阁奏议·中越勘界电稿》，载沈云龙主编《近代中国史料丛刊》正编第12辑，第418页。

[3]　郭廷以主编：《中法越南交涉档》第5册，第3354页。

[4]　法国外交部档案：M. D. CHINE, VOL.63，载萧德浩等《中越边界历史资料选编》下册，第554页。

[5]　法国外交部档案：C. P. CHINE, VOL.65，载萧德浩等《中越边界历史资料选编》下册，第792页。

[6]　故宫博物院档案馆编：《中法越南交涉资料》，载中国史学会编《中法战争》第7册，第40页。

难，而且法方如果进入"新界"，到时边关失险，战守俱难。[1] 李秉衡也指法方希望速勘原界，是不愿与中方讨论改正边界问题，如果放纵法方，无异于延敌入室，数年以来沿边设防费饷，将来边防布置也将成为虚设。[2]

对于邓承修等人的努力，张之洞认为不宜太过径直，劝告勘界各员先勘办一二段空旷僻处地方，与将来边防布置并无妨碍。总署对邓承修的行为主张表示理解，并无追究之意。[3] 而军机处则指邓执谬，将其与李秉衡一并交部严加议处。[4] 收到谕旨，勘界诸人明白，在争界一事上已经毫无进步可言，只得复电表示将迅速履勘。[5] 随后桂越界务因春瘴大起，不得不勘而未定。但其中经验，很大程度影响了接下来的滇越、粤越段勘界交涉。

滇省疆吏的界务运动本不如粤省积极，桂越勘界的波折无疑会影响滇省边吏对"新界"问题的认识。原本争"隙地"积极的周德润，此时也一反前态，对"新界"事主谨慎。军机处深表为然，认为前此勘分粤界，因先议改正边界问题，导致龃龉不断，滇边不能

[1]　（清）邓承修：《语冰阁奏议·中越勘界电稿》，载沈云龙主编《近代中国史料丛刊》正编第 12 辑，第 425 页。

[2]　（清）邓承修：《语冰阁奏议·中越勘界电稿》，载沈云龙主编《近代中国史料丛刊》正编第 12 辑，第 446 页。

[3]　（清）邓承修：《语冰阁奏议·中越勘界电稿》，载沈云龙主编《近代中国史料丛刊》正编第 12 辑，第 449 页。

[4]　故宫博物院档案馆编：《中法越南交涉资料》，载中国史学会编《中法战争》第 7 册，第 50 页。

[5]　（清）邓承修：《语冰阁奏议·中越勘界电稿》，载沈云龙主编《近代中国史料丛刊》正编第 12 辑，第 451 页。

再蹈覆辙。[1] 此种认识一直延续到光绪十二年（1886）末的桂越和粤越勘界交涉。是年十一月初，清廷还专门密谕张之洞，"目前总以现在中国界内华民居住之地为断"，"我兵驻扎，只须认定现在中国界内之地，坚守勿移，其余边荒瘠苦之区，无论一时无从议及，即使划归于我，设官置戍，费饷劳人，水土失宜，瘴疬时作，将来种种窒碍"，显示清廷已经从现实出发，完全放弃原本边外扩界的考虑。[2]

至光绪十三年（1887）正月，清廷再次致电邓承修，叮嘱除中国现界不得丝毫让步外，"凡越界无益于我者，与闲有前代证据，而今已久沦越地者，均不必强争。无论新旧各界，一经分定，一律校图画线"。[3] 所谓"一律校图画线"，象征清廷的划界观念出现重大转变。

三、"界只一线"观念的形成

近代民族国家间所谓边界（国界）以及划分国家边界线的做法，[4]

---

[1]　故宫博物院档案馆编：《中法越南交涉资料》，载中国史学会编《中法战争》第 7 册，第 84 页。

[2]　故宫博物院档案馆编：《中法越南交涉资料》，载中国史学会编《中法战争》第 7 册，第 93 页。

[3]　清实录馆编：《清德宗实录》卷二三八，载《清实录》第 55 册，第 205-206 页。

[4]　近代意义的边界在西方也是 17 世纪民族国家产生后才逐渐出现，国际法认为边界是"一条划分一国领土与他国领土或国家管辖范围之外区域的界线"（王铁崖主编：《国际法》，第 176 页）。有学者指法方在中越界约中"始终冠以'frontière'之名"。按照同时期法语字典解释，"frontière"一词虽有边界之义，但所指更宽泛，也可用来指边疆、边境、国境等（彭巧云：《中越历代疆界变迁与中法越南勘界问题研究》，第 288-289 页）。

对于中法战争后的清朝而言，仍是陌生的外来事物。[1] 在中法勘分中越边界前，中越疆域间虽然也有"界限"的说法，以山河为限的分界传统更与近代西方某些划界准则相似，[2] 毕竟与近代意义的边界有相当距离。近代边界以经纬度为坐标，法方在与清方勘界时，甚至无法用汉语表达"经度""子午线"等词语，不得不在翻译中略而不译。[3]

　　中越边境以线为界的做法，始于中法战后的中法勘界交涉。对于中西方划界在观念和方式上的差异，清朝官员并非全无认识，张之洞在选派勘界随办人员时，重要标准之一就是通晓西法舆图、测量、绘书技能，[4] 他还知道顺山河之势划界是外洋分界的惯例[5]。不过，清人对于西式边界观念与划界规则的接受，并非一蹴而就。

　　光绪十一年十二月初八日（1886 年 1 月 12 日），中法开始第一

---

　　[1]　就全国而言，清人开始对边界有"线"的认识，有学者指在康熙中俄边界条约之后（孙喆：《康雍乾时期舆图绘制与疆域形成研究》，中国人民大学出版社，2003，第 201 页）。康熙中俄界约的划界方式已相当接近现在，但还很难断言时人已有边界划线的认识。近代中外界约中较早出现"线"这一说法的，当在光绪十年（1884）前后，是年中俄《续勘喀什噶尔界约》《科塔界约》开始出现"界线"的固定用语，同时还有"自然界""线道""交会线道"的称谓（于能模等编：《中外条约汇编》，商务印书馆（上海），1935，第 341—340 页）。

　　[2]　乾隆八年（1743）署两广总督策楞称广东钦州与越南交界以古森江"为天然中外界限"（萧德浩等：《中越边界历史资料选编》上册，第 342 页），又指南宁、太平、镇安三府皆与越南接壤，"中间以山为限，山之外为安南，山之内为各属土司"（"中央研究院"历史语言研究所编：《明清史料》庚编第 1 本，第 137 页）。

　　[3]　法国外交部档案：M. D. CHINE, VOL.76，载萧德浩等《中越边界历史资料选编》下册，第 580 页。

　　[4]　故宫博物院档案馆编：《中法越南交涉资料》，载中国史学会编《中法战争》第 7 册，第 10 页。

　　[5]　苑书义等主编：《张之洞全集》第 7 册，第 5082 页。

轮勘界会谈。转向争"新界"的邓承修开始就如何办理分界事宜向法方表明态度。会议期间,邓向法方强调,"今日照约勘界,非勘老界,是勘更正之界"。法国勘界代表浦理燮似乎有点不解,认为"中国北圻交界,均在一线之内,如北圻之界要更正,是中国之界亦可更正"。[1] 按照法方的记载,浦氏的表述为:"因为一个国家的边界线同时又是邻国的边界线,因此不能只提东京的边界而不提中国的边界。"[2] 浦氏随后进一步强调称:"提到一条边界,就是提到另外一条边界,因为既然两条边界是并列的,不是更改一条而不影响另一条的状况。"[3]

由此可见,谈判开始,中法勘界官员便已经在边界认识上出现分歧。法国勘界代表狄隆随后向中方表示,谅山不过"一点为界",希望中方就分界地方由东至西,将连属地方一并指出。[4] 法方记录的表述为:"谅山既然只不过一个地方,就不能依此而确定一条边界。既然大清帝国大臣们提到这个地方,他们就应有一个方案,主要是一套边界体系。"[5] 在此,法国勘界代表从西方划界认识出发,对中方划界重在辨明个别地方,而忽视完整边界体系的做法,表示不解。

双方划界认识的分歧以及由此产生的误解,在会议中未能解决。不过,邓承修等人一直以越南疆界为言,只谈分界而不提划

---

[1]　郭廷以主编:《中法越南交涉档》第 7 册,第 3424 页。

[2]　法国外交部档案: M. D. CHINE, VOL.65,载萧德浩等《中越边界历史资料选编》下册,第 777 页。

[3]　法国外交部档案: M. D. CHINE, VOL.65,载萧德浩等《中越边界历史资料选编》下册,第 784 页。

[4]　郭廷以主编:《中法越南交涉档》第 7 册,第 3425-3426 页。

[5]　法国外交部档案: C. P. CHINE, VOL.65,载萧德浩等《中越边界历史资料选编》下册,第 779 页。

线，并不一定说明他们不理解法方划界的习惯，更有可能是故意为之，其目的是在勘界中以此为借口，争取有利于己的局面。随同勘界的直隶候补道李兴锐指出，谈判"当以中国'边界'二字分析，论列争边不争界"。[1] 据法方记录披露，李秉衡与王之春曾向法方解释汉语"边界"与法方的差异："如国'边界'一词在法文中只有一个含义，用汉语说就不一样了。用后一种语言，表示边界用两个字'边界'，两个字同时使用并不妨碍其中的一个具有特有的作用。'边'相当于'côté'，意指'边界附近的地区'，'界'相当于'limite'，意指边界线本身。"[2] 邓承修还以"边界"一词的含义两国尚未取得一致意见为由，拒绝与法方进行勘界。[3] 虽说李、王二人对汉语"边界"的解读有强行附会西说的嫌疑，也从另一方面折射出中方勘界官员对以线为界做法的抵制。[4]

至光绪十二年（1886）二月，清廷对争取"新界"的态度发生根本变化，决定暂不讨论"新界"问题。[5] 边员失望之余，也开始接受法方的划界方案，画线定界的方式逐渐成为主要原则。二至三

---

[1]　（清）李兴锐著，廖一中、罗真容整理：《李兴锐日记》，中华书局，2015，第160页。

[2]　法国外交部档案：C. P. CHINE, VOL.65，载萧德浩等《中越边界历史资料选编》下册，第792页。

[3]　法国外交部档案：C. P. CHINE, VOL.65，载萧德浩等《中越边界历史资料选编》下册，第796页。

[4]　法语"limite"有边界线的意思，"côté"有面、侧、旁的意思。清人"边界"二字连用，本指沿边疆界（地界、境界），并无界线的意思。即使是在同时期的中俄界约中，"边界"与"界线""界限"三种指称，在使用上也还有明确区分。李兴锐等人之所以赋予汉语"边界"以法语"limite"的含意，当是虑及中国旧时边界称谓所指模糊且地方过大，不料却成为后人的习惯称谓。

[5]　清实录馆编：《清德宗实录》，载《清实录》第55册，第15页。

月间，遭到清廷严谴的邓承修开始就广西镇南关至平而关一段边境辨认所谓"界限"，据邓的报告显示，"中国使臣谓界限实在图上蓝线所在，法使臣则谓红线为界，既因彼此未能商定一线为界"。[1]后始议定以镇南关关旁的石壁壁顶为界，"界只一线，线之西尽属中国"。[2] 随后的滇越界务，因法方以边境不靖为由，也改而采取就图定界的方式分画边界"界线"。

在粤越段江平、白龙尾之争中，中方勘界委员仍坚持"你要画你之线，我亦要画我之线"。法方勘界代表狄隆虽然对中方所画界线有异议，对中方以画线形式表达划界意见的举动则表示认可，称此说法"正是我的意思，漫说大人（指邓承修）要画江平、白龙尾之线，就将安南地方再画宽展些，我亦不能说不应画"。[3] 此言无疑使中方委员意识到，通过画边界线的方式勘分边界，也可以争取到界务权益。

之后总署要求边员以"自某起界线直向某处者，不过就大概而言，其实地势曲折之处，界线即不能一概取直"为由与法交涉，[4]总署显然已经发现，通过修改边界线走向，最终也能达到改正边界的目的，从而争取到对己有利的边界划分。军机处对中法通过校图画线方式确定边界的做法甚表满意，电谕仍在为旧界与法争执不下的邓承修与张之洞，无论新、旧界，一经分定，一律校图画线。[5] 事实上，通过校图画线勘分边界，可以免去传统分界对新、

---

[1]　郭廷以主编：《中法越南交涉档》第 6 册，第 3765 页。

[2]　王亮、王彦威：《清季外交史料》第 2 册，第 1318 页。

[3]　郭廷以主编：《中法越南交涉档》第 6 册，第 3745 页。

[4]　郭廷以主编：《中法越南交涉档》第 6 册，第 3875 页。

[5]　《清德宗实录》卷二三八，载《清实录》第 55 册，第 205-206 页。

旧界的辨难，易于速了，也与清廷守定现界的方针一致，自是不愿再纠结于彼疆尔界的晰分，以致不可收拾。法国驻华公使恭思当（Constans）就表示，此时总署终于承认有必要迅速确定边界分界线，以结束充满冲突的边境局势，为此还命令中国的勘界委员在尽可能短的期限内，"对各地图上不会引起重大困难的各点加以比较后，确定边境分界线"。[1]

但是，两广总督张之洞对以线为界的分界方式还是心有不甘。光绪十三年（1887）正月，邓承修与法方议定在粤越段白龙尾地方分画一线，左归中国，右归越南。张之洞对此不以为然，抱怨白龙尾为钦州边海门户，"若中分一线，彼先筑台，我安能守，断断不能让人"。[2] 不希望与法就以上各处画线定界。

邓承修对桂越段边界以线为界所取得的成果则表示满意，报告总署："广西全边界址，迤长而回，依尺截计，中路镇南关左右一段，于山形险要逼近处，皆有展拓收入。其东界在米强山，今拓至派迁山，计展五十余里。西界水口关，至俸村隘，其地为龙州后脊，展界约二十里。由此斜线迤西北行，接于滇界，凡村庄参差曲折之处，一律收入，均计展宽一、二十里至四、五十里不等，皆系有关边防形式之区。"[3]

滇边方面，周德润早已将注意力转至滇越段边界的线道走向上。光绪十二年十一月十二日（1886 年 12 月 7 日），他向总署奏

---

[1] 《恭思当致外交部电》（1887 年 2 月 26 日），广西壮族自治区社会科学院法国外交部档案，档案号：C. P. CHINE, VOL.71, p. 23。

[2] （清）邓承修：《语冰阁奏议·中越勘界电稿》，载沈云龙主编《近代中国史料丛刊》正编第 12 辑，第 491 页。

[3] 郭廷以主编：《中法越南交涉档》第 6 册，第 3760 页。

报滇边校图定界的情况，指滇越边界第三段界线自"自云南三文冲、北圻高马白相对处起，至云南烂泥沟、北圻龙古寨之间止"，因"其界线迂回曲折，彼此互证，尚不致大有参差，惟云南绿水河卡在河之西，地势平衍，无险可扼，而北圻高马白形势险峻，俯视河西，非将界线展至河东，将来布置防营无所凭藉"，要求向法方争取修改边界线走向。[1]

　　中越勘界进行至此，中法在划界观念和做法上已无太大分歧，但中越传统定界方式导致的历史遗留问题，仍然影响到此后的定界交涉，法方更时常以此为借口，在边界线走向上不断发难。光绪十八年（1892）的广西太平府"七隘三村"之争中，[2] 原本中法勘定此段边界时，"七隘三村"在中方边界线内，广西提督兼边防督办的苏元春据此认为界线很明确。随后中法树立界标，法方却指"七隘三村"为越南地界，根据是该地民众曾纳钱粮于越南。苏元春为此大为焦虑，认为如果"七隘"不在我方界内，则分界时界线即应弯曲入内，不可能直线而过，如果此地划归越南，将来边防可虑。为此，苏援引法方有关"直线画界之段有未合地势者，准照形势之曲折，彼此相让"的说法，希望朝廷能够争取修正。[3]

　　"七隘三村"事件对苏元春的边界认识影响颇深，两年后（1894），他向清廷奏报桂越界务勘办完竣事宜时，便指"凡交界之处，先立标竿，遇山则穷幽极险，必涉峰巅，遇水则支港细流，悉寻涯岸，凡村落之大小，田畴之多寡，沟涧之宽狭，道路之曲直，

---

[1]　郭廷以主编：《中法越南交涉档》第 6 册，第 3667 页。

[2]　"七隘"为广西太平府安平土州所属，与越南下琅县交界，嘉庆末年"为越侵耕占去"，与之相连的"三村"因边界土司私自典当于越南而被侵占。

[3]　郭廷以主编：《中法越南交涉档》第 6 册，第 3903 页。

莫不仿用西法，步步测量，用指南针定其方向，以一百八十丈为一里"。尤其强调"仍虑一线之界，日久易迷，又横测三里，绘入图内，与法人所绘比对相符，然后按标立石"。对"一线之界"仍然心存忧虑，而认识早已今非昔比。[1] 此种认识当不仅限于苏元春一人，光绪十六年（1890）法中越界划界委员会主任拉巴第（Chiniac de Labastide）给法国河内总督的报告中就指出，中越边界形势已大有改善，因为"大清帝国的代表们和我们一样，希望进行划界"。通过划分边界线的办法争取边境权益，至此俨然已成为清朝上下的共识。[2]

结　语

在中法战争前后的若干年里，清朝因传统"守在四夷""保藩固圉"的认识根深蒂固，在应对中越边境由"本是一家"到"他族逼处"的情势转换时，先后提出过多种边境区划方案。这些看似不同的方案，背后却有着一以贯之的相同关怀，即竭力防止与"他族"的法方比邻而居。清朝在不同时期对不同方案在态度上的微妙差异，反映的不仅仅是关注倾向的转移，更是对"保藩固圉""树表捍边"等传统边界边务认知的再审视。其态度的反复曲折，显示此种认知转换的背后，隐伏着各种难以取舍的纠结与艰难的抉择。

近代民族国家间划分边界的行为，对于传统关系下的中越两

---

[1]《苏元春、李瀚章奏桂越界务勘办完竣折》，载萧德浩编《中越边界历史资料选编》下册，第 772-773 页。

[2]《中越边界划界委员会主任拉巴第给河内印度支那总督的报告》（1890 年 3 月 26 日），广西壮族自治区社会科学院法国外交部档案，档案号：M. D. CHINE, VOL.76, p.303。

国，本非必不可少，强分彼疆尔界反而有违"以大字小"的藩属之
义。更何况越南宋代以前本属中国内地（越南称为"北属时期"），
同隶版籍，疆域交接地方纯粹是内地行政界划，本不存在近代意义
的国家边界。加上传统分界受限于地理知识与技术手段，很难苛求
古人能有今人的边界认识。受此影响，中法战争前后清朝内部对中
越分界事宜瞻顾纠结，症结都是固执旧有边界边务观念，期望通过
界务活动，阻隔法方紧逼滇粤边境。其间分界方案屡经修改，清朝
最终不得不接受西方国际法所确立的近代边界观念与划界规则，在
守定现界的前提下，积极与法方争取边界权益，迈出了国人近代边
界边务观念转型的重要一步。

　　从战前绸缪经营越南北圻地方以作保藩固边计，到战后接受一
线为界的划界规则，面对中越边务形势的一再变动，清朝君臣虽然
有意在界务上有所进取，反而招招失据，对于中越边界边务的认识
也渐次发生变化，措置方式更是前后大异其趣。原本视为当然的藩
属之义，在法人武力强取、断不轻弃的现实境况下，愈发显得苍白
无力。清廷的愤恨之情也溢于言表："以二百余年未经辨认之地，今
欲于归法保护后，悉数划于我，法之狡执不允，朝廷早经逆料。"[1]
所折射出来的，无疑是近代中国新旧观念与制度更替的困窘与无
奈。从保藩固围到一线划界，看似分界观念的近代化，其实是因为
欧洲列强的殖民扩张改变了中国与周边藩属关系的性质，由此导致
双方的分界不得不改由欧式的规则。尽管如此，传统中国与周边国
家的关系模式并未就此完全废弃，在相当长的时间里，仍然潜移默
化地继续发生影响。

---

[1]　《邓承修勘界往来电稿》，载萧德浩等编《邓承修勘界资料汇编》，第 79—
80 页。

第五章　近代中国"国民外交"的生成

近代中国"国民外交"形成的重要前提，是国民思想的萌发以及国民参与外交运动的兴起。"国民外交"并非"国民"与"外交"的简单叠加，而是有着深刻的国际因缘与丰富的历史内涵。一方面，西方国家自由、民族运动的蓬勃发展，形成了以"国民主义"为中心的国家思想。在此背景下，日本的有贺长雄将本意为"国家外交"的"National Diplomacy"重新加以阐释，系统地构建了"国民外交"（Diplomatie Nationale）理论。当有贺氏的国民外交理论陆续发表于《外交时报》，立即引起中国留日学生及流亡者的关注，将其引入亡国危机日益深重的中国。另一方面，清末国人开始用国民意识进行反思。随着1901年拒俄运动的发生，在梁启超等人国民思想的鼓动下，国人逐渐将国家观念、主权意识融入排外运动。这一时期，中国国民参与外交的日益发展与西方国民外交思想的不断输入，并驾齐驱，相互激荡，共同对近代中国的国民外交思想产生重要影响，并最终促使中国出现"国民外交"的概念及行事。

近年来，学界对"国民外交"相关问题的研究已经有所推进，但是对"国民外交"在中国出现的背景、原因和历史过程等仍然语焉不详。[1] 通过对近代中国国民参与外交的历时性考察，厘清相关史实，可以重现 1903 至 1905 年中国"国民外交"形成的历史图景。

第一节 "国民外交"引入中国

"外交"一词的英文为"diplomacy"。在西书中，最早使用该词的时间大约是 17 世纪末。1693 年莱布尼兹（Leibniz）刊行的 *Codex Juris Gentium Diplomaticus* 一书，标题中有 Diplomaticus。1726 年 都 蒙（Dumont） 刊 行 的 *Corps Universel Diplomatique du Droitdes Genus* 一书，标题则有 Diplomatique。[2] "两书所用 Diplomaticus 与 Diplomatique，实为外交一语应用的开始，不过当时所指，并非对外交涉，而系一种文书档案。盖是时宫廷外交，专依郑重的形式文书行，所有公文重曲，国际关系，甚至外交团及条约等，均视为外交。"[3] 至于"国民外交"思想出现并输入中国，则经历了一段较长的历史过程。

---

[1] 相关研究主要有顾莹惠：《论 20 世纪初的中国国民外交》，《武汉大学学报（人文科学版）》2002 年第 7 期；贾中福：《清末民初的国民外交思想论析》，《学术探索》2004 年第 12 期；印少云：《近代中国国民意识的生成与国民外交》，《学术论坛》2005 年第 6 期；廖敏淑：《清末到巴黎和会时期的国民外交》，载金光耀、王建朗主编《北洋时期的中国外交》，复旦大学出版社，2006，第 245—272 页；周斌：《清末民初"国民外交"一词的形成及其含义论述》，《安徽史学》2008 年第 5 期。

[2] Satow, Ernest Mason, *A Guide to Diplomatic Practice* (London: Longmans, Green and Co., 1957), pp. 2-3.

[3] 杨振先：《外交学原理》，商务印书馆（上海），1936，第 1 页。

　　1900 年 2 月 10 日，《清议报》刊登日本法学博士添田寿一撰写的《清国与世界安危》，文中虽未出现"国民外交"一词，但简要概括了后来一般认为是欧洲国民外交的基本内涵及其出现的历史背景。[1] 3 月 11 日，《清议报》所载《第十九世纪外交一览》中，有贺长雄将"国民主义"理念纳入"外交"的考察视野，强调"国民主义"思想对于 19 世纪欧洲各国外交的重要意义。有贺氏认为，1848 年拿破仑三世以"国民主义自任"，可是"拿破仑虽唱国民主义，而己亦不能贯彻之，转而利用之者，俾士麦是也。先是，国民主义于维也纳公会，全权为普鲁士所握持，普国欲以此主义，统一德意志国民"。此后，"国民主义"在欧洲各国的交往中日趋重要，人们甚至将 19 世纪的欧洲称为"国民主义之时代"。[2] 该报另一篇译自日本《外交时报》的文章称：世界各国外交大势，"皆避争战而赴平和交通，当决裂之际，曲我而利外国国民，外国亦自曲而利我国民，此皆以国民为主义者，故近日各文明国每持此以为外交宗旨，其利溥矣"。[3] 所解释的西方"国民主义"与外交的重要联系，尤其是自曲而利他国国民的说法，与一般的理解不无距离。至多只能解读为顾及他国国民的利益，以避免冲突，彼此有利。

　　1900 年 12 月 6 日，《译书汇编》在日本东京创刊。作为中国留日学生最早创办的刊物之一，该刊"以编辑欧美法政名著为宗旨"，致力于向国人介绍欧美文化思想，被"推为留学界杂志之元

---

　　[1]　添田寿一：《清国与世界之安危》，《清议报》第 35 册，1900 年 2 月 10 日，第 7 页。

　　[2]　有贺长雄：《第十九世纪外交一览》，《清议报》第 39 册，1900 年 3 月 21 日，第 1 页。

　　[3]　《论文明战争》（译自《外交时报》），《清议报》第 38 册，1900 年 3 月 11 日，第 8 页。

祖"。[1] 1901 年 8 月 28 日，该刊译载有贺长雄所著《近时外交史》，文中有贺氏进一步阐述其对近代西方"国民主义"与"外交"关系的独到见解，称"所谓国民主义者，不藉外交之策划技能，不泥历史之君权旧制，一以国民固有之资性为准者也。"[2] 面对复杂多变的国际形势，西方列强在对外交往中强调"国民主义"，用意之一，是集中全体国民的力量，并将殖民扩张合法化。这一情况折射出"国民外交"有着复杂的历史背景。

时隔近一年半，《浙江潮》于 1903 年 2 月 17 日在东京创刊。该刊由留日学生浙江同乡会创办，编辑兼发行者有孙翼中、王嘉榘、蒋智由、蒋方震、马君武等人。[3] 同年 5 月 16 日，该刊一篇署名"筑髓"的文章，在论述欧美报刊舆论对外交的重要影响时称：近代欧美各国，"或经济问题，或殖民政策，或帝国主义，皆国民为之原动力，故今日之外交，国民总体之外交也"。尤其是近代报刊媒体日益发达，舆论对欧美各国间的交往产生影响，"于是外交之方针，不得不视民众代言之趋向而决定"。而主持报刊业务的报馆，无疑成为左右舆论的要津，故今日欧美各国外交官堪称"报馆者外交官也"。[4] 显然，所提到的国民为外交之"原动力"，以及今日之外交乃"国民总体之外交"，实为"国民外交"思想的重要内容。

---

[1]　丁守和、符致兴：《译书汇编》，载丁守和主编《辛亥革命时期期刊介绍》第 1 集，人民出版社，1982，第 55 页。

[2]　有贺长雄：《近时外交史》，《译书汇编》1901 年 8 月 28 日第 3 期，第 44 页。

[3]　丘权政：《浙江潮》，载丁守和主编《辛亥革命时期期刊介绍》第 1 集，第 269 页。

[4]　筑髓：《论欧美报章之势力及其组织》，《浙江潮》1903 年 5 月 16 日第 4 期，"论说"，第 3 页。

从上述简要考察可以看出：19 世纪末 20 世纪初，中国人对西方国民外交思想乃至整个西方社会的认知和了解，深受日本的影响。目前所见文献，"国民外交"一词最早在中国出现，正是通过译介日本的文章而来。

日本于 1854 年被迫打开闭关锁国的大门，随之而来的是国内社会变动的加剧，国民参与政治和外交等事务的要求亦不断增加。在这一历史背景下，为增强日本国民对世界各国的了解，以及提高国民参与外交的能力，1898 年 2 月，有贺长雄主持创办了《外交时报》。[1] 有贺氏被誉为日本"外交史学之始祖"，《外交时报》一经发行，便迅速对日本社会各界产生广泛影响，很快成为日本"外交论坛"的中心，引起国际社会的广泛关注。[2] 是年 3 月，有贺长雄在《外交时报》发表《外交秘密论》一文，提出日本正处在由官僚外交（Diplomatie Bureaucratique）主义向国民外交（Diplomatie Nationale）主义过渡的时代，指出"国民外交是指以国民的精神为原动力的外交，而不是遵从一时的多数政论的外交"。[3] 日本的"国民外交"概念由此正式提出。

有意思的是，有贺氏的这篇文章引起中国《外交报》的注意，1903 年 9 月 6 日，该报以《论外交不可专主秘密》为标题，予以译载，译文称：

---

[1]　伊藤信哉：《20 世紀前半の日本の外交論壇と〈外交時報〉》，《松山大学論集》（2008 年）第 20 卷第 1 号。

[2]　信夫淳平：《有賀博士の七回忌に際して》，《國際法外交雜誌》1921 年第 20 卷第 6 号。

[3]　有賀長雄：《外交秘密論》，《外交時報》1898 年第 2 期。

外交之术，以机巧胜，利害所系，慎密尚焉。若强当局者以遇事谋诸国民，匪惟势所不能，抑亦理有不合。虽然，有当密者，有不当密者，不此之察，而一以秘密为主，则贻害莫大焉。请申论之。

一曰不能假国民以为外交之后助。此一失也，以其理言，则今世之国民外交，与中古之君主外交，命意迥异。立宪之国，外交全权，属诸君主，然非谓外交为君主私事，谓君主有代表国民指导外交之权力耳。国民外交云者，为国家之本旨而谋之，假国家之能力以达之。本旨何在？在使国民之懿德良能，发越于其外，能力何在？在合国民之群策群力，萃聚于无形。国民之与外交，相须而不可相离若此。

二曰不能导国民以审外交之大势。此又一失也，其在平时，不先涵养国民，畀以洞晓外交之能力，则国民惝恍旁皇，莫知所适，既难以无形之势力，援助外交，且恐在上者之取径与在下者之趋归，各殊其轨，患尤甚焉。[1]

这是目前所见中文文献中最早使用"国民外交"一词的记录。不仅如此，文章还将国民外交与君主外交相对比，阐述其基本内涵，即国民应当群策群力，参与外交，为此，先要涵养国民的外交能力，形成势力。虽然《外交报》的译载究竟引起国人多大的关注，还须进一步具体考察，但此事再次证明，中国"国民外交"的

---

[1]《论外交不可专主秘密》（参译日本《外交时报》），《外交报》1903年9月6日第55期，第1—4页。

出现，的确直接取自日本。[1]

　　总之，在国民外交进入中国的过程中，日本起到重要的媒介作用。日本的有贺长雄、小野冢喜平次、添田寿一等人对国民外交做了较为系统的总结和阐述，中国留日学生及梁启超等流亡海外的知识人士对此进行了吸收和译介，从而使 20 世纪初期的中国出现许多有关"国民外交"的论著。在内忧外患的时局下，国民外交的输入无疑会对中国国民参与外交的思想和行动产生重要的影响。

第二节　拒俄运动前后的"国民"参与"外交"

　　近代中国列强环伺，外患迭起，在此背景下，趋新人士吸取半个世纪以来救亡图存的经验教训，逐步把对社会客体的思考转向对社会主体的探索，把救国的成败与国人是否具备国民意识紧密联系起来。[2]

　　中国趋新人士在探索挽救国家危亡道路的同时，开始对戊戌和庚子时士绅与下层民众的分离，以及民众"排外"的盲目性等问题进行深刻反思。[3]

　　麦孟华于戊戌变法失败后逃往日本，在横滨协助梁启超创办

---

　　[1]　从目前所见资料来看，《中外日报》和《鹭江报》分别对该文进行了转载。（参见《论外交不可专主秘密》，《中外日报》1903 年 10 月 7 日第 1 版，"论说"；《论外交不可专主秘密》，《鹭江报》1903 年 10 月 20 日第 47 期。）

　　[2]　梁景和：《清末国民意识与参政意识研究》，湖南教育出版社，1999，第14 页。

　　[3]　李育民指出，近代中国的民族主义是从"排外"中产生的。参见李育民：《"排外"观念与近代民族主义的兴起》，《史林》2013 年第 1 期。

《清议报》。1900 年 9 月，正当义和团运动高涨之时，麦孟华在该刊以《论中国民气之可用》为标题，批评义和团"野蛮"排外之举，称"国家之危亡，固我国民之责也"，"义和团之起事也，其气亦不可谓不盛，然横挑外衅，适足以速召瓜分，盖民气固未必有益于人国也。曰无文明之思想者，则举动皆若野蛮，勇悍适以败国，而为天下之乱民。有文明之思想者，则举动皆循公法，坚劲足以立国，而为天下之义民。义和团之召乱，其害在于不审外情，谬倡排外，而非在其气之盛也"。[1]

在《排外平议》一文中，麦孟华基于对时局的观察，指出国人不识排外之法，以致丧权失利，故提出："排外之道有二，野蛮人之排外也，排以腕力，文明人之排外也，排以心力"，强调"以心力排外者，其待外人也礼貌有加，其善外交也，仪节不失，虽世仇夙怨之国，受其逼辱，举国所欲得而甘心者，其往来酬应，殷勤无以异于姻娅，且惟积怨怀仇之故，则弥师其政学，输其文明"。[2] 显然，麦孟华对文明排外的思考，反映了知识阶层对下层民众参与排外的关注和重视，堪称中国知识人士有意识地发动和引导下层民众参与外交斗争的前奏。

1900 年 10 月，沙俄强迫清朝签订《奉天交地暂且章程》，借此将奉天置于其武力控制之下。[3] 1901 年初，沙俄外交大臣拉姆斯道夫向清朝提出书面条款，声称沙俄有权驻兵中国东北"保护"铁

---

[1]　先忧子稿：《论中国民气之可用》，《清议报》第 57 册，1900 年 9 月 14 日，第 3 页。

[2]　伤心人稿：《排外平议》，《清议报》第 68 册，1901 年 1 月 1 日，第 1 页。

[3]　《奉天交地暂且章程》（光绪二十六年九月十七日），转引自王铁崖编《中外旧约章汇编》第 1 册，生活·读书·新知三联书店，1982，第 978、979 页。

路，有权出兵帮助清朝"剿抚"，有权革办中国官吏，并强制要求中方不许驻兵东北，不许运入武器，不许自行造路等，要将中国蒙古、新疆以及华北地区，划为沙俄的势力范围，企图借此全面侵占中国东北的主权与利益。[1] 消息一经传出，立即激起中国民众的强烈愤慨。

1901 年 3 月 15 日，上海社会各界人士齐集张园，主张力拒俄约，挽救危局，就此拉开拒俄运动的序幕。当日到会者"共约二百余人"。[2] 会上汪康年呼吁："俄约一事，乃关系国家全局最要之事，亦关系我等一身最要之事也"，"我等同含血气，同具知识，必须竭我等心力，始足尽国民责任"。[3] 蒋智由亦大声疾呼："国谓何矣？国民谓何矣？国者，一国自有一之主权，国民者，人人各有国家之一分，而当尽其责任。"[4] 显然，基于对"国民"与"国家"之间关系的深刻认识，与会者对国家主权有了深入理解，强调"拒俄"当讲求对外之法。

值得一提的是，1901 年 2 月下旬，汪康年致函时任日本东亚同文会上海支部部长井手三郎，内附其所撰《整理政法纲要》，并嘱托井手氏将信函内容转告犬养毅、大隈重信、山县有朋、近卫笃麿、伊藤博文等人。信中汪康年直言不讳地批评俄约，称"与俄人立约九条，于敝国外交之道极有关碍"，并请求日本政府出面援助。

---

[1] 《俄提督复增祺商改交还东三省条款照会附条款》（光绪二十六年十二月十二日），载王彦威辑《清季外交史料》第 145 卷，书目文献出版社，1987，第 17—33 页。

[2] 《记张园会议电争俄约事》，《中外日报》1901 年 3 月 16 日第 1 版，"时事要闻"。

[3] 《汪君康年演说》，《中外日报》1901 年 3 月 17 日第 1 版，"论说"。

[4] 《蒋君智由演说》，《中外日报》1901 年 3 月 18 日第 1 版，"论说"。

汪康年所撰《整理政法纲要》，拟写外交改革方案，提出"劝令民间绅士讲求外交之法"等建议，表达对国民参与外交的意向。[1] 汪康年的信函及建议得到国内外人士的积极响应，作为在政绅学界有着重要影响力的"在野"人士，汪康年以普通"国民"的身份发起直接的"外交"行动，颇为引人注目。

3月24日，上海爱国人士闻知沙俄将逼迫清朝于当月25、26两日在俄约上签押的消息，再次集会张园，"到者约近千人"，"同人次第演说者凡十余起"，不但规模较上次更大，而且显示出"国民"参与"外交"的明确意向。其表现主要有：

其一，与会者初步认识到，身为"国民"当负起挽救国家危亡之责。孙宝瑄在会上痛陈列强瓜分之事，警告东三省利权"若允俄人，列国效尤，利益均沾，中国主权由是尽失"，呼吁国人"须知人人有国民之职分，不得视国家为身外之物"。[2] 同时，集会制定了明确的集议宗旨和办法，并将"主权""合群"等观念融入会议宗旨，称："凡系中国国民，皆当存保全中国国土之心，即皆当存保全中国主权之心。""凡同志之士，务知中国受病之原，合心协力，团结一气，须有以御外侮而贞内力合群之起点，我同志务共励之。"[3]

其二，与会者注意到"民心"可用、"民气"可贵，开始有意识地发动社会各阶层民众参与外交，尤其是下层民众的力量。聚会

---

[1] 《井手三郎日记》，1901年2月22日；《近卫笃麿日记》（四），1901年3月22日，第110-117页。转引自廖梅：《汪康年：从民权论到文化保守主义》，上海古籍出版社，2001，第300—308页。

[2] 孙宝瑄：《忘山庐日记》上册，上海古籍出版社，1983，第316页。

[3] 《纪第二次绅商集议拒俄约事》，《中外日报》1901年3月25日第1版，"时事要闻"。

首先登台演说的吴沃尧，大力号召各界民众起而拒俄，称"今日集议诸君，大半皆外省人，非尽上海土著，其所以间关水陆而来者何故？大抵无论为仕、为商、为士、为民，均为创造事业以遗子孙起见"，应当"速由我同志逐电俄国政府，告以民心向背"，"合大众之热力以为拒力"，"联一拒俄会以拒之"。[1] 薛锦琴女士的发言颇为引人注目，她在演说中怒斥"居官者无爱国之心"，"在下之士民又如幼小之婴儿，不知国家于己有何关系"。俄约迫亟，"今日救急之法，当上下合为一心，以国家事为己身之事"。[2] 常熟清凉寺僧人黄宗仰身为"弃世绝欲之人"，亦参与集会并登台演说，他斥责沙俄侵略之野心，呼吁"我同种同胞团结不解、坚忍不拔之苦心为大可恃，今日之事即为后日申民气之起点"。[3]

其三，与会者认为义和团的"野蛮排外"不可取，批评清廷的外交政策丧权辱国，主张各界民众共同参与文明抵拒俄约的外交斗争。陈锦涛在演说中怒斥"刚毅、徐桐之流，顽固昏愦，不知外交为何事，乃欲尽逐外人，义和团之事由此遂起。社稷倾危，生灵涂炭，不知者以为由义和团致之，不知其远因实在二三年前朝廷之一意倚俄也"。[4] 此次集会"我辈系筹中国存立之策，不欲以非理待外人，如去岁北方野蛮之事。至外人欲以非理凌中国，亦不肯受。一依文明所为，主持公理"。[5]

---

[1] 《吴君沃尧演说》，《中外日报》1901年3月26日第1版，"论说"。

[2] 《薛女士锦琴演说》，《中外日报》1901年8月27日第1版，"论说"。

[3] 沈潜、唐文权：《宗仰上人集》，华中师范大学出版社，1999，第3页。《方外宗仰上人演说》，《中外日报》1901年4月1日第1版，"论说"。

[4] 《陈君锦涛演说》，《中外日报》1901年3月27日第1版，"论说"。

[5] 《纪第二次绅商集议拒俄约事》，《中外日报》1901年3月25日第1版，"时事要闻"。

上海绅商集会的盛况以及与会人士演说的情形，经过报刊舆论的宣传，立即引起社会各界的强烈反响，人们纷纷向报馆投递信函，为阻止沙俄侵略建言献策。在上海绅商集会与演说的带动以及中外报刊舆论的鼓动下，各界民众的士气不断高涨。知识人士则趁拒俄运动之势，对国民参与外交给予合理的引导。

1902 年 1 月 4 日，《外交报》在上海发行。该刊主张"文明排外"，带有明显的爱国主义倾向，其主持者张元济在《叙例》中阐述"文明排外"的要义，强调"文明排外"在于讲求外交之术，通察各国情势，以为外交应对之方。为引导"国民"文明参与"外交"，该刊呼吁国人"审国势、诇外情，出文明之手段以尽排外之天责"。[1] 作为近代中国第一份直接以"外交"命名的刊物，其创办对于引导和推动中国"国民"参与"外交"有着重要的意义。

《外交报》创刊后，《中外日报》对其影响力及对时局的重要意义加以评述，称"各国于外交一事无不以全力相注"，如"日本有《外交时报》，朝野著述巨细咸载"，而我国"今日之外交势几无可措手"，普通民众"无置足之地"，俄约日亟，全国上下当仿效西方国家官民共赴外交之成例，以强有力的外交行动抵拒俄约。[2]

在俄约逼迫、国难日亟的危急处境下，中国趋新人士大力提倡"主权""合群""尚武"和"公德"，并与"外交"斗争结合起来。自 1902 年起，梁启超在《新民丛报》以《新民说》为引题，发表《论公德》《论国家思想》《论权利思想》《论合群》《论义务思想》《论尚武》《论政治能力》等 20 余篇文章，用大量笔墨阐述近代国民应当具有公德意识、国家思想、自由、合群、义务、尚武精神和

[1] 《外交报叙例》，《外交报》1902 年 1 月 4 日第 1 期，第 2-3 页。
[2] 《读外交报书后》，《中外日报》1902 年 1 月 19 日第 1 版，"论说"。

政治能力等，产生了广泛影响。[1]

随着讨论的逐步深化，越来越多的民众初步认识到欲挽救国家危亡，全国上下当"以政治的之团结，抵拒外敌，以显我国家之有能力"，如此才"不至为强有力所侵蚀"。[2] 而要达到中国上下沟通、互相联结的目的，青年"学生介于上等社会、下等社会之中间，为过渡最不可少之人"。尤其是在拒俄运动中，"今日之学生即下等社会之指向针也，则对下等社会所负之责任重也"。[3] 同时，各地绅士作为国民的一分子，要担负起应有的责任和义务。[4]

然而，由于拒俄运动常常流于集会、演说和发电文等形式，所表现出来的文明排外观念并不完整，尤其是没有充分认识到抵拒俄约的外交行动实行主体不在政府而在国民，主要还是希望通过国民的言论行动影响政府。直到 1903 年 4 月沙俄撕毁《东三省交收条约》，拒不将其侵略军队从中国境内撤走，从而激发国人更为强烈的反应之后，这一状况才有所改观。

1902 年 4 月 8 日，清朝与沙俄正式签订《东三省交收条约》。根据条约，1903 年 4 月沙俄应撤走驻中国金州、牛庄等地军队。[5] 然而，沙俄企图长期霸占中国东北，拒不撤兵，并提出在东三省及

---

[1]　梁启超：《新民说》，载《饮冰室合集》第 4 册，中华书局，1989，第 1—162 页。

[2]　《中国之改造》，《大陆》1903 年 2 月 7 日第 3 期，第 6 页。

[3]　《学生之竞争》，《湖北学生界》1903 年 2 月 27 日第 2 期，第 3 页。

[4]　《论绅士之义务及其责任》，《岭东日报》1903 年 4 月 4 日，"论说"。

[5]　《交收东三省条约》（光绪二十八年三月一日），海关总署《中外旧约章大全》编纂委员会《中外旧约章大全》第 1 分卷（1689—1902 年）下册，中国海关出版社，2004，第 1401-1406 页。

内蒙古一带享有路政税权及其他领土主权等七项要求。[1] 消息传来，举国一片哗然。

1903 年 4 月 27 日，上海绅商再次集会张园，与会者纷纷谴责清政府外交政策的"错昧狂惑"，表示"政府即允此约，我国国民决不承认"。[2] 集会还商议抵制俄约的具体办法，决定"电致各国外交部及我国外务部，申明国民不认俄约之由"。[3] 尤其是"汪穰卿君（即汪康年）以俄索新约甚急，再开拒俄会于张园。是日之会费、电费，皆汪君苦心主持"。汪康年此举赢得社会舆论的广泛称赞，《苏报》社论称："自阻法会倡始，而拒俄会继起，而国民爱国排外之感情势力陡增，然其排外之法，一皆出于文明之举动，毫无意识之行为。当议成演说，偶有因宗旨不合，相对驳诘，哄然走散之事，然同人皆侃侃责其粗暴，海上各报亦作论纠之，则足见我国士大夫文明之进步，又有非常之效果矣！"[4] 值得注意的是，这篇社论将"排外"与"文明"一词相提并论，两词结合并刊载报章，无疑将有利于提高拒俄运动中"国民"参与"外交"的主动性和自觉性，其重要意义不言而喻。

拒俄集会再度引起中外各界的广泛关注，报刊媒体纷纷对会议盛况进行报道，并且刊载会议演讲稿以示国人。通过新一轮的抵制俄约运动，中国趋新人士进一步认识到团体力量的强大，在吸取前次拒俄经验与教训的基础上，他们开始有意识地与各阶层民众进行

---

[1]　柏森：《1903 年沙俄侵占东三省文件辑录》，载中国社会科学院近代史研究所近代史资料编辑组编《近代史资料》，总 37 号，中华书局，1978。

[2]　《录某君张园拒俄演说文》，《中外日报》1903 年 4 月 29 日第 1 版，"论说"。

[3]　《对于俄约之国民运动》，《江苏》1903 年 5 月 27 日第 2 期，第 3 页。

[4]　《海上热力史》，《苏报》1903 年 5 月 6 日第 1 张，"论说"。

结合，从而有力地推动了"中国四民公会"的发起成立。

　　4月30日，即"中国四民公会"发起成立当天，与会总人数达1200余人。[1] 其中既有工商界人士，亦有知识界人士；既有保皇党人，也有革命党人。他们虽然来自不同的阶层，具有不同的政治背景，但都以中国"国民"相号召，"以保全中国国土国权为目的"，共结团体，一致对外。蔡元培"首先登台，发表演说：'上海应设国民公会，以议论国事，如东三省、广西等重要问题。'"[2] 随后向与会众人分派会议章程，经众协商，一致同意"改四民总会为国民总会"。[3] 由此，原本发起成立"中国四民总会"，经过与会人士商议而定名为"中国国民公会"，"四民"与"国民"，虽然只是名称的细微改变，其意义却非同寻常。识者认为，国民公会的出现反映了中国社会各阶层民众国家观念和国民意识的增强及社会结构的错动，也反映了士与农、工、商诸阶层相结合，民众团结一致对外的历史趋势。[4]

　　集会当天，留日学生也在东京锦辉馆召开全体大会，决定成立"拒俄义勇队"，当场有130余人签名入队，准备立即赶赴中国东北，以实际行动保卫国家领土与主权。

　　从四民公会的发起到国民公会的建立，以及留日学生义勇队的组织成立，围绕拒俄运动的发展，中国"国民"参与"外交"行动的自觉性和主动性进一步提升，并初步表现出"国民外交"的思想

---

　　[1]《张园集议》，《苏报》1903年5月1日第1张，"论说"。

　　[2] 高平叔：《蔡元培年谱长编》上册，人民教育出版社，1996，第263页。

　　[3]《译西报纪张园会议事》，《苏报》1903年5月8日第1张，"时事要闻"。

　　[4] 严昌洪：《"国民"之发现——1903年上海国民公会再认识》，《近代史研究》2004年第4期。

和特色。

随着时局的日益严峻，国人产生直接参与外交斗争的强烈愿望，一方面是出于挽救国家危亡的高度自觉，另一方面则是感愤于清政府丧权辱国的无能外交。1903 年 6 月 5 日，《大陆》的一篇文章指出："近因东三省之事，我国民之驻上海者大开议会，议拒俄国之要求，而各省皆有代表人，电致外部曰：全国国民不认此约。嗟乎！我国之外交家，皆不洞明时局，尔又好为密约，故外人即乘其弊以要之，故屡堕外人之术而不悟，兹又传闻俄使与某大臣密议矣。"[1] 所谓"传闻"，即俄驻华公使璞科第通过京师白云观高道士（高仁峒，1841—1907，又名明峒，号云溪，时为京师白云观主持）与内宫太监李莲英的私人关系，结交一大批清朝官僚，拉拢他们起来"亲俄"。这一传闻事出有因，据称："该公使通过高方丈，探听宫中动向，然后又在暗中有所运动"，其意在于扶植宫廷亲俄势力，以利于沙俄对中国的侵略。[2]

清政府丧权辱国的外交，令广大国民深感失望。为唤起清朝官员中的开明人士抵御外辱，东京军国民教育会派遣钮永建、汤尔和二人回国"运动官场"，试图劝说时任直隶总督的袁世凯出面拒俄。然而，两人"往见袁督数次，阍人格不纳"，"即不得见，即倖倖然而去"。无奈之余，二人感叹道："宫中文恬武嬉，若不知国事之危急。"[3] 随后，在发给袁世凯的电文中，留日学生痛批道："中原大

[1]《可敬哉吾国民》，《大陆》1903 年 6 月 5 日第 7 期，第 5 页。

[2]《高尾通译官致林公使》，1907 年 3 月 25 日，日本外务省外交史料馆藏，各国内政关系杂纂支那之部。转引自孔祥吉、村田雄二郎：《京师白云观与晚清外交》，《社会科学研究》2009 年第 2 期。

[3]《〈杀学生之讹传〉按语》，见章含之、白吉庵编《章士钊全集》第 1 卷，文汇出版社，2000，第 30 页。

陆，行将为列强角逐之场，而我方隐忍依违，人无固志。或怵于积弱新败之余，而禁言兵革；或狃于居间调停之策，而依赖强邻。"[1]请求政府大员出面拒俄无果后，留日学生只能"自行组织义勇队，准备赴敌"，以挽救国家危亡。[2]

在愤慨清政府对外屈辱软弱的同时，国人进一步认识到团体力量的强大，因此不断推动社会各界发起集会或组成团体，共同参与抵拒俄约的外交斗争。因时局变化及日方干涉，"拒俄义勇队"先后改名"学生军"和"军国民教育会"，并"议定章程及临时公约"，规定会员有"负保全国土，扶植民力之责"，"及联络他种同志团体之责"。[3]

随着拒俄运动的发展，北京、湖南、广东、安徽、福建、江苏、浙江、江西及直隶等地的集会或团体如雨后春笋般纷纷涌现。各类团体与开明士绅一道，共同形成抵拒沙俄侵略的坚强力量，为进一步振奋国民精神，使之积极参与外交活动起到重要作用，在思想上和组织上为中国"国民外交"的形成奠定基础。

在拒俄运动浪潮涌动的背景下，中国知识人士敏锐地觉察到发动一般国民参与外交的重要性，他们在引导和推动这场运动的同时，还将日本的"国民外交"思想引入国内。国民外交思想产生的重要前提是国民意识的培养，拒俄运动期间中国国民参与外交造就了适宜"国民外交"移植的土壤，使得外来的国民外交思想种子一旦播入土壤之中，便立刻生根发芽，国民外交观念从此逐渐深入国

---

[1] 《致北洋大臣袁缄》，《浙江潮》1903 年 5 月 16 日第 4 期，"论说"，第 7 页。

[2] 《学生军缘起》，《湖北学生界》1903 年 4 月 27 日第 4 期，第 2 页。

[3] 《军国民教育会纪事》，军国民教育会 1903 年自印本；转引自杨天石、王学庄编：《拒俄运动：1901—1905》，中国社会科学出版社，1979，第 106、117 页。

人的脑际。

如前所述，1903 年 9 月 6 日《外交报》刊发译自日本《外交时报》的文章，首次对"国民外交"概念做了简单的介绍。[1] 9 月 13 日，《政法学报》刊登署名"泷川"的文章《中国外交之前途》，强调普通"国民"具备"外交"思想及"外交"能力的重要意义，揭示以"国民之舆论"为外交后援等国民外交思想所具有的重要特点。尤为重要的是，该文还将国民外交思想融入国人挽回东三省主权的拒俄运动，使拒俄成为国民外交的民众运动。[2]

上文发表三天后，《外交报》一篇题为《论俄约决议后之情形》的文章进一步提出，与其斥责政府外交之无能，不如趁"今国权虽失而犹未尽失之时"，国民自谋外交之成功。[3] 10 月 15 日，《外交报》又刊出《论外交必有主体》一文，更明确指出：外交之主体究竟为何？是政府？还是国民？当然是中国的全体国民！国民立于外交之主体，"此事为全国存亡之所关"，且"我国民心不满于俄之横行已大可见，果能开诚布公，以此倡民，民乌有不奋者？"[4] 而在当天出版的《政法学报》上，一篇署名"耐轩"的文章称，当前培养"国民外交之智识"对于挽救时局具有重要意义，为此国人应当做到以下几点："（一）养成政治普通知识；（二）考术列国之大势；（三）研究内外之关系，然后进而历炼外交之智识，以主张国民的外交。"[5]

---

[1]　《论外交不可专主秘密》，《外交报》1903 年 9 月 6 日第 55 期，第 2 页。

[2]　泷川：《中国外交之前途》，《政法学报》1903 年 9 月 13 日第 3 期，第 2—3 页。

[3]　《论俄约决议后之情形》，《外交报》1903 年 9 月 16 日第 56 期，第 5 页。

[4]　《论外交必有主体》，《外交报》1903 年 10 月 15 日第 59 期，第 2 页。

[5]　耐轩：《政法之友》，《政法学报》1903 年 10 月 15 日第 4 期，第 5 页。

由此可见，随着拒俄运动的深入开展，到 1903 年底，中国知识人士已经将"国民外交"思想引入国内，并应用于对外斗争，从而有力地推动了中国"国民外交"的出现。应当指出的是，时人引入"国民外交"思想之际，并非简单地全盘照搬，而是因应时势的需要，有所解释和改造，使得中国初期的"国民外交"呈现出鲜明的特点。

国人先是鉴于清政府的外交着着失利，丧权辱国，质疑其能否代表全体国民进行外交，甚至完全否认其代表资格，进而提出"国民为外交之主体"的口号。对于 1903 年上海绅商各界的集会，清政府予以镇压，下令严防。而高压激起国人的强烈愤慨，他们严厉谴责清政府"不以国民视国民，而以奴隶视国民，一行其专制之政策，蛮野之手段"，以致"间有一二爱国志士出，反捕之杀之、挫辱之，惟所欲为，是政府既力与国民反对，我国民犹何可有依赖政府之劣根性，而不发达其国家之思想，变化其奴隶之性质也耶？"[1] 在猛烈抨击的同时，开始质疑清政府能否作为国家的代表，一些激进者甚至根本否认其合法性，呼吁国民"毅然决然斩绝倚赖旧政府之心，以建设新政府"。[2] 在清政府的无情打压和国民参与外交意识不断增强的交相作用下，国人对清政府日益不认同乃至完全否定，试图排开清政府进行独立的对外活动，这正是中国早期"国民外交"的重要特征之一。

与此相应，由于列强环伺，俄约逼迫，中国知识人倡导的国家观念、权利意识等逐渐深入国人脑际，因而"国民外交"的重心在于维护国家利权。外患日亟，中国与外人"通商也、保教也，本非

---

[1]　云窝:《教育通论》,《江苏》1903 年 6 月 25 日第 4 期, 第 4 页。

[2]　《新政府之建设》,《江苏》1903 年 8 月 23 日第 5 期, 第 2 页。

吾之所允，而为他国强迫以致之者也。抑且铁路也、开矿也、邮船也，皆吾国民之所求而不得，而吾所不得已而许之于外人者也"，今后欲振起国民外交，必须改变屈辱的对外关系，而谋挽回利权与"伸张势力之机也"[1]。

随着拒俄运动的发展，中国趋新人士意识到"今日民气之膨胀正如水已热而蒸汽将腾之顷"，"苟通国之民皆思各兴一业以挽利权，其将来之成效虽不可知，然果能贯以真精神研求而不已，则必有见大功效之一日，即必有挽回利权之一日，亦即必有振起国权之一日"。[2] 因此，维护国家领土和主权，挽回已失之利权，不仅是国人面临的重大课题，还是中国"国民外交"的重要内涵。

时人初步意识到"国民为外交之主体"，并试图通过组织社会团体共同参与外交，但因各团体内部成员来源复杂，相互之间的矛盾冲突常常导致团体的分裂，加之知识阶层与一般士绅以及下层民众之间尚有一定的隔阂，使得中国的"国民外交"蒙上一层时代面纱，中等社会与下层民众在对外行动中若即若离，尚未联成一体。"中国国民公会"改名"国民议政会"以及留日学生拒俄义勇队"遽行解散"，即典型事例。[3] 中国教育会与爱国学社的分裂，更是令人大失所望。

社会团体的涣散，革命、保皇两党的分歧冲突，极大地削弱了拒俄运动的力量，并对国民参与外交造成一定的负面影响。识者指出，清末新式社团存在结构松散、维持周期短暂等缺陷。在社会转

---

[1]《论外交必有主体》，《外交报》1903 年 10 月 15 日第 59 期，第 2 页。

[2]《与某君论中国内界阻力之不足忧》，《大公报》（天津）1903 年 12 月 6 日，第 2 张第 2 版，"论说"。

[3]《中国人无恒德》，《俄事警闻》1904 年 1 月 26 日，"时评"，第 304 页。

型时期，人们很难把握外来模式在权力来源与权力运作上民意与集中的关系，或保持民主方向而涣散无力，或有效运用权力而偏离民主轨道，从而导致新知识群与士绅矛盾的激化。[1] 诚然，爱国团体的分化、各界拒俄呼声的消散以及留日学生义勇队的不了了之，主要是因为受到清政府的打压厉禁，同时也与中层民众内部矛盾、中下层民众之间存在隔阂等不无关系，这反映了国民思想的不成熟，并折射出国民外交思想进入中国的不相适应。

第三节 抵制美货运动与"国民外交"

拒俄运动期间，国人虽然对清政府的外交表示强烈不满，表露出参与外交的意愿，但缺少直接行动，对"文明排外"观念的理解也不够深刻。1905年抵制美货运动爆发，国民诉诸外交行动，中国式的"国民外交"正式登台亮相。

早在1904年美禁华工十年续约到期之时，因条约迫使"华民身受之虐如此其残酷，受虐之事如此其众多"，国人就对美国"自负为文明之国，共和之政治"进行了驳诘和质疑。[2] 尤其是趋新人士目睹排外运动常常演成无意识的暴乱，深知此为我国"外交失败之由，而亦我国人不文明、不富强"的根本所在。[3] 为此，在倡议

---

[1] 桑兵：《20世纪初国内新知识界社团概论》，载《清末新知识界的社团与活动》，生活·读书·新知三联书店，1995，第273—303页。

[2] 《论美国陵侮华民》，《警钟日报》1904年4月22日第1版，"社说"。

[3] 《论华商集议抵制美国华工禁约》，《时报》1905年6月21日第1张第2页，"选论"。

和发起抵制美货之时，他们以"文明之办法"相号召，教育和启迪下层民众"能为文明之合群"。[1]

至于何为文明国家的"排外主义"，在抵制美货运动中国人应当采取何种正当的"排外方法"，趋新人士认识到"中国之危，危于外交"，特别是"庚子排外之举，其为我国存亡之大界乎，而求其所以致祸之故，则不由于排外主义之非，而由于排外方法之谬"。[2] 因此，文明抵制美货的关键在于抵制得法，"其所以抵抗之法，其大要一端只在不购美货。其举动似甚暴烈，而其范围实甚紧严，既不伤中美两国之交情，并不碍在华美人之生命"。在抵制美货运动的发起和倡议阶段如此强调文明对待，在以往的排外运动中是难得一见，难怪有人喊出了"此为我中国第一次文明举动"的口号。[3]

文明抵制美货的发动离不开舆论宣传，6 月 11 日，天津《大公报》宣布拒绝刊登美商广告，其《告白》称："报纸为美商刊登广告，即为美商招徕生意。为此，本馆决定，所有关涉美人的告白，一概不登。"[4] 天津《大公报》对抵制美货的大力支持，为推动舆论界参与排外做出了表率。

然而，在知识阶层与下层民众相互联结、共倡文明抵制之时，国外舆论对国人的文明抵制之举却做了大量的负面报道，尤其是英美报刊抱敌视态度。美国驻厦门领事乔治·安德森（George E. Anderson）还致电美国国务卿弗朗西斯·路米斯（Francis B.

[1] 《论华商可与美领事协商》，《新闻报》1905 年 5 月 20 日第 1 张，"论说"。

[2] 《论不知国家事者之误国》，《中外日报》1905 年 6 月 25 日第 1 版，"论说"。

[3] 《本报记者与益闻西报书》，《大公报》（天津）1905 年 6 月 26 日第 2 张第 2 版，"论说"。

[4] 《告白》，《大公报》（天津）1905 年 6 月 11 日第 2 张第 2 版，"言论"。

Loomis）以及美国驻华大使柔克义（William W. Rockhill），诬称"中国人的反美情绪日益高涨，敌视美国人的现象无时无刻不存在"。[1]

6月17日，美国驻华大使柔克义向军机大臣庆亲王奕劻递送"中国《大公报》一张"，宣称该报"新闻内传单与贴帖告白不用美货，以激动人抵敌美国"，要求查封。对此奕劻竟然表示"此系糊涂人不知实在情形所为者，并称定必设法禁止"。[2] 英国《益闻西报》则将中国国民倡议抵制美货之举视为"仇美"，对其进行负面宣传，在国内外造成恶劣影响。为此，天津《大公报》发表《本报记者与益闻西报书》进行反驳，称："贵报每纪载此事，则加以Anti-America（反美）之字样，倘展转相传，致使美人误会其意，而以为今日士商文明之举动犹是当年拳匪蛮野之行为，此中国关系匪轻，不得不与贵报辨明之。"[3] 可见，面对来自清政府和外国列强的双重压力，舆论界对国人文明抵制行动给予大力支持。

---

[1] "Anti-american Agitation and Action Thereon", July 13, 1905, *Dispatches from United States Consuls in Amoy 1844 - 1906*, No. 38.

[2] 《大公报纸不登美人告白并传单不用美货请速设法禁止》（1905 年 6 月 27日），载广西师范大学出版社编《中美往来照会集：1846—1931》第 10 册，广西师范大学出版社，2006，第 226 页。柔克义在向军机处施压的同时，还利用直隶总督袁世凯对该报进行打压并迫其停刊。对于抵制美货运动，袁世凯认为："我国民气如此之盛，已足以令美人知惧，此后即当压抑风潮，以免酿成交涉"，成为当时少有的"地方当局对抵制运动自始即持反对态度者"。对天津《大公报》，袁世凯竟下令实行"三禁"，即邮局禁送、铁路禁运、人民禁阅。结果《大公报》被迫于 8 月 19 日暂时停刊。（参见张存武：《光绪卅一年中美工约风潮》，台北："中央研究院"近代史研究所，1982，第 67 页。）

[3] 《本报记者与益闻西报书》，《大公报》（天津）1905 年 6 月 26 日第 2 张第2 版，"论说"。

　　从 7 月 10 日起，抵制美货运动由发起倡议阶段进入全面实行阶段。就国民参与对外交涉而言，发起倡议阶段主要表现为以"合大群""结团体"为特征，以"保利权"为目的；运动实行阶段，知识阶层与趋新人士则通过舆论宣传，大力倡导"文明排外"，使国民参与对外交涉的理念和行动被赋予新内涵。

　　通过全面抵制美货以达到废除美禁华约的目的，这是清季"国民外交"的特殊表现。为此，需要广泛团结和发动包括下层民众在内的社会各界。由于下层民众缺乏文明排外的知识和经验，容易将文明抵制演变成盲目排外或无意识的暴乱，因此教育和引导下层民众参与对外行动，显得尤为重要。1905 年 7 月 10 日实行抵制美货的当天，天津《大公报》刊发《北京学界同志敬告全国学生文》，提出文明抵制美货之举，"我国民对外权利思想之进步，以此次为第一先声"，全体国民"一当明对乎一己之责任"，"二当明对乎国家之责任"，"三当明对乎社会之责任以实行抵制法"。[1] 12 日，该报鉴于"国民于对外之思想向称薄弱"，中国"上中等社会人数较少而识见较开通，下等社会人数较多而识见较易蒙蔽"的状况，呼吁联结和发动下层民众，并引导他们在抵制美货运动中"示以和平办法，勿失之激烈"，以实现文明抵制。[2]

　　在推动下层社会民众文明排外的进程中，趋新人士充当了引导者的角色。他们的"文明排外"教育和宣传，将抵制美货运动看成民族主义发达的重要阶段，认为相较于以往，此次行动要"合一国

---

　　[1]《北京学界同志敬告全国学生文》，《大公报》（天津）1905 年 7 月 10 日第 2 张第 1、2 版，"论说"。

　　[2]《北京学界同志敬告全国学生文》，《大公报》（天津）1905 年 7 月 12 日第 2 张第 2 版，"论说"。

之群力而谋一国之公益"，尤其是国民能够"结种种之社会，筹种种之方法，发起之人与表同情之人，大抵皆商界中人也、学界中人也，未尝身经海外而亲受其虐待也，于华工禁约无急切之利害也，而愿云合响应，风起水涌，协力同心，如出一辙者，无他，皆由个人主义、家族主义渐进而为民族主义之明证也"。作为"民族主义"国家的国民，在参与对外斗争时，更应当"为文明之竞争，为文明之排外，而不烧教堂，不杀教士，不学义和团为野蛮暴动、为野蛮之排外"。[1]

趋新人士向下层民众灌输"文明排外"思想与知识，报刊舆论的作用不容忽视。除了上文提及的《申报》《时报》《新闻报》《中外日报》和天津《大公报》外，旨在宣传和鼓动国人文明抵制美货的专门性刊物纷纷问世。其中，《拒约报》的创刊发行对于增进抵制美货运动的"文明排外"思想具有直接推动作用。该报总编辑黄节（晦闻）鉴于"我国国势衰弱，满清外交家又无人才，故交涉之事节节退让，酿成今日之惫态，而热心之子慨国权之不足与外交争也，于是鼓民气以争之，民气恐其馁也，于是办《拒约报》以提倡而鼓舞之"。[2]1905年8月21日，《拒约报》正式发刊，其《祝词》宣称："伟哉此报，命名拒约，舆论轰轰，民气磅礴。"该报一经发行，就引起社会各界的强烈反响，"购者极为踊跃。第一期一下子就卖光了，第二期要先行预约才能买到"。国人如此喜爱阅读此报，其重要原因是该报反映了普通民众要求抵制美约的意愿，由此"可

---

[1]　《论中国民气之可用》（光绪三十一年六月二十六日），载国家图书馆分馆编选《清末时事采新汇选》第13册，北京图书馆出版社，2003，第6886、6887页。

[2]　《拒约报其果停办乎》，《有所谓报》1905年11月29日，"短评"。

见拒约运动已深入社会各阶层，发生了一定的作用"。[1]

由民任社编辑出版的《中国抵制禁约记》，旨在将"各埠实行之实情，暨国民之意趣，暨中外之舆论，而以其效验之希望，藉鼓国民之气"。该书的《弁言》旗帜鲜明地表示：虽然外人诬称中国为无国民之国，其实"无国无民非无国无民也，无人心也。乃吾国今年以美国禁虐华工之事而有全国抵制之举，登高一呼，全国响应，虽乡僻妇竖亦莫不举手大呼曰：抵制！抵制！以实行其文明抵制之法"，足以证明"中国之民心未灭，文明未绝也"。[2] 一方面鼓动民气民心，一方面呼吁文明抵制，目的就是动员广大民众同时又约束其盲动性。

这一时期专门为抵制美货而办的报刊读物，表明在民族主义思想不断发展的潮流下，趋新人士找到与下层民众进行沟通联系的有效途径，同时某种程度上也反映了普通国民参与对外交涉的主体意识、社会心理以及民族情感的提高和升华。对此，《时报》不无赞叹地表示：在舆论界的大力推动下，抵制美货运动坚持"文明排外"，以"民力行用于外竞"，实为我国舆论援助外交之"嚆矢"。[3]

抵制美货的民众运动实行文明排外，是"国民外交"因时因地而生的特殊现象。"抵制"而要"文明"，其办法就显得极为重要。运动发起之初，国人对于何时实行抵制、采取何种"文明办法"等问题展开讨论，其中对于"不定美货"抑或"不买卖美货"问题，

---

[1] 丁又：《1905 年广东反美运动》，载中国科学院历史研究所第三所编《近代史资料》总 22 号，科学出版社，1958，第 14 页。

[2] 《弁言》，载《中国抵制禁约记》，上海民任社，1905，第 1 页。

[3] 《论抵制美国华工禁约》，《时报》1905 年 5 月 23 日第 1 张第 2 页，"本馆论说"。

争论尤为激烈。

7月19日，上海沪学会联合学、商、工各界人士召开大会，"公议实行不用美货办法"。会上马相伯盛赞"今因外患相迫，学界、商界遂能联络一气"，提议"共筹处置美货存货之善后办法"。[1] 这一提议立即引起广泛关注，随着报刊媒体的传播以及口耳相传，引发了国人对何谓"文明之办法"等问题的热议。本来"抵制工约之事，实为文明之举动"，而国民联结起来共谋抵制，"民气如此，实足以补政府权力之不足，以是为外交之后盾可也，亦足以见国民之能尽义务"，但由于下层民众的"文明排外"思想尚不成熟，对于"不定美货"抑或"不买卖美货"的联系及分别，没有清醒的认识。[2] 这一问题能否得到妥善解决，将直接关系到文明抵制能否真正实施，以及废除美禁华工条约的目标能否实现，故而引起社会各界人士的广泛关注，形成明显不同的两种观点。

由汪康年等人主办的《中外日报》认为，应当以不定美货为抵制工约"独一无二之政策"。[3] 马相伯持论相同，称"专主不购美货之议，则非杜绝美货而为杜绝华货，又非苦待美商而为苦待华商"。[4] 为此，马相伯还大力倡导"疏通定货说"，即"主张七月初十前在美国报关未经出口之货物一律退回，已存美货经商会以及各帮商董调查后，贴上印花上市销售"。赞成此举的还有张謇等人，8

---

[1]《记绅商在务本女学堂会议不用美货办法事》，《中外日报》1905年7月20日第1版，"时事要闻"。

[2]《论抵制工约宜以不定美货为正办》，《中外日报》1905年7月29日第1版，"论说"。

[3]《论抵制工约宜以不定美货为正办》，《中外日报》1905年7月29日第1版，"论说"。

[4]《记马相伯先生论美约事》，《中外日报》1905年8月17日第1版，"论说"。

月下旬，张謇抵沪，"与汤寿潜、汪康年等协商'疏通'办法，议决设立验货公所，公销六月十八日前所存美货"，28 日，他还委托汪康年和张元济等人"负责疏通美货商品"。

　　然而，不定美货之法"引起上海有些团体反对"，商学两界在"不定美货"抑或"不买卖美货"问题上的分歧尤为明显。为此，上海商务总会与美驻沪副总领事达飞声举行了数次会谈。其间上海商务总会始终与清廷官员保持联络，并将会谈有关情况及时向外务部报告，其目的在于"内以纾政府牵动交涉之忧，外以杜美人借端恫吓之口"。也就是说，上海商务总会旨在抵制外强的同时，为清政府分忧。[1]

　　由于商学两界在运动中始终以"合群"相号召，加之张謇、张元济、汪康年等人"联合商会学会及各学堂会议"，"两面调停"，化解国民参与涉外活动时对待政府态度的矛盾，使得"已定美货既可自由销售，而又于团体无碍"。[2] 由此可见，抵制美货的组织领导者试图动员国民，参与斗争，成为对外交涉的主体，同时又不致引起政府的压制，保障文明排外的顺利进行。

　　值得注意的是，在发动和联合各界人士文明排外的过程中，各地出现了诸如"文明拒约会"之类的社会团体，主导抵制美货运动，成为国民外交的重要依托，有力地促进了社会各阶层之间的沟通和联系，并为群众性的文明排外提供了组织保障。在诸多社会团体中，1905 年 7 月成立的广东拒约会颇为引人注目。该会自成立之日起，便制定了详细的抵制办法，并通过"将美货商标绘图张贴"

---

[1]　张树年主编：《张元济年谱》，商务印书馆，1991，第 56 页。

[2]　《张君季直等复商部左丞唐君函》，《中外日报》1905 年 9 月 8 日第 1 版，"论说"。

和"派员到处演说"等措施，大力宣传和动员国民"文明排外"。[1]
在运动过程中，该会由专人组织，有固定的开会场所，并以"普劝
国民不用美货，抵制美约为宗旨"。[2] 显然，广东拒约会的成立使
国民参与涉外斗争"较前已有进步"，难怪时人发出"广东拒约会
万岁！"的呼声。

　　无论是拒约会等社会团体的集会演说，还是商界、学界以及舆
论界的宣传鼓动，都将排外运动定位于"监督和援助"政府外交的
地位，例如《时报》在《论对待美禁华工事》中，号召国民"监督
我政府，勿令政府覆施其辱国外交之手段"等。[3] 然而，当时运动
中本有相当一部分人已持反对清廷立场，为便于行动，他们策略性
地暂时将自身立于外交从属地位，随着抵制美货运动的深入开展，
国人对清廷在外交中的地位和作用予以重新审视，对国民自身在外
交斗争中的角色和地位也有了新的认识，他们通过组织成立各类团
体，共同参与到文明抵制美货运动之中，从而对国民参与外交的思
想和理念做出新的诠释和演绎。

　　在抵制美货运动的发起者看来，"此次抵制纯以国民私人之资
格，与国际上丝毫无与也"，况且"人民欲购何国之货，不欲购何
国之货，全属其意志之自由，非直不能以国际条约束缚之，即国内
法亦无所容其干涉之余地也"。[4] 然而，国民的文明排外之举却遭

---

[1]　《喜喜喜拒约会出世矣》，《有所谓报》1905 年 7 月 9 日。《广东拒约会万
岁！》，《有所谓报》1905 年 7 月 18 日。

[2]　丁又：《1905 年广东反美运动》，载中国科学院历史研究所第三所编《近代
史资料》总 22 号，第 11 页。

[3]　《论对待美禁华工事》，《时报》1905 年 6 月 15 日第 1 张第 2 页，"本馆论说"。

[4]　《抵制禁约与中美国交之关系》，《新民丛报》1905 年 5 月 4 日第 68 号，
第 5 页。

到清政府官员的大肆压制。尤其是直隶总督袁世凯，自始即对抵制美货运动持敌视态度，甚至宣称将对抵制之人"从严查究以弭隐患"。[1]

　　值得一提的是，在抵制美货运动中一直较为活跃的张謇曾致函袁世凯，劝其放弃"请禁华人不用美货之议"[2]。然而袁氏并未接受张謇的劝告，对天津商会等的抵制美货之举厉行打压，由此激起社会各界人士的强烈不满。1905 年 5 月 4 日，梁启超在《新民丛报》刊文愤怒地表示：当此中国民气大振之时，我国正应"利用此力以为政府之后援"，然而"袁氏此举，吾不知何意也，谓其必欲媚美人而损我国体、蔑我人格以为快，苟非丧心病狂，断不至是"。[3] 23 日，《申报》亦发文宣称："热心志士惕于亡国之悲，迫于灭种之惨，不惮大声疾呼，唤醒国民合大群、结团体，以御外侮而保利权"，然而，反观清政府，"其于内政也则无论若何重大事件，一纸空文即可塞责"，"其于外交也则畏葸退让，惧洋如虎，先事无预防之法，临时无抵御之策，一任外人之诛求要索而莫敢枝梧，国势之积弱如此，其不足恃也可知矣"。[4]

　　尽管时人对清廷压制政策强烈不满，但直隶总督袁世凯坚持认

---

[1] 《直督袁恭录上谕称美国工约应持平办理不得抵制美货滋生事端者必将严究》（1905 年 9 月 8 日），载天津市档案馆、天津社会科学院历史研究所、天津市工商业联合会编《天津商会档案汇编（1903—1911）》下册，天津人民出版社，1989，第 1892 页。

[2] 张謇：《为抵制美货事致袁直督函》，载张謇研究中心等编《张謇全集》第 1 卷，江苏古籍出版社，1994，第 89 页。

[3] 《抵制禁约与中美国交之关系》，《新民丛报》1905 年 5 月 4 日第 68 号，第 1-2 页。

[4] 《自强必先自治说》，《申报》1905 年 5 月 23 日第 2 版，"论说"。

为抵制美货运动"于目前中美邦交殊多窒碍",故要求天津商会自行解散,随后袁氏上书清廷,要求将各省的抵制活动一律取缔。[1]对此,《新闻报》在28日的时论中愤怒地表示:"袁宫保因国民合群抵制美国禁约"而大加干涉,"中国国民方力持于下以冀得达目的,而中国官场忽干预于上欲使全国解体",此足以证明"中国政府不足依赖,全在商民合群力争"。[2]对于天津商会这一抵制美货运动的中坚力量遭到清廷镇压而解散之事,天津《大公报》愤怒地指出:自从倡导抵制美约以来,"国民团体结合力日渐膨胀","沪上议抗美约之风一播,各省竟不约而同纷然群起而应之,其声势之雄,其风潮之大,实为我中国数千年来第一次文明之举动"。若此时清廷利用国民之力与美方交涉,则我国"外交界上当可间接而得其后援,以增益外交家之威力,殆必然之势也"。然而,尽管国民争之于下,清廷却失之于上,可以说,正是清廷反对国民参与外交,导致国民主动排开政府,直接参与对外交涉。[3]

在对清廷内外政策的无情批判中,时人开始对政府与国民在外交中的地位重新予以审视。1905年5月23日,《时报》刊载《论抵制美国华工禁约》一文称:"我国民之倚赖政府,累千百年于兹矣,一切内治外交,无不政府独专其事",对于此次运动,虽然"我国民万众一心,有此强硬之民力,足为政府之后盾",但"此次争约不徒倚赖官力,而能行用自力"。[4]如果说这里国人仅仅是质疑清

---

[1]　张存武:《光绪卅一年中美工约风潮》,第68页。

[2]　《驳阻扰抵制工约》,《新闻报》1905年6月28日第1张,"论说"。

[3]　《论天津解散团体之可惜》,《大公报》(天津)1905年6月29日第2张第2版,"论说"。

[4]　《论抵制美国华工禁约》,《时报》1905年5月23日第1张第2页,"本馆论说"。

廷在外交中的主体地位，那么随着抵制美货运动的急速发展，到 6 月 2 日这一情况发生显著变化。是日，该报在《敬告会议对付美约之诸君》一文中直接提出，抵制美约之根本在于"勿倚赖清政府，而专恃民气是也"。[1]

不仅如此，随着抵制美货运动日益向纵深发展，时人通过集会、演说等形式对清廷在对外交涉中的权威性与代表性不断予以否定，以此来鼓动下层民众参与外交的积极性和主动性。7 月 6 日，《有所谓报》记者将不依赖政府纳入"文明排外"范畴，提出"排外必有策"，"今民智日开，民族主义日渐发达"，故中美交涉"不必观望满清外务部之磋商，不必倚赖地方官吏之协助"。[2] 同文教习温丹铭在集会演说时亦称，中美此次交涉乃"国民全体之交涉，非个人之交涉，彼虐我华侨，即辱我全国"，以往中国外交丧权失利均"由于倚赖政府与官场之故"，因此抵制美货之事，国民须直接进行，"不必倚赖政府，且必绝政府干涉而后可，但使人同一心，万无不成之理"。[3]《外交报》刊发《论抵制美约》一文，认为"以文明之举动行补救之微权，此实为我国通商以来之第一次"，对于国民文明排外之举，政府不但不能干涉，而且应当加以利用和引导，以弥补政府外交的不足。[4]

然而，国民抵制美货行动不但未得到清廷认可，反而招致清廷和美方的双重打压。9 月 1 日，清廷收到御史王步瀛"各省工商抵

---

[1] 《敬告会议对付美约之诸君》，《时报》1905 年 6 月 2 日第 1 张第 2 页，"选论"。

[2] 骏男：《禁用美货之结果可危》，《有所谓报》1905 年 7 月 6 日。

[3] 《同文教习温君丹铭对于抵制美约之演说》，《时报》1905 年 7 月 8 日第 1 张第 2 页，"选论"。

[4] 《论抵制美约》，《外交报》1905 年 8 月 5 日第 117 期，第 2 页。

制美约风潮过激,饬加意防范以维大局一折"后,电谕各省督抚称:抵制美货"有碍邦交",故"责成该省督抚等认真劝谕,随时稽查"。[1] 同时,美方亦对此保持高度戒备,其驻广州领事甚至以"防止暴力骚动可能发生"为借口,"建议美国船 Monadnock 号到往保护"。[2]

面对内外打压,中国趋新人士逐渐意识到,欲使抵制运动有效开展,必须提高国民参与外交的能力,为此不断将日本国民外交思想引入国内。1905 年 10 月 8 日,《大陆》以《对外政策概论》为题,选译并刊载日本政治学者小野冢喜平次所著《政治学大纲》,称:"对外政策之原动力,在乎国民","外交最终之监督,仍在乎国民",因此政府在外交中应当以国民为后盾。与此同时,还要"使国民舆论与对外方针适相一致,又当局者以强大之国论为后援,庶可期外交之成功"。[3]

小野冢喜平次认为,"国民"在外交中应当监督和援助政府,以政府外交为主体,国民外交为政府外交的后援。然而,这与中国"国之本在民,保国最要之大端在于其民之有爱国心"等情况相比,似有较大差异。[4]

10 月 17 日,省港华商在清廷未知情的情况下,与美国商会在广州沙面威林别墅会晤。为缓和抵制美货运动对中美商业贸易

---

[1] 《八月初二日电》,《中外日报》1905 年 9 月 1 日第 1 版,"电传上谕"。

[2] 《Julius G. Lay 电告》(1905 年 9 月 12 日),载广西师范大学出版社组织整理,程焕文审订《美国政府解密档案(中国关系):美国驻广州领事馆领事报告(1790—1906)》,广西师范大学出版社,2008,第 348 页。

[3] 《对外政策概论》,《大陆》1905 年 10 月 8 日第 16 号,第 1-2 页。

[4] 《论中国对外政策之源流》,《万国公报(月刊)》第 202 册,1905 年 11 月,"论说",第 4 页。

造成的冲击，美商代表哈马伦主动提出"美人务将华人所冀望之事"认真对待、力求解决等八项意见。[1]《广东日报》以《中美商会会晤之详情》为题报道了会晤情形，若不细看内容，仅从标题看，还以为是中美官方的正式会晤，而与会者所陈述抵制美货原因，也由美商向美国政府禀明。在 20 日举行的中美商会第二次会议上，尽管中方代表潘金生强调中美会谈纯属商界问题，与"国际无涉"，但国民排开清廷自行发起外交会谈之举，显然有别于日本的国民外交。[2]

　　1905 年底，抵制美货运动正进行得如火如荼，"抵制美约之声已为国民公认，虽抵制之法未可谓完全乎，而不定美货、自兴工业之论议与事实，固足以代表其抵制之实心而且余"，在此情形下，《外交报》刊发《论民气之关系于外交》，明确提出"外交之本体实在国民"的口号。文章称："积民而成国，国有外交，即国民与国民之交涉也。国民不能人人自立于外交之冲，于是有外交当局以代表之。代表者所权之利害，即国民之利害也，所执之政策，亦国民之政策也。"在抵制美货运动中，中国社会各阶层群相参与，"国民渐涉历于外交界，则亦以此为端倪矣"。[3] 显然，"外交之本体实在国民"这一口号与日本国民外交思想相比，有着相当大的差别，即对政府与国民在外交中的主从次序进行了反转，由此使中日之间的国民外交表现出不同的内涵和外延。

　　综观上述，在抵制美货运动的外交斗争中，中国趋新人士一方面通过倡导"合大群""结团体"等理念，使中国国民参与外交的

---

[1]　《中美商会会晤之详情》，《广东日报》1905 年 10 月 19 日。

[2]　《澳商寓湾仔国民义务公所寄省公所书》，《有所谓报》1905 年 11 月 11 日。

[3]　《论民气之关系于外交》，《外交报》1905 年 12 月 11 日第 130 期，第 2 页。

意识和能力得到了进一步提升，同时还对国民的"文明排外"之举进行了合理的引导。随着运动的深入开展，由于清廷在外交中将国民置于对立面加以禁止和压制，这引发了时人对国民和政府在外交中的主从地位的热烈讨论。在一系列的讨论和反思中，中国国民对清政府在外交中的主体地位不断加以否定，与此相对应，国民在外交中的"本体"地位日益凸显，从而对中国"国民外交"做出了新的诠释和演绎。

结　语

近代"国民外交"思想进入中国，是在世界殖民主义浪潮中发生的。19世纪以来，近代西方国家自由、民族运动的蓬勃发展，形成了以"国民主义"为中心的国家思想；而帝国主义列强海外殖民扩张，催生了以"乐利主义"为原则的外交观念。在此背景下，近代西方国家的"国民外交"思想得以形成。日本明治政府在走向近代化的进程中，不断接受和吸收欧美政治思想和文化理念，有贺长雄将本意为国家外交的"National Diplomacy"重新加以阐释，系统地构建了"国民外交"（Diplomatie Nationale）理论。国民外交的主旨，看似外交以国民为主体，实则希望国民主动参与外交，以实现国家利益的最大化。1903年，"国民外交"一词经由《外交报》译自日本《外交时报》的文章首次在中国出现，很快引起报刊和知识人的重视，不断译介和阐述"国民外交"的思想内涵。

中国的国民外交观念虽然来自日本，两国又同处东亚，可是内外环境截然不同。日本经过明治维新，已经走上独立富强甚至对外扩张的道路，而中国则仍然处于危局当中。由于内外环境有别，国人在接受国民外交学说之时，自觉不自觉地有所侧重取舍。尤其是随着国民思想的传播、拒俄运动的展开以及关于国民外交理念的反复阐述，国家观念、权利意识融入对外运动之中，产生了国民外交的自觉行动。中国国民外交的观念和行事，凸显国民的主体性，否定清政府的国民代表资格和排开清政府的干扰，对外维护国家主权和争取利权，形成不同于日本的鲜明特色。

1905 年的文明抵制美货运动，是在中国民族主义情绪日益高涨的背景下发生的。在这次运动中，商界成为运动的主体，学界、工界等亦为运动的深入发展起到重要的推动作用。尽管在这之前，国人已经从"文明排外"的角度出发，对国民参与外交进行了深入思考和探索，但思想和行动上的影响不及抵制美货运动。随着"文明排外"思想的形成和发展，抵制运动的领导层借助舆论宣传，有意识地向下层民众灌输"合大群""结团体"和"文明对待"等思想理念，中下层社会之间的沟通联结趋于巩固，各界民众逐渐结为一体，并将排外运动定位于"监督和援助"政府外交，使国民参与外交被赋予"文明排外"的新内涵。

在"文明排外"的旗帜下，不仅社会各阶层一致行动，而且推动了学界、商界、工界、舆论界的联合，形成全国性的大型社会团体。由此促成中国"国民外交"的新动向，即"国民外交"由"从属"向"本体"地位转变。时人的"外交之本体实在国民"一语，表达了排开清廷直接参与外交的意向，凸显了国民在外交中的"本体"地位，这与国民外交监督政府外交、补政府外交之不足的定位显然有别，从而对中国"国民外交"做出了新的诠释和演绎。

第六章　晚清海外游记与人种分类知识 *

　　曾经担任过驻英法比意四国公使的薛福成在光绪十六年闰二月二十五日（1890 年 4 月 14 日）的日记当中，记载了距使馆不远的"安佛里特"，内有历代兵器博物馆，馆中有武库，库中又有两院，一为历代兵卒蜡像院，以历史为维度，古今并列，可考武具的沿革，另一个则是五洲兵卒蜡像院：

　　　　一为五洲兵卒蜡像院，地球人种有四：白种、黄种、黑种、红种。其族有十五：陪而陪族、黑人族、北美印度族、中美印度族、南美印度族、柏布族、爱斯既马达族、欧洲印度族、乌拉朵阿尔堆格族、蒙古族、爱拿族、排思格族、达拉惟弟爱吴族、巫来由族、阿剌伯族也。红、黑种类，形极丑恶，所操兵器，亦尚铦利。末室列中国楚军马队一人、乡勇一人、绿营兵一人、营将一人。一院之中，五大洲之人物具焉，于以考兵器之优劣，军事乌有不精者乎？[1]

---

　　*　本章为国家社科基金青年项目"晚清西方人种分类知识的传播与接受研究"（13CZS044）阶段性成果。
　　[1]　薛福成著，蔡少卿整理：《薛福成日记》下册，吉林文史出版社，2004，第534 页。"安佛里特"即荣军院（invalides）。

出外游历本就便于见识"天下万国男女体貌"[1]，能对域外民族与外人相貌有直观认识，而且亦易于接触当时西方关于分辨种类的学说和设施。从使节、出游人员眼中所见外国人形形色色的奇异长相，到抽象为分门别类的人种知识，究竟如何变化；知识储备中所蕴藏着的人种分类知识，又如何与目见耳闻的具体生活实践相激荡，相辅相成；更重要的是，这些游记和星轺日记在当时的知识积累和演进过程中处于何种地位，又在人种分类知识的流布过程中扮演何种角色——都值得细细考究。

第一节　海通之前国人直观下的外人样貌及其分类

中国自古以来，与别国异族人交通的记载，在史书札记中并不鲜见。从张骞出使西域开始，玄奘西游，杜环经行，等等，对于他方之人的相貌、打扮和习俗，已经加以注意。同时，作为交流，也有远人重译梯航，来到中土，为数更多的中国人对他们奇异的长相和着装印象深刻。这些是中国人对于其他种族外形上的直观认识。尽管此类描述之中，还是不乏相当的想象和传闻因素，但已能见到正史采用这些记录的情况。《后汉书》中就提到，大秦国"人民长大平正，有类中国"。[2] 有些专指那些面貌异于华夏人群的称呼，

---

[1]　张德彝：《稿本航海述奇汇编》第三册，北京图书馆出版社，1997，第450页。

[2]　范晔：《后汉书》卷一一八《大秦列传》，中华书局，1998，第1092页。此处大秦国又号"犁靬"，时有西南夷掸王进献大秦国幻人，幻人自称"海西人"，又称"海西即大秦"，关于大秦的描述很可能就是出自这些幻人之口。此后，这条关于大秦国的记述在《三国志·魏书》《晋书·四夷传》和《魏书·西域传》中被传袭下来。

也已显而易见地日常化了，被用来指称或调侃与之长相相近的中国人。《晋书》记孝武文李太后本来出自微贱，曾在宫里的织坊中，因为"形长而色黑，宫人皆谓之昆仑"。宫中众人的戏称，恰恰说明了昆仑奴形长色黑的形象在当时已是人尽皆知。[1]

到了明代，中外交往更加频繁，先是郑和庞大船队下西洋，周游东南亚、印度、阿拉伯和东非等地，有些随船者悉心考察所到之地的风土人情，留下一批游记，这些海外纪行往往以先后历经的国别分门排序，由于是亲眼所见，而且船队在不少地方驻扎时日甚久，并非蜻蜓点水的途经和游历，所以对于当地人体貌特征有比较可靠的写实。能够"通译番书"而随使的马欢，"历涉诸邦"，对于各地天气、地文和人物"目击而身履之"，感叹天地之大，各处风俗之可怪，于是"采摭各国人物之丑美，壤俗之同异，与夫土产之别，疆域之制，编次成帙，名曰《瀛涯胜览》"。[2] 通过他的游记，可以了解到占城国人"身体俱墨"，溜山国人"体貌微黑"，而忽鲁谟厮"国人体貌清白丰伟"，天方则"国中人物魁伟，体貌紫膛色"。[3]

如果说郑和船队的远航范围还囿于印度洋一域，那么随着欧洲大航海时代的来临，越来越多的泰西人士来到中国，明清之际中国人与欧西各民族之间的交际日渐增多。这些被认为是"自古不通中

---

[1]　房玄龄等:《晋书》卷三二《孝武文李太后列传》，中华书局，1974，第981页。

[2]　马欢原著:《明钞本〈瀛涯胜览〉校注》，万明校注，海洋出版社，2005，第1页。

[3]　马欢原著:《明钞本〈瀛涯胜览〉校注》，第10、74、92、99页。其中占城为今越南南部，溜山为今马尔代夫，忽鲁谟厮为今伊朗霍尔木兹港，天方为今沙特阿拉伯麦加。

华"[1]，航行九万里而来的远客，自然引起人们的兴趣，让人好奇的异域风情之中，直观且重要的一面就是相貌的不同，不仅与中国人有异，且与更早接触的东南亚、印度和阿拉伯人也有很大差别。作为欧人东渐先锋的传教士就率先感受到这一点。利玛窦在给欧洲教友的信中谈道，"我的相貌与中国人不太一样"，因而在南昌每天被许多人前来看望，"首先是看见我这位洋人面貌与身材与他们完全不一样"。[2] 来者感受于泛海东来远人异己的样貌，多有记述。在其笔下，大西洋人"长身高鼻，猫睛鹰嘴，拳发赤须"[3]，和兰人"深目长鼻，发眉须皆赤，足长尺二寸，顾伟倍常"[4]。华人初见西人长相，还有所惊惧，屈大均曾经记载，有一"贺兰国舶"航抵福建，有客前往参观，"客登，则番人从雀室探其首，眼皆碧绿，发黄而面黧，以手相援，见之惊犹魑魅"。[5] 时间长了，交往比较频繁的粤闽等地居民也习以为常，并能从相貌上判断来者究系何国人士。参与编修《明史》，并主要负责外国部分的尤侗，有"和兰一望红如火"的诗句，可以说须发皆赤的形象已成为荷兰人的一种辨

---

[1]　张燮著，谢方点校：《东西洋考》卷六《红毛番》，中华书局，2000，第127页。

[2]　利玛窦：《利氏致耶稣会某神父书（十月二十八日写于南昌）》，载《利玛窦书信集》上册，罗渔译，台北：光启出版社、辅仁大学出版社，1986，第208、178页。该信作于1595年。

[3]　张廷玉等：《明史》卷三百二十五《外国传六佛朗机》，中华书局，1995，第8434页。大西洋指当时西班牙统治下的葡萄牙。

[4]　张廷玉等：《明史》卷三百二十五《外国传六和兰》，第8434页。此节参考了《东西洋考》、万历《广东通志》、《皇明象胥录》、《名山藏》等，加以总结而成。和兰即荷兰。

[5]　屈大均：《广东新语》，中华书局，1985，第481-482页。

识标志。[1]

　　清代中期，大批洋艘为贸易而东航，又不时发生抢掠骚扰的行径，渐渐成为东南隐患。各方面对于外人更加关注，留下不少相关文字。如原任广东碣石总兵陈昂的奏报[2]，曾任台湾知县的蓝鼎元的《论南洋事宜书》[3]和王大海的《海岛逸志》[4]。其中最为著名的是陈昂之子陈伦炯的《海国闻见录》[5]和亲身随外国商船游历海外各国的谢清高所述《海录》[6]。鸦片战争前后，中国人为形势所逼，或翻译西书，或亲身目见，或从战俘处考问，掀起了一股探究外国舆地、人物、事情的热潮。

　　当然，国人对西客的观测也不仅仅限于单纯体貌特征的感官描述，有时还依据自己的认识将其归纳总结，划分成不同的门类。陈伦炯虽没有明确区分所有外人，但在行文中亦能看出他划分西洋

　　[1]　尤侗:《外国竹枝词》，载《丛书集成新编》第 97 册，台北:新文丰出版公司，1981，第 585 页。

　　[2]　《丁亥兵部议覆广东广西总督杨琳奏据原任碣石总兵官陈昂调奏》，载王先谦《(康熙朝)东华录》第二册，上海古籍出版社，2008，第 619 页。

　　[3]　蓝鼎元:《论南洋事宜书》，载贺长龄《皇朝经世文编》，台北:文海出版社，1966，第 2964 页。

　　[4]　王大海:《海岛逸志》，载郑光祖编《舟车所至》，中国书店出版社，1991。

　　[5]　陈伦炯撰:《〈海国闻见录〉校注》，李长傅校注，陈代光整理，中州古籍出版社，1985。

　　[6]　谢清高口述、杨炳南笔录，安京校释:《〈海录〉校释》，商务印书馆，2002。林则徐曾称赞《海录》"所载外国事，颇为精审"(林则徐:《查明夷船舰有私带华民并无买幼孩左道戕生折》，载胡秋原编《近代中国对西方及列强认识资料汇编》第 1 辑第 1 分册，台北:"中央研究院"近代史研究所，1972，第 145 页)。魏源在《海国图志》当中引用此书不少内容。

人、白头、乌鬼、无来由等种类的趋向。[1] 来华西人与出自非洲、南洋一带，做西人水手或仆从者，在肤色上有白黑的区别，大概最为显见。这些在番舶上服役的"乌鬼"，很容易联系到前人关于昆仑奴善水的说法，往往被描绘成能"自投于海"，于波涛之中"如御平原"。[2] 至于两者关系，中国人很清楚"白者贵，黑者为奴"。[3] 所以在鸦片战争中，"华人谓夷鬼子，而别其色，谓其国人'白鬼'，其收剌他部落以为奴、为兵者为'黑鬼'。……黑鬼一头钱若干，白鬼倍之，生获又数倍之"。[4]

　　另外，即使是在欧洲人之中，也会有所分别。成于乾隆早期的《澳门记略》，将"粤海关监督"所记录来华的欧西各国分门别类，"贺兰、英吉利、瑞国、琏国，皆红毛也；若弗郎西、若吕宋，皆佛郎机也"。[5] 从两者所包括的具体国家来看，所谓"红毛"一类大体上是欧洲北部的一些国家，而"佛郎机"所包范围应在欧洲南

---

　　[1]　陈伦炯撰：《〈海国闻见录〉校注》，李长傅校注，陈代光整理，第55、61、66页。白头大抵指阿拉伯、波斯一带的穆斯林，乌鬼指非洲大陆的黑人，无来由即马来人。

　　[2]　张燮著，谢方点校：《东西洋考》卷六《红毛番》，第129页。很久以前就流传"广中富人多畜鬼奴"，其中有些可以"入水眼不眨，谓之昆仑奴"。说见朱彧：《萍洲可谈》，《景印文渊阁四库全书》第1038册，台北：商务印书馆，1987，第5、6页。

　　[3]　王士禛：《池北偶谈》，中华书局，1982年，第517页。

　　[4]　徐时栋：《烟屿楼文集》卷十六《偷头记》，载中国史学会编《中国近代史资料丛刊·鸦片战争》第4册，上海书店出版社，2000，第628页。此文多有流传，当时的确也有很多赏格，明确区分，黑白赏金不同。

　　[5]　印光任、张汝霖原著：《澳门记略校注》上卷，赵春晨校注，澳门文化司署，1992，第105页。其中贺兰指荷兰，英吉利指英国，瑞国指瑞典，琏国指丹麦，弗郎西指法国，吕宋指当时菲律宾的宗主国西班牙。

部，类似于拉丁民族的概念。这样的分类尽管或许不全是依据相貌所做出的，但是从实际划分上，以及使用"红毛"作为种族类别的名称，其中所含的"以貌取人"或者以貌分人的因素不可忽视。

第二节　出使日记概说

道光海通以降，中西交往形势发生了极大的变化，英、法、美等国在各通商口岸驻有领事。第二次鸦片战争后，各国公使进驻北京，中国人才开始认认真真考量近代出使制度。正如徐建寅在德国伏尔铿造船厂的祝酒词所谓，一两千余年前，不过是二三皇帝派遣使节到达西域，考察国外异事，不能远航欧洲，在他看来是无足称道的。[1] 此后，遂有斌椿和志刚、孙家穀的使团出游，以及天津教案之后崇厚的谢罪出使。尽管如此，中国初步融入世界，偶一为之的遣使之举，更类似于康熙年间图理琛和张鹏翮的西使，仍与西方近代外交体制格格不入。

光绪二年（1876）九至十月间，郭嵩焘使团从北京出发，经天津、上海、香港等地，逐渐离开中国地界，向西而去。郭嵩焘此行乃是受命成为驻英、法两国公使兼就马嘉理案向英方致歉，他也因此成为中国历史上首位符合近代外交意义的驻外公使。[2] 张德彝追述称，虽然在东周列国之际，各国之间就有互派使节的行为，但是从来没有常行驻在对方首都这种形式，而东西各国"百年来始行互

---

[1]　徐建寅：《欧游杂录》，岳麓书社，1985，第 752 页。

[2]　关于郭嵩焘和此次出使的情形，参看汪荣祖：《走向世界的挫折：郭嵩焘与道咸同光时代》，岳麓书社，2000。

派公使驻扎,至今凡彼此换约通商者,竟援此为定例,而驻扎年限无定"。郭嵩焘的出使开了近代中国派使常驻海外的先例,此后清廷又"陆续钦派大臣前往驻扎,惟递以三年为期"。[1]

国人对于东西各国使节的认识,除了折冲樽俎对外交涉,尤其是维护在华商民、教士利权不遗余力之外,另一项重要使命在于交接当地人士,侦探山川险要,洞悉民情风俗,以"汇报成帙",以知"五洲强弱盛衰之原"。[2] 所以朝廷派遣"任究责专"的常驻公使之后,人们对于使臣的期望"非徒通问修好已也",而需要在驻外的三年之中周详访察各国国势、地形、风俗、正教、各行各业至情等等,"逐事讲求,悉心考订,条举件列,荟萃成编"。[3] 对此,专门负责交涉事务的总理衙门也有相关考虑,早在斌椿出使之时,就接到命令要将所到之处的"山川形势、风土人情"等详细记录。[4] 此后,总理衙门又奏请要求出使人员详细记载有关交涉事宜和各国风土人情,随时呈送,可使朝廷耳目较为灵便,于中外情形不至隔膜。[5] 郭嵩焘即于出使次年,将自己的出使日记《使西纪程》寄送回国,总理衙门还专门代为刊刻。不想此书一出,引起轩然大波,在御史弹章和士林清议之下,毁版了事。郭嵩焘因此闷闷不

---

[1] 张德彝:《稿本航海述奇汇编》第五册,第 17 页。

[2] 唐才常:《觉颠冥斋内言·使学要言》,载《续修四库全书》第 1568 册,上海古籍出版社,2002,第 411 页。

[3] 崔国因:《出使美日秘日记》,刘发清、胡贯中点注,黄山书社,1988,第 42 页。

[4] 斌椿:《乘槎笔记》,岳麓书社,1985,第 91 页。

[5] 刘锡鸿等:《驻德使馆档案钞》第一册,台北:学生书局,1966,第 89 页。关于出使日记制度,可参见张权宇:《晚清首任驻英使团的出使及近代中国出使制度的建立》(《历史教学问题》2010 年第 4 期)相关部分。

快，此后也不见日记呈送，于是总署上奏询问"可否饬下东西洋出使各国大臣，务将大小事件逐日详细登记，仍按月汇成一册"，交备案查核，将相关书籍、报刊翻译也一同随时送交，以资考证，并获旨依议而行。[1] 此后遂形成了使节将所见所闻汇成日记上呈总署的惯例，而且在时间和格式上具有要求。唯虽规定每月一册，但上交日期总在归国之后，无须如郭嵩焘一般，还在任内就寄回日记。根据张荫桓的记载，作为出使美日秘大臣的他，所记出洋日记以回到出发地香港之日为截止，算是"默符总署奏案"，且"总署奏案责使者以日记"，也就是说按规定汇报出使时期的记闻，"须为日记"形式。[2] 除了公使以日记形式有所汇报，黄遵宪曾表示就连他的《日本杂事诗》，也要修改之后先行寄送总理衙门。[3]

　　光绪十三年（1887），中国又向海外派出一批游历专使。[4] 在《奏定酌拟出洋游历人员章程》十四条中，不仅要求游历使关注各国地形、风俗政治以及当时最受瞩目的军事信息，还让各使依据自身情况，就"各国语言文字、天文、算学、化学、重学、电学、光学及一切测量之学、格致之学"中能够有所学习者，也可以写成手册上交。[5] 至于清末的五大臣出洋，专以考察为名，戴鸿慈在对属

---

[1]　刘锡鸿等：《驻德使馆档案钞》第一册，第 91、92 页。另可参崔国因：《出使美日秘日记》，第 42 页。

[2]　张荫桓著，任青、马忠文整理：《张荫桓日记》，上海书店出版社，2004，第 440—441 页。张权宇认为因为郭嵩焘日记被毁事件使得出使日记进呈这一制度没有执行，似不确。

[3]　陈铮编：《黄遵宪全集》上册，中华书局，2005，第 703 页。其中提到的《日本杂事诗》之前的刻本是在未经黄遵宪允许的情况下出版的，后有述及。

[4]　此次游历详情可以参阅王晓秋：《晚清中国人走向世界的一次盛举——一八八七年海外游历使研究》，辽宁师范大学出版社，2004。

[5]　薛福成著，蔡少卿整理：《薛福成日记》，第 557 页。

下的"敬事预约"六条之中，就有"勤采访"和"广搜罗"两条，从闻、见两端进行专门指示。[1]

　　中国人本有替人办事事毕之后见示相关日记的习惯，[2] 再加上总署奏案的规定，不出十数年，"诸星使著作如林"，出使日记已然蔚为大观。[3] 然而各星使于此也有不同的认识、态度和操作方式。关于日记或游记一体，薛福成认为"文章排日纪行，始于东汉马第伯《封禅仪记》"，经过李翱和欧阳修，成为文家之一体，但简略，只存所游之迹而已。王之春则以为日记或者纪程文体的始作俑者为鲍照，"其体例或繁或简，向无一定"，而顾炎武的《日知录》最为详尽，是他所效法的对象。在他看来，专为出使而作的日记，本不需要详述政治沿革等，但据古人奉使当知各国情伪之义，也要对"西学之源流、山川之险易、民物之简蕃、风俗之殊变、军械之更新，随得随录"。[4]《英轺日记》的凡例部分指出，由出行而言地形、舆地之学的传统源头在张骞出使西域，作者也号称仿《日知录》而作。[5] 蔡钧在其《出洋琐记》中提到"国朝使臣出塞皆有纪载"的

---

[1]　戴鸿慈：《出使九国日记》，岳麓书社，1982，第 61 页。

[2]　郑观应为盛宣怀赴梧州考察商务之后，就有将日记寄付的行为。见夏东元编著：《郑观应年谱长编》下册，上海交通大学出版社，2009，第 446 页。

[3]　关于日记文献的总论，可参见邹振环相关论文，其中他将出使日记称为"使行日记（星轺日记）"，也是日记文献分类中的一种。参见邹振环：《日记文献的分类与史料价值》，载樊树志执行主编《复旦史学集刊》第一辑《古代中国：传统与变革》，复旦大学出版社，2005，第 307-334 页。

[4]　王之春：《使俄草·凡例》，台北：文海出版社，1966，第 7-8 页。

[5]　载振、唐文治：《英轺日记》，台北：文海出版社，1966，第 7-8 页。此日记一般署名载振，但应当出自参赞唐文治等多人之手。此事可见溥铨：《我的家庭"庆亲王府"片断》，见中国人民政治协商会议全国委员会文史资料研究委员会编《晚清宫廷生活见闻》，文史资料出版社，1982，第 280—281 页。

成例，认为如此才符合《周礼》小行人的古义。[1] 张德彝在与同船日人的寒暄中称，其既然"仰赖我皇上洪福得履其地"，则记录"其异于我者固当详为登录，其与我同者亦可略见一斑也"。[2]

各使臣中以考取游历使第一名的傅云龙表态尤显认真，出使之前，在他眼里自己往昔的日记"非琐即漏，择要笔之，聊医健忘"而已，[3] 但奉使命后，自觉"非无跋涉，莫探奥窍，视不游其奚以异"，所以时时自省"不容一地虚游，不敢一日负游"，记录不缀，不可"旷一分光阴""虚一日跋涉"，要在游历中见道。他在给友人屠仁守的信中称自己"昼游夜记"，定下三戒："一不拾人唾余，二不拘己成见，三不旷日因循。"[4] 崔国因在序言中也认为，日记就是记录每日所行之事，所以应该"巨细不遗"以纪实。出使日记尽管与寻常日记不同，但也要将外国各学问和有关交涉之事详细记录。有人虽然亲身阅历，但或囿于己见，或畏惧清议，导致知不能言，言不敢尽，则无益于国事，是不可取的。[5]

大多数出使日记所采用的即是王之春"随得随录"和傅云龙"昼游夜记"的方式整理而成，只是有些使臣如张荫桓属于"见闻所及，援笔辄书……既存汉腊，且志游迹"的类型，导致卸任以后发现所记"芜杂过甚，须大收拾"。[6] 曾纪泽的日记中有"圈点日

---

[1]　蔡钧：《出洋琐记》，载王锡祺《小方壶斋舆地丛钞》第十五册，杭州古籍出版社，1985，第 508 页。

[2]　张德彝：《稿本航海述奇汇编》第三册，第 4 页。

[3]　傅云龙著，傅训成整理：《傅云龙日记》，浙江古籍出版社，2005，第 319 页。这是他在光绪五年（1879）所记。

[4]　傅云龙著，傅训成整理：《傅云龙日记》，第 4、118、275、365 页。

[5]　崔国因：《出使美日秘日记》，第 1 页。

[6]　张荫桓著，任青、马忠文整理：《张荫桓日记》，第 441 页。

记册之应钞者"和"核校从官缮余日记",[1] 想必在出使期间,有暇即会整理其出使纪程。不过,也有所呈出使日记乃取随员散记参订而成,显然有敷衍了事之嫌。[2]

第三节　海外星使眼中的外人相貌

初至海外的使臣,尽管有些在国内曾和外人有所接触,但一下子见识到如此众多的异域面孔,还是豁然有大开眼界的感觉。往往甫登轮,已发现船客面貌各异,语言、国别多不相同,"而形状服饰之诡异",竟让人有在梨园观剧的错觉,各种怪异之形状,催生"洵属大观"之感。[3] 沿途风土人情更是可记异者众多。随船赴欧的前半程,基本与郑和下西洋的线路相近,与他们的前辈一样,出使人员往往注意到了沿途新加坡、马六甲、锡兰、亚丁等地土著居民较深的肤色。[4] 袁祖志乃有清一代以述奇笔记著称的袁枚之孙,见到面色黧黑、须发五色俱全的亚丁湾附近岛民,亦不得不述其相

---

[1]　曾纪泽:《曾纪泽日记》中册,刘志惠点校辑注,王澧华审阅,岳麓书社,1998,第982、1006页。

[2]　陈兰彬著,陈绛整理:《使美纪略》,载《中国近代(第十七辑)》,上海社会科学院出版社,2007,第418页。

[3]　斌椿:《乘槎笔记》《海国胜游草》,岳麓书社,1985,第100、161页。

[4]　如刘锡鸿的《英轺私记》,岳麓书社,1986,第55、59页;张德彝的《航海述奇》,载《稿本航海述奇汇编》第一册,第78、86、91页等;徐建寅的《欧游杂录》,第656页;等等。此类不胜枚举。薛福成总结称:"历观西贡、新加坡、锡兰岛诸埠……其土民皆形状丑陋","即所见越南、缅甸之人及印度、巫来由、阿剌伯各种之人,无不面目黝黑……"见薛福成著,蔡少卿整理:《薛福成日记》下册,第524页。

貌为"奇形怪状"。[1] 第一次到美洲的张德彝,乍见巴拿马一带的土著,竟产生了前述屈大均笔下登洋舶客一般的惊惧之情,觉得当地人"面目肥大圆鼻大骨,黑黄不一,男女老幼,望之如鬼,骇然可畏"。[2] 当然欧洲初见华人,也有"相与惊异"的情况。[3]

　　天下之大,各国人相貌各异尚有可说,以出卖色相为生的妓女,竟然也肌黑如炭,中国人初见之下,则实在难以接受。张祖翼在巴黎的官妓馆见"有阿非利加黑妓二人,肤如漆,唇如血,齿如玉,目闪闪而绿",直拟之为夜叉,而诧异"不知好色者,岂别有肺肠耶?"[4] 不过中国人很快找到了合情合理的解释,跟随马建忠来到印度的吴广霈见到当地土娼,虽也以夜叉比之,但马上感叹道:"吾方以黑嫶彼,安知彼不以白丑余。"[5] 不能不说颇有庄子式相对论的味道和交换视角的自省精神。

　　逐渐适应了万国之人面貌各异后,出行者开始较为仔细地观察,一般自然是先将外人和华人的相貌作比较,当赴欧之船刚驶过苏伊士运河来到地中海时,当地人的肤色就不再如漆,从埃及人开始,"肌肤渐作黄色"[6],因而在国人看来"顺眼"了不少。曾纪泽

---

　　[1] 袁祖志:《瀛海采问纪实》,载王锡祺《小方壶斋舆地丛钞》第十五册,第454页。

　　[2] 张德彝:《稿本航海述奇汇编》第一册,第489页。

　　[3] 曾纪泽:《曾纪泽日记》中册,第824页。张德彝的日记中多次记载了在欧洲被围观的经历,不仅有大人一边围观,一边惊异于华人头发"何黑而长若是耶",甚至有小孩被中国使者吓哭。见张德彝:《稿本航海述奇汇编》第一册,第116、260、286、290、359页等。

　　[4] 局中门外汉:《伦敦竹枝词》,载雷梦水等编《中华竹枝词》第六册,北京古籍出版社,1997,第4213页。

　　[5] 吴广霈:《南行日记》,载王锡祺《小方壶斋舆地丛钞》第十九册,第15页。

　　[6] 蔡钧:《出洋琐记》,载王锡祺《小方壶斋舆地丛钞》第十五册,第439页。

说："埃及人多清秀，面白发黑，无异华人。"[1] 王之春也觉得苏伊士两岸的土人已经"发黑面白逼近中华"了。[2] 亚平宁半岛附近的居民同样常常被认为和华人相貌颇为相近，薛福成较为笼统地表达了意大利"人民形状服式，似稍与亚洲相近"的意思。[3] 邹代钧在舟泊意大利南部时，观察到其民"状颇类华人，无深目黄发者"。[4] 康有为在欧洲游历时发现，不仅"意人身之长短与华人同"，而且相貌丰腴红润，竟与湖州一地之人相像。不过他察觉到，即使南北意大利人，长相也有不同，南部人较为粗黄。[5] 这一点戴鸿慈在之后不久也有所认识，因为具备了近代人种知识，而且有了将肤色和智愚联系在一起的意识，他说："南部义大利人民色黄而愚儸，北部义大利人民色白而聪秀。"[6] 张德彝在俄国见到"塔塔儿人"，即谓其相貌即与华人差不多，而俄军中的不少士兵似"北番人"，其中哥萨克骑兵"色黑黄，貌比蒙古回回"。[7] 张荫桓出使美国时，听旧金山的华商说墨西哥首都的房屋等颇有不少类似中国式建筑，有一次见到一对来美国度蜜月的墨西哥新人，新郎"面色类华种"，向张公使展示其以前所拍的着华服照，"乍看几以为华人"。由此张

---

[1]　曾纪泽：《曾纪泽日记》中册，第 823 页。

[2]　王之春：《使俄草》，台北：文海出版社，1966，第 154 页。

[3]　薛福成著，蔡少卿整理：《薛福成日记》下册，第 614 页。

[4]　邹代钧：《西征纪程》，载王锡祺《小方壶斋舆地丛钞》第十五册，第 41 页。

[5]　康有为：《意大利游记》，载姜义华、张荣华主编《康有为全集》第七册，中国人民大学出版社，2007，第 391、396 页。

[6]　戴鸿慈：《出使九国日记》，第 357 页。关于戴鸿慈已经掌握了近代人种分类知识，此后还会有详述。

[7]　张德彝：《稿本航海述奇汇编》第四册，第 380、411、460 页。"塔塔儿人"即鞑靼人，哥萨克兵张德彝作"哈萨克"，钟叔河在校注中认为即哥萨克，根据上下文描述，确实如此。参见张德彝：《随使英俄记》，岳麓书社，1986，第 702 页。

荫桓甚至产生了中国人开发美洲的联想，他认为起码"华人之经商于墨，古亦有之"，只是当时的通信和记载都不如今日发达而已。

另外，在当时的列强殖民地，欧洲殖民者和当地土著并存，情况与前所述鸦片战争前后，来华外人中既有"白鬼"也有"黑鬼"相似。比如在南非洲的好望角，中国人就注意到"白面人"和当地黑人"呢格娄"的区别。[1] 美洲大陆尤其是美国，是一个人种混杂程度较高的地方，不仅有欧洲和非洲来的"白番与黑面"，还有当地"面赤身昂"的"土番"，[2] 其不同居民之间差异不小的外貌特征，以及互相通婚带来的混血儿，非常直观地引起出使人员的注意。《瀛环志略》已经有了对美洲"杂人"的分类，[3] 张德彝延续了这种说法，并观察到这些父母彼此面色不同而产生的后裔，其肤色也有"黄、黑、红、紫之异"。[4] 李圭作为中国代表出席美国建国百年纪念的费城世博会，在横贯美国东西部的火车上亲眼见识到赤皮土人，经过问讯才知道这便是早有耳闻的"红皮土番"，或称"因颠"。他又得知"西人称土番为红人，阿非利加人为黑人，己为白人"，并作为脚注记入日记，这样的说法尽管仅及美洲情况，但术语已经相当接近西方近代的人种学说。

有时耳食之知，或许听过了事，而伴随以目见相与刺激，恍然大悟之余，印象更为深刻，或许会更加认同别类之法。[5] 在这种眼界所及的直观认知基础上，经过简单的归纳，国人开始能够对不同

[1] 张德彝：《稿本航海述奇汇编》第三册，第 637 页。

[2] 林鍼：《西海纪游草》，岳麓书社，1985，第 37 页。

[3] 徐继畲：《瀛环志略》，上海书店出版社，2001，第 268 页。

[4] 张德彝：《稿本航海述奇汇编》第一册，第 504 页。

[5] 李圭：《环游地球新录》，岳麓书社，1985，第 331、333 页。"因颠"即印第安。

人种进行甄别。本来，总理衙门对于条约框架中各国一体均沾优待条件一款的解释就是，"中国难于区别某人系某国之人"，[1] 此说虽然不无自我开脱的意味，但大体还能反映当日对外人认识的情况。不过，海外游历数年之后，张德彝已经能够在西式服装的掩饰之下，发现着服者是日本参赞官，不仅仅在于其着装"长短肥瘦不能如西人之合体"，身矮、面黄也是露出痕迹的两端。[2] 此事今天看来或许不足为奇，须知明治时期日本上层每好以"脱亚入欧"的样子示人，所留存的照片往往误导观者以为是欧美人士。曾经去过俄罗斯的缪祐孙在《俄罗斯源流考》中强调，凡是欧洲人大半都"深目碧瞳黄虬髯"，所以这些体貌特征并不能作为俄罗斯就是乌孙同种的证据。[3]

第四节　海外游历对西方人类学的接触

中国使节人员在海外的游历，除了在直观上亲眼所见沿途和驻在国各类人的体貌外，还通过各种途径体会到西方浓烈的"人学"氛围。[4] 近代西方结合地理大探索和殖民地活动，积累起丰富的材

---

[1] 此为总署在光绪四年所发咨文中言。见崔国因:《出使美日秘日记》，第63页。

[2] 张德彝:《稿本航海述奇汇编》第五册，第452页。

[3] 缪祐孙:《俄罗斯源流考》，载王锡祺《小方壶斋舆地丛钞》第十九册，第131-132页。

[4] "人学"是张自牧在《蠡测卮言》当中所说的"西国格致会分十五家"中的一家。所谓格致十五家基本反映了当时中国人对于西学分类的一个认识，分别是天文学、算学；重学及机器之学；测量家学；植物学；农务学；数学；世务学；声学、热学、光学、电学；天时、风雨、寒暑之学；地理学；化学；地内学；金石学；（转下页）

料，促使体质人类学大发展，在此时期，相关学问不仅限于科考探险活动和学者们的实验研究，也面向社会，通过展示和基础教育，为公众所知晓和关注，成为一种公共的知识。

　　详阅各种海外日记，可以发现中国使节人员对于"博物院"、辨"体骨"等产生了浓厚的兴趣。正是通过这些可能前所未见未闻的新鲜事物，他们与近代人类学的相关知识有了一个比较全面的接触。

一、新场景：博物馆及相关博览场所

　　在西方，博物馆的兴起和博物学考究实物的风气颇有渊源，黄遵宪评说博物馆特点在于无所不备，"凡可陈列之物，无不罗而致之者，广见闻，增智慧，甚于是乎"。[1] 对于一些熟悉中国典籍的使节来说，见到博物馆之初，自然而然地联想到有关大禹铸鼎象物的记载。[2] 因此，不少人在述及博物馆时，都强调"睹物知名"的

（接上页）人学和医学。张自牧还特别注明"人学"就是专门研究"族类、肥瘠、寿夭之别"的学问。这大体相当于今日体质人类学的范围。张自牧：《蠡测卮言》，载王锡祺《小方壶斋舆地丛钞》第十五册，第499页。郭嵩焘在湖南时与张自牧即过从甚密，本来还打算奏调其为出使参赞，他在出使日记中提到过张自牧的书及格致十五家。见郭嵩焘：《郭嵩焘日记》第三卷，湖南人民出版社，1982，第359页。张自牧是当时有名的洋务人物，其著作《瀛海论》和《蠡测卮言》也多有传播。关于他的生平研究不多，可参潘光哲：《张自牧论著考释札记——附论深化晚清思想史研究的一点思考》，载郑大华、邹小站主编《传统思想的近代转换》，社会科学文献出版社，2007，第291-301页。

　　[1]　陈铮编：《黄遵宪全集》上册，第22页。

　　[2]　崔国因：《出使美日秘日记》，第460页。此处"铸鼎象物"为一联贯成语，校注者将之以顿号点开，似误。尽管关于这一传说的意义，不无争议，但人们大体认为上古圣王此举是为了让百姓了解世间各种事物及其品性，在日常生活中可以趋利避害。

效用，[1] 标示出其不同于重视文字书本传统的中国学问。首次出洋的郭嵩焘将大英博物馆（British Museum）称作"布利来斯妙西阿姆书馆"，他用了几千字的篇幅描绘其中各类馆藏，并说有相当部分内容是《尔雅》所未载的。他也注意到除周二、四以外，全馆对公众开放，"以资期考览"。当然，郭嵩焘还是比较侧重博物馆在"考古"方面的作用，因为"博闻稽古之士"，可于所藏各种古器物，"考知其年代远近，与其物流传本末，以知其所出之地"。[2] 与之相仿，刘锡鸿则以"播犁地士母席庵"为"大书院"，他所感兴趣而急欲往观之处，在于"各国之书毕备"。参观之后，他才发现除了书籍，馆中还有"凡天地间所有之鸟兽、鳞介、草木、谷果，山川之精英，渊丛之怪异"，这些陈列在以前所见的博物志类著作中全无记载。不过其认识似较郭嵩焘之便于考古更进一步，他说：

> 夫英之为此，非徒夸其富有也。凡人限于方域，阻于时代，足迹不能遍历梧州，耳目不能追及前古，虽读书知有是物是名，究未得一睹形象，知之非真。故既遇是物而仍不知为何者，往往皆然。今博采旁搜，综万汇而悉备之一庐。每礼拜一、三、五等日，放门纵令百姓男女往观，所以佐读书之不逮，而广其识也。英人之多方求洗荒陋如此。[3]

---

[1]　王之春：《使俄草》，第 457 页。

[2]　郭嵩焘：《郭嵩焘日记》第三卷，第 161-164 页。

[3]　刘锡鸿：《英轺私记》，第 111-113 页。这段话的情况比较复杂，差不多的表述出现在刘锡鸿、张德彝和王韬三人的游记之中。刘锡鸿和张德彝的游记按日书写，应该是游览后不久所作。王韬的西游在刘、张之前，但是《漫游随录》的结集出版比较晚，这三人之中到底谁是始作俑者，已经很难查考。尽管如此，刘锡鸿和张德彝的海外游记都属于比较认真而且愿意抒发自己意见的类型，王韬（转下页）

王韬尽管看上去对"博物院"和"穆西黎"的对译不甚了了，但是未将博物馆和书馆搞混，他了解到法国首都的博物馆不止一处，其中最有名的则是卢浮宫（他称之为"鲁哇"）。参观之中，王韬已经体会到近代博物馆的一大特点，那就是不仅无物不备，务求齐全，而且馆中陈列安排"分门区种，各以类从，汇置一屋，不相看杂"。接下来王韬按照博物馆的大致分类列举了生物、植物、宝玩、名画、制造等方面的藏品内容。另外，他在游览了专藏古今各式军器的一院后，能够意识到"阅其所陈战具，亦可悉古今沿革之源流，而行兵强弱之殊矣"，[1] 点出博物馆展示所希望体现出来的一种时间流程的标示。这种标示在王韬心目中可能还是类似于中国传统的沿革或者考源之学，而在西方线性历史和进步史观的视野之中，则非常明显地带有将各国、各民族及各文明置于历史前进的线条上加以排列顺序和区别文野的意味。

在整个晚清的历史中，西方列强不断地以精利的战具、发达的物质和精博的学问，"逼使"中国人承认他们所划定的这种文野先后。到了20世纪初，这一"课业"已然为国人所熟悉，并深深内化，真心诚意地接受在文明的进程中靠后的排名。[2] 这些关于先进

（接上页）的游记纯属个人行为，所以即便是互相参考的结果，也说明作者同意这样的说法。见张德彝：《稿本航海述奇汇编》第三册，第333-334页；王韬：《漫游随录》，岳麓书社，1985，第103页。

[1] 王韬：《漫游随录》，第89-92页。

[2] 在这里"课业"一词借用何伟亚《英国的课业》的用法，实际上所谓"课业"不仅仅是何著中所表现出来的几点，而是方方面面让中国人"就范"的一种近代化的"教化"。见何伟亚：《英国的课业：19世纪中国的帝国主义教程》，刘天路、邓红风译，社会科学文献出版社，2007。

和落后的观念，一旦进入内心深处，经眼见之刺激，便会生发出我不如人的感慨。戴鸿慈总论各国博物院"大都以搜罗古物为最多，固凡历史上有关系之器物、文字，与夫野蛮时代饮食日用之具，皆宝贵庋藏之"。同时他也意识到收集展出的目的，在于可以知"工艺进步之迹"，考察各地、各时代人民的"生活之程度"，正是为了"觇人民进化之程度"。此类满篇"进步""进化"的文字，从清廷高官笔下写出，可以切实感受到其心中的危机意识，因为在他看来，中国人无疑已经在这样一场时间的长跑中落后了一大截。参观了"人类博物馆"（Ethnographical Museum）中各国古今器物之后，戴鸿慈的日记以"针"一物为例，解释"用物智巧之变迁"，并由此引申到如以材质为标准，人类社会有骨、石、铜、铁四个时代。这种将人类历史进行划分的阶段论，配以博物馆中某地、某族仍停留在某阶段的展示，自然震撼人心。强调自省的中国人面对罗致穷尽的藏品，细品时代进步之理，所得出的结论往往是"可知吾国内地人民进化之缓矣"。[1]

这些近于社会进化论的调子，从学理的源头上应当追述到生物进化论。康有为在英国参观"生物史院"时，一针见血地释其名曰："生物而称史，盖杂存之，而考进化也。"不过显然最为吸引他注意的并不是远古生物的变迁，而是"陈人种以考文野"的部分，对此他大发议论，品评各人种之美丑及其在进化线条上的先后。[2]

近代博览业兴起的另一个标志是博览会的出现，其历史毋庸赘述。1876年李圭作为中国海关的代表参加了费城世博会，看到美国

---

[1]   戴鸿慈：《出使九国日记》，第130、158、191-192、264页。

[2]   姜义华、张荣华主编：《康有为全集》第八册，第21页。

馆中专门陈列有"红皮土番像",绘画石刻馆中也有"阿非利加黑人像、印度人像"等等,[1] 正可谓足迹虽不能涉五洲,而于一博览会中可以遍识大地各处人物。除此之外,当时西方的许多机构都设有类似博物馆的各种陈列馆,供人观览,中国使节足迹所布之处,可以方便参观。

二、新的学问:骨学/骨相学

郭嵩焘曾经就考问土石事造访英人"敦兰得",其本意大抵是咨询当时颇受人关注的矿学,对方将他带至医学馆的金石陈列处参观。从煤炭成型而衍生出关于动植物化石的一番讲解,让他感到"颇多创获"。[2] 敦兰得告诉郭嵩焘,掘地所得的象齿和胫骨化石,远较今日之象为大,以说明史前大象体型之巨。此后,郭又赴外科学院参观过大到象鲸、小到蚊虫的各种动物骸骨,在那里他也看到了几十具"人身全骨"和数以千计的骷髅头骨。[3] 或许是讲究慎终追远的缘故,一些中国人初次见到人骨陈列,无疑将之与死亡和陈尸荒野留下的枯骨联系起来,显得极不适应。张德彝在参观"白骨园"的时候,猛见之下,不禁"发竖冲冠,肌体生粟"。[4] 不过数次参观,见惯不惊,也就渐渐习以为常。[5] 他还去外科学院赴茶会之约,见识了其中摆设的"各国人骨"与化石,[6] 并认识到在西人

---

[1] 李圭:《环游地球新录》,第 231、236 页。

[2] 郭嵩焘:《郭嵩焘日记》第三卷,第 218-220 页。

[3] 郭嵩焘:《郭嵩焘日记》第三卷,第 539 页。郭称外交学院(College of Surgeries)为"科里治阿甫色尔占斯"。

[4] 张德彝:《稿本航海述奇汇编》第一册,第 346 页。

[5] 张德彝:《稿本航海述奇汇编》第二册,第 372、403 页等。

[6] 张德彝:《稿本航海述奇汇编》第四册,第 777 页。

的医学院中经常"广列天下各处人兽之骨并一月至九月之胎",用来方便学者参考使用。[1] 曾纪泽在武汉的西医处曾经见识过"人骨全具",出国之后,还有多次在外科医馆和外科博物院观览人、兽、鱼、鸟各种骨骼的经历。[2]

不过中国的参观者很快发现,陈列在医学机构之中的生人骨架或者头骨,并非仅仅用于医疗上的解剖实验或者讲解,还有明显的区分种类之用。张德彝惊魂未定之际,已经通过直观发现了"天下各国人头黑白不一"的情况。[3] 郭嵩焘在参观时也看到"各国种类皆有标记",他还记录了不同种类的头骨形状各不相同,其中有天然生成,也有后天因素:

> 西洋各国与中土脑壳皆圆满,西洋深目,目框骨皆倾下,中土圆平,可以辨知之。其亚美利加、阿非利加两地番民脑壳,皆小而削。北亚美利加有自少束其头令扁,或束为长头,令其头后出如瓜,至有束之疾,迫其脑骨以死者,皆穷测其所以然,收其骨为验。[4]

说明尽管以肤色为名称呼不同人种,但骨骼上的差别也受到极大的关注。这从驻德使馆翻译赓音泰的悲惨经历或可见一斑:其足因故折断,并未使用保守疗法,而是听任西医截肢,且断肢为"医

---

[1]　张德彝:《稿本航海述奇汇编》第五册,第 471 页。

[2]　曾纪泽:《曾纪泽日记》中册,第 662、885、990 页。

[3]　张德彝:《稿本航海述奇汇编》第一册,第 347 页。

[4]　郭嵩焘:《郭嵩焘日记》第三卷,第 539 页。虽然证据并不充分,但从字里行间已经隐约能够体会到实际上在郭嵩焘心目中,以头骨论,中土和西洋人自较接近,与非、美两洲之人绝不相同。

院留存，罩以玻璃，置于大厅玻璃柜中，以便人观览，更便西医考察亚洲人之足骨与欧洲者有何区别也"。[1] 缪祐孙在俄国的"格致书院"还发现，院中学者能通过骨骼来"辨其为何种人"。[2]

探究骨骼的不同，本是医学和体质人类学科学研究的一部分，但是浸淫在整个殖民主义和欧洲中心论的氛围之中，难免走样。博物馆里所陈列的"天下五大洲及各岛之老幼男女"的骨架和人头，或为真品标本，或为演示模型，都注明"何地何种"的详细信息，除了展示"发有短长冗硬，黑黄灰紫之分"外，一定要表现出"脑亦有大小厚薄以别哲愚之异"来。[3] 时间一久，多见于此的中国使节便了解层层排列的老幼各种人头，其形状"有高，有平，有前凸，有后拥"，所欲表达和考察的却是区别"人之聪明、鲁钝"。[4] 虽然看似科学和言之有据，但用头骨结构和所谓脑容量大小来查考智愚的答案无疑早已给定，无非是人智而兽愚，而人类之中，欧洲人的头脑被视作最为聪颖：

> 兽颅虽大，其脑浆反小于人，人固万物之灵也。西人云：人脑髓皆半黄半白，黄中所含红点作搆思用，白中所含乌丝作传信用。昔闻人之颖、钝，关于脑壳之大小，今知其不然也。夫五洲海线，欧为最长，非以曲折既多，水之方向屡变，流动不滞欤？脑浆最碎，而分线最多者如之，是故脑壳虽小，而四面凸凹极多，高下量之，则欧洲海线之说也。人之脑随身而

---

[1]　张德彝：《稿本航海述奇汇编》第五册，第 526—527 页。
[2]　缪祐孙：《俄游日记》，载王锡祺《小方壶斋舆地丛钞》第四册，第 432 页。
[3]　张德彝：《稿本航海述奇汇编》第八册，第 58 页。
[4]　张德彝：《稿本航海述奇汇编》第七册，第 591 页。

增，身加重三十分，则脑自随加十二分。黑人脑壳极大，而外
面囫囵如瓠、如馒首，其不灵敏也可知矣。[1]

由此，骨骼学、颅相学在欧洲竟有如走火入魔之势，演变成一
种"莪临洛洛基"之学（今或译为"脑相学"，实际就是一种脑相
决定论）。郭嵩焘从傅兰雅处得知此种学问，又在与人讨论此学时
被称自己的头颅有"必以文学名世"之相，复因对方申论行事当顺
"脑气之发现"，而不要勉强，触动了心境，引发出对于朝局的一大
通感慨，并在感情上更愿意相信"其言皆为有见"了。[2] 张荫桓任
驻美公使时，专门从纽约找了个"西人善相者"，此人大谈性情，
又就头骨揣摩为相，结束后附赠一书。张荫桓发现西人相法与中国
不同，并不从头部的天中算起，主要考究的是眉毛至后脑部分，然
而却认为其"所言间有当者"。[3] 张德彝显然已经看出这不过就是
类似于中国相面之术者，他说："泰西人向不讲风鉴、卜相、禁忌等
事，现英法各国亦渐蹈此辙矣。"[4] 不过他在提到奥国皇储自杀之因
时，似乎还是相信所谓"脑髓深入脑骨，脑盘渐平，脑皮太宽，以
致不时神乱"的解释。[5]

三、新的展示方式：带有象征意味的陈列

要表述不同人种之间的体貌区别，除了文字描述之外，还有用

---

[1]　张德彝：《稿本航海述奇汇编》第十册，第128-130页。

[2]　郭嵩焘：《郭嵩焘日记》第三卷，第779-780页。

[3]　张荫桓著，任青、马忠文整理：《张荫桓日记》，第153页。

[4]　张德彝：《稿本航海述奇汇编》第一册，第666页。

[5]　张德彝：《稿本航海述奇汇编》第五册，第602页。

插图来补充的形式，图像有时可以更加简洁直观地反映各处人民形状和服饰打扮的不同。为了达到此目的，所绘之像应以高度的抽象来显示人种或民族之间的差异。历史上中国人也有过类似今日人种志的书籍，其中不乏插图作为文字辅助手段的例子。明代的《三才图会》就是一本图文并茂的类书，其中《人物》部分卷十二至十四，罗列了实际存在的各周边民族以及想象中的奇异人类。[1] 清代编撰的《皇清职贡志》，被认为是中国人自己最早的一部人种志著作，其中每述及一国或一族之人，都配有两张男女插画。[2] 随着西方殖民地的拓展和人类学的发达，相应的人种学图像也日渐增多。与中国的情况不同，除了较多地出现在出版印刷物上的绘图，照相技术的发展更有助于人类学考察者随处取镜。平面媒介之外，人类学展示还借助了西方的雕塑传统。各处可见的塑像，不仅有名人纪念和宗教性质，也有很多体现万国民人样貌风俗的内容，作为方便人们"睹人知名"之用。来到欧洲的游历人员，在各种场合见识了这样的展示，并载于游记之中。

　　水晶宫本是为伦敦世博会所造，是旅英之人常去的景点之一。其中陈列各国之物甚多，宏大如屋宇、铜像，细碎如服饰、器用，分类摆放，别有一厅专门陈列"各州土番之像"。[3] 郭嵩焘游水晶宫，对此有所描述，他看到此处所陈，不单是人物塑像，而且将其与山林布景结合在一起，"或北墨利加，或南墨利加，或澳大利亚

[1]　王圻、王思义编集：《三才图会》上册，上海古籍出版社，1988，第816—872页。

[2]　傅恒等编：《皇清职贡图》，载《景印文渊阁四库全书》第594册，台北：台湾商务印书馆，1987。

[3]　李圭：《环游地球新录》，第288页。

洲及阿非利加番人"，分布在不同的山头上。[1] 当日和郭嵩焘同游的刘锡鸿观察到这组塑像在呈现"野人"的面目发型和唇钉耳牌的同时，还分别作"张弓矢，持戈矛，若斗若猎"之态，颇有场景感。[2]

张德彝第一次去欧洲就参观了水晶宫中的"外邦野人像"，此外他在画阁的集奇馆中浏览时，发现该处格局按照"天下国都人物分间"，其中：

> 先是北极、北冰洋未化之国黑人，不知用铁，斩木为兵，刻木为舟，身著兽皮、鸟羽。犬拽冰床，所食者膻肉酪浆，所居者韦鞴毳幕。又有南极、南冰洋之野人，食人肉，著牛皮。南阿墨利加野人，唇下钉黑铅一块，其口永张，面黄色，散发赤身，茹毛饮血，穴居于野。已化之国，如欧罗巴之英、法、俄、布、日耳曼、大吕宋等，亚细亚之诸回部番邦，日本、琉球、安南、朝鲜、蒙古、西藏等。所有土产服物，无一不有。惟中华土产器皿，较多于他国。有袍套、衵衫、靴、鞋、帽、袜，皆古制。兼有画轴、钞票、铜钱、笔墨等，不可枚记。[3]

从张德彝的纪行之中不难发现，随着分门别间的参观，他也自然而然地接受了展出方对于天下国都人物的区分，先是所谓未开化的野人，而在已经开化的国家和地区中，又以分属欧罗巴和亚细亚来区别。此类展示中，每一塑像或图画都极具象征意味地代表了

---

[1] 郭嵩焘：《郭嵩焘日记》第三卷，第212页。

[2] 刘锡鸿：《英轺私记》，第139-140页。

[3] 张德彝：《稿本航海述奇汇编》第一册，第268-269页。

一个国家地区或民族，正如康有为所说的"以蜡为人而象其地"。[1]
就展出空间而言，使之济济一堂，正表达出全地域或全人类齐聚的
寓意。尽管大陆海洋不可移易，但根据办展者的固有理念和想象，
可以把整个展览空间划分出不同的部分，让其认为拥有共同属性的
画、像归类在一起。比如中国使节笔下的一些照相展览，山水人物
齐备，展出布置排列却要"分五大洲"。[2] 这样的安排给参观者所
带来的观感与一画、一像单独陈列全然不同，在便于游览者将一地
散珠般的展品区别归类的同时，也会使布置者悉心安排的背后理
路，即对各国、各族及各文明加以分类的想法和具体的分类方式，
潜移默化地发挥影响。初到欧洲的中国使臣在参观时，通过伴游者
或者翻译之口，各室各厅在门类上的不同含义和象征被一一点出，
无疑使其在直接观感各地人物形象的基础上，加深了这一种人物究
竟在地球全体之中处于何种地位或归于何种类别的印象。

　　英女王维多利亚在海德公园为其夫阿尔伯特亲王所造雕像之
亭，是使者们较多光顾的场所。由出使日记来看，亭边塑像群的布
置很好地诠释了以雕塑分布表达象征意义的构思。郭嵩焘来到英国
后不久，就前往该处一游。他发现在华丽的亭子四周即有人物塑像
数十百人，亭子外第二层石阶上也塑满了人物，不知是自悟还是别
人告知，郭嵩焘了解到这些人物塑像"略寓四大洲之意"，其中亭
子前方左右，代表亚洲和欧洲的人分别骑在象和牛上，亭后左右两
边是骑着骆驼的非洲人和骑着野牛的美洲人。亭子后方和两边有
"各肖一国之形"的人像无数。"亚细亚有肖中国衣冠者，科头宽

[1]　姜义华、张荣华主编：《康有为全集》第八册，第9页。

[2]　张德彝：《稿本航海述奇汇编》第六册，第74页。

衣大袖，若今时僧服，盖犹古制也。"[1] 徐建寅的记载和郭嵩焘有所不同，他说后右一角代表美洲人物所骑为狮。[2] 曾纪泽的记录尽管简略，但也提到了四隅所刻代表四洲的土人形象。[3] 郭嵩焘还曾在伦敦见识过市长仪仗的巡游，其中有一辆金车，上有代表英国的不列颠女神像，坐在一个地球模型上，车的四角分别是代表亚、欧、非、美的四洲之神。[4]

在现实生活之中，欧洲人对于这种象征性陈列已屡见不鲜，浸润其中，往往能够熟悉地在某种某国人与其最具代表性的特征之间建立起联系。据闻英国当地有乞丐专门要将自己扮成"斐、美等洲野人"，其手法是"头顶鸟羽，身披鹿皮，面涂红土或染黑漆"。[5] 显然，在装扮者和观众的认识之中，面色之红、黑就是美洲及非洲土著居民的最大特色。有时中国使者见惯此种伎俩，也能知其意。伦敦市长夫人曾邀已任驻英公使的张德彝和他的孙女参加儿童变装舞会，其间"各孩装束可随意改扮为今古本国他国官民蛮野"。或许并不认同这种形式，张的孙女只是略作打扮，"双髻戴花"而已，会场中的其他小孩却奇形怪状毕现，打扮成中国、日本者，自不难认，而见一"面涂红垩"、头顶鸟翎的男孩，张公使一望便知其为"北美洲西印度之野人"了。[6] 西方的化妆品在生产销售之时，也

---

[1] 郭嵩焘：《郭嵩焘日记》第三卷，第 102-103 页。

[2] 徐建寅：《欧游杂录》，第 733 页。此处原书有误，"后有一角"当为"后右一角"。实际上代表美洲的动物应该是野牛，可能是牛毛众生的缘故，误以为是有鬃毛的雄性狮子。

[3] 曾纪泽：《曾纪泽日记》中册，第 853、891 页。

[4] 郭嵩焘：《郭嵩焘日记》第三卷，第 335 页。

[5] 张德彝：《稿本航海述奇汇编》第九册，第 120 页。

[6] 张德彝：《稿本航海述奇汇编》第九册，第 648-649 页。

不忘针对不同的用户，扑粉有专为亚洲人设计者稍黄，为非洲人设计者稍黑，只为"各如其面也"。[1] 脂粉的颜色不同或可谓制造厂家考虑到各种消费人群的分别，却足见肤色作为种族的属性已经深入到日常生活的方方面面。

四、新方式的重要补充：真人的人类学展示

出国途经各地，自能观察当地居民的相貌，在博物馆等机构中，也能看到不同的画像雕塑，然而当时的欧洲还有别的机会见识到各种人物。首先自然是各国之间人员的来往，与中国使节成为当地民众围观的对象同理，别的国家的出使人员也成了中国使节眼中的一道风景线。张祖翼有一次见到印度土王来贺英国女王，"五色金缠首，身披花袄，黑面虬须，如佛经中所绘西番象奴状"。[2] 张德彝也在柏林的咖啡馆隔窗遥望过前来庆贺德皇即位的"阿斐利加西北临海墨娄库"使者，称其人"身貌魁伟，赤面乌须，深目隆准"。[3]

另一种更类似于人类学展示的情况则是，主动将一些被认为是奇形怪状的人带回，专供参观。这些人或是通过考察旅行时的发现，或通过殖民地关系，被带到欧洲展出，较画片和塑像更加生动。郭嵩焘在水族院就看到过"北冰海"男女四人，由英人打鱼漂至者带回，善养鹿，故其日用穿着皆籍鹿皮。捕鱼者出资方将四人

---

[1]　张德彝：《稿本航海述奇汇编》第十册，第 425 页。

[2]　局中门外汉：《伦敦竹枝词》，载雷梦水等编《中华竹枝词》第六册，第 4205 页。

[3]　张德彝：《稿本航海述奇汇编》第五册，第 583 页。墨娄库即摩洛哥。

请来，郭还因此感叹"英人之好奇如此"。[1] 两天后，不知是否得到了消息，张德彝和凤仪、李荆门一起到"阿奎良木"小酌，也看到了新来的"拉埔兰"人，他觉得这些人和蒙古人长相相近，而入观的门票是一先令。[2] 此外张德彝还记录过他所见识的另一次真人展示：

> 有一美国之本籍德国克伦村人某甲，年二十余岁。由赤道南二十度，北京东八十四度零之萨么阿岛中携来黑人七名。年皆二十上下，相貌身材似泰西人，皮色紫黑，齿白唇红如斐洲人。身由脐下以黑白等色漆至膝盖之上，本皆赤身，又自脐下至膝上围红毡一条，因天凉又背负红毡一块。皆以假发罩首，色黄而氄，有作大倭瓜形者，有直束如草而蓬松者，大似斐洲人矣，然必如此修饰，方觉壮观。[3]

有些真人展示并不带有种族色彩，只是体格上异于常人，不过利用人们好奇心盛以卖票获利。比如曾纪泽曾经带领家人一起看过侏儒表演，并认为这是他出洋以来所见过最为新奇之物。[4] 早在同治年间，中国长人詹姓者和矮人黄姓者就在欧洲各地展出，[5] 与之

---

[1]　郭嵩焘：《郭嵩焘日记》第三卷，第 347 页。

[2]　张德彝：《稿本航海述奇汇编》第三册，第 707 页。阿奎良木即水族馆（Aquarium）。

[3]　张德彝：《稿本航海述奇汇编》第六册，第 391–392 页。萨么阿岛即萨摩亚群岛。

[4]　曾纪泽：《曾纪泽日记》中册，第 1075 页。

[5]　斌椿：《乘槎笔记》，第 121 页。关于詹姓长人，斌椿、王韬、张德彝都曾经提到过，而所称名字各不相同。

相遇的中国使臣除了追问其身上官服的来历，并没有多想。但是渐渐的，各种人类学展示现场出现的中国形象，在中国人心目中开始有了别样的滋味。

道光洋艘征抚以来，一次次的失败和城下之盟的屈辱，也一次次地消磨尽了中国人原有的自信力。张德彝参观的集奇馆，中国还与欧洲诸国同列在已化国家的行列中，表面上看来并无二致。更清楚中国积弱的郭嵩焘，注意到法国荣军院里陈列非洲、美洲和各海岛的土番，竟有中、日、印人错杂其间，不禁"对之浩叹"。[1] 张荫桓参观美国的餐馆博物院，赞叹各国种人的雕像"眉目如生"之余，见所陈华人男女各像则甚为不悦，直斥其"冠服失度，直刍灵之不若"。不但雕像"鄙陋"，馆藏的中国器物也"绝无佳品"，其中竟然还有鸦片烟具，可谓"琐屑之极"。[2] 康有为见到水晶宫的各国种人像时，知其所自"皆英之属地，与德之属国院同"，而在德国的属国院，他看到有胶州湾地方海关道旗仗，与黑人并列陈设，勃然大怒，认为这是"轻贱我同于非洲之黑人"。[3] 等到梁启超游历新大陆之时，"博物院中之绘塑"在他眼中基本等同于天演铁律下劣败者的归宿，一边是"红印度人"经历的惨痛，一边是对于祖国现状的忧心，怎能不叫君子观此而"肤粟股栗"。[4]

---

[1]　郭嵩焘:《郭嵩焘日记》第三卷，第 500 页。

[2]　张荫桓著，任青、马忠文整理:《张荫桓日记》，第 20 页。

[3]　康有为:《德国游记》《英国游记》，载姜义华、张荣华主编《康有为全集》第七册，第 426 页；第八册，第 9 页。康有为在欧洲参观时发现，各国都有人种院，而且其陈列与这些国家的殖民地有关系。见姜义华、张荣华主编:《康有为全集》第七册，第 467 页。

[4]　梁启超:《新大陆游记》，岳麓书社，1985，第 533 页。

第五节   出使前的知识准备与海外日记中的人种
分类说

从日记的记述来看，在出使之前，使者们或多或少有所准备。出国之前补充海外知识的传统并不始于晚清大规模的出使活动。在郑和下西洋时，随船的相关人员就有过如此准备，明显的例证是马欢提到自己以前阅读《岛夷志略》的时候，曾感叹天下之大，各不相同，而在出使之后则体会到书中所说不误，且有更让人不可思议之处。[1]

晚清出使人员在海外知识和西方学问上的准备，主要还是通过阅读相关文献和书籍。这些书籍大致能够分成两种类型，第一是中国人自己编撰的有关域外的史地介绍，其中自然以《海国图志》和《瀛环志略》最为人所熟悉。两书编写形式相当不同，《瀛环志略》更接近西方全球地理书写的模式，对大洲诸国进行分门别类，并以这样的分类为基础，形成章节，整体阅读起来较为明晰，临时需要阅读某国相关部分也易于索引。早在斌椿和孙家穀的使外纪程中，就已经多次提及《瀛环志略》。徐继畬曾在斌椿出行之际，赠送他一部《瀛环志略》，而且为斌椿的出使日记《乘槎笔记》作序，想必两人关系不错。斌椿在笔记中称赞徐书是在"访查各国形势利病"的基础上，"博采众说，汇集成书"，即便是西人也都认为此书允当。他多次在亲履其地之时，翻出《瀛环志略》加以参考和印证，发现书中所载大抵不诬。在乘船过了锡兰之后，斌椿说自此前行，皆是自古未通中国的地方，不能以故

---

[1]   马欢原著：《明钞本〈瀛涯胜览〉校注》，第 1 页。马欢所言《岛夷志》，当即汪大渊《岛夷志略》。

籍加以考证，除了各国翻译的地图，只能仰仗《瀛环志略》的记载。[1] 孙家穀认为《瀛环志略》尽管稍嫌不详，但是各种著述之中，"尚堪尽信"。[2] 黎庶昌在给友人的信中也表示，在经历各山川都市之后，发现《瀛环志略》所载各处风俗人物"十得七八"，所言不谬。[3]

《海国图志》一书属于中国传统的丛钞性质，前后修订数次，结构比较复杂，卷帙较巨，所以相对利用率不高，但是在薛福成比较日耳曼译法的时候，也引用了《海国图志》的说法。[4] 此外其他中国传统海外舆地论著，也是了解域外情况的重要材料。斌椿出洋之前，收到可资备览的赠书还有《海外番夷录》等。[5] 王之春在《使俄草》中引用过《瀛环志略》，同样，《海录》《海国闻见录》《海岛逸志》和《薄海番域录》也是其参考的对象。

清人旅外所借助的另一类书籍，则是外人的中文著译书籍或是外人编辑的关于西学的期刊。斌椿收到过传教士卫廉士赠送的《联邦志略》和丁韪良赠送的《地球说略》。[6] 薛福成在讨论关于澳大利亚的问题时，除了《瀛环志略》和《海外闻见录》之外，还专门提及澳即《职方外志》中所谓的第五个大洲。[7] 曾纪泽无疑是使者群体中读书最为用功的一人，对中西人所著皆有所涉猎。他的日记

---

[1]　斌椿:《乘槎笔记》，第 91、99、101-102 页等。

[2]　孙家穀:《孙家穀使西书略》，载《初使泰西记》，岳麓书社，1985，第 383 页。

[3]　黎庶昌:《与李勉林观察书》，载《西洋杂志》，岳麓书社，1985，第 540 页。

[4]　薛福成著，蔡少卿整理:《薛福成日记》下册，第 536 页。

[5]　斌椿:《乘槎笔记》，第 91 页。

[6]　斌椿:《海国胜游草》，第 181 页。其中《联邦志略》作《联邦志》，丁韪良作丁玮良。

[7]　薛福成著，蔡少卿整理:《薛福成日记》下册，第 696 页。

对于每日所读之书记录甚为详细，出使之前就已经阅读过《瀛海论》等国人著作，也看过徐建寅"所译外国书"以及《博物新编》《地理全志》《格物入门》等。即便是出国之后，他天天读书的习惯仍然保持，在使馆或旅途中，留下了观览《瀛环志略》和日人所著《万国史记》等书的记录。另外其读书清单中经常出现《中西闻见录》和《格致汇编》两份刊物。[1] 郭嵩焘早年在上海参观墨海书局时，受赠过《遐迩贯珍》数部，从时间节点上来说，这是在咸丰六年（1856）二月，而提及人种分类的《人类五种小论》和《续地理撮要》，已分别刊登在《遐迩贯珍》1855 年第 3 号和第 9 号了，只是郭嵩焘日记中未言及此。[2]

通过对这一问题的考察，可以发现一个有意思的现象，即不管是《海国图志》《地理全志》之类的地理类书籍，还是《中西闻见录》《格致汇编》这样的西学期刊，都曾经刊载过关于人种分类说方面的知识，但是在出使日记当中，除了薛福成有所引述外，几乎没有提及任何这方面的内容，即便在眼见各种人类或是参观人类学展示时，中国使者也会使用黑人、红番之类的词汇，却未能在人类整体的范畴内讨论人种分类的话题。当然，以现有的资料来看，很难说这到底是阅读者未曾注意，还是即便看过，也抱"存而不论"

[1] 曾纪泽：《曾纪泽日记》上册，第 77、253-254、307、448、556 页；中册，第 662、675、714、820、950、1059、1128 页等。

[2] 郭嵩焘：《郭嵩焘日记》第一卷，第 33 页。傅兰雅在光绪十六年（1890）正月请薛福成为《格致汇编》作序，亦赠送杂志，此时《论人类性情与源流》也已经发表。薛福成也在日记中记录过自己参考摘录《格致汇编》相关内容。见薛福成著，蔡少卿整理：《薛福成日记》下册，第 518、739 页。

的态度。[1] 对比薛福成关于人类分种的文字，可以发现其表述并非来自任何一本前所提及的书刊，很可能是使馆中其他人员或者是法国人告诉他的。

在众多使节之中，黄遵宪是一个特例，不仅因为他最早提及人类按照肤色分种的观念，而且理解和运用相形之下显得较为超前，在他的诗歌中，常常能够看到"黄种""白人"等称呼的出现，说明其早已熟知这些概念，并且能够入文入诗。相比抄录摘引西人著作却不甚在意内容者来说，黄遵宪在人种知识的接受方面算得上是先行者。[2]

提到人种分类说的时间，薛福成晚于黄遵宪，但也早于《格致汇编》的《人分五种说》。随后，身在欧洲的薛福成看到了日本人讨论人类社会的著作《人类社会变迁说》，并在日记中摘引了大致观点，其中说高加索人已开风气，势力强大，此外为数不多的能自立之国多在亚洲，中国已经为之包围，日本也很危险，慨叹如此发展下去，高加索人终将统领全世界。此书似对薛福成冲击颇大，只是于"高加索人"的所指，他好像不甚了了。在之后一段差不多的论述之中，薛福成还是使用"欧人"或者"欧人种"这样的讲法，很可能他对布鲁门巴哈所创人种名称并不习用，仍旧习惯以大洲之分的方式来谈论世界局势。[3]

---

[1]　"存而不论"是《庄子·天下篇》中圣人对于六合之外所秉持的态度。这一态度是中国人面对很多不可思议或不愿承认之事时的态度，比如张德彝在教堂中听闻了亚当、夏娃和诺亚的故事后，并不认同其为人类始祖，所以表示"以上述所闻如此，存而弗论可也"。见张德彝：《稿本航海述奇汇编》第一册，第372页。

[2]　黄遵宪：《番客篇》《己亥杂诗》等，载陈铮编《黄遵宪全集》上册，第133、155页等。

[3]　薛福成著，蔡少卿整理：《薛福成日记》下册，第677-678、697页。

此后，薛福成再次提及人种分类之说，这段论说所使用的人种名称术语依然是以肤色来辨别的。他在光绪十九年（1893）七月二十七日（9月7日）先是述及全球各洲人口数，接下来又记录道：

> 肌肤之色，皆缘水土之殊。比类参稽，可分为六；大抵黄色人族约六垓二京五兆有奇，白色人族约五垓七京有奇，黑色人族约二垓一京五兆有奇，半黄半白色人族约六京五兆有奇，淡黑色人族三京三兆有奇，杂色人族约一京五兆有奇。以上虽分六族，而历代以来，婚媾相通，彼此互为夫妇，有难过为分别者。总之，今之著名族类，一黄一白耳。黄人管辖五洲之东方，约占五洲十分之一二；白人辖欧美澳洲及亚洲之西壤，约占十分之八九。此其大较也。

第二天的日记中，薛福成将各人种的分布情况详细罗列出来：

> 论黄人之文学，中国实肇其端，亦独臻其盛。武功则应让蒙古首屈一指，如元太祖之以次臣服中国、印度、俄罗斯，何其伟欤。白色人族，又名雅理翰族，盖因上古之世昆仑山有雅里翰一种人。其苗裔南至印度者，肤色白于印度人，故兼以白人名，既而西行至欧、美二洲，纷纷占籍。其发有黑色、黄色之别。成周之世，白人文学著名者，推印度、波斯，战国以迄秦汉，以希腊、罗马为文人渊薮，近则白人文学遍于欧、美二洲矣。黑色人族，其居处皆在赤道之下，天时炎热，盖阿洲族类也。东以太平洋为界，西以中美洲为界。黑人一族从古无著名之国，近百年来始有人教之读书识字，或

被他国虏以为奴，迄今未能尽绝也。半黄半白色人族，如古时印度西北之巴庇伦及苏利耶、埃及诸国。溯夏商周之世，此族人之名望，四远咸知，各洲政教之出其右者，惟中国耳。淡黑色人族，即南洋之巫来由人也。此种人大半生南洋群岛，而迤东至太平洋一带。其文学亘古罕闻，惟祖述亚纳伯所制文字，亦无干济之才可以名世者。杂色人族，亦分两种，四百年前欧人初至美洲，见有一种土人，肌肤略带红色。究所从来，相传不一，或曰黄人之流亚也，从亚洲转徙至此。考其著名之两国，曰墨西哥，曰秘鲁，然两国素无文字，往往结绳纪事，居然有上古遗风焉。[1]

这两日的日记，考其出处，可见实际上基本来自李提摩太的《八星之一总论》，两者在人种区分、人口数和体貌描述等方面几乎一致。从时间上看，薛福成很可能是读到了国内寄来的《万国公报》，抄录于日记之中。[2] 其出使日记还有不少关于全球各洲、各教人口之数的记载，或是翻译自西人报章及书刊上的统计资料。不过对比其三年前的日记，尽管都以肤色作为分种的标志，但两者的分类基本没有相同之处。薛福成本人在日记中似也未将两种说法联系起来进行比较，很可能只是他一系列西方知识和情报会钞中的一部分，这些知识实际上对他没有太多的影响和冲击，也没有成为他思维世界中作为分析工具的概念之一，只能说是另一种形式的"存而不论"而已。

---

[1] 薛福成著，蔡少卿整理：《薛福成日记》下册，第825页。雅理翰即亚利安。
[2] 李提摩太：《八星之一总论》，铸铁生译，《万国公报（月刊）》，第47册，第7-8页。

张德彝的情况有所不同，他常年担任使馆的翻译，所以大多数情况下是公使重要的消息来源和传递者。一次，驻英公使罗丰禄嘱咐张德彝翻译一篇报纸上看来的文章，题为《中国变时论》，作者"道显古"，张德彝也不清楚到底是何许人物，其中有一段讲中日之间宜行联合之策，认为中日"人类本同"，当齐心协力，方不致有唇亡齿寒的危机；还说如果中日两国联合，德皇之前的预言就显得极有先见之明，那就是将来会出现"白种与黄种之交兵、贸易，彼此争雄"的情况。[1] 尽管是翻译引述，却能看出张德彝的译文使用"白种""黄种"等词汇，说明他对这一组概念有所了解。之后张德彝在日记中专门记录"西国以天下人之面色分五大种"，分别为白、黄、红、紫、黑，其中：

> 白者名阔喀西安，字本俄南界喀斯边与黑海中之阔喀色斯山为欧罗巴及亚细亚偏西一带者，共约五万万四千五百五十万人。黄者名蒙勾里安，字本蒙古为亚细亚洲之中东南北者共约六万万三千万人。另种黄面人名哈米堤克，字本亚当夏娃之次子哈木名在阿斐利加洲北界，共约六千五百万人。红者名阿美里加印的安，字本克伦柏之初得美洲西印度在南北阿美里加洲，仅有一千五百万人。紫者名普欧里内斯伊安，字本普欧里内奚亚或马来安，字本马蕾，二皆南洋群岛总名在南太平洋一带群岛，共约三千五百万人。黑者名呢格娄，字本呢格尔或柏斯翟斯蛮斯、或卜什蛮、或班图、或霍坦土特，以上皆斐洲人种类名在南阿斐里加一带，共有一千一百十五万人。统计天下

---

[1]　张德彝：《稿本航海述奇汇编》第七册，第156—159页。

人共十四万万四千零六十五万。[1]

这段记录很可能是摘自西人的统计资料或者人种简介，在摘抄之余没有见到作者予以评论。不过，张德彝对于黄白两种的议论还是有所印象，数年之后，当他成为驻英公使时，议论宗教应当和而不同，各国百姓各信其所喜，"彼此往来，不分黄白，不分强弱，温和相处，永享升平，实为天下生人之福"。[2] 这一美好的愿望中的一项，就是无论黄种白种，应该不讲种界，和平共处，可见张德彝此时对于人种分类和尘嚣直上的黄、白种争的论调了然于胸。

戴鸿慈作为五大臣之一，出洋考察宪政时已经了解地球之上，分分合合，以国为单位，而且人种如语言、宗教一般，是"永永存在不可磨灭"的。[3] 在奥匈帝国领有的匈牙利，他出席了农部大臣代表东道国举办的宴会，并答词称中国和匈牙利种族相同，将来想必更能增进友谊。日记中还有一段按语，专门解释中、匈同种族之说：

> 匈牙利与蒙古同种，实汉代匈奴之后也。其人黑睛黑发，声音、容貌多与吾国人相近。又据招待员某言，匈人姓氏，皆在名前，而泰西诸国率姓在名后，此亦其与中国同源之一端也。

此处"蒙古"显然不是中国传统所习用的蒙古概念，而与高加

---

[1]　张德彝：《稿本航海述奇汇编》第八册，第 38-40 页。其中阔喀西安即高加索人，蒙勾里安即蒙古人，哈米堤克即含米特人，是诺亚而非亚当和夏娃次子含的子孙，阿美里加印的安即美洲印第安人，普欧里内斯伊安即波利尼西亚人，马来安即马来人，呢格娄即非洲黑人（尼格罗人）。

[2]　张德彝：《稿本航海述奇汇编》第十册，第 655 页。

[3]　戴鸿慈：《出使九国日记》，第 5 页。

索、尼格罗相对应，是近代人种分类中的一种。戴鸿慈获悉匈牙利在维也纳会议之后归属奥国君主兼领，但是基本保持独立的姿态，首相、议会和各部俱全，自行其政，经济上，农工矿诸业并兴，首都布达佩斯也俨然一大都会。他不禁感慨道：

> 蒙古利亚种皆居亚洲，惟匈人孤峙于欧罗巴之中央，人民朴实少华，而志士迭起，时时有独立之思，孰谓黄种也而无健者乎。[1]

由此可见，戴鸿慈不仅对于"蒙古利亚种"等概念相当熟悉，而且已经明显认同自己所在的"黄种"，故而外交辞令之下，包含对匈牙利的亲切和冀望真情。

中国使臣在海外的大开眼界，可以算作"睹物"，而能否做到"知名"，则在于心中是否有相关的知识储备。另一方面，新见新闻不断加以消化，又能转变成为新的知识储备。出使各臣的身份来源和知识储备全不相同，"人之度量相越"远甚，[2] 所以不同的人以不同的心境见到同一事物，就会有不同的反应和想法；[3] 而不同的人如

---

[1] 戴鸿慈：《出使九国日记》，第307-308页。五大臣的游记，有些是手下代笔的，但戴鸿慈的考察宪政日记，尚无这方面的说法。

[2] 此句出自徐勤为梁启超所作《新大陆游记·序》，用以说明何以梁"十月间所观察所调查，乃多为吾三年间所未能见及"。见梁启超：《新大陆游记》，第416页。

[3] 由于习俗和打扮的原因，中国出使或游历人员在欧洲有时候会被误认为女性，面对此类误会，有些人不过一笑了之，而本就抑郁不得志的王韬得知被人称作"载尼礼地"（China Lady）后，大生感慨，竟认为这是预示自己一辈子雌伏的谶语。见张德彝：《稿本航海述奇汇编》第一册，第118、294、704页等；王韬：《漫游随录》，第133-134页。

果有着同样的考虑，目睹一物，则会自然而然产生相同的联系。[1]

薛福成谈起人类分种的缘由，乃是法国巴黎荣军院中的各种陈列。那么其他人在参观院中展品的时候是否也会生发出类似的观感，或对人种知识有一描述呢？郭嵩焘对于野番像中杂错的中国人形象，只能望之"浩叹"而已；其他中国人游历至此，所关注并陈述的，并非院中陈列土番形象而引发的关于人种分类的认识，而是更关心其中来自中国的展品。黎庶昌很专心地记录下了由中国流至的枪炮铭文，[2] 张德彝也特别提到兵器陈列中有中国的铜炮。[3] 张荫桓参观院中"各国种人"之后，则很谨慎地表达了"象形惟肖，然未经见者，殆难遽信"。[4]

值得注意的是王之春的《使俄草》，该书以诗、记相结合的方式，讲述了作者的游历所见。王之春也去过巴黎的荣军院，在当日的记载中留下了一段和薛福成所记几乎一致的文字，不仅是对几个陈列馆的描述，还有天下人共十有五族的具体区分。唯一不同点在于，王之春说"地球人有黄、白、紫、红、黑五种类"，和薛福成的白、黄、黑、红四种有所不同，王之春还补充说："中国为黄种，美洲为紫种，欧洲为白种，南洋、阿洲则红、黑两种"。[5] 其

---

[1]　傅云龙和张荫桓都在了解到密西西比河难治的时候，想到了中国的黄河，傅云龙为了一探究竟，还专门冒险走南太平洋铁道由西至东横穿美国。见傅云龙著，傅训成整理：《傅云龙日记》，第 119、142 页等；张荫桓著，任青、马忠文整理：《张荫桓日记》，第 13 页。

[2]　黎庶昌：《西洋杂志》，第 448 页。

[3]　张德彝：《稿本航海述奇汇编》第二册，第 90 页。

[4]　张荫桓著，任青、马忠文整理：《张荫桓日记》，第 160 页。

[5]　王之春：《使俄草》，第 410—412 页。《使俄草》记录的是王之春去俄国吊唁亚历山大二世之丧，并贺尼古拉二世登基，此时薛福成已成古人。

笔下地球人分五种类更接近当时流行的说法，其来源当出自薛福成日记之外。尽管如此，王之春对于五种肤色和具体人种的对应还是与通说有别，一般被认为红种的美洲人被其称为紫种，而多以棕色作为表征的南洋地区之人则成为红种。统观王之春的游记，多处指名道姓地提及薛福成的出使日记，[1] 所以很难判定他是否袭用其说，同时又掺以己意，甚至故意掩人耳目。除上述文字外，还有一些关于人类分别的内容也是如此。比如，他也在船只航过地中海之后，总结所见各处人民的情形：

> 历观亚丁、锡兰诸埠，虽经洋人垦辟，而其民人终黝黑蠢陋，与鹿豕无异，仍有狉狉猱猱气象，即所见越、缅、印度、阿拉伯各种人亦然。[2]

他还将这些地方的人与中国、欧洲等处之人加以比较，看似在旅途之中有感而发，实际上除了文字有所不同之外，基本和薛福成途经当地的议论无二。[3] 若《使俄草》据人之说作为己用，除了心意相合及图方便之外，也说明当日中国人关于人种和人类分别的新知识来源有限。王之春曾经编撰过《防海纪略》《国朝柔远记》等，在当时还算见过世面的洋务人士，仍需借鉴前使日记，国内足不出户的读书人则更无论矣。

---

[1]　王之春：《使俄草》，第 109、123、145、153、174 页。此外王之春还读过曾纪泽、郭嵩焘等人的日记，见王之春：《使俄草》，第 101－112、153、157、625 页等。

[2]　王之春：《使俄草》，第 629 页。

[3]　薛福成著，蔡少卿整理：《薛福成日记》下册，第 524 页。

第六节　出使日记的流传及其中人种分类知识的影响

王之春在游记中提及阅读其他使臣日记的情况，在别的使节日记中也经常能够见到。[1] 因为驻外公使对于驻在国以及出使工作的具体情况未必很了解，有关书籍相对贫乏，阅读前辈们的日记或有帮助，也是出使前的准备之一。另外，出使人员出示日记的情况也较为普遍，如吕海寰在给《六述奇》作序时就称，张德彝曾以自己的日记相示。[2] 曾纪泽在与李凤苞见面后，也得以阅其日记。[3] 郭嵩焘在回国之后，还收到过黄楙材的《印度杂记》《游历刍言》和郑观应的《南游日记》等。[4] 除了出使人员，早期游学生也有将日记交给驻在公使的惯例，郭嵩焘记载了检查各官学生日记的情况，他特别看重留英学习海军的严复，并在日记中大段抄录严复的日记。[5] 薛福成也记录过学生王丰镐将日记送阅的情况。[6]

至于出使日记为国内人所见，大概分为两种情况，一种比较私密性质，是友朋、同僚、亲戚之间的借阅传阅，曾纪泽在日记还没有结集之时，就用"洋纸连印之法"摘录数日寄给家中长辈。[7] 另

---

[1]　此类多见，不赘述，只以曾纪泽为例，根据日记可以发现，他曾看过《乘槎笔记》《使西纪程》以及刘锡鸿、李圭、黎庶昌等人游记，见曾纪泽：《曾纪泽日记》上册，第 30 页；中册，第 766-767、769、795、1052 页等。

[2]　吕海寰：《六述奇·序》，见张德彝《稿本航海述奇汇编》第六册，第 641 页。

[3]　曾纪泽：《曾纪泽日记》中册，第 860 页。

[4]　郭嵩焘：《郭嵩焘日记》第四卷，第 167、509 页。

[5]　郭嵩焘：《郭嵩焘日记》第三卷，第 520、535 页等。

[6]　薛福成著，蔡少卿整理：《薛福成日记》下册，第 601 页。

[7]　曾纪泽：《曾纪泽日记》中册，第 834 页。

一种则是在国内公开出版。总理衙门在《使西纪程》毁版事件之后，就不再将使者日记全行出版。不过晚清各种出版机构林立，张德彝所说的著作如林、脍炙人口虽有夸大之嫌，至少表明公开出版的出使日记并不少见。他谦称其述奇不过是"持此破睡魔"的读物，[1] 但国内无条件远游的人还是表示出极大的兴趣。他发现《航海述奇》未经同意即被《申报》馆印刷出版时，去信要求刊登说明，其中略云：

> 曩者，彝随斌友松郎中出使泰西，察访风俗，有随笔日记一编。旋京后，因戚友索观，乃将原稿奉给，并未修改。是编虽有名有序，无非一时自娱，初无灾及枣梨之意。昨由泰西回华抵沪，闻已经贵馆刷印，不知稿由何人所寄，殊觉诧异。忆十五年前未尝学问，语言粗鄙，不胜惭愧，今既印售，噬脐无及，愿观者谅之。[2]

张德彝不清楚到底是谁把自己的游记寄到报馆，也并不追究擅自刊印的责任，只是表示水平有限。黄遵宪在与日本友人笔谈时称，由于国内询问日本事的信件纷至沓来，为了不一一应答而作《日本杂事诗》，不想此稿被王韬携去刊印公布，并非自己本意。[3] 张、黄两人的遭遇只是当日出版界尚无著作权意识的一个侧影，经过寄送、擅印等种种途径，海外游记逐渐在国内流传开来。

---

[1]　张德彝：《再述奇·自序》，载张德彝《稿本航海述奇汇编》第四册，第408页。

[2]　张德彝：《稿本航海述奇汇编》第四册，第830页。

[3]　陈铮编：《黄遵宪全集》上册，第708页。

不过在当时，无论是出使人员还是出使日记，士人的口碑皆不甚佳。陈炽说泰西的使节职分甚重，修好、侦敌、护商皆其所需为，反观中国"使馆节省经费，杜门谢客，声气不通"，使节对当地军政商情，大多隔膜，无非优游，在仕途上混一个出过洋的履历，坐等三年回国后，保升其他官职，实不能免滥竽充数、尸位素餐之指责。[1] 戴鸿慈在专论考察西方政治时，也说指望不上使臣的日记，只是语气还算客气，认为三年专门处理外交事务，可能没有时间来整理记录。[2] 郭嵩焘看过刘锡鸿的日记后认为，其貌似闳博，实际上不过是抄录翻译官马格理等人之言，并没有什么心得。[3] 戊戌年间，兵部候补主事杨荭上书言出使事，指本朝公使出国多年，回来时不过剽窃一些西书作为日记。[4]《英轺日记》自称不敢过于非议前辈，却指近人出洋日记中首屈一指的郭嵩焘《使西纪程》和薛福成《四国日记》也有问题，"郭书简略未经完备，薛书则多系紬绎报章，无关宏谊"。[5]

唐才常在专论出使的《使学要言》一文中称，中国派遣公使驻外，不过是不得已之举，对出使人选来说也就是多了一种官场渠道，犹如往日通判、同知三年熬成知府、道员，其术全在钻营。出

---

[1]　赵树贵、曾丽雅编：《陈炽集》，中华书局，1997，第 74-75 页。

[2]　戴鸿慈：《出使九国日记》，第 5 页。

[3]　郭嵩焘：《郭嵩焘日记》第三卷，第 730 页。虽说此时郭、刘两人已经反目，此番评价却大抵可信。刘锡鸿自己也说翻译人才不多，不能观看西方书报，所以其主要信息来源应该就是翻译官。见刘锡鸿：《英轺私记》，第 83 页。实际上郭嵩焘也不谙西文，所闻无非也是由翻译传递的消息。

[4]　转引自茅海建：《戊戌变法史事考》，生活·读书·新知三联书店，2005，第331 页。

[5]　载振、唐文治：《英轺日记》，第 8 页。

使游记也就是打听些当地传闻，堆砌成书，用来帮其加官进衔，或博取撰述通雅之名，佳者寥若晨星。[1] 唐才常怒其不争，言辞不无过激之处，但大体可以代表那一时期读书人对于出使日记的总体评价。尽管如此，游记仍然是时人了解列国和西学知识的重要窗口。

康有为自称 17 岁时就已经看过《瀛环志略》，之后又饱览"诸人游记"。[2] 在谈学问门径的《桂学答问》中，于政俗类专门辟出游记一门，罗列了以为可观的《使西纪程》《曾侯日记》《环游地球日记》《四述奇》《出使英、法、义、比四国日记》《使东述略》等数种，其中张德彝的游记详细，薛福成的则能有考据，其余虽大都鄙陋琐碎，"然皆可类观也"。此语看似不得已求其次，却能反映一班无游历经历却向往了解西方和新学的读书人的心境，尽管并不看好出使游记日记，限于条件又不能舍弃不观，只能借以获得所需的知识。梁启超 1896 年编纂《西学书目表》，将当时已刊、待刊的西书以纲目形式罗列一过。上半部分将西学分门别类，下篇则专有"游记"一类，主要是"西人游历各地"之书。表后所附"中国人所著书"中，游记类最为大观，共列有 48 种之多，一些被归入"地志""议论"的书籍，实际上也是游历之后的产物。[3] 在《西学

[1]　唐才常：《觉颠冥斋内言》，上海古籍出版社，2002，第 411 页。

[2]　康有为：《我史》，载姜义华、张荣华主编《康有为全集》第五集，第 61、63 页。

[3]　梁启超：《西学书目表》，载梁启超著，夏晓虹辑《〈饮冰室合集〉集外文》下册，北京大学出版社，2005，第 1121—1157 页。关于《西学书目表》在近代学问分类和现代学科形成方面的作用可以参看章清：《"采西学"：学科次第之论辩及其意义》，《历史研究》2007 年第 3 期。"游记"部分梁启超罗列了 48 种，其中不书作者的《三洲游记》实际上不是中国人的作品。参见张治：《"引小说入游记"：〈三洲游记〉的迻译与作伪》，《中国现代文学研究丛刊》2007 年第 1 期。"地志"（转下页）

书目表》序例中，梁启超甚至坦言：

> 中国人言西学之书，以游记为最多，其余各种，亦不能以类别，今用内典言人、非人，化学家言金、非金之例，区为游记类，非游记类二门。[1]

尽管最后成书的书目表和序例有所不同，但在梁启超的心目中，游记的分量可见一斑。

清末士人阅读出使日记，并转引其中人类学和人种分类的知识，唐才常的《各国种类考》是一个很好的例证。光绪二十三年(1897)，湖南维新派所办的《湘学报》开始连载唐才常的长文《各国种类考》，[2]之后该文被整理收录于唐才常的文集《觉颠冥斋内言》卷三之中。[3]《各国种类考》体例完整、篇幅较大，是清末关于人种和民族状况的一部重要论著，其以亚洲、欧洲、美洲、非洲、澳洲的顺序，论述了各国的种族情况，而篇首的《自叙》和《五洲种类总考》，则从全世界和全人类的角度集中讨论人种分类

（接上页）中刘启彤、黄楙材、黄遵宪、姚文栋、顾厚焜等人，"议论"中薛福成、黎庶昌、马建忠等人的著作，大都是出使案牍、出外游览后所作，或者是游历期间摘抄外国书籍所成。

[1] 梁启超：《西学书目表·序例》，载《饮冰室合集》第一册，中华书局，1989，第125页。

[2] 《各国种类考》连载从第15号到第27号，其间《湘学报》更名为《湘学新报》，见上海图书馆编《中国近代期刊篇目汇录》第一卷，上海人民出版社，1980，第719-720页。

[3] 唐才常：《觉颠冥斋内言》，第431-455页。

的问题。[1] 由于唐才常延续了类似于魏源"以西洋人谭西洋"的编撰思路，基本采用材料汇编和按语相结合的形式，所以《各国种类考》中大量引用当时所能看到的各种中文西学书籍。[2] 不少研究者注意到这一点，并以此来考察唐才常乃至整个维新士人团体关于人种知识的来源。比如在《五洲种类总考》开篇，唐才常就有一段引文：

> 《格致汇编》：西国常以人分五大类，一曰蒙古人，一曰高加索人，一曰阿非利加人，一曰马来人，一曰亚美利加土人。以肤色分之，则曰黄人、白人、黑人、棕人、红人。又有格致家将亚美利加土人与马来人、蒙古人为一类。又曰：近来西人考究各国语言多有相同处，可知五类之人，原为一脉，而属同类之人。[3]

石川祯浩指出，这段文字基本引自《格致汇编》刊载的《人分

[1]　在《湘报》《湘学新报》的连载中，本没有篇首的《五洲种类总考》，该部分以"种类余记"的标题安置于篇末《澳洲种类考》之后。比较《五洲种类总考》和《种类余记》，发现两者内容有不小的差别。《种类余记》见谭嗣同、唐才常、熊希龄等主编：《湘学新报》第一册，台北：华文书局，1966，第437-438页。连载的《各国种类考》，紧随着《自叙》的即是《亚细亚种类考》，见谭嗣同、唐才常、熊希龄等主编：《湘学新报》第三册，第2119页。华文书局出版的《湘学新报》并非按照发行时间编排，所据应该是汇编本，且先后次序排列比较混乱，《各国种类考》后半部分在第一册，而前半部分在第三册，有时还会出现前后两页的内容不相联的情况。本章基本以经过原作者修改的《觉颠冥斋内言》为基础进行分析，比较时参以《湘学新报》本，特此说明。

[2]　当然唐氏所引基本为已经翻译为中文或者以中文撰写的著作。

[3]　唐才常：《觉颠冥斋内言》，第432页。

五类说》一文，表现出"维新派如饥似渴地吸收外来的新知识"，
进而破旧立新，"获得了新的世界观"。^[1] 除了传教士的影响之外，
石川认为唐才常的知识还来源于日本人的著作，尤其是冈本监辅的
《万国史记》。^[2] 的确，唐才常引用冈本监辅之处甚多，几乎每一大
洲《种类考》都以《万国史记》的内容为起首。

其实，如果仔细研读《各国种类考》，便可发现，其人种知识，
除了西人和东人的著作之外，还别有来源。《五洲种类总考》中，
唐才常在引《人分五类说》之后，有一段按语：

> 洴澼子曰：西国蜡人院，罗列地球人种有四：白种、黄种、
> 黑种、红种。其族有十五：陪而陪族、黑人族、北美印度族、
> 中美印度族、南美印度族、柏布族、爱斯既马达族、欧洲印度
> 族、乌拉朵阿尔堆格族、蒙古族、爱拿族、排思格族、达拉惟
> 弟爱吴族、巫来由族、阿剌伯族。由此观之，可见西人辨析种
> 族之学，至严至精，无微不入矣。惟精也，故见凤仪而知为蒙
> 古种，见李凤苞而知为老子后；惟严也，故摈野蛮于公法外，
> 而视为天律，鹿豕红黑诸番族，而甘叛其平等之微言。然则地
> 球种祸，殆深伏于人心，而跂跂脉脉泯泯梦梦之众，将狼奔豨
> 突，角触人世中，无已时哉。今之君子，将遂委心任运，听

---

[1] 不过正如前述，《湘学新报》本《各国种类考》中没有《五洲种类总考》，
而篇末的《种类余记》中也没有这段对《格致汇编》的引用，应该是唐才常在整理出
版《觉颠冥斋内言》的时候才添入的。另：袭用《人分五类说》的一段，石川氏所引
与笔者所见不同，注释中亦未讲清其来源，不知是否《各国种类考》的别一版本。

[2] 石川祯浩：《辛亥革命时期的种族主义与中国人类学的兴起》，载中国史
学会编《辛亥革命与二十世纪的中国》中册，中央文献出版社，2002，第1003-
1004页。

命于不知谁何之天，则印度贵种婆罗门，未尝不衰绝，数千
年后而地老天荒，更孰抚残碑遗碣、麦西哥文字与掘洪荒之枯
骨，起而哀之、祝之、神明之也。乌虖，酷已。[1]

实际上，唐才常本人并没有海外游览的经历，这段按语前半部
分有关罗列地球人种的描写，毫无疑问引自薛福成日记，而且地球
人种的陈列之处并非唐才常所说的西国蜡人院，而是荣军院。

薛福成日记的时间早于《人分五类说》，唐才常在报章连载的
《各国种类考》中，只提到了薛的记述，《格致汇编》引文则要到整
理编辑《觉颠冥斋内言》时才才收入。由此可见，传教士系统出版
的刊物和日本人著作固然对唐才常有所影响，本国出使人员的日记
也是其吸收人种知识乃至了解远西各国的重要途径。[2]

冈本监辅的《万国史记》也和晚清的出使人员有关，作者曾将
此书出示驻日参赞黄遵宪，要求指正。[3]《万国史记》中的相关文
字，或许受到晚清人著作的影响，以唐才常所引用的部分为例，冈
本书中将美洲混杂人种分为"或土母白父，或黑母白父，或黑母土

---

[1]　唐才常:《觉颠冥斋内言》，第432页。此节亦见于《湘学新报》本篇末的
《种类余记》，文字有所不同，前不加"洴澼子曰"四字。"由此观之"一段不见，有
小字"案：举此条与见凤仪知为蒙古种，见李凤苞知为老子后参看，可见西人留心
种类之学精实，稽核无微不入矣。异哉，所列十五族，大约不出前列各种［种］之
外，唯译音格格互异，猝难推寻耳。"洴澼子乃唐才常笔名，典出《庄子·逍遥游》
"宋人有善为不龟手之药者"一章。

[2]　唐才常在《各国种类考》后所附《通种说》一文中也曾引用薛福成的日
记，并注明引自"薛公"的《四国日记》。见唐才常:《觉颠冥斋内言》，第455页。

[3]　黄遵宪:《评〈万国史记序〉》，载陈铮编《黄遵宪全集》上册，第246页。

父"三种，[1] 和《瀛环志略》所说完全一致。[2] 实际上，不同种族间通婚的情形应该更加复杂，两书分出相同的三类，或许显示《万国史记》参考了《瀛环志略》。另外，"见凤仪而知为蒙古种，见李凤苞而知为老子后"的故事，也见于出使日记，当事人李凤苞在《使德日记》中记道：

> 及来欧洲，方知有终身探讨中国古文、诗词及满蒙文字，苦心孤诣至死不变者。且有妇女详考亚细亚古民种、古文字、古诗词者。凤仪在英遇垂髫女子，指曰：此人头颅是蒙古种。苞在巴黎遇人，谓是老子后裔。适郭大臣在座，甚奇之。[3]

郭嵩焘对此事也有记载，并且详于当事人的日记，提到指认李凤苞为老子后裔者是他在巴黎遇见过的博物院教习嘎得勒法斯，并称：

> 嘎得勒法斯精于格致之学，多通中国典籍。见李丹崖，语马眉叔云："此君当为老子后人。"问何以知之，曰："吾读老子书，好之，遂考求老子为人，并得其像。见此君体骨，犹老子之留贻也。"往在英国，有一妇人见凤夔九曰："君必蒙古人

---

[1] 唐才常：《觉颠冥斋内言》，第453页

[2] 徐继畲：《瀛环志略》，第268页。前已述及，张德彝在《再述奇》中对合众国人混种情况的表述，也与之完全一致。张德彝：《稿本航海述奇汇编》第一册，第504页。

[3] 李凤苞：《使德日记》，台北：文海出版社，1966，第88页。

也。"问何以知之。亦以骨格对。[1]

　　通过对唐才常的《各国种类考》所引资料的辨析，可以发现海外游记与晚清人种分类知识的获得、传播等方面有着重要的关系。尽管从使臣的日记来看，这些知识并没有引起亲历者足够的重视，更毋庸言人种分类之说在 19 世纪末 20 世纪初所掀起的那般波澜，但日记中所载，出使人员们目见的人种缤纷和偶一提及的西方人种分类知识，却实实在在地被国内士人所关注和吸收，成为人种论述中的知识资源。

---

　　[1]　郭嵩焘：《郭嵩焘日记》第三卷，第 577—578 页。其中李丹崖即李凤苞，马眉叔即马建忠，凤夔九即凤仪，蒙古正黄旗人。估计唐才常的引述应该是参自李凤苞的出使日记，不仅使用与李相同的"蒙古种"，而非"蒙古人"，而且他在《使学要言》中还专门提到出使游记中，如薛福成的《四国日记》、李凤苞的《使德日记》、马建忠的《适可斋记言》和黄遵宪的《日本国志》，还算"能规划局势，鞭辟近里"。见唐才常：《觉颠冥斋内言》，第 411 页。

第七章　清季民初世界语运动中的
"世界"观念

　　源于佛教、兼具"方位"与"流变"时空含义的"世界",从19世纪后半期开始,经过与"天下""万国""泰西""西洋"等词的联系混用,逐渐约定俗成为指称中国以外广大地域的重要概念。这一看似涵盖广泛的地域指称名词,却不一定包含地球上的所有地方,而是带有浓厚的主观性和虚拟性。此外,还包含非具体空间的抽象意义,且在不同的语境下变化出种种丰富含义。"走向世界""中国与世界"等观念,作为一种深层意识乃至认识框架,常常制约着近代中国人的自我定位和对未来方向的认识,已经引起识者的关注。[1]

　　已有的关于世界语运动的研究,大抵分为两类:一为亲历者不无深情的追忆,一为局外人带有反思的审视。前者较为全面地勾勒

---

　　[1] 举其显要者,有罗志田:《天下与世界:清末士人关于人类社会认知的转变——侧重梁启超的观念》(《中国社会科学》2007年第5期)、《走向世界的近代中国——近代国人世界观的思想谱系》(《文化纵横》2010年第3期);桑兵:《华洋变形的不同世界》(《学术研究》2011年第3期)、《辛亥革命研究的整体性》(《中山大学学报》2011年第5期)。

出世界语在中国发展的大概史实，[1] 后者则从团体活动、文字改革、思想文化大背景等方面展开论述。[2] 清季民初世界语运动的重要关怀之一，是语言与世界的关系，以此为主题，从名称流变、理想寄托和终极关怀等层面，顺时序地考察"世界"及其相关观念在世界语运动中的虚虚实实，及各种或隐或显的表现背后的意蕴，可以挖掘世界语运动的思想文化内涵，展现包含地域而不止于地域的"世界"观念如何体现于倡行者各自的言论行事之中，从而将一些看似不言而喻实则言人人殊的观念还原于历史。

第一节　语以载道：清季世界语名物的引入与推介

海通以来，轮船、火车、电报等工具广泛使用，国际间的交流无论深度、广度都非往日可比，语言上也渐渐产生一种普遍适用的

---

[1]　侯志平编著：《世界语运动在中国》，中国世界语出版社，1985。侯志平主编有多种相关书籍，内容大同小异，巴金、胡愈之等人也结合自身经历有过撰述。关于世界语运动的宏观背景，可参见 E. 德雷仁：《世界共通语史——三个世纪的探索》，徐沫译，商务印书馆，1999；E. 普里瓦：《世界语史》，张闳凡译，知识出版社，1983。

[2]　其中较为深入且与本文主题相关者有：罗志田：《清季围绕万国新语的思想论争》，《近代史研究》2001 年第 4 期；张宝明：《中国现代性的两难——以新文化元典中的世界语吊诡为例》，《福建论坛》2007 年第 5 期；彭春凌：《以"一返方言"抵抗"汉字统一"与"万国新语"——章太炎关于语言文字问题的论争（1906—1911）》，《近代史研究》2008 年第 2 期；程巍：《"世界语"与犹太复国主义——兼论清末"世界语"运动》，《中国图书评论》2010 年第 12 期；周质平：《春梦了无痕——近代中国的世界语运动》《语言的乌托邦——从世界语到废灭汉字》，载《现代人物与文化反思》，九州出版社，2013。

需要。1887 年，波兰医生柴门霍夫（L. L. Zemenbof）博士正式公布其创造的一种人造语言，并将其定名为"La LingvoInternacia"，意为"国际语言"。后来人们将柴氏发表该语时所采用的笔名"Esperanto"（意为"希望"）作为这一新语言的名字。[1] 所希望者，照柴氏自己的追溯和历次世界语大会的主旨，乃是超越国界，消除隔阂，实现人类相爱如一家。这与柴氏在多民族混居区成长的经历不无关系，也因应着欧洲内部不同民族和平相处的追求。[2] 欧洲的经验与探索，最终辐射到亚洲，经日本人发端倡导，中国人逐渐以"世界语"之名来称呼 Esperanto，引起有关"世界"观念的一系列丰富表现。

　　清季中国人越来越意识到国际交流中语言的重要。1900 年，清朝驻美大臣伍廷芳在费城书院演说，鉴于英语的广泛使用，认为"万国通语，当以英语为准，有不待言而决者"，并说"不佞并非偏重英语也，综览环球之大局，默验人情之向背，谓宜定万国通用语言为各国人民交易往来之用耳，此固极省事之办法"。[3] 伍氏之"万国通语"乃"万国通用语言"的简称，并未固定为专有名词，也并非特指 Esperanto。其推重英语，或许不无外交官顺应场面的灵活客套，但就当时直至现在的实情而言，英语一直在很大程度上充当实际的国际通用语的角色，是包括世界语在内的各种人造国际语的有

---

[1]　在此之前，曾有一种影响较大的国际语名 Volapük，其名字中的 vol 来自 world，pük 来自 speech，该语言被称作"世界语"至少从名字来看更合适，而世界语的名称最后倒被字面意思毫不相关的 Esperanto 所替代。

[2]　相关背景可参见中华全国世界语协会编：《柴门霍夫演讲集》，祝明义译，中国世界语出版社，1982；E. 普里瓦：《世界语史》。

[3]　《续记中国驻美大臣伍秩庸星使在费城书院演说美国与东方交际事宜》，《申报》1900 年 7 月 11 日第 1 版。

力竞争者。

到 1905 年，留日归国学生戢元丞、秦力山、杨廷栋、雷奋等主持编辑的《大陆》刊出《世界语》一文，以"世界语"为标题，分节介绍其发明者与构造时，却以"爱斯泼拉特语"音译相称，除标题外，通篇不见"世界语"字样。可见，所谓"世界语"并非 Esperanto 的专称，而是描述，与辑录欧美近闻以成"世界谈片"之"世界"一样，意谓欧美那个世间，只是希望应用范围扩而大之。此时的"世界语"之名尚未约定俗成，更谈不上习以为常。据称：发明者有感于自身经历，"怀抱四海同胞之主义，此所以着手于实际同语"，"爱斯泼拉特语为万国语之用途"，"构造极为简单，苟稍通外国语者，凡一月即可以得学之"。[1]"万国语"也就是标题的"世界语"，"爱斯泼拉特语"即具体实现通行万国世界的一种语言。"四海同胞主义"与"极为简单"，一则精神内核，一则实际效用，既连接欧美世界语运动所寄托的"希望"，更成为后来十余年间提倡与反对世界语者反复争辩的两个基准点。

1907 年，第三次世界语大会在剑桥召开，署名"醒"的作者在《新世纪》上撰文记述，多方面渲染会议的盛况和世界语的流行。该文以"万国新语"指称 Esperanto，所记柴门霍夫当月 12 日的演讲，"大致谓万国新语通行之后，实能改良国际之感情，增进人道之幸福"。19 日演说则称："新语通行之后，各国便不致再有误会之事。误会之事既少，则战争之事可息。战争既息，则所谓大同之境界不难立致也。总之，吾辈宜以爱世界为真爱，爱本国为私爱。若专私其所爱，而不知博爱，则非吾辈所取也。"[2] 这是较早对世界语

---

[1] 《世界语》，《大陆》1905 年 9 月 23 日第 3 卷第 15 期，"杂录"，第 9 页。

[2] 醒：《记万国新语会》，《新世纪》1907 年 8 月 24 日第 10 号第 2 版。

大本营相关情况的介绍，名称用汉语意译，敏锐地捕捉到世界语消融国界的理念。

《大陆》的《世界语》不过昙花一现。1907 到 1908 年，创办于巴黎的《新世纪》在吴稚晖、李石曾等无政府党人的主导下鼓吹 Esperanto，主要还是用"万国新语"之名。有意思的是，因应"万国新语"，还有"中国新语"。署名"前行"者来稿提出，为推行万国新语而发起中国新语，作为从中国语到万国新语的过渡。[1]

"万国"在中文古典中本来指众多"封建诸侯"，元代曾指称外国，明清以后渐渐对应世界各国。19 世纪以来，西力东渐之下，国与国之间的对应感渐强，传统的天下格局受到冲击。1864 年总理衙门刊印《万国公法》，伴随着殖民扩张而来的以西欧为中心的民族国家新秩序被中国人接纳。[2] 从某种意义上，"万国新语"同"万国公法"一样，以欧洲经验为实质，却有着"万国通用"的意象，前者以一个"新"字，更寄托着进化链条上更加先进的期待。而中国与万国对言，中国置身万国之外，看似不可思议，实则有着深厚的思想渊源和广泛的历史影响，且与后来的"中国与世界"一脉相承。

同一时期，日本的世界语运动开始萌发，在日中国人亦参与其中。1906 年，日本翻译家二叶亭四迷出版了日本最早的 Esperanto 自习本《世界语》，[3] "世界语"之名在日本开始流传。同年，无政

---

[1]　前行:《编造中国新语凡例》,《新世纪》1908 年 3 月 28 日第 40 号第 3–4 版。

[2]　金观涛、刘青峰:《从"天下"、"万国"到"世界"——兼谈中国民族主义的起源》，载《观念史研究：中国现代重要政治术语的形成》，法律出版社，2009，第 226–251 页。

[3]　林义强:《"万国"と"新"の意味を問いかける：清末国学におけるエスペラント（万国新语）论》，载《东洋文化研究纪要》第 147 册。承叶倩莹提示并翻译，特此致谢。

府党人大杉荣在狱中开始学习世界语。出狱后，他在杂志上连载
有关世界语的消息，在东京本乡小学开办讲习会，据说有中国人参
加。从 1908 年 4 月 6 日开始，大杉荣还在倾向于无政府主义的留日
学生刘师培家里开办世界语讲习会，刘师培和何震夫妇、张继、苏
曼殊、景梅九等人参与其中，他们主办的《衡报》对世界语大加提
倡。Esperanto 以"世界语"或"世界新语"之名在少数中国人当中
传播开来。[1] 当刘师培提出"今欲扩中土文字之用，莫若取《说文》
一书译以 Esperanto（即中国人所谓世界语）之文"时，[2] Esperanto
与"世界语"并用。今日几乎所有涉及世界语的论著都称 Esperanto
最初汉译为"万国新语"，"世界语"之名乃沿用日本说法，基本
事实或在于此。[3] 对刘师培等人而言，无政府主义的共同信仰，加
上时空与人事的机缘，其沿用日本称谓的"世界语"，本属理所当
然，但更多的中国人沿用之后，自觉不自觉的变化就更加丰富了。

近代中国"世界"观念的发生演化，与日本关系匪浅，世界语
即其表现之一，20 世纪 10 年代之后，出现许多追认并解读这段因
缘的说法（详见下节）。只不过此时"世界语"一词并不流行，更
非唯一，这与"世界"一词在近代兴起的大趋势是吻合的。古代
中国的"世界"一词主要是佛教意义上的，虽然也会用来描绘尘

---

[1] 嵯峨隆：《近代日中社会主义交流之经验——以大杉荣为例》，载中国社会
科学院近代史研究所编《近代中国与世界：第二届近代中国与世界学术讨论会论文
集》第 2 卷，社会科学文献出版社，2005；孟庆澍：《无政府主义与中国早期世界语
运动》，《洛阳师范学院学报》2006 年第 1 期。

[2] 师培（刘师培）：《论中土文字有益于世》，《国粹学报》1908 年 10 月 14 日
第 46 期，第 2 页，"社说"。

[3] 关于刘师培等无政府主义者对世界语的提倡，可参见张仲民：《世界语与近
代中国知识分子的世界主义想象——以刘师培为中心》，《学术月刊》2016 年第 4 期。

世，但总体上虚大于实，近代来华传教士正是在这一层意义上借用过来，描述上帝所创造和掌控的"世界"。后来所指逐渐从天国转到人间，19世纪末在各种商务统计表中出现"世界各国""世界各地"等明确为地域指向的用法，但还是在较为普泛和笼统的含义上使用，至于更加具体地落实到指称各种事物，时间更为漫长，过程更加复杂。本质为欧洲语言的 Esperanto 逐渐取得"世界语"的名号，正是一例。同时，由虚入实的"世界"加冕到 Esperanto 身上，其虚的一面自然成为各种寄托的内在契合点。

1907年，署名"醒"的作者在《新世纪》撰文，认为"欲求万国弭兵，必先使万国新语通行各国，盖万国新语实求世界平和之先导也，亦即大同主义之张本也"，[1] 将万国新语与大同主义勾连起来，赋予其精神内涵。后来，他总结万国新语"进步几一日千里"的原因，除简单易学和世界各国交通日益频繁外，还因为"科学发达，人类之智识愈进，研究真理之心愈炽"，"十九世纪之末，世界种种，渐趋于大同时代，各国人民亦多厌弃战争，而研究万国平和之道。惟欲万国平和，必先有统一之语言文字"。[2] "研究真理"而学习万国新语，则此真理的重心已经偏向于外。"大同时代"的文字统一以万国新语为依归，正是为了避免以某国语言为通行的尴尬，造成各国平等自发的幻象，实则万国也好，世界也罢，还是源于欧洲，后发展国家以万国新语来求大同，只能是舍己从人以求一致。所以接下来的逻辑推论就是：

以余意观之，苟吾辈而欲使中国日进于文明，教育普及全

---

[1] 醒：《万国新语》，《新世纪》1907年7月27日第6号第3版。

[2] 醒：《万国新语之进步》，《新世纪》1908年2月15日第34号第3版。

国，则非废弃目下中国之文字而采用万国新语不可。……若中国之采用万国新语，乃为改良文字计，乃为中国人之心愿，而非由他人之干涉。故中国人于此事而犹倡反对之说者，吾无以名之，名之曰顽固。或诘余曰："尔以为中国文字不便，实则中国文较他国文为简单。西洋文字于动词中分过去未来等时，实觉繁琐已极。"英法诸国文字，本不能谓之极文明，然彼以有一定之规则，故终较无规则之中国文字为便利。且每一种文字，必有字母，几为各国文字之通例。中国人与欧美交通，为日已久，欧美文明蒸蒸日上，而中国则停滞不进。近数年来，中国文明似稍发达，然卒以中西两文相差过远，故西洋文明不易输入。……然吾以为与其改用英文或他国文，不如采用万国新语。以英文虽较良于中文，而究非最良之文字。与其取较良之英文而贻后悔，何如用最良之万国新语而为一劳永逸之计乎？欧美文明发明已数十年，而中国则至今尚落人后。考其原因，实由乎文字之野蛮。故吾辈今日而欲急起直追也，非废弃中国旧文字而采用万国新语不为功。[1]

这里明确提出废除汉字采用万国新语，理由是字母为"各国文字之通例"，汉字例外而"无规则"，是不文明的野蛮表现。为文明进步，需要输入西洋文明，万国新语作为最良之文字，是最好的凭借。此时 Esperanto 尚未取得"世界语"之名，但作者这些虽未必符合实情却旗帜鲜明的言论所体现的思想取向，与后来世界语运动所承载的理想相当一致，根源即在于西力东来的压迫之下，夷夏大防荡然无存，国人心中的中西地位已经完全颠倒。

[1]　醒:《续万国新语之进步》,《新世纪》1908 年 2 月 29 日第 36 号第 2 版。

针对这些美好而虚幻的期待，章太炎针锋相对地指出：

> 巴黎留学生相集作《新世纪》，谓中国当废汉文而用万国新语。盖季世学者，好尚奇觚，震慑于白人侈大之言，外务名誉，不暇问其中失所在，非独万国新语一端而已。其所执守，以象形字为未开化人所用，合音字为既开化人所用。且谓汉文纷杂，非有准则，不能视形而知其字，故当以万国新语代之。余闻风律不同，视五土之宜，以分其刚柔侈敛。是故吹万不同，使其自己，前者唱喁，后者唱于，虽大巧莫能齐也。万国新语者，本以欧洲为准，取其最普通易晓者，糅合以成一种，于他洲未有所取也。大地富媪博厚矣，殊色异居，非白人所独有。明其语不足以方行世界，独在欧洲，有交通之便而已。……在彼则以便俗为功，在此则以戾匡从事。[1]

章氏认为留学生们“好尚奇觚”，罔顾世界语“不足以方行世界”，的确从主客观两面抓住了问题的症结。更重要的是，他提出“风律不同，视五土之宜，以分其刚柔侈敛”，不能齐更不必齐，已经明显跳脱出一元化线性追赶的思维模式，触及世界语问题乃至“世界”观念的根本所在。吴稚晖对此回应道：

> 语言文字之为用，无他，供人与人相互者也。既为人与人相互之具，即不当听其刚柔侈敛，随五土之宜，一任天然之吹万而不同，而不加人力齐一之改良。执吹万不同之例以为推，

[1] 章绛（章炳麟）：《驳中国用万国新语说》，《国粹学报》1908 年 5 月 19 日第 41 期，第 6 页，“社说”。

原无可齐一之合点能为大巧所指定。然惟其如是，故能引而前行，益进而益近于合点，世界遂有进化之一说。

他还提出，虽然"一跃即能采用万国新语"的目标不容易达到，但是以中国文"讲求世界新学，处处为梗"，至少应该为"迂拙之进行"，"如日本已往之例，入高等学者，必通一种西文，由高等学入大学校者，必通两种西文"，由此渐渐达到目的。中国人若"守其中国文，尤格格与世界不相入，为无穷周章之困难"。[1] 双方在是否以相同为进化上立场各异，分歧明显，难以调和。与此相关，其心中的"世界"也大相径庭，章太炎的"世界"的确涵盖全球，所以他认为不过糅合欧洲语言的"所谓世界语者，但以欧洲为世界耳"[2]；而吴稚晖的"世界新学"和"格格与世界不入"的"世界"，都是剥离了中国，仅就与中国相对而言的外在存在，并且是一种先进的标杆式存在，所以他认为世界语是中国应取的方向。作为地域

---

[1]　燃料（吴稚晖）：《书〈驳中国用万国新语说〉后》，《新世纪》1908 年 7 月 25 日第 57 号第 11–13 版。

[2]　章太炎：《与人书》（1909 年 10 月 20 日），载马勇编《章太炎书信集》，河北人民出版社，2003，第 266 页。与吴稚晖等人不同，章氏的"世界"十分明确，就是地域上的全球，他提出"明其语不足以方行世界，故命为万国新语，不如命为欧洲新语。其亚细亚人学之，以为驿传取便交通亦可也，则不若命为外交新语。"（太炎：《规新世纪》，《民报》1908 年 10 月 10 日第 24 号，第 11 页。）周质平则认为即便是"欧洲新语""外交新语"，依然有所夸大，还是过分提高了 Esperanto 的适用性。因为 Esperanto 在欧洲都从未取得"通用语"的地位，在外交上也从未被视为国际通用语。用"世界语"作为 Esperanto 的中译，无异于将海市蜃楼看成锦绣世界，让许多 20 世纪初期的中国知识分子视提倡"世界语"为中国现代化进而走向世界大同的捷径。见周质平：《语言的乌托邦——从世界语到废灭汉字》，载《现代人物与文化反思》，第 246–247 页。

指称的"世界"，其范围可伸可缩的诡异在此展现得淋漓尽致。

　　各人心中的"世界"千变万化，而共同的向往却串连起许多意向，并且通过彼此联系而不断强化。1908 年 8 月，有人在《新世纪》上撰文记述世界语第四次大会，称该会新会长德国人梅勃博士"认万国新语者为全世界大同之语言，至为重要之语言也"。文末说道："吾望当第十四会之顷，中国鞑狗之腥膻，早已薰除。彼中之贤良者，皆脱尽鞑气，富有高尚之学问及世界之观念。于是中国境内万国新语会之会员，居其多数。是年大会首移东方，即开会于扬子江东部建业城中之秦淮河上。"[1] 将大同追求与政治变革相联系，而万国新语成为获取"高尚之学问及世界之观念"的重要媒介，则语言的更新与社会的进化相辅相成。

　　废汉文毕竟有些极端，一些看似较为折中的主张开始为国人所注意。裘昌运所译，疑为日本人所作（行文不无面向中国之意）的《世界语叙言》，针对"今天下人数十余亿，而半操英语，由是扩充，使英语通行各国，不易于为力耶"的主张，提出国语关乎一国之文化命脉，不能轻易言废，"使必欲立一国之语言，以为万国通用，则各国必起而牵制"，故而英语不可取。"若今之新世界语者，与各国之语近似而非尽似，近似则易学，不尽似则无偏倚之弊。……欲立一公共之语，便天下之交通，舍此新世界语又何求哉？"[2] 此说恰好表明，以似而不似为特征的世界语，旨在消除人们面对单一国语来袭时的心理障碍。实际上，对于东方人尤其是受汉字文化影响的东亚而言，学习世界语或英语本质上没有区别，不

　　[1]　《万国新语第四次大会》，《新世纪》1908 年 8 月 29 日第 62 号第 7-8 版。
　　[2]　裘昌运译述：《世界语学叙言》，《东吴大学堂学桴》1908 年第 2 卷第 2 期，"论说"，第 2-3 页。

仅都是外语，而且都是拼音字母文字。只不过"世界语"或万国新语的名号，看似具有超越国界的意味，不同于英语背后还有实在的国家。而且，所谓万国新语的另一层含义，是对于欧洲各国而言同样是新事物，可以造成万国处于同一起跑线的假象。这对于自认落后又不甘于落后太多，尤其不愿放弃进步希望的中国人来说，显得十分重要。

最早集中讨论世界语的《新世纪》刊行于巴黎，刘师培等学习世界语于日本，都让这一时段的世界语运动带有几分洋气和外在感。不久，由外而内，上海成立了世界语学社，其启示称："世界语者，万国共通、人类统一之语也"，可以"跻五洲于同堂，洽感情于寰宇"，域外讨论世界语与人类亲爱的嫁接延伸到国内。启示还说："欲扩智识首恃观阅西书，然欧美名著均由此语译成"，学习世界语可以"广览西籍以扩见闻"。[1] 说欧美名著均由世界语译成，如果不是罔顾事实的善意谎言，就是一厢情愿的选择性误会，但是这种误会本身却体现一种历史的真实——"一路向西"的取向日趋显著。[2] 该社展开了不少以世界语为主题的宣传和活动，频频出现在公众视野之中。此时世界语名词已经相对确定，[3] 但问题又绝非

[1] 《上海世界语学社启》，《申报》1909年3月24日第3张第4版，"来件"。

[2] 关于近代中国的"外倾"，可参见罗志田：《走向世界的近代中国——近代国人世界观的思想谱系》，《文化纵横》2010年第3期。

[3] 此后"世界语"一词在作为专有名词指称Esperanto之外，有时依然被作为普通名词使用，意为世界共通语，在后一层意义上，又称Esperanto为新世界语。（《近世世界语发达史》，《东方杂志》1909年1月6日第6卷第12期，第89—92页，"新知识"。）天外有天，新外有新，到1913年，又称美国人发明的"以英语为基础而复以他国语贯通之"的"慧而登"为"最新发明之世界语"且"谓世界语之根源于英语胜于根源拉丁也"。（《最新发明之世界语》，《申报》1913年8月5日第10版，"海外丛谈"。）

仅仅是名称变化那么简单。

第二节　相互激荡：民初世界语运动与"世界"观念的深化

民国肇基，中国成为"共和国"，是为"走向世界"的重要一步。"世界"也早已超越名物指称的层面，在落实到各类具体事物的同时，又实中生虚，连带原有及新生的诸多意向，形成彼此联系的一整套观念。此时国内世界语运动渐趋兴盛，创立学会，开办讲习班，名人捧场，青年参与，在实际活动和思想讨论两方面都显得热闹非凡，与"世界"相关的各种观念的休戚与共也更加深化。

清季预备立宪，是中国"走向世界"进程的重要一环，1910 年，上海商学研究会附设商务学堂添设世界语传习所，其广告称：

> 世界语者，万国通行之新文字也，吸收世界文明之利器也。二十世纪之学术赖以进化也，而又为世界和平之证券也。欧美各国已认为万国公语（亦名国际补助语）……当此预备立宪时代，国民锐意图强，若不急起直追，竞习斯语，安能与世界文明诸国并驾齐驱耶？[1]

所谓世界语已被欧美各国认为万国公语的说法，显然与"亦名国际补助语"的定位大相径庭，后者不过具有辅助补充作用，并无

---

[1]　《上海商学研究会附设商务夜学堂添设世界语传习所广告》，《申报》1910年 6 月 22 日第 1 张第 6 版。

取代各民族语言的意思，而"万国公语"则暗含取代民族语的玄机，若是已被欧美各国认定为国际通用语言，则中国别无选择，只能急起直追，举国相从，否则就无法"与世界文明诸国并驾齐驱"。而世界语之所以成为20世纪学术赖以进化的吸收世界文明利器乃至世界和平保障，关键就在于能够万国通行。只是这样的境界不过理想，并非现实，即使通行，也仅限于为数不多的世界语学者和学习者之间。

民国肇建伊始，1912年2月12日，作为一门国际通用语"蓝色语言"的发明者，雷因·博拉克（Lein Bollack）得知中国即将在所有学校开设英语课，便致函孙中山，认为与其推广英语，还不如推广国际通用语（IDO），因为后者更容易。[1] IDO即伊多语（又译作伊斗语），是世界语的改革版。世界语在中国开始进入国家主政者的视野。孙中山的反应目前未见直接材料，但5月7日，同盟会召开第一次评议会，通过决议六条，其中一条为在会场附设世界语讲习所，[2] 或许与此不无关系。

这一年，世界语社改组为中华民国世界语会，其旨趣书认为，世界语学习更易，可以更有效率地"灌输欧美科学，促进国民程度"。[3] 改组后，该会活动显著加强。5月5日，世界语者孙国璋等致电总统袁世凯、总理唐绍仪及各部总次长。各省都督及各报馆，称："民国成立，欲策精神上物质上一切关系之进步，非藉万国通行

---

[1]　《海外友人致孙中山信札选（二）》，胡伯洲、胡波、朱明海、董少葵译，《民国档案》2003年第2期。

[2]　《同盟会之议案》，《申报》1912年5月8日第7版，"本埠新闻"。

[3]　《拟组织中华民国世界语会 Ainrespub lika Eaperanto-Aeiilo 旨趣书》，《申报》1912年3月10日第7版，"来件"。

之世界语不足以导灌科学，输入文明。"[1] 8 月 17 日，蔡元培在该会"登台宣言，谓今日蒙诸君开会欢迎，愧不敢当，惟鄙人对于世界之观念以及提倡，社会尚多抱憾，务望诸君子极力提倡，裨益民国"。[2] 蔡氏自称"不过愿学世界语之一人，于世界语尚未娴习"，演讲所说都是对于"世界语之感情"。他在不了解世界的情况下提倡世界语的最大理由为，"我国语言，与西语迥异，而此时所处地位，决不能不与世界各国交通，亦决不能不求知识于世界，不可不有一辅助语"，这样的辅助语"以世界语为最善"。[3]

9 月 22 日，世界语会发布消息称，世界语事业日益发达，"兹更得民立报之赞助，附刊世界语消息一栏，逐日刊登备载中外消息，为交通声气，导灌世界知识之机关"。[4] 1913 年 4 月 15 日，又说"新国民殆不可无世界知识乎？盍人人读本会世界语函授讲义。"[5] 4 月 26 日称，该会编写会务年鉴，"材料丰富，应用甚广，不啻为欲得世界知识者之一益友"。[6] 通过专栏、函授、年鉴等各种形式，世界语的影响加速扩大。在"世界"这一观念的衔接下，"灌输欧美科学""世界之观念""求知识于世界""世界知识"等诉求都与世界语相联系，相较于世界语承载的多种内容，作为语言本身反倒似乎退居次要地位。这些即使在今天看起来都很"正面"的诉求，众口一词之下其实相当的含糊，体现了极强的主观性。而其

[1]《孙国璋等电》，《申报》1912 年 5 月 5 日第 2 版，"公电"。

[2]《世界语会欢迎蔡元培》，《申报》1912 年 8 月 18 日第 7 版，"本埠新闻"。

[3] 蔡元培：《在世界语学会欢迎会上的演说词》，载高平叔编《蔡元培全集》第二卷，中华书局，1984，第 273-276 页。

[4]《世界语会消息》，《申报》1912 年 9 月 22 日第 7 版，"来函"。

[5]《中华民国世界语会消息》，《申报》1913 年 4 月 15 日第 10 版，"专件"。

[6]《中华民国世界语会消息》，《申报》1913 年 4 月 26 日第 11 版，"专件"。

实质，不外乎以欧美为"世界"，以自我为化外，努力向外求索的思想指向。

流风之下，南社社友、《生计杂志》主笔公羊寿文主张师范学校添设世界语，[1] 自称"未尝深谙世界语为何物，固绝对赞成世界语"，原因在于"今日国民趋势由国家事业而渐及于世界事业，则教育方针亦当由国家主义而渐及于世界主义"，而世界语"足为世界事业之先导者"。并且，"二十世纪以前之世界，固人自为人，国自为国之世界也。二十世纪以后之世界，则将渐趋于一致，以成大同世界也"，世界语俨然成为"趋一致成大同"的主宰。[2] 不了解世界语却积极提倡，甚至主张师范学校添设世界语，显然看重的是世界语的所载之道及其或许有的强大功能，世界语已经不仅仅是一种新式语言，而是"世界事业"和"世界主义"的先导。正是世界语所载之道为世界发展趋势的大道，成全了世界语运动的热度，以致"未尝深谙世界语为何物"者，也毅然决然地"固绝对赞成世界语"。

针对上述主张，同为南社社友的丁以布刊文表示反对。他认为："世界语是否急需于今日之中国，与夫师范学校宜否设立为一科，似尚在惝恍迷离之乡。"丁氏注意到了提倡者拉上世界主义这面大旗的做法，有的放矢，明确指出世界主义未必要通过世界语来实现：

---

[1] 稍早之前，北京政府教育部公布之《外国语学校规程》中，世界语与英语、法语、德语、俄语、日本语并列，成为外国语学校的学科之一。(《外国语学校规程》，载中国第二历史档案馆编《北洋政府档案》第89册，中国档案出版社，2010，第452页。)此处主张在师范学校中添设，是更进一步。

[2] 公羊寿文：《主张师范学校宜添设世界语一科》，《独立周报》1912年11月10日第1年第8号，第29页，"专论"。

诚以世界主义之真谛，其最浅则使国民知世界大势之趋
向，而知所警惕，语其极则养成我之实力，以跻乎世界事业之
间。……实力薄虽欲进焉而莫由腾跃。此固非斤斤焉在于世界
语之明不明以为断。质言之，即实力充，不明世界语，要亦无
碍，实力薄，虽明之而庸有济。[1]

与倾心向外不同，丁氏的"世界主义"更多立足于自身实力的
发展，宜乎其对源外的世界语不甚热心。如果说世界语与世界主义
存在因果关系，丁以布的看法与公羊寿文正相反对。

留美生沈步洲（后任北大预科学长、教育部次长、国立北京农
业大学校长）颇为精准地指出"世界语"之名具有迷惑性：

公羊君谓学习世界语可以增进世界观念，仅就名词上立论。
一若既名世界语，则其间细微曲折，皆含有世界意味者。[2]

"世界观念""世界意味"的无形魅力，足以让"世界语"之名
产生迷惑效应，当时思想空气，可见一斑。沈步洲认为公羊寿文之
所以推崇世界语，不无吴稚晖的影响，[3] 而吴氏"本理想家"，高远

---

[1] 丁以布：《师范学校应否设立世界语之讨论（致〈独立周报〉记者）》，《独立周报》1912 年 11 月 24 日第 1 年第 10 号，第 35 页，"投函"。

[2] 沈步洲：《师范学校附设世界语问题》，《独立周报》1912 年 12 月 22 日第 1 年第 14 号，第 26 页，"专论"。

[3] 这里主要指的是公羊寿文《再论世界语（致〈独立报〉记者）》（《独立周报》1912 年 12 月 22 日第 1 年第 14 号，第 32 页，"投函"）中所引吴稚晖之语："今日人群趋势，渐倾向于世界方面。世界一切动作行为，必归于一致，而成大同。即语言一科，庞杂分歧，久为识者所诟病。常思有以谋一致而救其弊。世界语实足代表此思想，而为世界语言统一之基础也。"以一致为大同，以世界语为能一致，是其主旨。

之余，难免虚幻，正因为如此，公羊君其实并不了解世界语为何物。而沈氏正是要努力阐明，所谓世界语其实并不"世界"：

> 世界语者，依欧西文字门户而立者也，与汉文绝无相类之点。……今苟未通西语而习世界语，则其困难亦仍与习他种西文同，未见其能省工力也。……世界语便于东人，必不便于西人，便于西人，必不便于东人。……仅足供西人公用。我国人不察，辄译之为世界语，辄信为世界语，一若世界中固仅有欧美二洲者，一若吾国立于世界之外者。嘻！何其见之不广也。……我处于求人之地位，知识薄弱，胥赖文字以资输灌。顾乃不致力于英法德日之语言而致力于世界语，必其成功也，无所用之。西人之书，无一可读。西人语言，无一能解。习科学不能，习法律不可。[1]

沈步洲这番话点到了世界语盲从者的痛处，一是不要自欺欺人，以为译名为"世界语"就真的通行于世界各国，二是过度追求世界语其实反而是自外于世界的表现。言下之意，中国能否"世界"，未必需要通过世界语，而且一味依赖世界语，很可能结果无法"世界"。有意思的是，世界语提倡者们也给不学习或不赞成学习世界语者扣上"自绝于世界"的帽子：

> 世界语为交通之利器，大同之先河，久已风行欧美。支那不通此语，是自绝于世界也，此语不普及于支那，是自外于大

---

[1] 沈步洲：《师范学校附设世界语问题（续第十四期）》，《独立周报》1913 年 1 月 12 日第 2 年第 1 期，第 35—36 页，"论说部·专论"。

同也。[1]

　　对立双方相互指责，而用辞居然高度一致，只不过言辞相同，内涵各异，纠结不在是否应该更加世界，而是中国是否已在世界之列，以及能否借由世界语达到理想境界。一方以天之所覆、地之所载为"世界"，则中国本来在其中，世界语"亦不过一种西文"，名实不符，不值得趋之若鹜；一方则以欧美为"世界"，以相同为大同，在欧洲不失为辅助便利语言的世界语，却成了后进国家民族走向世界的必由之路。沈步洲的循名责实，恰恰反映同名之下，其实各异。不过，沈步洲承认，"我处于求人之地位，知识薄弱，胥赖文字以资输灌"，只是认为世界语（Esperanto）不够资格，缘木求鱼，还不如学习英、德、法文来得实在。双方的分歧，只在两点，即中国与世界的关系以及世界语的作用，未必没有沟通的基础。何况，"中国为世界一国"本来也是清季以来西潮激荡的结果，而非传统的认识。[2]

　　随后，卞武撰文反驳沈步洲，提出"世界语"三个字乃是日本人所译，日本早期提倡世界语者，"宗旨有类社会主义"，"欲避政府之耳目，乃名之曰'世界语'，一曰'国际补助语'，盖以其能涵盖全球之人。该国学者多数则谓之'世界语'也，我国学者多仍之"，中国人不过沿用而已，并无所谓误会。[3] 但问题是，不管"世

----

[1]　《上海世界语同志旅行记》，《社会》1913 年 2 月第 2 期，第 38 页。

[2]　陈独秀：《说国家》（1904 年 6 月 14 日），载任建树、张统模、吴信忠编《陈独秀著作选》第一卷，上海人民出版社，1993，第 55 页。

[3]　卞武：《论世界语问题（致〈独立周报〉记者沈君步洲）》，《独立周报》1913年 2 月 2 日第 2 年第 4 期，第 66 页，"杂俎部·投函"。关于世界语名称的日本渊源问题，还有几种大同小异的说法。《世界语概论》称："日本人因斯语广行世界，（转下页）"

界语"的发明者是谁，从公羊寿文等提倡者的言论来看，的确是
"世界观念"增加了世界语的分量，世界语也确实借了"世界观念"
的东风，让并不了解的人都热心提倡。姚明仁即认为起初中国的世
界语运动"以少数人之精力，未能普遍，国内革命以后，人民思想
为之一变，渐有世界观念，于是研究世界语者大有其人"。[1]

　　国人热衷如此，外人亦推波助澜。曾任世界语万国大会会长的
美国人挨门士，1914 年 6 月与上海世界语同志相聚并演讲。他居
高临下地希望中国"第一当醒悟，第二需输入外国智识"，而要输
入外国智识，就少不了世界语；又说"谈英语者为英美人，谈法德
语者为法德人，而谈世界语者，则均自忘其为何国人，而仅知为世
界语学子，接近时倍觉亲爱，且较本国人为尤甚也"，意即世界语
可以消融国家民族界限隔阂。他敦促中国人热心学习世界语时说，
中国人"办事处处落人后"，世界语俨然是指路明灯。[2] 这在盲从
世界语的中国人听来，更加笃信世界语的功用。国人在宣扬世界语
的时候，往往非常主观地将世界语与各种以世界为名的高尚理念挂
钩，而没有给出必要的证明，如世界语是否通行于世界各国的多数
人群，用世界语是否就能够更加便利快捷全面地输入世界新知，等
等。其时国人面对世界，一方面迫不及待，急于求成，另一方面则

（接上页）译以今名，吾国因之，遂仍名为世界语。"（《世界语概论》，《申报》1912
年 6 月 5 日第 7 版，"专件"。）姚明仁的说法是"日人以斯语构造之性质大有通行世
界之希望，故名之曰世界语"。（姚明仁：《世界语之演说辞》，《江苏省立第二师范学
校校友会杂志》1914 年第 6 期，第 113 页。）这些说法也反映了近代中国人对"世界"
观念的运用。

[1]　姚明仁：《世界语之演说辞》，《江苏省立第二师范学校校友会杂志》1914 年
第 6 期，第 113 页。

[2]　国成：《挨门士君与世界语》，《惜阴周刊》1914 年 6 月 1 日，第 58—59 页。

多少具备些常识，可以判断。包括宣扬世界语有多简单易学，即便现身说法，以其语态夸张，也难免令人生疑。

　　还有一桩小公案值得注意。先前，世界语会与江苏教育会商定，在后者处设信箱，以为通讯中转之地，但在各种宣传品中，却称其"中央事务所在上海西门江苏省教育会"，而"未有通讯处上海江苏教育会"字样，造成混淆，又在教育会侧面悬挂一木牌，以大字书"中央事务所"，以小字书"通讯处"，颇有类今日机巧商人之所为。江苏教育会于1914年7月4日致函世界语会，要求"各清界限"。次日世界语会复书虽称"自当遵办"，却诡称误会产生是由于"报载云云，以限于字数，致未能明晰"，只是说明，而非更正。如此偷梁换柱，果然奏效，有人频频到教育会询问世界语会事务，进一步引起教育会的不满，于7月22日再次发函要求澄清。世界语会次日复函认错，但对大字小字的小聪明，仍然含糊其词。[1] 以江苏教育会在全国举足轻重的影响力，世界语会的小心机或许不无有意。果真如此，则世界语运动，无论舆论宣传，还是实际行事，都有浓厚的依附色彩。而其依附之大端，厥为"世界"各种相关观念极为主观而普遍的运用。

第三节　梦醒时分："一战"前后世界语运动大同　追求的失落

　　"一战"爆发，中国最终参战，并且"战胜居然吾国与"。时人

---

[1]《致世界语会书》（7月4日、7月22日）、《世界语会复书》（7月5日、7月23日），《教育研究》1914年8月10日第14期，第1、4页，"会报"。

的指称也有从"欧战"到"世界大战"的微妙转换。这一事件大大拉近了中国与"世界"的距离。[1] 与时势相因应,世界语运动在多角度展现了"世界"观念的各种面向和意蕴后,讨论更加深入,集中体现为对世界大同的青睐,更触碰到"世界"观念背后的深层追求。

到 1917 年,距离世界语的发明已经三十载,中国人接触也已经十余载,认识逐渐深化。此前关于世界语的讨论,或停留在方便交流的实用层面,或醉翁之意不在酒,较少触及其作为语言本身的文化内涵问题。[2]《新青年》上的讨论则比较集中深入到这一层面。陈独秀认为:

> 世界语犹吾之国语,谓其今日尚未产生宏大之文学则可,谓其终不能应用于文学则不可。至于中小学校,以世界语代英语,仆亦极端赞成。吾国教育界果能一致行此新理想,当使欧美人震惊失措。且吾国学界世界语果然发达,吾国所有之重要

---

[1] 罗志田:《希望与失望的转折:五四运动前一年》,载《激变时代的文化与政治——从新文化运动到北伐》,北京大学出版社,2006,第 19~57 页。

[2] 此前也有比较零碎的讨论,比如早在 1908 年,就有人认为"以爱司波兰他为语言,或犹可行,若以为文,未见其能有成也",充其量只是"世界语"而无法成为"世界文"(裴昌运译述:《世界语学叙言》,《东吴大学堂学桴》1908 年第 2 卷第 2 期,第 9 页,"论说")。到 1911 年,又有人认为"其语无用处,且无积世之文苑增其趣味也。"(《问答栏》,《青年》1911 年 2 月第 14 卷第 2 期,第 63 页。)后来的研究者也认为,世界语作为一门世界上没有任何人作为母语而只是少数人发明的符号和规则的语言,是真正的死文字、死语言。用一个比喻就是,中国推行的国语(普通话)如果是北京话、吴语、粤语、闽语各种方言的混合体,这样的"国语"看起来照顾到了各个方言地区的人,但实际上只是一个虚幻。见周质平:《春梦了无痕——近代中国的世界语运动》,载《现代人物与文化反思》,第 242 页。

名词，亦可以世界语书之读之，输诸异域，不必限于今日欧美人所有之世界语也。[1]

陈独秀不仅相信世界语可以产生宏大的文学，而且希望中国能够发展出超越欧美世界语的世界语。如此气魄连陶孟和也不以为然，在他看来，"言语乃最能表示民族之特质者"，阅读英法德俄等国著作，译本不如原著，何况世界语只是一个"半生半死之人造语"，"既无永久之历史，又乏民族之精神，惟攘取欧洲大国之单语，律以人造之文法，谓可以保存思想传达思想乎？"

语言能否经受时空检验，有无文学及可否保存传达思想，无疑是重要尺度。这层讨论就世界语本身来说可谓深入，但对于思想文化意义上的世界语运动，则仍嫌浅显。陶孟和指出："关于世界语最大之问题，厥为世界主义之观念"，至于语言学上的优劣，倒在其次。正由于此，他只是简略说明世界语从来源、构造上看都不"世界"，而用大量篇幅来说明虽然"将来之世界，必趋于大同"，但"世界语"与"世界主义"是两回事，并不是有了"世界语"就可以保证实现"世界主义"。这显然针对的是"世人不察，以世界语为促进世界主义之实现"的误会，可谓釜底抽薪。不止于此，陶氏还更进一步，对"大同"提出与众不同的看法："所谓大同者，利益相同而已"，所以"国民性不可剪除，国语不能废弃"，大同也"绝不能以唯一之言语表出之"，"世界之前途，乃不同之统一，而非一

---

[1]　陈独秀：《答钱玄同》，《新青年》1917年6月1日第3卷第4号，第6页，"通信"。

致之统一"。[1] 对于那些以相同为大同、以统一求进化者，[2] 这番话实在点到要害，而且将世界语问题的主题升华到世界文化多元还是一元的高度。这正是近代中国的一个症结，也是"世界"问题的最终归宿。

陈独秀回应陶孟和的时候，除了说明世界主义和世界语"二者虽非一事，而其互为因果之点，视为同问题亦非绝无理由"外，还说：

今之世界语，东洋各国语无位置，此诚吾人私心之所痛憾；欲弥此憾，是在吾人之自奋。吾人之文明，吾人之艺术，果于世界史上有存在之价值，吾人正可假世界语之邮，输出远方，永远存在。否则于人何尤？闭门造车，出门每不合辙。虽严拒世界语而谓人不我重，究于吾文明存在之价值有何补耶？世界人类历史无尽，则人类语言之孳乳亦无尽。世界语所采用之单语，在理自不应以欧语为限。此义也，迷信世界语者当知之。务为世界之世界语，勿为欧洲之世界语尔。

指称世界语与世界主义存在因果关系，大概是世界语鼓吹者的不言而喻，但其实是子虚乌有。不过，陈独秀的世界语并非当时迷信盲从者"以欧语为限"的世界语，而是真正采用世界各种语言建

[1]　陶履恭：《通信》，《新青年》1917年8月1日第3卷第6号，第3页，"通信"。
[2]　除前文已有所涉及者外，胡学愚也提出"方今之世，文明大进，人类思想已有渐趋统一之势，而用以代表思想之语言文字，转不能一致，不可谓非进化之障。"（胡学愚：《世界语发达之现势》，《东方杂志》1917年1月15日第14卷第1号，第6页。）明显将世界语摆到统一与进化的价值天平上。

构起来的世界语，所以他呼吁"务为世界之世界语，勿为欧洲之世界语"。问题是，"世界之世界语"从何而来？陈独秀大概认为，只要有理想，人造可以变成事实，他批评陶孟和道：

> 足下轻视世界语之最大理由，谓其为人造的而非历史的也。仆则以为重历史的遗物，而轻人造的理想，是进化之障也。语言其一端耳。[1]

历史的遗物，是一国精神文化的实在，人造的理想，则为时人主观愿望的构想，陈氏轻视前者而热衷后者，不仅反映出本人的意态，也体现出世界语运动强烈的主观性（或曰乌托邦色彩）。这样的理念，恰为近代中国激进革命者所共有。

钱玄同在回应陶孟和时，对陈独秀的上述表态极为赞成。他认为反对世界语的是洋翰林，因为他们忌惮世界语易学而降低自身身价。反对的不必说，提倡的也不在正路，"上海一班无聊的人物"，仅仅知道世界语可以用来和各国通信。如果仅仅如此，则世界语"真是要不得的东西"。在他看来，"文字者，不过一种记号，愈简单愈统一则使用之者愈便利"，因此"最不敢苟同"陶孟和"绝不能以唯一之言语表出之"之说：

> 玄同与先生根本上不同之点，即先生以为文字不能由人为的创造，世界语言文字不求其统一。玄同则反是，以为进化之文字，必有赖乎人为，而世界语言，必当渐渐统一。……然玄同亟亟提倡 Esperanto 之意见，尚不在此。玄同之意，以为中

---

[1]　陈独秀：《通信》，《新青年》1917 年第 3 卷第 6 号，第 5 页，"通信"。

国文字断非新时代所适用。……诚欲保存国语，非将欧洲文字大大挽入不可，惟挽入之欧洲文字当采用何国乎？是一至难解决之问题也。鄙意 Esperanto 中之学术名词，其语根即出于欧洲各国，而拼法简易，发音有定则，谓宜采入国语，以资应用。此为玄同提倡 Esperanto 唯一之目的。

与世界语会注重实用的取向不同，钱玄同提倡世界语是从文字改革的角度措意。中国文字之所以需要改革，是因为不合西洋的尺度，只有让中国成为西洋，让西洋同化中国，才能走向或融入世界。[1]

针对陶氏所说世界语名不副实的问题，钱玄同回应说这是日本人转译的问题，当然未必确当，所以他自己从此开始不用"世界语"而用"Esperanto"。但同时指出，"'世界语'三字之意义，大概是说世界公用的语言，并非说此种语言尽括世界各种历史的语言在内，故此三字之名词，亦未必便是绝对的不适当"。[2] 问题恰恰在于，如何才能由世界各国的语言建构成世界语，这在语言学上大概是绝无可能的事。况且，世界语既然并未顾及各种语言，凭什么要求世界公用？又如何能够为世界各国的多数人普遍接受，而真正

---

[1] 周质平认为中国人之提倡世界语，寄托着从"化外"进入"化内"的期盼，在种种西化或世界化的过程中，世界语最能触动中国固有文化的核心，也更"虚晃一枪"，未见实效。（周质平：《春梦了无痕——近代中国的世界语运动》，载《现代人物与文化反思》，第 241 页。）还可参见程巍：《"世界语"与犹太复国主义——兼论清末"世界语"运动》，《中国图书评论》2010 年第 12 期。

[2] 钱玄同：《通信·Esperanto》，《新青年》1918 年 2 月 15 日第 4 卷第 2 号，第 174-175 页，"通信"。

达到公用的程度？[1]

不多时，"以传播世界语为己任"的孙国璋投稿《新青年》，主要反驳陶孟和，同时特意表示不同意钱玄同在名称上弃"世界语"而就"Esperanto"的主张。他认为"世界语"之名早已通用，没必要在中文当中夹杂 Esperanto 原名，"写在哪一种文字中，就从哪一种文字写去，此等专名词，有何通不通之研究"。钱玄同对此回应说，他的主张"并无深意，不过觉得新学名词，用汉文译义，总是不甚适宜"。在他看来，"爱斯不难读"等汉文音译不但麻烦，还荒谬绝伦，"世界语"之名则"亦不妥洽，且嫌多事"，何况"世界语"之名的发明者日本"近来已改用译音，作エスペラント"，中国没有坚持的必要。

认为世界语之名"多事"，可见钱氏潜意识中已经觉察这一称谓包含许多意向，成也萧何败也萧何，不如不用。如前所述，刘师培等最早一批中国人跟随日本人使用"世界语"一词，尚属较为单纯的沿用，而此后中国习称之"世界语"，却由于中日国际处境和思想文化状况的差异，变化出更加丰富的面相，包含更为曲折的内涵，后来的衍化实非先前渊源所能范围。或许正由于确实存在名实

---

[1] 事实上，除英语外，在欧美那个"世界"内部，在 Esperanto 出现之后，也存在着欲取而代之的竞争者。据《申报》报道："美国某署书记官濮兰棣君，著名之语学家也。今乃发明一种新语，称之曰慧而登，盖以英语为基础而复以他国语贯通之者。世界语之创设已经多人，得通行者，现有两种，一福来朴一爱斯不难读，习之者颇多。然濮兰棣君自信慧而登一出，必能夺前两种之势力而为世界唯一之通行语。濮兰棣君所创之字母只二十，字则三千，此三千字者，大多从英语词典中选出，谓世界语之根源于英语胜于根源拉丁也。"（《最新发明之世界语》，《申报》1913年8月5日第10版，"海外丛谈"。）慧而登或为 world 一词的音译，这里也许暗含相对后起的美国与欧洲在"世界舞台"上争胜的意味。

不符的情况，后来日本放弃"世界语"之名而改用片假名译音，而中国却放大了名称所蕴含的种种意向，不仅仍然使用，而且越来越习以为常。

陶孟和则在这一轮的讨论中坚决亮出了自己的底牌：

> 世界语之功用，在今日文明诸邦，已过讨论之时代，而吾辈今犹以宝贵之光阴，讨论此垂死之假语言，这正是中国文化思想后于欧美之一种表象。……吾之位置：是绝对的不信世界语可以通用，不信世界语与世界统一有因果之关系，不信世界语为人类之语言。谓余不信，请再俟五十年视世界语之运命果为何如？[1]

历史最终证明，陶孟和关于世界语的前途命运的预言，在当时虽然曲高和寡，却具有先见之明。而他以国人还在热衷于讨论文明诸邦已经过时的世界语，为"中国文化思想后于欧美之一种表象"，却是迄今为止依然似曾相识的普遍现象，处处紧跟却步步落于人后，正是一味崇洋的必然结果。

文字改革毕竟有些专门，和者未必众多。但文字改革只是手段，文明、进化、统一、大同才是根本追求，宏大美好而虚幻，反而可以引起更多门里门外的共鸣。鲁迅就曾说："人类将来总当有一种共同的言语，所以赞成 Esperanto。"他还特别强调指出："学 Esperanto 是一件事，学 Esperanto 的精神，又是一件

---

[1]　孙国璋：《论 Esperanto》（附钱玄同、陶履恭、胡适答语），《新青年》1918年 4 月 15 日第 4 卷第 4 号，第 364-365 页，"通信"。

事。"[1] 然而，正是世界语的精神为世界语的学习提供了正当性。或许是有感于钱玄同的鄙夷，或许是专注于世界语的学习还不够过瘾，世界语的学习者们于 1923 年 11 月 2 日组织成立世界语主义研究会，主张在语言学习之外，更要注重世界语的灵魂——"世界语主义"，牢记"举世相爱"的箴言。[2]

世界语主义究竟是世界语精神还是世界语蕴含的世界主义，值得深究。但愿望是一事，实际是一事。中国人对世界语的学习、提倡以及争论，在域外发端，继而在本土展开，从各个方面表现出对那个"世界"的十足热情。而在那个"世界"里面，世界语的情况究竟如何呢？有人以亲身经历给出了答案：

因记者离华渡美时挟有世界语之册籍甚多，一抵美洲，意谓世界语一物必已欧美通行矣，乃据身历所得，其对人操世界语者，千百万人中竟不能得一人。记者挈眷渡美，幸均习得他国文字与语言，乃不至为《哑旅行》小说中人物。然记者跃跃欲动之念俄顷不能释也。寻记者遍询彼邦知名人士，咸谓世界语无他奇，不过为社会党人之媒介物而已。寻常人士莫不众口同声而反对之，而记者之喋喋以世界语为言，在彼都人士心意中反目为不识时务之徒，遂亦不得不稍缄其口。语云百闻不如

[1]　唐俟（鲁迅）：《渡河与引路》，《新青年》1918 年 10 月 15 日第 5 卷第 5 号，第 523 页，"通信"。

[2]　《世界语主义研究会成立纪详·刘金声君演说词》、《世界语主义研究会成立纪详·张宜今演说词》、张目寒（张慕韩）《世界语主义研究会成立纪详·我对于研究世界语主义者的希望》，《学汇》（北京《国风日报》副刊），第 353、357—358 期，1923 年 11 月 21 日，第 7 页；1923 年 11 月 25 日，第 7—8 页；1923 年 11 月 26 日，第 6 页。

一见，世界语其一端也。[1]

这段中国世界语践行者的异域亲历记，生动地展现了世界语在欧美世界倍受冷落的境况，并揭示了世界语成为明日黄花的原因，也暴露了中国世界语宣扬者的一厢情愿（或者是别有关怀，所以世界语在欧美到底冷落与否就并不重要），表明世界语在欧美世界并未被当作世界公用语言来对待。更为重要的是印证了陶孟和所说，国人在思想文化学术领域往往热衷于欧美过时的陈货，这显然不是人弃我取、洋为中用的选择，而是根本分不清彼岸世界中究竟哪些是应该学习的主导，哪些是过眼烟云的偶然。不仅如此，在表浅和比附的作用下，很容易出现负筛选，越是跳跃不已的部分，越容易吸引国人的眼球。满腔热情寻找知音，一旦听到彼都人士指其不识时务，就赶快缄口不言，这何尝不是一幅典型的不断追模西方又始终学不像，反为所笑，怅然若失的图景？则此前的信念和热情，大概都是盲从迷信的表现。作者又转而赞叹英国人颇能尊重本国固有文字，言下之意，中国人鼓吹世界语，主张改革乃至废弃汉字，不啻为一种迷思。虽然大体不错，可是依然看他人的脸色来判断是非，还是不能摆脱惯性思维的谬误。

结　语

"世界"一词由虚入实，从天国转到人间，先是笼统指称，继而附着到各种具体事物上，除了作为范围和规模的描述外，更包含

[1]　《旅美观察谈》，《申报》1919年4月30日第14版，"新谈"。

种种价值的判断，寄托不少追求的理想。当人们开始用"世界语"之名来指称 Esperanto 时，其欧洲本质被披上世界共通的外衣，掩饰着食洋不化的偏向。方便国际交流的功能被过度夸大，甚至幻化成向外求索的方向和全球大同的理想。这种线性进化序列中追求更高层级的渴望，是一元化思维下改变自己符合他人的势所必然。世界语运动中的"世界"，折射出近代中国"世界"观念及其取向的多样性，同时也暴露出国人面向世界的茫然和幼稚。

　　清季民初的世界语运动已经过去百余年，如今整个世界的世界语发展状况，显然会令当年的倡行者大失所望。但是，由世界语运动所表现出来的种种"世界"的想象、期待与努力，今天或多或少仍然影响制约着人们的思维、行事。如果说世界语运动的命运不啻为近代中国人的"世界"观念及世界追求的一个缩影，那么在全球化日益深化的今天，如何从这样的意识和趋向中检讨反省，应该引起足够的重视。

第八章　中国地政学会与土地改革论的衍变

　　作为民国时期名噪一时的土地改革团体，中国地政学会逐渐受到海内外研究者的重视。现有研究大都在中国地政学会的主张与南京国民政府的土地政策之间画等号，主要探究其对土地改革运动的推动[1]，至于中国地政学会引入外国土地改革理论的时代因缘，则关注不够。梳理相关史事，可以呈现外来理论移植中土的复杂历史进程。

　　1933年1月，中国地政学会成立，创办者萧铮介绍立会缘由说，第一次世界大战后，"土地革命或土地改革"的呼声甚嚣尘上，

---

　　[1]　代表性论著如多伍（Dove）：《中国社会科学的制度的对比——第二次世界大战前后发展起来的地政学会与中国农村经济研究会》，载南开大学历史系中国近现代史教研室编《中外学者论抗日根据地——南开大学第二届中国抗日根据地史国际学术讨论会论文集》，档案出版社，1993；金德群主编：《中国国民党土地政策研究》，海洋出版社，1991；成汉昌：《中国土地制度与土地改革——20世纪前半期》，中国档案出版社，1994；郭德宏：《中国近现代农民土地问题研究》，青岛出版社，1993；赵树杰：《中国地政学会述论（1932—1949）》，硕士学位论文，北京大学，1995；陈宗仁：《国民政府时期的土地改革运动——以地政学会为中心的探讨（1932—1949）》，硕士学位论文，台湾政治大学，1995；黄正林：《国民政府扶植自耕农问题研究》，《历史研究》2015年第3期。

中国也受了震动，国民革命更助长了这个趋势，于是，"土地问题在这个国度里，亦为摩登问题之一。"他受命拟定一个国民党土地政策纲领，故召集同道讨论研究，顺势成立学会。[1]

萧铮提到了两个重要时期，即"一战"和国民革命。"一战"后，"绿色革命"弥漫世界，失地农民要求土地，"故现代所谓的农民问题侧重于土地分配"，农民运动、农民革命几乎是指土地运动（Agririan Movement）和土地革命（Agririan Revolution），苏俄、罗马尼亚等国不是用"急进"的方法，便是政党议会活动的"和平"手段来加以推动。[2] 这里的"土地运动"和"土地革命"，接近于萧铮所说的"土地革命或土地改革"，但多了"现代所谓的农民问题""农民运动"等说法。

中文的"农民""农民运动"等术语借自日本。[3] "一战"前，日本的农民运动"严格的说，是一种农村运动或农业运动"，一战导致日本的农产品价格暴跌，农村阶级对立，佃农纠纷激发，日本农民运动到了"阶级运动时期"。到1926年，才由原来的减轻田租运动转向到以土地问题为中心的运动。[4]

彼时，日本地主与"小作人"之间的阶级斗争激烈，"到底是紧转直下的实现那革命或改造的一途罢，但是这个急转直下，就是在农村方面有社会变革的到来，同时或者有可以改造的时间

---

[1]　萧铮：《一年来之中国地政学会》，《地政月刊》1934年12月25日第2卷第1期，第3页。

[2]　梦笙：《中国土地问题与平均地权》，《一九》1930年9月1日创刊号，第47页。

[3]　李博（Wolfgang Lippert）：《汉语中的马克思主义术语的起源与作用》，赵倩、王草、葛平竹译，中国社会科学出版社，2003，第205页。

[4]　孔雪雄：《日本之农民运动》，正中书局，1933，第16-18、21、27页。

罢？"[1] 这些言论在五四时期传到中国，其时正是中国的农民运动和土地问题突显的时期。

第一节　土地改革论与主义

以往研究认为，"现代中国农民运动也只能在中共诞生以后出现。"这种看法长期流行。[2] 较近的研究指出，李大钊等中共党员20世纪20年代的《青年与农村》等文章不是要发动农村革命，而是属于劳工阶级范畴的思考。[3] 其实，土地和农民运动、农村革命等话语经舆论界的讨论而成为一个固化的论题，是有一个过程的。

一、"农民运动""农村运动"的使用

五四时期，新村主义风行一时，"主张以和平手段改造世界"[4]，新青年们确信，"青年智识阶级大团结之后，再和劳动团体相呼应，将来必有完成新文化之一日"。[5] 他们主张创造新农业、新农

---

[1]　横田英夫：《农村改造呢？还是农村革命？》（《民国日报》1919年11月11—17日），载《社会主义思想在中国的传播》编写组《社会主义思想在中国的传播（资料选辑）》第2辑下册，中共中央党校科研办公室，1987，第524页。

[2]　成汉昌：《中国现代农民运动最早发生于何时何地》，《教学与研究》1980年第4期；丁晓强：《衙前农民运动研究的几个问题》，《中共党史研究》2002年第1期。

[3]　陈桂香：《关于李大钊与民粹主义关系的辨析》，《中共党史研究》2012年第1期。

[4]　日葵：《新村之说明》（1919年11月），载中共广西壮族自治区党史资料征集委员会办公室编《黄日葵文集》，广西人民出版社，1989，第43页。

[5]　日葵译：《日本青年文化同盟之成立及其宣言》（1920年2月1日），载中共广西壮族自治区党史资料征集委员会办公室编《黄日葵文集》，第61页。

人、新村落,方法是托尔斯泰(L. Tolstoy)、克鲁泡特金(P. A. Kropotkin)等人的互助原理,农人组织农团,开展农村教育。[1]

大体上,舆论关注的多是劳工,在劳动问题内谈农民。谭平山与"怀抱改造社会的同志"讨论新村问题时说,中国是农业国,欧美是工业国,劳动问题移到中国,就应该以农民为主,"与其鼓吹工人结合团体抵抗资本家,要求增加工资改良待遇,不若鼓吹农民结合团体抵抗地主,要求减轻地租改良待遇,较为实际,较为要紧"。[2]

谭平山说的鼓吹农民抵抗地主,就是日本的"农民运动",指日本农夫与地主的争议。"农民运动——即小作农反抗地主——既开端后,非至把现在的某种制度打破时,绝不可能中途休止。"日本农民思想"危险"的原因有,学生游学都市,染上新思想,"一战"带来了经济恐慌,不能继续求学,目睹农民痛苦,便拿出新思想来指导小农和地主斗。这因素,"不知道中国目前农村里面有没有?"[3]

这是较早地使用"农民运动"一词的中文材料。此前,这类事情是以"农民与地主争斗"为题,指的是"日本农民初本柔顺温良,近来因感外界之思潮及最近在都会已经劳动运动训练之工人散

---

[1] 唐启宇:《新时代之农人》,《少年世界》1920 年 3 月 1 日第 1 卷第 3 期,第 28 页;金海观:《农团篇》,《少年社会》1920 年 5 月 1 日第 2 卷第 3 期,第 9 页。

[2] 谭鸣谦:《我之改造农村的主张》,《政衡》1920 年 4 月 1 日第 1 卷第 2 号,第 13 页。

[3] 晋青:《日本农民运动的动机》,《民国日报》1920 年 9 月 12 日《觉悟》副刊,第 1 页。"晋青"应是谢晋青,当时是无政府主义者。石川祯浩:《中国共产党成立史》,袁广泉译,中国社会科学出版社,2006,第 370 页。

归乡里，其反对地主之举动日益炽烈"。[1]

中国的新青年们主张改造社会，仿效日本青年与劳动团体结合，"到农村去！"但无人主张拿出新思潮来指导"小农与地主斗"，而是"希望有志往田间去的人，细细研究，来救济这班痛苦的农民！"他们研究出的治本方法是使劳农所种的土地为劳农所有，"这是关于社会改造的根本问题，现在应该先做宣传的工夫"。治标方法则是农民合作银行，使得农民不至于受到重利盘剥。[2] 这里注意到了土地，但认为是根本问题，目前考虑的只是资金借贷等利息问题。

萧山农民协会曾被研究者视为中国现代农民运动的起源。沈定一在办理萧山农民协会时演说"农民自决"，"根本主张"是废止私有财产，土地公有，"将来必有实现的一天，目前为救急计，先团结起来"。[3] "农民自决"是"一战"后传入日本的社会思潮之一。土地公有，则是来自托尔斯泰。在托尔斯泰看来，工人替地主耕田是因为工人不知道这是罪恶，改良方法只有土地公有，用互助而非暴动的方式。[4] 沈说土地分配是未来的，此时应救急。这正是当时"往田间去""社会改造"言论的共同点。

周佛海借萧山农会事件来反驳《改造》的"中国没有贫困的农民，农民大概自己都有田地，即使租耕人家的，而条件不苛刻"说

---

[1]　林鹤鸣：《日本农民与地主争斗之机》，《世界大势》1919 年第 16 期，第 169 页。

[2]　潘霖：《可怜的农民》，《民国日报》1921 年 4 月 14 日《觉悟》副刊，第 1 页。

[3]　沈定一：《农民自决》（1921 年 9 月 23 日），载中共萧山县委党史资料征集研究委员会编《衙前农民运动》，中共党史资料出版社，1987，第 20 页。

[4]　托尔斯泰：《致劳动界（十四）》，《民国日报》1920 年 12 月 7 日《觉悟》副刊，第 2 页。

法，他认为，萧山事件是地主和佃户"这两个利害相冲突的阶级就不得不起而行各种形式的斗争，这就叫做阶级斗争"。[1]

对于农民贫困程度、有多少田地等情况，周佛海和《改造》刊物这辩难两方并无明确数据，但都承认要社会改革。金侣琴在《改造》上说："有一派人对于现社会的改革总要想走捷径路，殊不知这种改革一定是不成功的。因为没有社会大多数人的赞助。"他主张以"农村运动"为改革社会的第一步手续，因为农民是人民中数量最多的，农民的事业一发动，可以影响到全国。他认为俄国志士的"到民间去"就是这样的农村运动，"我们的农村运动"应该是包括教育、经济方面的合作运动。"三五年后，我们或者可以树起赤色旗来了！"[2]

可见，较早注意通过"农村运动"来进行社会改革的，是《改造》刊物的作者群，他们也主张仿效俄国的工农兵例子，唯偏于教育和经济方面。

胡愈之用"农民运动"来指代俄国例子和中国情况。他认为，中国土地集中程度不如欧美严重，部分农民拥有土地，地主掠夺程度不如他国，土地均有制度将来有实现的必要，"今日尚非所急"，目前，农民阶级最困难的是资金借贷，救济方法是产业协济制度，"农民运动欲求有实效，则不可不有多数智识阶级中人脱离都市，投身于乡村，有志青年有慕托尔斯泰之高风，去与农民为伍"。[3]

---

[1]　周佛海：《对于萧山事件的感想》（1921 年 12 月 30 日），载中共萧山县委党史资料征集研究委员会编《衙前农民运动》，第 159 页。

[2]　侣琴：《农村运动》，《解放与改造》1920 年 6 月 15 日第 2 卷第 12 期，第 1—4 页。

[3]　罗罗：《农民生活之改造》（1921 年 4 月 10 日），载《胡愈之文集》第 1 卷，生活·读书·新知三联书店，1996，第 181 页。

　　所谓的农民有地、地主剥削不重，这类似金侣琴的说法。所谓的土地公有是未来要实现的，应产业协济以救急，则也是沈定一、托尔斯泰的主张。此时的"到民间去"，不过是农民自决，不及土地问题。

　　有学者指出，托尔斯泰与农民为伍的例子背后是俄国的无政府主义，共产主义传入中国时，无政府主义者与布尔什维克主义者有过一段"合作"时光，直到1923年，这段合作才画上句号，原因之一是共产国际和苏联已经找到新的合作伙伴。从此，无政府主义思想在中国的影响力逐渐下降。[1]

　　金侣琴批评的想走捷径，是指周佛海等人。他们称"中国现在需要改造，已迫不可待了"。在这种情绪下，他们认为，"多数自作农绝不会受我们而煽动起来革命，俄国底社会革命，在我看来，也是少数人革命，不必等多数人觉悟了然后才起来干"。[2] 言下之意，不需要觉悟农民的"农村运动""农民运动"，只注重少数人（指学生）。虽然都学习俄国例子，金侣琴等人受到无政府主义影响，注重农民，而施存统等人却以学生代替了金侣琴的农民，工农兵变为工学兵。[3]

　　在辩论中，《新青年》认为，基尔特社会主义者的"农民基尔特"这一新方法没有用，"农民是保守的，我不知道中国的基尔特

[1]　李丹阳：《AB合作在中国》，《近代史研究》2002年第1期。

[2]　CT（施存统）：《我们要怎么样干社会革命？》（1921年5月16日），载中国社会科学院现代史研究室、中国革命博物馆党史研究室选编《"一大"前后——中国共产党第一次代表大会前后资料选编》（一），人民出版社，1980，第272-273页。

[3]　CT（施存统）：《我们要怎么样干社会革命？》（1921年5月16日），载中国社会科学院现代史研究室、中国革命博物馆党史研究室选编《"一大"前后——中国共产党第一次代表大会前后资料选编》（一），第280页。

社会主义者是不是想变更现在的制度、现在的生产方法，若要想更变，则只恃农民，是不中用的"。[1]

"农民基尔特"是来自潘悌（Penty）的学说。据当时的基尔特主义者黄卓介绍，英国在"一战"后发生失业问题，没有机会和他国交换食品，潘悌主张复兴农业，设立"农业基尔特"来买卖、管理土地。黄卓等人建议以农业基尔特代替土地国有制并反驳布尔什维克主义，"不相信俄国的农村制度上的波尔塞维克可以应用到中国农村制度上来"。[2] 他们根据狄尔（Karl Diehl）的著作认为，陈独秀等人的"无产阶级专政"只是列宁而非马克思的观念。[3]

黄卓等人欲以农民基尔特代替陈独秀等人的俄国农村制度（土地国有制），但与前述土地公有言论一样，他们认为这是未来的问题。

此时的农村立国论也借鉴了潘悌学说，提倡者章士钊参加了湖南省宪运动。[4] 有人使用"乡村运动"来指称省宪运动和提倡社会改造的民治主义、好政府主义、布尔什维克主义，主张青年往民间去，教育农民，组织团体。[5]

---

[1] 新凯：《再论共产主义与基尔特主义——答张东荪与徐六几》，《新青年》1922 年 7 月 1 日第 9 卷第 6 期，第 43 页。

[2] 黄卓：《潘悌的基尔特社会主义与农业的复兴（续）》，《时事新报》副刊《社会主义研究》第 21 期，第 4 页；灵鱼：《是非之林，主义者的态度》，《时事新报》副刊《社会主义研究》第 20 期，第 4 页。

[3] 六几：《盲而且聋的主义者》，《时事新报》副刊《社会主义研究》第 14 期，第 1 页。

[4] 罗志田：《西方的分裂：国际风云与五四前后中国思想的演变》，《中国社会科学》1999 年第 3 期。

[5] 化鲁：《地方自治与乡村运动》，《东方杂志》1922 年 3 月 25 日第 19 卷第 6 期，第 2 页。

还有以"农村运动"为名称的社团，如中华农村运动社，呼吁到民间去教育农民，宣称"我们这个团体组织绝对不带任何政党色彩，不受任何政党利用"。[1]

相似的是，长沙的农村补习教育社称，"主张全民政治的同志呀，主张直接民权的同志呀，改造社会的同志呀，试问一问湖南七十五县的数千万农民，他们大多数人还不识字，知道你们说的省宪法搞什么鬼？"[2] 该社将海丰、萧山等地的减租事件视为农民"规则地或不规则地组织起来，做出了一些自救的行动"。[3] 这似乎是农民自决，据说，该社编辑主任曹典琦是中共党员。[4]

可以说，"一战"后的各种主义思潮传到东亚，出现了"农民运动""农村运动"等语，大都认为农民的困难在于资本（重利盘剥）和劳动（境遇），不涉及土地（非目前应急），解决方法是改良，即经济和教育两种。

二、土地问题与"农村、农民革命化"

各种讨论助长了"农村运动"一词的流行。早期共产主义者李达比较了第三国际和第四国际关于"农村运动"的问题，认为"社

---

[1] 《中华农村运动社宣言》，《国风日报》1923年1月27日《学汇》副刊第100期，第4页。

[2] 《湖南底农村补习教育社宣言》，《民国日报》1922年7月13日《觉悟》副刊，第1页。

[3] 曹典琦：《长沙之农村补习教育运动》，《中华教育界》1924年6月第13卷第12期，第2页。

[4] 《对农村补习教育社通告第一号的意见》（1922年7月16日），载中国革命博物馆、湖南省博物馆编《湖南农民运动资料选编》，人民出版社，1988，第361页。

会革命，工业劳动者固然是主力军，而非与农村无产阶级结合，就不易成就"。[1]

李达所说的第三国际的"农村运动"，另一名早期共产主义者沈泽民在翻译共产国际二大的决议案时，译为"农民问题"。"农民只有加入共产主义的无产阶级，只有用心思与灵魂来帮忙他的打破地主与有产阶级的羁绊的革命斗争，才能自救。"他将中国的农民与共产国际二大决议案中的法国、意大利的"半益农"等同起来，主张在乡间组织劳农会。[2]

沈泽民翻译的《第三国际议案及宣言》在1922年出版，没有收录1922年11月共产国际四大的决议案《对于土地问题行动纲领的说明》。共产国际四大是在波兰革命胜利在即的情况下召开的，计划在最短时间内进一步向西方发展革命。因此，会议决定争取农村中的无产阶级和小农贫农等"中间阶级"，扩大共产党的"进攻部队"，策略是"把我们用革命解决土地问题的做法同资产阶级的各种土地改革进行鲜明的对比，并且把这些阶层（农村劳动阶层）的行动引导到我们解决问题的方向上来"。当时，苏俄周围的芬兰、罗马尼亚等资产阶级政府试图把土地分给农民的领导成员，以遏制莫斯科，"他们之所以进行土地改革，是为了使农村不受布尔什维克主义影响。这种资产阶级土地改革暂时削弱了革

---

[1]　李达：《评第四国际》（1922年7月1日），载中共一大会址纪念馆编《中共一大代表早期文稿选编（1917.11—1923.7）》上册，上海人民出版社，2011，第132页。

[2]　成则人译：《第三国际议案及宣言》，人民出版社（广州），1922，第113-114、116、122页。将这个译本与共产国际二大的原文件相比较，这个"等同"是译者自行增加的解释。成则人，即沈泽民。

命运动"。[1]

　　此前，共产国际二大批评了第二国际的修正主义者考茨基（Karl Kautsky）之流，后者根据德国统计学家的数据说，"农村社会革命是没有基础的"，企图说马克思主义理论不适用于农村。共产国际采取的是另一种态度。"对我们来说，问题在于实际上怎样使农村革命化。广大农民群众不积极参加革命，无产阶级专政就没有保障，就不能巩固。一切与土地问题相关的问题，只有从这个观点出发，才能得到解决。"因此，共产国际的任务是"我们应该怎样把阶级斗争、革命斗争转到农村去？农民革命化问题已提上历史日程，只有革命才能满足农民的要求"。[2]

　　共产国际批评的德国统计学家，是指德国历史学派经济学家李斯特（Friedrich List）和布连塔诺（Lujo Brentano）等人，属于欧洲各社会思潮中的一种。考茨基的名著 *Die Agrarfrage* 的汉译本有两个，一是 20 世纪 30 年代的译本《近代农村经济的趋向》，二是 20 世纪 50 年代从俄文转译的《土地问题》。其实，该书"从全书内容看，不全是土地问题，还谈了农业的其他问题，从这个角度看，还是译为《农业问题》比较妥当"。《土地问题》的译名"不仅反映了土地与农业之间难以分离的内在联系，而且突出了'土地问题'在

[1]　童建挺主编：《共产国际第四次代表大会文献》第 2 册，中央编译出版社，2012，第 95、103 页。有研究指出，在进攻华沙的号角中召开的共产国际二大确立了"进攻理论"，这直接关系到夺取政权，进攻理论通过《第三国际议案及宣言》传入中国，影响了中共早期的决策。张喜德：《中共早期排斥国民党的政策与共产国际成立伊始的进攻理论》，《中共党史研究》2005 年第 1 期。

[2]　戴隆斌主编：《国际第二次代表大会文献》，中央编译出版社，2012，第495 页。

考茨基所谈论的'农业问题'中的特别重要的地位"。[1] 也就是说，已经感受到土地问题重要性的后来人，倾向于将考茨基著作翻译为"土地问题"。

瞿秋白将罗马尼亚等资产阶级政府分配土地的运动翻译为"农地改良"（Agrarian Reform），是与共产国际的"农地革命运动"（Agrarian revolution）相对的。[2] 中文材料中常见的英译词 Land Reform，包括了苏俄和其他欧洲国家的方式，"土地改革是一个广泛的名辞，经那种胆小心怯的德国的内地殖民的经验，至于俄国的急风扫叶式的土地没收，概几于无所不包。土地改革既可称为社会主义者的拿手好戏，亦可成为防御社会主义的堡垒"。[3]

本是对立双方均可使用的土地改革或土地革命，却被共产国际区分为自身的"农地革命"和资本主义国家的"农地改良"，可见，"一战"前后欧洲各种农民协会、农民党等组织给共产党带来了困难，土地问题、农民运动、农村运动等语由此出现。

李达等人译为"农村运动"和"农民问题"，而在此次共产国际四大上，用的词语是"土地问题"。参会的日本代表片山潜接受了大会决议案，并以此推论日本的小农家庭可以被视为革命的因素。"通向农村的道路对于日本共产党是畅通的。"回顾日本历史，

---

[1]　周凡:《考茨基关于土地制度及农业商品化问题的基本观点述要》，载俞可平、李慎明、王伟光主编《马克思主义研究论丛》第 5 辑，中央编译出版社，2006，第 104 页。

[2]　瞿秋白译:《世界的农民政党及农民协会——赤色农民国际与国际农民运动的历史》（1926 年 6 月 9 日），载《瞿秋白文集（政治理论编）》第 4 卷，人民出版社，2013，第 329 页。

[3]　潘学德译:《战后欧洲农业合作之检讨（一）》，《新政治》1939 年 6 月 1 日第 2 卷第 2 期，第 61、62 页。

"农民和佃户每次奋起反抗封建地主的时候，他们总是要求让他们自己选出他们的税务征收员"。当下则是，"国内有一些地方的农民举行起义，要求土地国有化"。[1] 这透露出，"要求土地国有化"一语是附和此次共产国际四大而说的。而以往的农民佃户反抗地主是因为税收问题，这是以往"农民运动"的主要内容。

中国的情形类似："中国土地制度向称田制，古者因田制赋，税制与田制不分。中国之土地制度，实容纳于税制之中，无专集以论土地制度者也。"[2] 其实，"中国土地制度"也是新词，是从旧典中寻出"向称田制"来对应。可见，共产国际突出土地问题的重要性，使其脱离了田赋（税收）范畴，成为"专集以论"的题目。

共产国际四大的《土地问题行动纲领》颁布时，"绿色国际"和莫斯科的农民国际展开了争夺，后者是莫斯科建立巴尔干地区农民政府的重要工具。[3] 波兰革命失败后，莫斯科将视线转到东方，如土耳其、印度和"远东"。[4]

1923年，共产国际第三次扩大会议提出了工农政府口号，一改过去不够重视农民问题的状况，与社会民主党争夺农民，这被认为是"向左的方向转折"。[5]

[1]　童建挺主编：《共产国际第四次代表大会文献》第2册，第137页。

[2]　章启智：《中国土地制度》，《经济杂志》1930年1月15日创刊号，第127、128页。

[3]　路特·费舍（Ruth Fischer）：《斯大林和德国共产主义运动——国家党的起源的研究》，何式谷译，商务印书馆，1964，第450、451页。

[4]　《契切林致俄共（布）中央政治局的信》（1920年6月28日），载沈志华主编《苏联历史档案选编》第1卷，社会科学文献出版社，2002，第410页。

[5]　许可成、孔寒冰：《从"工人政府"口号到"工农政府"口号——共产国际前五年策略思想的两次转变》，载中共中央马克思恩格斯列宁斯大林著作编译局国际共运史研究所编《国际共运史研究》第6辑，人民出版社，1989，第11、13页。

此后，共产国际指示中共第三次代表大会，"只有把中国人民的基本群众，即占有小块土地的农民吸引到运动中来，中国革命才能取得胜利。共产党必须不断地推动国民党支持土地革命"。[1] 注重吸引中间阶级即"占有小块土地的农民"。

此时，中共制定了农民宣言，但没有实际运动，这与马林（Marie Sneevliet）、陈独秀等人的认识有关。他们认为，中国农民有少量土地，对于革命漠不关心，不存在印度、苏俄那样的阶级斗争。[2] 即使是上述共产国际指示，也认为占有小块土地的农民是人口中的基本群众。

最早在农民运动问题上开展实际行动的是中国社会主义青年团。

三、青年团进入农村

在共产国际四大上，中国社会主义青年团根据苏俄经验制定了《农村青年工作提纲》，将对农村无产阶级和半无产阶级进行共产主义宣传和组织作为最重要的一个任务，目的是把农村斗争变为阶级斗争，派城市无产阶级青年小组到农村宣传，"把共产主义教育的第一颗火种带到农村青年中去"。[3] 显然，这是前述共产国际四大将斗争转到农村去和"农村、农民革命化"的中国版。

---

[1] 《共产国际执行委员会给中国共产党第三次代表大会的指示》（1923 年 5 月），载中共中央党史研究室第一研究部编《共产国际、联共（布）与中国革命文献资料选辑（1917—1925）》，北京图书馆出版社，1997，第 456-457 页。

[2] 有研究认为，早期的中共党员关于农民问题的言论是倒推的，将农民占全国人口的百分比说得越来越大。见石川祯浩：《中国近代历史的表与里》，袁广泉译，北京大学出版社，2015，第 215 页。

[3] 《农村青年工作的提纲》，载中共中央党史研究室第一研究部编《共产国际、联共（布）与中国革命文献资料选辑（1917—1925）》，第 203 页。

　　教育农民的内容是，"研究他们的风俗、习惯、希望、要求等，然后从土地问题、田租问题、赋税问题、厘金问题等等引导他们到政治问题上去"。[1]

　　在中国社会主义青年团的农民运动中，成绩最突出的是海丰农民运动。1923 年，彭湃领导的海丰青年团开始组织农会。结果，农会很快发达起来，"中国的内乱就是我们散布种子的机会"。[2] 但在失去陈炯明的支持、海丰政局变动后，海丰农民运动进入停顿状态。

　　1926 年，彭湃改动《海丰农民运动》一书，在海丰农民运动重要事件的时间节点中增加了注释"国民党第一次大会开会时"。[3] 这显示出，如果没有国共合作和国民革命，海丰农民运动难以复燃。

　　国民党改组前后，广东青年团想改造国民党，苦于无下手之处。等到鲍罗廷来到广东，分配人员深入到国民党内，在有团员的农村中开展工作，农民运动给广东的中共党员和青年团提供了立足空间，他们"正需要在民间的空间谋一个站得住行得动的位置"。[4]

---

　　[1]　《青年共产国际代表达林对中国社会主义青年团的意见——草拟扩大执行委员会青年工人与农民议决案的说明书》（1924 年 3 月），载共青团中央青运史研究室、中国社会科学院现代史研究室编《青年共产国际与中国青年运动》，中国青年出版社，1985，第 134 页。

　　[2]　中共广东省委宣传部编：《彭湃文集》，人民出版社，1981，第 60 页。

　　[3]　《海丰农民运动报告》，载上海五三书店编《农民丛刊》第 3 卷，上海五三书店，1927，第 75 页。《海丰农民运动》有多个版本，《农民丛刊》此版增加的"国民党第一次大会开会时"是其他版本所无的。

　　[4]　《阮啸仙关于团粤区一年来的工作概况和经验》（1924 年 4 月 4 日），见广东省档案馆、广东青运史研究委员会编《广东青年运动历史资料》第 1 册，广东人民出版社，1986，第 240-241 页。

第二节　"土地问题是革命的试金石"

关于国民革命，学界注意到广东农民运动过程、鲍罗廷 (Micheal Markowich Bordin) 与国民革命等。[1] 至于在国民革命过程中如何运动农民，以及土地问题怎样逐渐成为国民革命的中心话题等史事，还可以着重讨论。

一、"落后的中世纪的土地关系"

鲍罗廷来华后，鼓动孙中山通过土地法。加拉罕 (Lev Mikhailovich Karakhan) 阻止说，"不排除它有可能导致国内战争"。他认为，广东存在"土地改革"的可能，但是，"广东地区的关系比我们想象的要复杂得多，这迫使我们要非常审慎地对待土地法令"。[2]

尽管如此，鲍罗廷仍多次提出土地法令。陈炯明进攻广州时，鲍罗廷试图让孙中山答应颁布土地法令。[3] 南征邓本殷时，鲍罗廷借机提出土地问题，"以逼迫国民党"。沙基惨案后，鲍罗廷又提出"土地革命"政策，此"于打倒军阀打倒帝国主义之外，增加一个打倒地主的口号，于世界革命有大影响"。[4] 这说明，在局势紧张

---

[1] 李玉贞：《国民党与共产国际 (1919—1927)》，人民出版社，2012；杨绍练、余炎光：《广东农民运动 (1922 年—1927 年)》，广东人民出版社，1988；梁尚贤：《国民党与广东农民运动》，广东人民出版社，2004。

[2] 《加拉罕给鲍罗廷的信》(1923 年 12 月 27 日)，载中共中央党史研究室第一研究部译《联共 (布)、共产国际与中国国民革命运动 (1920—1925)》，北京图书馆出版社，1997，第 387、392 页。

[3] 《鲍罗廷给加拉罕的信》(1924 年 1 月 25 日)，载中共中央党史研究室第一研究部译《联共 (布)、共产国际与中国国民革命运动 (1920—1925)》，第 403 页。

[4] 庐隐：《通信》，《中央半月刊》第五六期，第 132 页。

时以土地问题为进逼手段，是鲍罗廷的行事习惯。

1925 年下半年，广东农民运动进入高潮，广东省农民协会提出政府"应于最短时间见诸实行者"，其中包括制定土地法令。[1] 广东统一后，省农会又提出"农民目前最低限度之下列要求"，如拨给贫农耕地。[2] 这是提及分配耕地的开始。

针对有人说的"你们打倒帝国主义打倒军阀就好，为什么要反对地主资本家呢？"阮啸仙反驳道："我们不反对大地主和资本家，却不会起来打倒帝国主义打倒军阀，而地主和资本家绝对不会给我们痛苦的农民工人一些利益。"[3] 这种将地主与帝国主义、军阀捆绑打倒的说法，正是前述鲍罗廷"土地革命"政策的意思。

1926 年 2 月，鲍罗廷向莫斯科派遣来华了解中国革命情况的联共（布）中央政治局使团作述职报告。这个报告有助于理解此时和后来的许多纷争。

鲍罗廷认为，广东到处是贪官污吏，支撑这些贪官污吏、土豪劣绅和军阀的是"落后的中世纪的土地关系"，这个土地关系剥削了农民收入的 65%，帝国主义在广东和整个中国的最主要支柱不是军阀，而是那种土地关系，要建立国家制度和地方政权，就必须实行土地革命。而且，农民很容易就组织起来，必然要反抗这种土地关系，和地主冲突。土地革命已是"刻不容缓"，要不放弃组织农民，要不就准备"农村内战"。

---

[1] 《广东省农民协会对粤局重要宣言》（1925 年 6 月 13 日），载广州农民运动讲习所旧址纪念馆编《广东农民运动资料选编》，人民出版社，1986，第 242 页。

[2] 《省农会庆祝国民政府省政府成立》（1925 年 7 月 6 日），载广州农民运动讲习所旧址纪念馆编《广东农民运动资料选编》，第 250 页。

[3] 《一年来广东农民运动经过》（1926 年 1 月 10 日），载《阮啸仙文集》编辑组编《阮啸仙文集》，广东人民出版社，1984，第 179 页。

　　不过，如果逼迫国民党左派接受开展土地革命，那就会"加深和扩大现政权中的矛盾"，问题是，"我们现在能这样做吗？"[1]

　　鲍罗廷指出，土地革命不仅决定政权的建立，还关系到即将开始的北伐，北伐应该有"明确"的土地纲领。至于是否应该实行土地革命，鲍罗廷没有直接回答，只说"当政府在北方做好准备时，我们再采取行动"。他强调："当我谈土地革命时，我不是指现在就进行土地革命，我是从准备土地革命的角度来看待一切的。"[2] 他预计，国民革命推进到各省时，这个问题仍然会出现。这是鲍罗廷的预先声明，避免事后指责，将这个棘手问题交给莫斯科裁断。

　　可见，广东农民运动中常喊的口号如建立地方政权等，潜伏着改变"落后的中世纪的土地关系"的意思。"落后的中世纪的土地关系"这句话来自俄国革命，在前述 1922 年共产国际四大上，苏俄代表就说："几乎到处都还保留着小农经济这一中世纪的残余。"[3]

　　当时，广东革命形势因五卅运动和省港罢工而呈现激进态势，这时的革命话语隐藏着改变"落后的中世纪的土地关系"的意思，但始终没有明确喊出，仅出现在鲍罗廷 1926 年 2 月的内部报告中。可见，鲍罗廷默认很难指望国民党支持土地革命，莫斯科也不会接受破坏国共合作的行动。

　　同样是在 1926 年 2 月，广东省农会召开扩大会议，督促广州国民政府北伐，"进攻贪官、污吏、劣绅、土豪、买办、地主、流

[1]　《鲍罗廷在联共（布）中央政治局使团会议上的报告》（1926 年 2 月 15 日和 17 日），载中共中央党史研究室第一研究部译《联共（布）、共产国际与中国国民革命运动（1926—1927）》上册，北京图书馆出版社，1998，第 119-135 页。

[2]　同上。

[3]　童建挺编：《共产国际第四次代表大会文献》第 2 册，第 115 页。

氓、土匪民团，消灭军阀在农村政治经济的根基！"[1] 这个"军阀在农村政治经济的根基"潜台词就是鲍罗廷说的"落后的中世纪的土地关系"，但此时也没有明确提出土地革命，只是督促北伐而没有要求制定土地纲领。此次广东省农会扩大会议的议决案称："此时势已经给我们一个建设的机会，故此我们希冀农村合作及农村教育上于最短期间内收效。"[2] 口号激进的同时，鲍罗廷和阮啸仙等人却放缓了农民运动的节奏，转而注重建设。

不久，"中山舰事件"突发。莫斯科指示："广州政府应当通过实行土地、财政、行政管理和政治方面的改革，把自己的全部力量集中在共和国的内部巩固上。"[3] 将此指示与共产国际以往的决议案相比较，可见这个指示除了广州政府四字，其他如土地方面的改革等内容，竟然都与共产国际1922年决议案几乎完全相同，该决议案的主旨是，在反帝国主义的"喘息"时期，与资产阶级"局部的和暂时妥协是许可的和不可避免的"。[4] 这意味着，此时不可能提出土地革命。

鲍罗廷回到广州后，拟定了"满足民众要求"的七个法令，

---

[1]《广东省农民协会全体执行委员及各属办事处代表各农民运动特派员扩大会议宣言》(1926年2月)，载广州农民运动讲习所旧址纪念馆编《广东农民运动资料选编》，第281页。

[2] 同上引，第286页。

[3]《联共（布）中央政治局会议第18号（特字第13号）记录（摘录）》(1926年4月1日)，载中共中央党史研究室第一研究部译《联共（布）、共产国际与中国国民革命运动（1926—1927）》上册，第198页。

[4]《关于东方问题的总提纲》(1922年11月5日—12月5日)，载中共中央党史研究室第一研究部编《共产国际、联共（布）与中国革命文献资料选辑（1917—1925）》，第363–364页。

想借此稳定广州局势，其中包括设立豪绅与农民之间的仲裁机关等。[1] 这个意图被贯彻到 5 月召开的广东省农民代表大会。在"中山舰事件"前，中共计划让参加此次大会的代表讨论"土地问题（包括租税、护沙各项）"。[2] 结果，大会并未讨论原本准备的土地问题。广东省农民代表大会说，农民最受痛苦的是贪官污吏、土豪劣绅、民团、军队，要设立地主和农民的仲裁机关，"约束"冲突，"观察农民对于经济政治教育之急切需要和农民之奋斗趋势如何，在一定计划之下，有步骤的为最低限度之要求，以谋实现之"。[3] 约束农民与地主的冲突，是鲍罗廷的意图，延续了 2 月广东省农会扩大会议的开展农村合作、教育等建设措施的做法。革命低潮时，鲍罗廷回避了 2 月报告中的土地革命问题。

为加强对中国革命的指导，共产国际派维经斯基（Gregory Voitinsky）到上海组织远东局。8 月，远东局到广东调查"中山舰事件"原因，在土地革命、民主革命等问题上与鲍罗廷发生激烈争论。其间，广东省农会又召开了扩大会议，提出"目前最低限度的总要求"，"现时土地关系仍然是中古时代封建制度的遗留，国民革命的目的就是要打破这种关系"。在政治、经济、教育方面，让农民参加乡政和武装自卫，减轻重租高利贷，兴办乡村义务学校。[4]

---

[1]　《鲍罗廷给加拉罕的信》（1926 年 5 月 30 日），载中共中央党史研究室第一研究部译《联共（布）、共产国际与中国国民革命运动（1926—1927）》上册，第 274 页。

[2]　《召集第二次广东全省农民协会代表大会章程、报告大纲》（1926 年），载广州农民运动讲习所旧址纪念馆编《广东农民运动资料选编》，第 302 页。

[3]　《广东省第二次农民代表大会的重要决议案》（1926 年 5 月），载人民出版社编《第一次国内革命战争时期的农民运动资料》，人民出版社，1983，第 291 页。

[4]　绮园：《此次扩大会议的内容与意义》，《犁头》第 15 期，第 35 页。

　　这次广东省农会扩大会议说的"中古时代的封建制度的遗留的土地关系"，也就是鲍罗廷说的"落后的中世纪的土地关系"，但仅从政治、教育、经济方面入手，没有提出分配土地。此时，鲍罗廷三次演说"革命根本问题"，阐释了国民革命的意义是建设"新社会"，是要解决农民问题、土地问题。[1] 但这一系列演说只提到减租，仍然没有明确提出分配土地。

　　既然预计到农民一旦组织起来，就很难不让他们反抗地主，政治经济教育方面的方法能否一直使农民运动"有步骤"？国民革命的继续发展，将这个难题进一步暴露在革命者面前。

二、"烧向自己的火"

　　1926 年 9 月，北伐军占领武昌等地，共产国际远东局内部有成员认为，目前应该准备提出"土地改革"，要求莫斯科将鲍罗廷调离中国 [2]，这没有得到莫斯科的允许。莫斯科方面担心，"立即在农村发动内战，可能会削弱国民党的战斗力"。[3] 这种顾虑其实是鲍罗廷 2 月报告说的，不改变土地关系，就无法建立政权，但若逼

---

　　[1]　李玉贞主编：《鲍罗廷在中国有关资料》，中国社会科学出版社，1983，第91、97、105 页。

　　[2]　《共产国际执行委员会远东局使团关于广州政治关系和党派关系的调查结果和结论》（1926 年 9 月 12 日）、《共产国际执行委员会委员给联共（布）驻共产国际执行委员会代表团的信》（1926 年 9 月 22 日），载中共中央党史研究室第一研究部译《联共（布）、共产国际与中国国民革命运动（1926—1927）》上册，第490、530 页。

　　[3]　《致中国北京、广州、汉口、上海谢廖金的电报》，载中共中央党史研究室第一研究部译《联共（布）、共产国际与中国国民革命运动（1926—1927）》上册，第 604 页。

国民党去做，国共合作可能破裂，而莫斯科目前是不会否定这个合作的。

在远东局会议上，陈独秀说，此时的整个农民运动的共同点是反对捐税、豪绅、军阀，他主张，应减少地租，取消非法的税捐，组织和武装农民，将大地主、豪绅、军阀的土地以及公有土地交给农民。"必须正确地排列我们的要求：现在提什么，以后提什么，以便不使人感到害怕。"[1] 陈强调顺序的先后，他将减租排在最前，"土地交给农民"排在最后。以往研究认为，陈独秀和鲍罗廷在土地问题上意见对立，实则两人有着不谋而合的判断。

对于是否马上开展土地革命，中共中央和远东局未能达成一致，维经斯基苦恼地说："中国共产党现在同国民党结成联盟，因此它不得不从现阶段革命利益出发，竭力维护全民族的统一战线来同帝国主义者和国内的军阀进行斗争，这一任务要求对阶级斗争，特别是农村阶级斗争进行某种约束，而革命的胜利本身正取决于这一斗争。"[2] 这种矛盾，鲍罗廷的 2 月报告早已预见到。

维经斯基请求布哈林（Nicolai Ivarovich Bukharin）给予明确指示，布哈林认为，"土地问题"被尖锐地提出来，问题难在农民已经"躁动"起来，既不能失去农民，又要留下资产阶级作为国民革命的同盟者，他有意识地、含糊地使用了"土地革命""土地改革"

---

[1]　《陈独秀和彭述之在共产国际执行委员会远东局委员和中共中央执行委员会委员联席会议上的发言记录》（1926 年 11 月 5 日、6 日），载中共中央党史研究室第一研究部译《联共（布）、共产国际与中国国民革命运动（1926—1927）》上册，第 611 页。

[2]　《维经斯基给联共（布）驻共产国际执行委员会代表团的信》（1926 年 11 月 6 日），载中共中央党史研究室第一研究部译《联共（布）、共产国际与中国国民革命运动（1926—1927）》上册，第 618 页。

这两个词语，"土地改革问题或土地革命问题决定了向下一个中国革命发展阶段的过渡"。[1] 他建议："在我们主宰的地区，通过渐进的改良办法解决这个问题，这意味着我们逐渐减少税收，废除地租，使各地的行政机关民主化等。我们在革命军队未曾占领的地区提出革命的土地纲领，支持农民组织等。"[2]

在占领区和未占领区实行完全相反的做法，这似乎暗示鼓吹而不开展土地革命。布哈林和斯大林此时正面临拉狄克（Karl Radek）等反对派的政争，故其不可能给出明确指令，以免给论敌留下把柄。在共产国际内，拉狄克认为中国是小农经济国家，没有土地问题。布哈林反驳说：中国也有一定数量的大土地所有者，故"农民问题就不可避免地要和土地问题纠合在一起"。他认为中共不重视农民问题，没有"坚决"在占领区实行土地改革，"畏惧农民运动的开展"。他要求，一方面要维护民族革命统一战线，一方面要开展农民运动。[3]

结合布哈林说的占领区和未占领区的土地改革、土地革命，则布哈林此处说的"农民运动"，是指"减少税收，废除地租，使各地的行政机关民主化等"，是不分配土地的。他说"农民运动"和

[1]《布哈林在共产国际执行委员会第七次扩大全会中国委员会会议上的发言》（1926年12月1日），载中共中央党史研究室第一研究部译《联共（布）、共产国际与中国国民革命运动（1926—1927）》下册，北京图书馆出版社，1998，第19页。

[2]《布哈林在共产国际执行委员会第七次扩大全会中国委员会会议上的发言》（1926年12月1日），载中共中央党史研究室第一研究部译《联共（布）、共产国际与中国国民革命运动（1926—1927）》下册，第21页。

[3]《布哈林的报告》，载中国社会科学院近代史研究所翻译室编译《共产国际有关中国革命的文献资料（1919—1928）》第1辑，中国社会科学出版社，1981，第157页。

"土地问题"纠合在一起，实际是兼容了占领区"渐进的改良办法"和未占领区"革命的土地纲领"，只有这样，才能兼顾维护民族革命统一战线和开展农民运动，不至于有维经斯基的苦恼。

出席此次共产国际扩大会议的谭平山说，"中国土地问题比以往任何时候都更为尖锐，若不及时加以解决，就不能保证民族革命的胜利"，"现在我们应该提出一些明确的要求，并争取加以实现"。他主张在政治方面提出农民参加地方管理、武装农民等要求，在经济方面尽力解决捐税问题，制止高利贷者剥削农民等，"在广州军占领的地方，我们现在可以要求没收庙宇土地，没收那些公开反对革命政权的买办、军阀和大地主的财产"。[1]

谭平山承认存在土地问题，这是在布哈林和拉狄克的辩论中支持前者。他主张在占领区要求没收庙宇和买办军阀大地主的土地财产，实际是前述陈独秀在远东局会议上的主张。谭的说法是有前提限定的："现在我们应该提出一些明确的要求，并争取加以实现。"联系到前述陈独秀说的"必须正确地排列我们的要求：现在提什么，以后提什么，以便不使人感到害怕"，则谭平山这个没收反革命大地主军阀买办土地财产的做法，是排在靠后的，"不使人感到害怕"。这种谨慎，可见土地革命口号固然能鼓舞人心，但也给革命者带来了压力。没收占领区反革命军阀买办大地主财产的说法，似乎不同于布哈林的占领区"减少税收，废除地租"，但它是排列最后的，实际意思还是先实行陈独秀在远东局说的排列最前的"减少地租和各种苛捐杂税"。

1927 年初，苏联顾问注意到，蒋介石此时的谈话是出人意料

---

[1] 谭平山：《在第十三次会议上的结束语》（1926 年 12 月 2 日），载《谭平山文集》编辑组《谭平山文集》，人民出版社，1986，第 416-417 页。

"这么左的论调"，却又有意回避最敏感的基本问题——工农问题，蒋"是想讨好群众运动，是想争取一批力量去反对唐生智，是既想得到共产党的支持，又想得到所有国民党左派的支持，所以，他的这次谈话完全是唱革命高调"。同时，中共中央特别会议"关于农民问题的决议，只字不提土地问题，整个决议没有越出国民党的一般要求"。[1] 在湖北省农会代表大会上，"孙科发言说中国的农民实在都有革命的要求，竭力以革命者的口吻说话，但是闭口不谈根本性的土地问题。鲍罗廷在会议上作了一次非常通俗易懂的发言，明确提到非夺取政权不可，但是在土地问题上，反而只提了一些模棱两可的措施，规定每个农民应得的最低土地份额、减租等"。[2] 鲍罗廷认为减租都算是土地问题的一部分，即上述布哈林说的"农民问题就不可避免地要和土地问题纠合在一起"。

到了 4 月，形势突变，湖南农民纷纷要求土地。汪精卫的说法很形象，"现在我们的讨论不是农民没有起来，我们要引他们起来。现在他们已经起来了，火已经烧了，我们要使这把火烧向敌人，不要烧向自己，所以我们要定办法，分配要定标准，标准要有弹性。若果无办法，则这把火会烧自己了。"[3]

汪精卫说标准要有弹性，而鲍罗廷顾问团成员达哈诺夫说，将来再定标准。他说，去年的广东农民代表大会上，"无人提出土地

_____

[1]　A. B. 巴库林:《中国大革命武汉时期见闻录（1925—1927 年大革命札记)》，郑厚安、刘功勋、刘佐汉译，中国社会科学出版社，1985，第 9-10 页。

[2]　A. B. 巴库林:《中国大革命武汉时期见闻录（1925—1927 年大革命札记)》，第 32-33 页。

[3]　《中国国民党土地委员会审查委员会会议记录（节录)》（1927 年 4 月 23 日），载中国革命博物馆、湖南省博物馆编《湖南农民运动资料选编》，人民出版社，1988，第 703 页。

问题"，所提出的不过是废除苛捐杂税等，但一年来，农民的要求中增加了土地问题，"若果不能解决土地问题，很易发生暴动"。他主张规定所有地的最高标准，只是"这个标准暂时不能定出来，将来一定要定出来的"。[1] 规定土地最高标准的主张类似上述鲍罗廷说的"最低土地份额"，达哈诺夫此时的言论，基本上与鲍罗廷主张相近。可以说，鲍罗廷同样主张将来再定标准。

陈独秀说："现在我们专门来谈谈土地问题，即通常所说的农民运动。目前，农民运动已经到了解决土地问题的时刻。"[2] 这和上述布哈林说法类似，即农民运动可以包括也可以不包括土地问题。他说："根据我们的纲领，我们应没收一切地主的土地，可是目前需要与小资产阶级建立联盟，在相当时期内，或许是在很短期间内，我们必须保持中间路线。"陈建议，北伐继续向前推进，等待农民运动扩大以后，再来加深农民革命。[3] "相当时期""或许是在很短期间"等不确定的词语，类似"将来一定要定出来的"。如同布哈林说的占领区和未占领区、土地改良和土地革命，陈独秀也区分出扩大时期的农民运动和加深时期的农民革命，加深时期才需要解决土地问题。各人不经沟通的区分，展示了各人所说的"土地革命"的不同含义。

---

[1] 《土地委员会第五次扩大会议记录——怎样解决土地问题》(1927年4月)，载中国革命博物馆、湖南省博物馆编《湖南农民运动资料选编》，第709-710页。

[2] 《陈独秀在中国共产党第五次全国代表大会上的报告》(1927年4月29日)，载中共中央党史研究室第一研究部编《共产国际、联共(布)于中国革命文献资料选辑》(1926—1927)上册，北京图书馆出版社，1998，第352页。

[3] 《陈独秀在中国共产党第五次全国代表大会上的报告》(1927年4月29日)，载中共中央党史研究室第一研究部编《共产国际、联共(布)于中国革命文献资料选辑》(1926—1927)上册，第353页。

　　维经斯基也提出了农民运动与土地革命的转化说："现在革命正经历着最困难的阶段，当农民运动转为土地革命时，这个运动还没有由实行革命民主专政的政府来领导，还没有自己的革命军队。"他提醒，国民党左派发表宣言接受没收土地，"这决不意味着他们准备实行这些左的宣言"。[1]

　　最终，莫斯科发来指示，其中包括进行土地革命。鲍罗廷同意执行指示，但陈独秀明确指出："鲍罗廷所说的土地革命（不没收土地），不是莫斯科所希望的。因为我们确切地知道，莫斯科的所谓土地革命指的是什么。莫斯科要求没收土地，我们不能这样做。"[2]陈独秀自以为看懂了莫斯科土地革命指示的意思，鲍罗廷的做法显示他并不同意陈的判断，他用"不没收土地"的土地革命来回复莫斯科。如果不是自作主张，那很可能是鲍罗廷知道他与斯大林等人在这点上有着默契。

　　此后，国民革命告一段落。鲍罗廷有一个事后总结："中国人民的大多数是由农民构成的，但是如果你们听说中国连一本关于土地问题的书籍都没有，你们一定会感到惊讶。"[3]郑超麟也说，中共

---

[1] 《维经斯基在共产国际执行委员会主席团会议上的报告》（1927 年 6 月 22 日），载中共中央党史研究室第一研究部译《联共（布）、共产国际与中国国民革命运动（1926—1927）》下册，第 326、334 页。

[2] 《希塔罗夫关于中共中央政治局与共产国际执行委员会代表联席会议的报告》（1927 年 6 月 26 日），载中共中央党史研究室第一研究部译《联共（布）、共产国际与中国国民革命运动（1926—1927）》下册，第 361 页。

[3] 《鲍罗廷在老布尔什维克协会会员大会上所作的（当前中国政治经济形势）的报告》（1927 年 10 月 23 日），载中共中央党史研究室第一研究部译《联共（布）、共产国际与中国国民革命运动（1926—1927）》下册，第 468 页。

党员是在革命失败后才"钻入故纸堆"研究土地问题。[1] 这种土地问题和革命孰先孰后的说法，说明了革命赋予土地问题以新的意义。土地革命既是共产国际的理论，也是中国革命所需的助燃剂，还是农民的要求。这个过程过于复杂，时人已难分辨，以至于有说法称，土地革命论是 1926 年国共合作分裂后才传入中国的。[2] 这种说法不准确，却反映出土地革命论没有随着革命的失败而失去影响，反而是在时潮的起落中日益盛行。

第三节 土地理论纷争与党潮

"土地问题是革命的试金石"[3] 这句话产生于国民革命进程中，此后仍然流传。"土地问题是我国革命的关键，它能否得到一个适当的解决，就是我国革命的试金石，这是近年来一般人之所共感的，大家都感到土地问题的重要，报章杂志处处都可以看到讨论土地问题的文字。"[4] 这个检讨土地革命论的时间点，正是国民革命后各种理论兴起的时期。这些事后检讨，又反过来使土地问题的讨论成为各方必须解决的重要问题。"钻入故纸堆"研究土地问题的，不只有中共方面。

---

[1] 郑超麟：《郑超麟回忆录》上册，东方出版社，2004，第 280 页。

[2] 劳夫：《农村救济问题》，《壬申半月刊》1932 年 10 月 1 日创刊号，第 16 页。

[3] 彭述之：《中国革命的根本问题》（1927 年 5 月），载中共中央书记处编《六大以前——党的历史材料》，人民出版社，1980，第 757 页。

[4] 《〈中国土地制度的研究〉译者序》（1931 年春），载张光正主编《张我军全集》下册，台海出版社，2012，第 364 页。

一、"腐化与恶化的夹攻"

南京国民政府建立后，国民党内仍然提倡农民运动的，一般认为是第三党、阎锡山方面和汪精卫方面等，实则牵涉构成复杂的所谓"左派党员"。

1928 年起，各派理论互相倾轧。据说，周佛海、陶希圣、樊仲云编的《新生命》代表"国民党正统派"，与《革命评论》《三民半月刊》等刊物目的相同，这些刊物大都讨论两个问题，一个是中国社会性质问题，另一个是土地问题。[1]

在讨论土地问题时，《新生命》有两个主张影响较大。一是，杨宜林认为，"耕者有其田"是农民政策的理想，不是土地制度主张，"耕者有其田"的"有"是使用权，不是所有权。[2] 二是，周佛海主张先土地农有，然后做到土地国有。[3] 经比较，周的说法与他此前的平均地权解释 [4] 不同，是折中了"平均地权就是耕者有其田"以及"平均地权是土地国有"这两个看法。

有人指出，左派未必都是汪（精卫）陈（公博）改组派，《三民半月刊》是"左派的重要刊物"，"欠成熟，由太原总部出款，有时转载汪精卫的文字"；国民党河北省党务训练所教员主办的《现代青年》，"否认伪三届大会，拥护汪精卫"；《新生命》最初销路

---

[1]　应湘：《新生命的夭折》，《十日》1932 年 10 月 20 日第 4 卷第 74 期，第 223 页；陶希圣：《中国最近之思想界》，《四十年代》1935 年 9 月 15 日第 6 卷第 3 期，第 3 页。

[2]　杨宜林：《耕者有其田的索解》，《新生命》1929 年 8 月 1 日第 2 卷第 8 期，第 1 页。

[3]　周佛海：《三民主义之理论的体系》，新生命书局，1928，第 286 页。

[4]　周佛海：《中山先生思想概观》，民智书局，1925，第 47 页。

广，"现在已退化了"；《新时代月刊》是新中学会、实践社解散后，
"在野革命理论家"王礼锡、周炳琳、童冠贤等人办的，"接近汪
(精卫)"。[1]

　　"左派"成员构成既然如此复杂，则上述各刊对于"平均地权"
和"耕者有其田"的解释，自然也就不尽相同。如，围绕"耕者有
其田"的"有"是指土地所有权还是使用权问题，向乃祺和王礼锡
等人辩论，前者的言论发表于阎锡山影响下的《村治》，而《村治》
部分作者同时又在《新生命》、"由太原总部出款"的《三民半月
刊》上讨论土地问题。[2]

　　当时，王礼锡等人是国民党河北省党部成员，他们认为陈公博
和顾孟馀等人关于国民党阶级性质的讨论"含义不明"，平均地权
的最后目的是"耕者有其田"，"有"是使用权而非私有权，是把地
主土地充公后分配给农民使用，"农民运动是本党最精彩的地方，
要农民运动停止，就是要国民革命停止，就是反革命"。他们在国
民党河北党务训练所社会运动研究会内设立农运等组。[3]

　　这个河北党务训练所大有来头。据说，商震掌握平津河北军政

　　[1]　司马仙岛：《中国国民党党务》，和记印书馆，1930，第140-141、152-156页。

　　[2]　向乃祺：《耕者有其田之研究及其实施办法》，《村治》1929年5月15日第1卷第3期，第1、7页；鲍幼申：《佃租之激增及其影响》，《村治》1929年5月15日第1卷第9期，第1、8页；阎锡山著，吕振羽附识：《劳资合一的理论与实际》，《村治》1929年11月15日第1卷第9期，第1页；鲍幼申：《民生主义与土地政策》，《三民半月刊》1930年3月16日第4卷第2期，第8、13-14页。

　　[3]　王礼锡：《国共两党农民运动之差异》，《现代青年》1929年3月20日第1期，第11、16页；王礼锡：《国共两党农民运动之差异（续）》，《现代青年》第2期，第19-20页；《社会运动研究会》，《现代青年》1929年4月20日第3期，第82页。

大权后，为了利用当时操纵国民党华北地区党部的新中学会、实践社的童冠贤、王礼锡、周炳琳等人为反蒋力量而设立该所（新中、实践社是国民党 1924 年改组时期的北京青年团体，受丁惟汾、顾孟馀等人领导，后成为国民党内派系小组织），新中、实践社成员也趁机抓住商震为靠山，掌握三省市的国民党党部。曾经投靠邓演达的国民党左派王先强（后加入中国地政学会）、郑震宇等人被童冠贤、马洗繁吸引到北方，安置在河北省训政学院内。[1] 可见"左派党员"的行迹和土地理论纷争、各方合作反蒋息息相关。

共产国际注意到，汪陈改组派"企图利用群众的不满意，他们现在对工农革命运动的向前发展，正是主要的危险。必须积极的暴露改组派的所谓工人政纲和耕地政纲"。[2]

扩大会议时期，汪精卫提出的《经济政策及财政政策提案》规定，农业所有制度以"耕者有其田"为目标，第一步是通过法律规定土地所有的最大限度、田租最高率等。[3] 国家主义派讽刺，该政纲未明确说没收还是收买，不提照价收买和涨价归公，也没有土地增值税，"岂汪氏已非三民主义之信徒耶？"[4]

---

[1]　中国社会科学院近代史研究所编：《五四运动回忆录（续）》，中国社会科学出版社，1979，第 190 页；孟真：《中统与我》，载中国人民政治协商会议全国委员会文史资料研究委员会《文史资料选辑》编辑部编《文史资料选辑》第 110 辑，中国文史出版社，1987，第 98 页。

[2]　《共产国际执委致中共中央委员会的信——论国民党改组派和中国共产党的任务》，载中央档案馆编《中共中央文件选集》第 5 册，中共中央党校出版社，1990，第 797 页。

[3]　汪精卫：《经济政策及财政政策提案》，《政治月刊》1930 年 10 月 15 日第 2 卷第 3 期，第 78 页。

[4]　张子敬：《评汪精卫之经济政策及财政政策》，《东方公论》1930 年 10 月 20 日第 38 期，第 6 页。

　　"九一八"事变后，汪蒋合作，汪精卫的部属对此难以理解。汪向部属解释说，早在"九一八"事变前，"我们"就有了解决农民问题土地问题的方案，"如果我们的政策实施，至少内政方面解决农民问题，使得共产党无所藉口"。[1] 指的应是这个《经济政策及财政政策提案》。

　　共产国际发现，由于害怕中共的土地革命在其他地区爆发，国民政府人士越来越公开地提出土地革命问题，这个"改良派"的最重要思想来自汪精卫方面，他们主张重新分配土地，给予农民低息贷款，发展农业，"这些建议多少也为蒋［介石］法西斯组织所采纳，我们将十分认真地注意这种鼓动宣传并给以揭露"。[2]

　　这个材料的时间是 1932 年，正是中国地政学会筹备成立时期，蒋介石、汪精卫等方面对于中共与土地问题的重视，是学会成立的潜因之一。上述土地理论争议的过程显示，在国民党内，顾孟馀、周佛海等人较早地提出了土地主张，而陈果夫、陈立夫方面是后来者，其中，创立了中国地政学会的萧铮脱颖而出。以萧铮创会前的个人经历为线索，可以钩沉出国民革命前后土地理论纷争与国民党"左派党员"代际更替的关联。

二、"革命青年找不到出路"

　　五四运动后，萧铮去北京，先加入中山主义实践社，后加入国

---

　　[1]　汪精卫：《九一八前后态度之说明》（1932 年 5 月 13 日），转引自金以林：《汪精卫与国民党的派系纠葛——以宁粤对峙为中心的考察》，《中国社会科学》2008 年第 3 期。

　　[2]　《埃韦特给皮亚特尼茨基的第 2 号报告（摘录）》（1932 年 12 月初），载中共中央党史研究室第一研究部译《联共（布）、共产国际与中国苏维埃运动（1931—1937）》，中共党史出版社，2007，第 258-259 页。

民党，实践社是从郭春涛等人的少年建国团（该团受丁惟汾影响）分裂出来的，骨干分子有萧铮、罗方中等，宣称实践三民主义并与中共党员合作。[1] 这个实践社即前述周炳琳等人在国民革命后用来反蒋的组织。

"三一八"惨案后，萧铮南下广州，经同乡介绍，跟随陈果夫办理国民党党务。[2] 陈当时接收国民党中央组织部，处于用人之际，正需引入萧铮等人来代替中共党员。[3] 由于萧铮等人后来成为二陈的"青白团"和"同志会"的骨干，故有人以为，他们"结党为蒋"的派系是在此时开始形成。[4] 这个说法是从后来习称的"CC系"来倒叙，容易忽略萧铮与二陈关系的原貌和变化过程。

1926 年 8 月，蒋介石派遣党务特派员萧铮等人到各省，企图夺取党权。[5] 不久，萧铮在浙江推行"二五减租"，因此与张静江闹翻，遭后者通缉，经陈果夫转圜而侥幸逃脱。[6]

---

[1]　罗方中：《国共合作后国民党在北京的活动》，载中国人民政治协商会议全国委员会文史资料研究委员会编《文史资料选辑》第 60 辑，文史资料出版社，1979，第 123 页；程厚之：《回忆我在北大的一段学生生活》，载中国人民政治协商会议文史资料研究委员会编《文史资料选辑》第 43 辑，文史资料出版社，1981，第 202、208 页。

[2]　陈太先、魏方：《当代地政泰斗萧铮博士传略》，1997，第 11 页。

[3]　陈果夫先生遗著编印委员会：《陈果夫先生全集》第 5 册，台北：近代中国出版社，1991，第 73 页。

[4]　胡梦华：《国民党 CC 集团的前前后后》，载中国人民政治协商会议天津市委员会文史资料研究委员会编《天津文史资料选辑》第 6 辑，天津人民出版社，1980，第 168 页。

[5]　卜金池：《游侠传略》，载平阳县政协文史资料研究委员会编《平阳文史资料选辑》第 5 辑，1987，第 29 页；《记王宇椿烈士》，载浙江省民政厅编《英烈千古——浙江革命烈士事迹选辑》第 2 册，1982，第 26 页。

[6]　王仰清、许映湖标注：《邵元冲日记》，上海人民出版社，1990，第 318、322、326 页。

浙江受挫后，萧铮到了上海。蒋介石下野时，他参与了"十七省党部联合办事处"。既有研究认为，"十七省党部联合办事处"可能是 CC 系最早的起源。[1]

"十七省党部联合办事处"发行的《正路》，主张各省设立农工厅、土地厅，执行农工行政和土地登记等，重新确定民众运动的理论方法。[2] 这是针对西山会议派的，也与所谓的国民党左派的主张相契合。

《正路》作者们感慨"革命青年们的痛苦"，"找不到党，找不到出路"。[3] 因为，西山会议派上台后，改组各省国民党党部，使得这批青年党员无处可归。[4]

那时的世界"是青年的世界"。[5] 西山会议派等国民党元老就是被青年党员推下台——陈果夫动员段锡朋、谷正纲等人，利用学生示威，制造了"一一·二二惨案"。结果，谢持等人下野，蒋介石重掌军政大权。

在上海国民党人欢迎蒋介石复职大会上，蒋"自认是党里的一个后辈"，视汪精卫、胡汉民为前辈。同时，国民党上海市党部委

[1]　王奇生：《党员、党权与党争——1924—1949 年中国国民党的组织形态》，上海书店出版社，2003，第 224 页。

[2]　《中国国民党直鲁奉吉苏浙皖鄂宁京汉市省党部驻法总支部建议书》，《正路》1927 年 12 月 4 日第 5 期，第 15-16 页。

[3]　刍灵：《中国国民党的生死关头》，《正路》1927 年 11 月 16 日第二三期，第 12 页。

[4]　周一志：《关于西山会议派的一鳞半爪》，载中国人民政治协商会议全国委员会文史资料研究委员会编《文史资料选辑》第 12 辑，中华书局，1961，第 105 页。

[5]　葛之荃：《中国青年的地位与责任》，《革命青年》1927 年 11 月 20 日第 19 期，第 5 页。

员陈德徵说："我们做国民党小同志的，天天希望有忠实的孙文主义信徒来引领我们，在希望蒋介石同志复出负荷国民革命的伟大使命的呐喊声中，希望蒋同志能俯顺我们的期许。"[1] 蒋介石与"小同志"对于彼此，均有结合的"期许"。

　　在推倒西山会议派事件中立功的，各本私人渊源分散[2]，形成国民党内的小组织。有人声称："革命青年刊物"《前进》《正路》《革命评论》如雨后春笋一齐怒发。"这亦可见青年革命性之充足，国民党这一次最高干部的集会是剖清革命的与反革命的疆野的机会，我们要挣扎而起舞了。"[3]《正路》《革命评论》等正是前述革命后土地理论纷争时的主要刊物，"革命性"充足的青年党员需要划清敌我，"挣扎而起舞"。

　　"我们要挣扎而起舞"的国民党最高干部集会，即国民党第三次全国代表大会。对于这次集会，萧铮不满陈果夫等人圈选代表，陈复信萧铮说："人家对于指派代表不满，是在意中。那些不满意者根本上只信他自己，并没有对他人有信仰，而且政治上很复杂，我们自问对党对同志有一个交待就是了。"[4] 这说明资历较浅的二陈此时尚未能获得这批国民党青年党员的信仰。

---

　　[1]　中华民国史事纪要编辑委员会编：《中华民国史事纪要（民国十六年七至十二月份）》，台北："中华民国"史料研究中心，1978年，第834—835页。

　　[2]　白瑜：《党基旬刊、留俄同学会及其时代性：再续有关留俄中山大学》，《传记文学》1977年10月第31卷第4期，第80页；《纪念辛亥革命七十周年》，载中国人民政治协商会议山东省委员会文史资料研究委员会编《文史资料选辑》第12辑，山东人民出版社，1981，第112页。

　　[3]　小酩：《站在最前线的我们的态度》，《山东国民新闻副刊》1928年8月15日第11期，第3—4页。

　　[4]　陈太先、魏方：《当代地政泰斗萧铮博士传略》，第22页。

　　《萧铮回忆录》没有记载的是，除了与陈果夫的信件交流，萧铮还和周炳琳等人在国民党第三次全国代表大会会场"大闹一场"，"当场退席"。[1] 有人特意指出，实践社周炳琳等人组织秘密小团体来操纵浙江党务，虽然属于 CC 系，但非二陈心腹。[2] 前述萧铮参加过周炳琳的实践社，但目前没有材料显示是否周炳琳授意萧铮反对圈选代表。

　　各个小组织相互斗争，用的都是青年。有人指出，这次圈选代表，"小党员和老党员因地位悬殊，故见解每相冲突，没有法子可以调解的。老党员要仰承总指挥们以及其他或武装同志的鼻息，小党员偏偏要什么农工运动青年运动"。[3] 农工运动和土地问题既是国民革命的遗风，又成为国民党代际更替的名目。

　　国民党第三次全国代表大会的纠纷后，国民党中央党部便以资送"革命青年"出国留学为名，将萧铮、张丕介、祝平、洪瑞坚、张廷休等人（这些人回国后，均参加了地政学会）[4] 遣送出洋。

　　留学期间，张丕介、张廷休等人分别与二陈、胡汉民方面来

---

　　[1]　陈太先、魏方：《当代地政泰斗萧铮博士传略》，第 22 页；周佛海：《往矣集》，今古出版社，1943，第 74 页。

　　[2]　周一志：《从党的十三年改组说到党的将来（十一）》，《再造》1929 年 1 月 22 日第 32 期，第 29 页；初：《浙江补行登记问题》，《再造》1929 年 2 月 2 日第 33 期，第 1 页；江波：《蒋介石篡党阴谋的急进化与党的出路问题》，《革命战线》1929 年 8 月 1 日第 1 期，第 13–14 页。

　　[3]　常：《南京特别市指委全体辞职事件》，《新评论》1928 年 11 月 15 日第 23 期，第 20 页。

　　[4]　中国第二历史档案馆编：《中国国民党中央执行委员会常务委员会会议录》第 7 册，广西师范大学出版社，2000，第 380–382 页；中国第二历史档案馆编：《中国国民党中央执行委员会常务委员会会议录》第 10 册，广西师范大学出版社，2000，第 361 页。

往，[1] 萧铮担任国民党德国支部书记，[2] 柏林和汉堡的国民党支部原归驻法总支部管辖，后合并改组为驻德支部，萧铮等为筹备委员。[3] 据说，国民党第三次全国代表大会后，驻法总支部是二陈头痛的问题，因那些青年够不上亲信，想插手而不得。[4] 显然，留德时期萧铮与二陈的关系还是若即若离。

三、"少壮干部"及其地政蓝图

"九一八"事变后，萧铮等人回国。从事后看，"九一八"事变是促成萧铮的地政学会和二陈小组织形成的重要事件，蒋介石集团内开始出现各系统雏形。[5] 各系统求才若渴，最便捷的办法当然是

---

　　[1]　郝任夫：《中山主义大同盟的历史概况》，载全国政协文史资料委员会编《文史资料选辑》第 142 辑，中国文史出版社，2000，第 106 页；《胡汉民致邹德高》《胡汉民致邓泽如、邹鲁》，载陈红民辑注《胡汉民未刊往来函电稿》第 5 册，广西师范大学出版社，2005，第 170、402 页；《复袁冠新、巫启贤、涂克超、邹德高、张廷休》，载陈红民辑注《胡汉民未刊往来函电稿》第 4 册，广西师范大学出版社，2005，第 80 页。

　　[2]　萧铮：《土地改革五十年——萧铮回忆录》，台北：地政研究所，1980，第31 页。

　　[3]　中国第二历史档案馆编：《中国国民党中央执行委员会常务委员会会议录》第 15 册，广西师范大学出版社，2000，第 67 页。

　　[4]　李平衡：《回忆中国国民党驻法国总支部》，载中国人民政治协商会议全国委员会文史资料研究委员会编《文史资料选辑》第 78 辑，中国文史出版社，1986，第 60 页。

　　[5]　经历了第二次下野的蒋介石反省，苦恼于"无组织无干部"，这对他思考统制手段，"发生了明显有别于此前的变化，这为他此后在国民党内确立最高领袖地位奠定了重要基础"。金以林：《蒋介石的 1932 年》，载汪朝光、刘维开主编《蒋介石的人际网络》，社会科学文献出版社，2011，第 203、207 页。

吸收此前的"革命青年"。[1]

萧铮到汉口与蒋介石会面后，按照蒋的要求，萧拟定《"匪区"土地整理计划大纲》《施行身份证明书以根本整理政治方案》，建议召集土地专家研究在全国实行土地政策的具体方案，蒋纳之。萧遂成立土地问题讨论会，议出《推行本党土地政策原则十项》并顺势成立中国地政学会。[2]

查蒋介石方面的记载。起初，陈果夫来电介绍萧铮担任立法委员。蒋复电："请其先来汉一叙"，并"召见萧铮所介绍骆美奂、程瑞霖等数人"。[3]

"请其先来汉一叙"在蒋介石事略稿本中频繁出现。此时，蒋"以青年人才不易接近，再三嘱咐陈立夫善为留心汲引"。他认为，培植人才以土地丈量、户口调查、警卫、修路四项人才为"最要"。[4]"剿匪"方针以平均地权为根本之图，"为今后研究之中心理论之焦点"，须筹组专门委员会来研究，还计划成立地政人员训练班。[5]

蒋介石钦定向乃祺参加土地问题讨论会。[6] 向乃祺即前述国民

---

[1]　邓元忠：《三民主义力行社初稿（一）》，《传记文学》1981年10月第39卷第4期，第65页；邓元忠：《三民主义力行社初稿（三）》，《传记文学》1982年1月第40卷第1期，第87页。

[2]　萧铮：《土地改革五十年——萧铮回忆录》，第40页。

[3]　吴淑凤编注：《蒋中正总统档案：事略稿本》第15册（民国三十一年六月至七月），台北："国史馆"，2006，第258、348页。

[4]　吴淑凤编注：《蒋中正总统档案：事略稿本》第14册（民国三十一年四月至五月），台北："国史馆"，2006年，第37、40、39、90、287页。

[5]　吴淑凤编注：《蒋中正总统档案：事略稿本》第15册（民国三十一年六月至七月），第68、194、222页。

[6]　萧铮：《土地改革五十年——萧铮回忆录》，第54页。

革命后在北方反蒋派刊物《村治》上讨论土地问题者。早在北京政府时期，向乃祺就参与了杨永泰的议会政治活动。"九一八"事变后，他应杨永泰之邀，入武汉行营为幕僚，起草《整理土地条例》。[1] 文群和杨永泰说，国家的根本基础在农村，"真实能够解决土地问题的，只有我们所定的农村土地处理条例"。[2]

萧铮的土地问题讨论会有《推行本党土地政策原则十项》，行营方面则由向乃祺等人制定了《土地政策纲领十条》，以节省劳费、增加生产为原则，注重"剿匪"总部设立的四省农民银行和利用合作社。[3] 此原则即文群的"力的国策"，他视苏联、德国为"集权"国家，认为中国要短时期内找出路，需要强固的政治统制，这种强固统制力应从农村树立基础，推进农村工作则需革新国家、省的施政方针及县政府组织，网罗各项专门人才从事服务农村的工作，以"剿匪"省份的国民党党务经费为农村建设事业基金。[4]

挪用国民党的党费来办农村工作，暗含削弱所谓 CC 系的意图。据说，杨永泰的"妙计"是以合作事业代替国民党党务，先以党员养党的理论说服领导人[5]，规定国民党党部不能向政府取公款，不

[1] 向云俊：《我的伯父向乃祺》，载中国人民政治协商会议湘西土家族苗族自治州委员会文史资料研究委员会编《湘西文史资料》第 6 辑，湘西自治州政协文史资料发行组，1986，第 85 页。

[2] 《文组长训词》《杨秘书长训词》，《军政旬刊》1934 年 1 月 20 日第 9、10 期合刊，第 78、80 页。

[3] 向乃祺：《由匪区土地处理说到土地改革》，《地政月刊》1933 年 12 月 25 日第 1 卷第 12 期，第 6 页。

[4] 文诏云：《农村问题集》，1934，第 1、15、113 页。

[5] 蒋介石 6 月 16 日记载，"今后党费由党员自出"。[吴淑凤编注：《蒋中正总统档案：事略稿本》第 15 册（民国三十一年六月至七月），第 98 页。] 可见，政学系已向蒋介石提出此妙计。

得干涉政府行政，只负责训练民众，这激起了长江流域国民党省市党部的"公愤"，说政学系杨永泰"阴谋篡党"。[1]

杨永泰等人的农村复兴是与改革国民党党务及国民政府行政体系相联系的。这种"力的国策"和萧铮等人"力"的言论（详后）相似，吸收了德国等国的做法，故萧铮与政学系的方案都注重培养自耕农。但双方不约而同地互不提及彼此。

萧铮往返于汉口与南京，所谋之事不只有土地问题。既有研究漏掉了面见蒋介石的萧铮、骆美奂、程瑞霖等人在学会成立前夕的重要活动——他们在陈立夫主办的《政治评论》上积极献策——《萧铮回忆录》对此事只字不提。

陈立夫说，《政治评论》是他召集人员拥护蒋介石为国民党领袖的刊物。[2] 该刊企图统一理论，"洗涤太不振作之官僚政治与混淆人心之邪说诡词"；主张训政时期"应该以党为中心"，各省市主席、市长、民政厅长、县长应该用国民党中有政治学识的文人担任，非国民党员不得参加政治工作；选择一两个秩序比较安定、财力宽裕的省份，集中国民党内人才去干。[3]

---

　　[1]　雷啸岑：《我所理解的政学系》，《民主评论》1950 年 4 月 20 日第 1 卷第 21 期，第 10 页。

　　[2]　陈立夫：《成败之鉴——陈立夫回忆录》，台北：正中书局，1994，第 166 页。青白团是 CC 系的顶层组织，成员包括曾养甫、萧铮等人，中国国民党忠实党员同盟会是中层组织，机关刊物《政治评论》是 CC 系的舆论喉舌，"该刊在拥护法西斯蒂独裁政治方面的鼓吹，不亚于力行社。"王奇生：《党员、党权与党争——1924—1949 年中国国民党的组织形态》，第 224、241 页。

　　[3]　霖：《创刊词》，《政治评论》1932 年 6 月 1 日第 1 期，第 5 页；陈正之：《走入歧途的训政》，《政治评论》1932 年 6 月 1 日第 1 期，第 13 页；翟宗涛：《通讯》，《政治评论》1932 年 11 月 23 日第 26 期，第 40 页；程天放：《训政从一两省训起！》，《政治评论》1932 年 6 月 15 日第 3 期，第 9 页。

官僚政治云云，针对的是政学系杨永泰。[1] 上述言论透露了二陈方面的干部希望占据省份，以"融政于党"对抗政学系的"融党于军政"。刘不同说，蒋介石在汉口组织"剿总"时，政学系首脑杨永泰是秘书长，他强调集中党政军力量在他们一伙人手中[2]，二陈方面斥之为"毁党"，故发起所谓的"护党运动"，他们不仅痛恨借用蒋介石名义的政学系分子，甚至对蒋介石起了离心。[3]

萧铮以"萧青萍""青萍"等署名发表文章，呼吁"复活"国民党。他认为，中国政治纷乱的原因是缺乏一种"力"，因此，需要严密组织，"以强有力办法短期内实现"平均地权、节制资本两大纲领，应划出工业中心区和政治试验区给集中的国民党人才实施平均地权、节制资本两大政策。[4] 萧铮主张在国防政府内设立内政部和地政部来掌管户籍和土地行政，职权分别透过省政府民政厅、地政处和县政府人事科、土地科，以至区公所的户籍员、地籍员。[5]

这些言论都发表于中国地政学会成立前。可见，萧铮早已规划

---

[1] 陈立夫：《成败之鉴——陈立夫回忆录》，第 165 页。

[2] 汉口"剿总"的要旨是政治军事并行策进［吴淑凤编注：《蒋中正总统档案：事略稿本》第 14 册（民国三十一年四月至五月），第 481 页］，可见，蒋已吸收了杨永泰方面的建议。

[3] 刘不同：《国民党的魔影——CC 团》，载中国人民政治协商会议全国委员会文史资料研究委员会编《文史资料选辑》第 45 辑，中华书局，1964，第 231 页。

[4] 萧青萍：《中国的政治如何始能上轨道》，《政治评论》1932 年 6 月 8 日第 2期，第 8 页；萧青萍：《"国策"与国防》，《政治评论》1932 年 6 月 29 日第 5 期，第9 页；萧青萍：《怎样才算是打开僵局的国策》，《政治评论》1932 年 8 月 3 日第 10 期，第 8 页。

[5] 萧青萍：《组织国防政府刍议（续）》，《政治评论》1932 年 9 月 28 日第 18期，第 21 页。

了地政事业蓝图，不仅涉及中央和地方的行政、国民党党务机关调整，更将地政事业置于"融政于党"的路线中——地政不再是偏门的专业事务。

第四节　平均地权的新阐释

萧铮对于自己的土地改革事业有一个总结说："我五十年来的土地改革运动，原则上奉行国父遗教，方法上参考了达马熙克的主张。"[1] 孙中山的原则和达马熙克（Adolf Damaschke）的方法均是中国地政学会宣扬的理论纲领，萧铮没有解释原则和方法有何区别与联系，但他融合孙中山和达马熙克这一中一洋，展示出不少新内容。

一、平均地权的均权论

在孙中山关于土地问题的论述中，平均地权和耕者有其田是引人瞩目而又争议较多的话题，前述国民革命前后的理论纷争即围绕此论题展开。在《地政月刊》创刊号上，萧铮将各方学者对平均地权的认识总结为三种看法。第一种看法说，平均地权是以土地私有为前提，以耕者有其田为目的。第二种看法说，平均地权是土地国有论。第三种看法是综合前两说，主张先土地农有，然后达到土地国有。萧不同意这三种看法，他认为平均地权的核心是"地尽其利"，目的是"土地因为社会进步的报酬平均为众人享有"，办法是

---

[1]　萧铮:《土地改革五十年——萧铮回忆录》，第 34 页。

定地价、征收地价税、土地涨价归公、照价征收四个。[1]

萧铮辨说，耕者有其田是就农民政策而言的，与作为土地政策的平均地权截然不同，平均地权是国家对土地有最高支配管理权，人民有使用收益权，国家和个人平均分配所有权的内容，"无单一之所有权主体，故可名之为均权论"。[2]

另一会员曾济宽说，他与萧铮等人讨论后，觉得周佛海对平均地权的解释很时髦，但"不甚妥当"，因为，孙中山对所有权的限制是"非完全的所有权"，平均地权的土地政策是照价征税，使农民享受土地使用的收益权利而限制其所有权，照价收买私有土地，"实现土地增益社会化"。[3]

将萧铮此文与他此前旅日时说的"平均地权和耕者有其田同义异辞"[4]相比较，是改变了从前的看法。再将曾济宽此时的主张与他此前看法[5]相比较，"非完全的所有权"也是此前没有的，应是与萧铮等人讨论后的新增见解。可以说，平均地权的"均权论"是回应国民革命后土地理论纷争的新说。

"均权论"说是应用了总有权学说。萧铮旅日时，读到石田文

---

[1]　萧铮：《平均地权真铨》，《地政月刊》1933年1月25日第1卷第1期，第3、17、24页。

[2]　萧铮：《平均地权真铨》，《地政月刊》1933年1月25日第1卷第1期，第24页。

[3]　曾济宽：《土地改革论述要（续）》，《地政月刊》1933年10月25日第1卷第10期，第52页。

[4]　萧铮：《日本农民问题》，《新生命》1929年5月1日第2卷第5期，第11页；萧铮：《土地所有权之研究与平均地权》，《新生命》1929年7月1日第2卷第7期，第9、11页。

[5]　曾济宽：《怎样解决中国的土地问题（续）》，《中华农学会报》1930年2月第73期，第7页。

次郎的《土地总有权论》，"恍然有悟"。[1] 石田文次郎的土地总有权集中在对德语 Gewere（占有）的解释，是对德国法学家祁克（O. F. von Gierke）和萨维尼（F. C. von Savigny）以来的占有论的发展。萨维尼等人宣称要救济资本主义的弊害，由个人本位的罗马法趋向团体本位。"现在的学者多说总有权是绝对的个人所有权和绝对的国家所有权中间的一种所有权形态。"[2] 祁克的贡献是对团体所有权的各种形态如总有权等做了论述，"石田文次郎说，拥有祁克的德国人民是幸福的"。[3]

萧铮曾向蒋介石提出身份证制度，也是来自日本的影响。日本现代法社会学创始人之一的末弘严太郎受德国法学影响而提出了日本的户籍法，规定了"身份登记簿"和"户籍簿"两种登记制度。前者成为现代社会个人身份证的萌芽，后者是维持"家制度"的重要手段。[4]

石田文次郎与末弘严太郎都曾留学德国，被视为日本新兴"少壮派"民法家的权威，日本社会法学派时代的"集大成者"。[5] 可见，萧铮的平均地权的均权论带有社会法学派观念，成为所有权社会化思想从德国传到东亚链条上的一环。

中国地政学会成员张丕介留德时的导师狄尔"为欧洲大陆上经济学权威之一，其思想为有名之社会法制学派"。[6] 狄尔，即五四

---

[1]　萧铮:《土地改革五十年——萧铮回忆录》，第 25 页。

[2]　李宜琛:《日耳曼法概说》，中国政法大学出版社，2003，第 15、77 页；史尚宽:《物权法论》，中国政法大学出版社，2000，第 3、152 页。

[3]　何勤华主编:《德国法律发达史》，法律出版社，1999，第 97 页。

[4]　何勤华等:《日本法律发达史》，上海人民出版社，1999，第 42、143 页。

[5]　彭时:《世界法家人名辞典》，商务印书馆（上海），1936，第 131 页。

[6]　《书报简介 土地经济学导论》，《物调旬刊》1947 年 12 月 5 日第 30 期，第 19 页。

时期黄卓等基尔特主义者援引的 Karl Diehl，这反映了"一战"后传入中国的各种主义对中国地政学会的潜在影响。

南京国民政府成立后，陈果夫重视欧战后各国尤其是苏联和巴尔干国家解决土地问题的方法。[1] 这种重视是延续了国民革命时期的言论，当时，有人说，要比较各国农民运动情形，苏联、东欧各国的农业政策，东欧各国"大抵皆实行耕者有其田的方法，并由大田庄制变成小田庄制，以实行农业组织上技术上种种改良，有为吾国今后所亟待参照者"。[2]

蒋介石曾到萧铮主持的中央政校地政学院训话。他认为，目前继续研究的是土地制度和改革土地制度的技术这两个问题，欧洲国家土地问题参差不齐，苏联是土地国有制度，东欧各国是限田政策。中国土地制度和生产技术不良，"非参酌古今中外的成规来创造一种新的土地制度不可"。他还说，《土地处理条例》是采用小农制度，使得佃农逐渐变为自耕农，《合作社条例》是扩展生产效能。[3] 萧铮也在同一场合做了报告，但没有明文回应蒋介石行营的办法。

蒋的言论实际是杨永泰、文群等人的主张，他们认为土地问题在制度（分配）和技术（生产），参考例子是苏联和东欧巴尔干国家，这更衬出萧铮留学德国（非苏俄也非东欧）的特别。前述农民

---

[1]　中华民国史事纪要编辑委员会编：《中华民国史事纪要（民国十六年七至十二月份）》，第 342 页。

[2]　刘南陔：《今后农民运动的方针与研究的步骤》，《中央日报特刊》1928 年 2 月 1 日第 1 卷第 1 期，第 1 页；刘南陔：《今后农民运动的方针与研究的步骤（续）》，《中央日报特刊》1928 年 2 月 15 日第 1 卷第 3 期，第 2 页。

[3]　《校长训词——中央政治学校附设地政研究班开学日》《萧主任报告词》，载中央政治学校附设地政学院编《中央政治学校附设地政学院一览》，1933，第 2—7 页。

国际是莫斯科在巴尔干地区建立农民政府的重要工具，波兰革命失败后，莫斯科将视线转到东方。这正与蒋介石、陈果夫、萧铮等人从东方转到巴尔干、德国的取向相逆。[1] 所以，在欧洲国家土地问题众说纷纭的情况下，为何萧铮从日本了解均权说后，在巴尔干国家和苏联之外选择德国？还有待更详细的材料。[2]

二、达马熙克的学说

萧铮留德期间的经历目前难以细考，较为特别的是，其论文是由德国农业大家阿雷博（Friedrich Aereboe）指导，但萧铮在德期间更亲近的却是德国土地改革运动家达马熙克。[3] 萧铮的土地改革理论和事业，即以达马熙克为榜样，以致被称为"中国的达马熙克"。[4]

据中国地政学会介绍，达马熙克的学说与孙中山的平均地权论"极其相似"，"既非资本主义，亦非共产主义，始终站在社会改良主义的立场，不取激烈手段，渐进地使得社会大众普遍得到土地的利益"。以地价税和增价税为两大武器，政策重心为创制自

---

[1]　在开展农村青年工作时，莫斯科将巴尔干半岛部分地区、亚洲视为"不够发达的地方"。共青团中央青运史研究室、中国社会科学院现代史研究室编：《青年共产国际与中国青年运动》，第 61 页。

[2]　德国有很多较小规模的农业经营，擅长劳动密集型农业技术。因此，德国对日本明治时期农学的影响，在英美之上。见祖田修：《近现代农业思想史——从工业革命到 21 世纪》，张玉林、钱红雨译，清华大学出版社，2015，第 73 页。

[3]　陈太先、魏方：《当代地政泰斗萧铮博士传略》，第 23 页。

[4]　杨振錩：《我们是不是期望再来一次大屠杀》，《人与地》1941 年 6 月 20 日第 1 卷第 12 期，第 247 页。

耕农。[1]

达马熙克给中国地政学会写稿，他提醒弟子："凡是具有健全的农民阶级的民族，一定是有生气的、向上的。"他希望中国根据社会正义与个人自由这两个原则，"在资本主义和共产主义之外，创设一种经济"。[2]

"健全的农民阶级的民族"等语正是此时德国政权的特色，"最足代表德国国社党的农业政策的是造成健全的农民阶级，德国希望以经济实现国家民族充分独立与自由，所以一切经济政策以民族主义为标准"。[3]

达马熙克逝世后，《地政月刊》出版纪念专号，摘录了德国报刊的言论。细读之下，摘录的竟是两种截然不同的言论：德国的《民族观察报》说，达马熙克的主张在过去没有实现，直到国家社会主义兴起，"才能付诸实行"。《西德日报》认为《民族观察报》的看法谬误，"国家社会主义虽然与达马熙克主张相似，精神却不同"，前者的土地政策受地主欢迎，如果实行达马熙克的学说，不会得到地主的支持，"有不少人想要借实现达马熙克的主张来造自身地位，无非是要利用达马熙克"。《民族观察者》又辨称，达马熙克"要恢复古代德意志地权制度、民族的健康和敦厚的风俗，使得

---

[1] 萧铮：《德国土地改革运动》，《地政月刊》1933年2月25日第1卷第2期，第189页；曾济宽：《土地改革论述要（续）》，《地政月刊》1933年10月25日第1卷第10期，第199页。

[2] 达马熙克：《农业建设与土地问题》，《地政月刊》1933年2月25日第1卷第12期，第482页。

[3] 张丕介：《德意志的农业与农业政策》，《地政月刊》1935年6月25日第3卷第6期，第445页。

人人有正当工作以及安居住所等"。[1]

国社党机关报有《人民观察日报》《国民的观察者》《人民观察家》等。[2] 考虑到"人民"与"民族""国民"等德语中译时的混用，则这些译名不同的报刊，都是当时德国政权的机关报刊。恢复古代德意志的风俗，也是当时德国政权的特点，国社党打算制定"适应德意志种族特有的习俗与正义感的法规"。[3]

有说法称，德国的"讲坛社会主义"中，有青年激进分子组织了民族社会党，中心人物有弗里德里希·瑙曼（Friedrich Naumann），他的中欧论是纳粹运动的"民族主义论"的基础。捷克斯洛伐克的纳粹运动首领鲁道夫·荣格（Rodolf Jung）将其发展源泉追溯到瑙曼和达马熙克创立的民族社会党，指该党"未能充分地与马克思主义斗争"。[4]

究竟是国社党实行了达马熙克的主张，还是利用达氏来造自身地位？这是德国史的问题。[5] 重要的是，在中国鼓吹强权政治的萧

---

[1]　顾浸禄译：《达马熙克逝世后世界各报之评论》，《地政月刊》1935 年 9 月 25 日第 3 卷第 9 期，第 121 页。

[2]　王家鸿：《第三德意志》，新中华日报社，1935，第 30 页；今中次麿：《民族的社会主义论》，金奎光译，华通书局，1933，第 244 页；瓦尔特·巴特尔（Walter Bartel）：《法西斯专政时期的德国（1933—1945）》，肖辉英、朱忠武译，谷凤鸣校，中国社会科学出版社，1979，第 59 页。

[3]　杉村章三郎、我妻荣、后藤清：《希特拉主义法律论》，周之鸣译，民族书店，1935，第 36、71、82 页。

[4]　今中次麿：《民族的社会主义论》，金奎光译，第 1、203、233 页。

[5]　在描述"一战"前德国农业发展时，有研究者简要提及达马熙克是和弗里德里希·瑙曼关系密切的教师兼新闻记者，"是一种人民运动，有来自各阶层的许多善意的、为人民幸福而操心的人们参加。社会主义者像满腹狐疑的农场主那样保留态度。土地改革运动对移民和安家工作是一个宝贵的支持"。卡尔·艾利希·博恩（转下页）

铮等人是如何看待其理论来源的达氏和希特勒政权的关系。[1] 中国地政学会没有说到达马熙克创立民族社会党并影响捷克斯洛伐克纳粹运动，仅说到达氏担任国家社会联合社在国会的第一候选人。[2] 这个"国家社会联合社"应是民族社会党的另一个译名。

黄公安介绍了达马熙克的著作《为社会主义及民族而奋斗》，书名容易令人猜想该书是否与希特勒政权有关，或许正因为此，黄特别解释说，此书是环境产物，是要表明达氏"为社会主义与民族奋斗不自今日始"，因为，希特勒上台后，"学术界亦受其统制，如与民族社会主义思想相违之人，虽如何著名，亦受其摒斥"。所以，达马熙克的主张并没有变，他不过是要"证明民族社会主义运动与其领导的土地改革运动是相同的"。[3] 而张丕介指出，希特勒国社党实行的户地法及内地移民计划，"很明显地"受到达马熙克土地改革思想的影响。[4]

黄、张两人的说法有微妙差别。萧铮看重的是达马熙克的土地

（接上页）（Karl Erich Born）等：《德意志史》第 3 卷下册《从法国革命到第一次世界大战（1789—1914)》，张载扬等译，丁建弘校，商务印书馆，1991，第 525 页。有研究者认为，在当代德国，达马熙克已经被遗忘（forgotten）。见 Kevin Repp, *Reformers, Critics, and the Paths of German Modernity Anti-Politics and the Search for Alternatives, 1890 - 1914* (Massachusetts: University of Harvard Press, 2000), p.67。

[1]　1932 年左右留学德国的朱伯康看到，当时的柏林街头是希特勒大肆宣传的场所。不难想象，同一时期留德的萧铮、张丕介等人也处于相似的环境中。朱伯康：《往事杂忆》，复旦大学出版社，2000，第 70 页。

[2]　祝平：《达马熙克先生略传》，《地政月刊》1935 年 9 月 25 日第 3 卷第 9 期，第 29 页。

[3]　黄公安：《达马熙克先生著述概要》，《地政月刊》1935 年 9 月 25 日第 3 卷第 9 期，第 39 页。

[4]　张丕介：《书报评介》1941 年 1 月 5 日《人与地》第 1 卷第 1 期，第 20 页。

改革与国家民族强盛的关系。在他看来，达氏等德国土地改革者处于资本主义和共产主义的环绕下，树立其"适合民族环境的土地改革主义"，"民族兴旺强弱于细微处可见"。他认为当时德国政权的法律吸收了达氏主张，以自耕农为国家的基础层，使得人民与土地关系密切，国家基础得以强固，"值得中国仿效"。[1]

值得注意的是，高信拥护乃师达马熙克的地价增价归公说，却反对达氏的企业自由竞争说。他指出，尽管达氏反对资本主义，但仅承认地主压榨弱者，否认资本家压榨弱者，达氏这种理论反而是为资本主义"张目"。由此，高信主张以平均地权、节制资本来限制那些得到过额剩余利润、害及大众利益的企业，"这才可以避资本主义之病，得社会主义之益"[2]。

此前，萧铮、高信等人引用桑巴特（Werner Sombart）、布连塔诺等德国"讲坛社会主义者"的观点，来批评萨孟武、梅思平拥护的资本主义。[3]

桑巴特等既是德国历史学派经济学者，又被视为"讲坛社会主

[1] 萧铮：《德国土地改革运动》，《地政月刊》1933 年 2 月 25 日第 1 卷第 2 期，第 189 页；黄荫莱译：《德国希特勒政府中之"中央承继农场法"》，《地政月刊》1934 年 3 月 25 日第 2 卷第 3 期，第 613 页。

[2] 高信：《达马熙克之土地改革论》，《新社会科学》1934 年 8 月 15 日第 1 卷第 2 期，第 254 页。

[3] 萧青萍：《为什么要拉资本家》，《政治评论》1932 年 6 月 1 日第 1 期第 20 页；高信：《方向转换吗？（二）——与萨孟武先生之商榷》，《政治评论》1932 年 8 月 17 日第 12 期，第 19 页。国民革命后，编辑《新生命》的樊仲云、梅思平、萨孟武等人还主编了《社会与教育》，彼时，萧铮留学德国时"偶然"看到，"引起了我们不少的感慨"，故投稿该刊。此时，萧绝口不提与梅思平、萨孟武的交往，反而多次批评梅思平、萨孟武对于资本主义的看法，显然是彼此立场变化所致。萧铮：《大学校长无用论（德国通讯）》，《社会与教育》1934 年 2 月 21 日第 15 期，第 225 页。

义"，主张社会改良、调节阶级冲突、国家介入经济发展，反对自由主义和资本主义。[1] 德国历史学派经济学对于日本明治后期经济学有着重要影响[2]，日本的大学教授和政府名流模仿桑巴特等人成立德国社会政策学会而成立日本社会政策学会，主张温和改良社会，"不是社会主义，也不是自由放任主义"。[3] 片山潜批判日本社会政策学会的劳资协调主义，认为该会受到"伯恩斯坦主义的病毒"影响。[4]

　　在主义源头的欧洲，伯恩斯坦（Bernstein Eduard）与德国历史学派经济学家、"讲坛社会主义者"有过接触。对此，卢森堡（Rosa Luxemburg）批评并宣称，历史学派经济学等德国政府的官方学问并没有战胜马克思主义。[5] 在辩论中，他们引用"民族社会主义联盟"的弗里德里希·瑙曼的统计材料，说明为什么要到农村中做宣传工作。[6] "民族社会主义联盟"应是前述弗里德里希·瑙

---

[1]　邹敬芳：《西洋经济思想史》，新建设书店，1929，第 270 页。

[2]　渡边与五郎、李素桢、田育诚等：《西学东渐：中日近代化比较研究》，中国社会科学出版社，2008，第 191 页。

[3]　长谷川如是闲：《以世界为背景的日本现代史》，彭信威译，神州国光社，1932，第 120 页。

[4]　刘炎：《片山潜》，载中共中央马克思恩格斯列宁斯大林著作编译局国际共运史研究室编《国际共运史研究》第 6 辑，人民出版社，1989，第 151 页；北京大学国际政治系：《国际共产主义运动中两条路线斗争简史》，人民出版社，1976，第 133 页。

[5]　中共中央马克思恩格斯列宁斯大林著作编译局国际共运史研究室编：《卢森堡文选》上卷，人民出版社，1984，第 192 页。

[6]　中共中央马克思恩格斯列宁斯大林著作编译局国际共运史研究室编：《德国社会民主党关于伯恩施坦问题的争论》，生活·读书·新知三联书店，1981，第 196 页。

曼与达马熙克组织的"与马克思主义斗争"的"民族社会党"。有研究者指出，瑙曼赞同伯恩斯坦的主张，他成立"民族社会联盟"，是想用一个民族主义的政党来与国际社会民主党对抗，从而影响德国的群众运动。[1]

　　结合前述共产国际二大批评了布连塔诺等德国历史学派经济学家、片山潜参加共产国际四大，以及萧铮等人在与梅思平论战时援引了布连塔诺等人主张可见，达马熙克学说与马克思主义、社会民主党的社会改造、"国家社会主义"既有联系，也有区别，各学说都注重影响包括农村在内的群众运动。欧洲社会思潮中的土地改革理论传播到了日本、中国，中国地政学会就在这个时代潜流中产生，萧铮等人将达氏学说与孙中山平均地权论建立联系，这是他们的创造。

结　语

　　中国广土众民，向来有"地者，政之本也"的说法。在20世纪初期，关于土地与人口关系的论说，出现了新的意义。受到"一战"后欧洲思潮东渐的影响，中国逐渐出现"农民运动""农村运动"等语，这主要是读书人从城市罪恶等角度返观乡村，意欲实行社会改造。此后，在苏俄和共产国际的影响下，土地问题的重要性逐渐凸显，并与"农民运动"等语混用。在革命实践中，土地问题被赋予试金石的角色，各革命者的土地改革论在不同场合有着不同含义，出于各自的利益、理念等考虑，常常出现以激进高调的土地

[1]　殷叙彝：《社会民主主义概论》，中央编译出版社，2011，第390页。

革命论为名，却行缓和的土地改革政策之实的矛盾现象。

在国民革命浪潮的冲击下，土地问题是否解决，已经与政党性质绑在一起。即使是被视为保守的国民党和国民政府，也必须回应农民问题和土地问题。于是，带有政治正确光环的土地改革论说，便与国民党内小组织的派系争斗纠缠在一起。其中，一批受到外国土地改革思潮影响的国民党青年党员借机组织中国地政学会，开展土地改革论的宣传和组织运动工作。

中国地政学会不仅重新阐释了平均地权论，还将德国土地改革家达马熙克的土地改革学说进行取舍扬弃。前一举动是攻伐国民革命以来纷乱的土地改革论，后一行动则借用达马熙克树立了新的土地改革论，即民族的强盛与政权的"强力"，都出自土地改革。这都与中国地政学会主要成员参与了国民党内的"融政于党"政争有关。

土地改革论并不仅仅是纸上的理论，它与激进青年的事业企图和政治经济私欲结合，醉翁之意未必都在土地改革。另外，短暂留学外国并在仓促时机之下搬用德国户地农场等土地改革方案，是否真的能够适应国情，还有待于时间的检验，并最终留下不少教训。

征引文献

一、报刊

Early China

Journal of the North China Branch of the Royal Asiatic Society

Proceedings of the American Association for the Advancement of Science

T'oung Pao

The China Review

The Chinese Recorder

The North America Review

Zeitschrift der Deutschen Morgenländischen Gesellschaft

《村治》

《大陆》

《地政月刊》

《东方公论》

《东方杂志》

《东吴大学堂学桴》

《独立周报》

《俄事警闻》

《革命青年》

《革命战线》

《格致汇编》

《广东日报》

《国粹学报》

《国风日报》

《国学月刊》

《湖北学生界》

《江苏》

《江苏省立第二师范学校校友会杂志》

《教育研究》

《解放与改造》

《经济杂志》

《警钟日报》

《军政旬刊》

《犁头》

《岭东日报》

《鹭江报》

《民报》

《民国日报》

《民主评论》

《青年》

《清议报》

《人民评论》

《人与地》

《壬申半月刊》

《三民半月刊》

《山东国民新闻副刊》

《少年社会》

《少年世界》

《社会》

《社会与教育》

《申报》

《十日》

《时报》

《时事新报》

《世界大势》

《四十年代》

《苏报》

天津《大公报》

《外交报》

《外交时报》

《万国公报（月刊）》

《物调旬刊》

《惜阴周刊》

《现代青年》

《湘学报》

《湘学新报》

《新潮》

《新民丛报》

《新评论》

《新青年》

《新社会科学》

《新生命》

《新世纪》

《新闻报》

《新亚学报》

《新政治》

《学汇》

《一九》

《译书汇编》

《有所谓报》

《再造》

《浙江潮》

《正路》

《政法学报》

《政衡》

《政治评论》

《政治月刊》

《中华教育界》

《中华农学会报》

《中外日报》

《中央半月刊》

《中央日报特刊》

《传记文学》

二、一般文献

Abel Hovelacque, *The Science of Language, Linguistics, Philology, Etymology*, translated by A. H. Kane, London, Chapmen & Hall, 1877.

André Lefèvre, *Race and Language*, London, Trübner, 1894.

Andreas Adolph von Merian & Julius Klaproth, *Principes de l'étude comparative des langues*, Paris, Shubart et Heideloff, 1828.

Anti-american Agitation and Action Thereon, July 13, 1905, *Dispatches from United States Consuls in Amoy 1844 – 1906*, No. 38.

Antoine Meillet, *Linguistique historique et linguistique générale*, Paris, Champion, 1982.

Archibald Henry Sayce, *Introduction to the Science of Language Vol. I* (the forth version), London, Trübner, 1900.

Archibald Henry Sayce, *Introduction to the Science of Language, Vol. II*, London, Trübner, 1880.

Archibald Henry Sayce, *Principles of the Comparative Philology*, London, Trübner, 1874.

August Schleicher, *Darwinism tested by the Science of Language*, translated by Alex. V. W. Bikkers, London, John Camden Hotten, 1869.

August Schleicher, *La Langues de l'Europe Moderne*, traduit de l'allemand par Hermann Ewerbeck, Paris, Ladrange, 1852.

August Wilhelm Schlegel, *Observations sur la langue et la Littérature provençales*, Paris, Librairie grecque-latine-allemand, 1818.

Bernhard Karlgren, *Philology and Ancient China*, Oslo, H. Aschenoug & Co., 1926.

D. E. Mungello, *The Forgotten Christians of Hangzhou*, Honolulu, University of Hawaii Press, 1994.

David B. Honey, *Incense at the Altar — Pioneer Sinologist and the Development of Classical Chinese Philology*, New Haven, American Oriental Society, 2001.

Diss. Chere, Lewis, *The Diplomacy of the Sino-French War (1883–1885): Finding a Way out of an Unwanted, Undeclarde War*, Washington State University, 1978.

Émile Maximilien Paul Littré, *Dictionnaire de la langue française*, Paris, librairie de L'Hachette, 1869.

Ernst Renan, *De L'origin du Langage*, Paris, Michel Lévy Frères, 1859.

Friedrich Max Müller, *Lectures on the Science of Language delivered at Royal Institution of Great Britain in April, May and June, 1861*, London, Longman, 1862.

Friedrich Max Müller, *Letters to Chevalier Bunsen on the Classification of the Turanian Languages*, London, 1854.

Geog Curtius, *Grundzüge de Griechischen Etymologie, Erster Theil*, Leipzig, Teubner, 1858.

Georg von der Gabelentz, *Die Sprachwissenschaft, ihr Aufgaben, Methoden und Bischerigen Ergebnisse*, Leipiz, CHR. Herm. Tauchnitz, 1901.

George J. Metcalf, *On Language Diversity and Relationship, from Bibliander to Adelung*, Philadelphia, John Benjamins Publishing Company, 2013.

Gustaaf Schlegel, *Sinico-Aryaca, ou, Recherches sur les racines primitives: dans les langues Chinoises et Aryennes*, Batavia, Bruining & WIJT, 1872.

Hans Aarsleff, *From Locke to Saussure—Essays on the Study of Language and Intellectual History*, Minneapolis, University of Minnesota Press, 1982.

Holger Pedersen, *The Discovery of Language—Linguistic Science in the Nineteenth Century*, translated by John Webster Spargo, Bloomington, Indiana University Press, 1959.

John Chalmers, *The Origin of the Chinese: an attempt to trace the connection of the Chinese with the western nations in their religion, superstitions, arts, languages, and traditions*, Hong Kong, De Sonza & Co., 1866.

John Shore, *The Works of Sir William Jones, Vol. III*, London, John Stockdale, 1807.

John Stuart Mill, *On Liberty*, Indianapolis, Hackett Publishing Company, 1978.

Joseph Edkins, *China's Place in Philology, an attempt to show that the languages of Europe and Asia have a common origin*, London, Trübner, 1871.

Joseph Edkins, *Introduction to the Study of the Chinese Characters*, London, Trübner,

1876.

Joshua Marshman, *Elements of Chinese Grammar*, Serampore, 1814.

Kevin Repp, *Reformers, Critics, and the Paths of German Modernity Anti-Politics and the Search for Alternatives, 1890–1914*, Massachusetts, University of Harvard Press, 2000.

Konrad Koerner, *Practicing Linguistics Historiography—Selected Essays*, Philadelphia, John Benjamins Publishing Company, 1989.

Léon Poliakov, *The Aryan Myth*, translated by Edmund Howard, London, Chatto & Windus Heinemann for Sussex University Press, 1974.

Lyle Campell & William J. Poser, *Language Classification—History and Method*, New York, Cambridge University Press, 2008.

Nicolas Standaert, ed., *Handbook of Christianity in China: Volume One (635–1800)*, Leiden; Boston, Brill, 2001.

Nicolas Standaert, *An Illustrated Life of Christ Presented to the Chinese Emperor: The History of Jincheng shuxiang (1640)*, Sankt Augustin, Institut Monumenta Serica, 2007.

Norman J. Girardot, *The Victorian Translation of China, James Legge's Oriental Pilgrimage*, Berkeley, University of California Press, 2002.

P. Neis, *The Sino-Vietnamese Border Demarcation, 1885–1887*, White Lotus Press, 1998.

Pasquale M. D'Elia, *Le origini dell'arte cristiana cinese, 1583–1640*, Roma, Reale Accademia d'Italia, 1939.

R. G. Latham, *Elements of Comparative Philology*, London, Walton and Maberly, 1862.

Roman Malek, ed., *The Chinese Face of Jesus Christ*, Sankt Augustin, Institut Monumenta Serica and China-Zentrum, 2002.

Satow, Ernest Mason, *A Guide to Diplomatic Practice*, London, Longmans, Green and

Co., 1957.

SHIN Junhyoung Michael, "The Reception of Evangelicae Historiae Imagines in Late Ming China: Visualizing Holy Topography in Jesuit Spirituality and Pure Land Buddhism," in *The Sixteenth Century Journal*, vol.40, no.2 (2009): 303-333.

Stephen G. Alter, *Darwinism and the Linguistic Image, Language, Race and Natural Theology in the Nineteenth Century*, Baltimore, the John Hopkins University Press, 1999.

Stephen G. Alter, *William Dwight Whitney and the Science of Language*, Baltimore, John Hopkins University Press, 2005.

Thomas R. Trautmann, *Aryans and British India*, Berkeley, University of California Press, 1997.

Thomas Watters, *Essays on the Chinese Language*, Shanghai, Presbyterian Mission Press, 1889.

Tuska Benes, *In Babel's Shadow, Language, Philology, and the Nation in Nineteenth-century Germany*, Detroit, Wayne State University Press, 2008.

Victor H. Maired, *The Brozen Age and Early Iron Age of Eastern Central Asia*, Washington, D.C. , Institute for the Study of Man, in collaboration with the University of Pennsylvania Museum Publications, 1998.

William Dwight Whitney, *Language and the Study of Language*, New York, Charles Scribner's Sons, 1867.

William Dwight Whitney, *The Life and Growth of Language—an Outline of Linguistic Science*, New York, D. Appleton and Company, 1883.

William Jones, "Dissertation VII—On The Chinese", *Dissertations and miscellaneous pieces relating to the history and antiquities, the arts, sciences, and literature, of Asia, by Sir W. Jones, W. Chambers, Esq. W. Hastings, Esq. ... and others. In two volumes. Vol. 1,* London, 1792.

A. B. 巴库林:《中国大革命武汉时期见闻录（1925—1927 年大革命札记）》，郑
　　厚安、刘功勋、刘佐汉译，北京：中国社会科学出版社，1985。

艾儒略:《三山论学记》，载《天主教东传文献续编》第 1 册，台北：学生书局，
　　1966。

艾儒略:《天主降生言行纪略》，载《耶稣会罗马档案馆明清天主教文献》第 4
　　册，台北：利氏学社，2002。

艾儒略:《天主降生引义》，载《东传福音》第 4 册，合肥：黄山书社，2005。

白居易:《白氏长庆集》，四部丛刊景日本翻宋大字本。

班固:《汉书》，清乾隆武英殿刻本。

北京大学国际政治系:《国际共产主义运动中两条路线斗争简史》，北京：人民
　　出版社，1976。

本杰明·史华慈:《寻求富强：严复与西方》，叶凤美译，南京：江苏人民出版
　　社，1996。

卞僧慧:《陈寅恪先生年谱长编（初稿）》，北京：中华书局，2010。

斌椿:《乘槎笔记》，长沙：岳麓书社，1985。

斌椿:《海国胜游草》，长沙：岳麓书社，1985。

蔡汝贤:《东夷图像》，《四库全书存目丛书》史部 255 册，济南：齐鲁书社，
　　1995。

岑毓英:《岑毓英奏稿》，南宁：广西人民出版社，1989。

长谷川如是闲:《以世界为背景的日本现代史》，彭信威译，上海：神州国光社，
　　1932。

陈德溥编:《陈黻宸集》下册，北京：中华书局，1995。

陈鼓应:《庄子今注今译》，北京：中华书局，1983。

陈桂香:《关于李大钊与民粹主义关系的辨析》，《中共党史研究》2012 年第
　　1 期。

陈果夫先生遗著编印委员会:《陈果夫先生全集》第 5 册，台北：近代中国出版

社，1991。

陈红民辑注：《胡汉民未刊往来函电稿》第 4、5 册，桂林：广西师范大学出版
　　社，2005。

陈静：《自由的含义——中文背景下的古今差别》，《哲学研究》2012 年第 11 期。

陈兰彬著，陈绛整理：《使美纪略》，《中国近代》第十七辑，上海：上海社会科
　　学院出版社，2007。

陈立夫：《成败之鉴——陈立夫回忆录》，台北：正中书局，1994。

陈伦炯撰，李长傅校注，陈代光整理：《〈海国闻见录〉校注》，郑州：中州古籍
　　出版社，1985。

陈美延编：《陈寅恪集》，北京：生活·读书·新知三联书店，2001。

陈寿：《三国志》，百衲本景宋绍熙刊本。

陈太先、魏方：《当代地政泰斗萧铮博士传略》，台北：地政研究所，1997。

陈渭泉主编：《中国西北文献丛书》，兰州：兰州古籍出版社，2005。

陈垣：《陈垣学术论文集》，北京：中华书局，1980。

陈铮编：《黄遵宪全集》，北京：中华书局，2005。

陈宗仁：《国民政府时期的土地改革运动——以地政学会为中心的探讨
　　（1932—1949）》，硕士学位论文，台湾政治大学，1995。

成汉昌：《中国土地制度与土地改革——20 世纪前半期》，北京：中国档案出版
　　社，1994。

成汉昌：《中国现代农民运动最早发生于何时何地》，《教学与研究》1980 年第
　　4 期。

成则人译：《第三国际议案及宣言》，广州：人民出版社，1922。

程巍：《"世界语"与犹太复国主义——兼论清末"世界语"运动》，《中国图书
　　评论》2010 年第 12 期。

褚潇白，《耶稣基督形象在明清民间社会的变迁》，博士学位论文，复旦大学，
　　2009。

崔国因著，刘发清、胡贯中点注:《出使美日秘日记》，黄山：黄山书社，1988。

《大般涅槃经》，昙无谶译，大正新修大藏经本。

戴德:《大戴礼记》，四部丛刊景明袁氏嘉趣堂本。

戴鸿慈:《出使九国日记》，长沙：岳麓书社，1982。

戴隆斌主编:《国际第二次代表大会文献》，北京：中央编译出版社，2012。

邓承修:《语冰阁奏议》，沈云龙主编《近代中国史料丛刊》正编第12辑，台
　　北：文海出版社，1967。

丁守和主编:《辛亥革命时期期刊介绍》第1集，北京：人民出版社，1982。

丁晓强:《衙前农民运动研究的几个问题》，《中共党史研究》2002年第1期。

丁志麟:《杨淇园先生超性事迹》，《徐家汇藏书楼明清天主教文献》第1册，台
　　北：方济出版社，1986。

杜春和、韩荣芳、耿来金编:《胡适论学往来书信选》下册，石家庄：河北人民
　　出版社，1998。

杜文忠:《边疆的概念与边疆的法律》，《中国边疆史地研究》2003年第4期。

杜晓宇:《试论秦汉"边郡"的概念、范围与特征》，《中国边疆史地研究》2012
　　年第4期。

渡边与五郎、李素桢、田育诚等:《西学东渐：中日近代化比较研究》，北京：
　　中国社会科学出版社，2008。

E.德雷仁:《世界共通语史——三个世纪的探索》，徐沫译，北京：商务印书馆，
　　1999。

E.普里瓦:《世界语史》，张闳凡译，北京：知识出版社，1983。

樊树志执行主编:《古代中国：传统与变革》，上海：复旦大学出版社，2005。

范晔:《后汉书》，北京：中华书局，1998。

方略馆编:《清代方略全书》，北京：北京图书馆出版社，2006。

房玄龄等:《晋书》，北京：中华书局，1974。

冯友兰:《中国哲学史》下册，上海：商务印书馆，1934。

辅仁大学天主教史料研究中心编:《中国天主教史籍汇编》,台北:辅仁大学出
　　　版社,2003。

傅恒等编:《皇清职贡图》,台北:台湾商务印书馆,1987。

傅云龙著,傅训成整理:《傅云龙日记》,杭州:浙江古籍出版社,2005。

冈本隆司:《屬國と保護のあいだ：一八八〇年代初頭、ヴェトナムをめぐる
　　　清佛交渉》,《東洋史研究》2007 年第 6 期。

冈本隆司:《清仏戦争への道：李フルニエ協定の成立と和平の挫折》,《京都府
　　　立大学学术报告（人文·社会）》2008 年第 60 号。

高华士:《清初耶稣会士鲁日满常熟账本及灵修笔记研究》,郑州:大象出版社,
　　　2007。

高平叔:《蔡元培年谱长编》上册,北京:人民教育出版社,1996。

高平叔编:《蔡元培全集》,北京:中华书局,1984。

共青团中央青运史研究室、中国社会科学院现代史研究室编:《青年共产国际与
　　　中国青年运动》,北京:中国青年出版社,1985。

故宫博物院编:《清光绪朝中法交涉史料》,北京:故宫博物院,1932—1933。

顾起元:《客座赘语》,《续修四库全书》子部 1260 册,上海:上海古籍出版社,
　　　1995。

顾廷龙,戴逸主编:《李鸿章全集》,合肥:安徽教育出版社,2008。

顾卫民:《基督宗教艺术在华发展史》,上海:上海书店出版社,2005。

顾莹惠:《论 20 世纪初的中国国民外交》,《武汉大学学报（人文科学版）》2002
　　　年第 7 期。

广东省档案馆、广东青运史研究委员会编:《广东青年运动历史资料》第 1 册,
　　　广州:广东人民出版社,1986。

广西师范大学出版社编:《中美往来照会集:1846—1931》第 10 册,桂林:广西
　　　师范大学出版社,2006。

广西师范大学出版社组织整理,程焕文审订:《美国政府解密档案（中国关

系）：美国驻广州领事馆领事报告（1790—1906）》，桂林：广西师范大学
　　出版社，2008。

广州农民运动讲习所旧址纪念馆编：《广东农民运动资料选编》，北京：人民出
　　版社，1986。

郭德宏：《中国近现代农民土地问题研究》，青岛：青岛出版社，1993。

郭嵩焘：《郭嵩焘日记》，长沙：湖南人民出版社，1982。

郭廷以：《近代中国史事日志》第 2 册，北京：中华书局，1987。

郭廷以主编：《中法越南交涉档》，台北：精华印书馆股份有限公司，1962。

国家图书馆分馆编选：《清末时事采新汇选》第 13 册，北京：北京图书馆出版
　　社，2003。

《国语》，韦昭注，四部丛刊景明金李刊本。

海关总署《中外旧约章大全》编纂委员会：《中外旧约章大全》第 1 分卷（1689—
　　1902 年）下册，北京：中国海关出版社，2004。

韩愈：《昌黎先生文集》，宋蜀本。

郝懿行：《尔雅义疏》，上海：商务印书馆，1933。

何勤华等：《日本法律发达史》，上海：上海人民出版社，1999。

何勤华主编：《德国法律发达史》，北京：法律出版社，1999。

何伟亚：《英国的课业：19 世纪中国的帝国主义教程》，刘天路、邓红风译，北
　　京：社会科学文献出版社，2007。

贺长龄：《皇朝经世文编》，台北：文海出版社，1966。

洪堡特：《论人类语言结构的差异及其对人类精神发展的影响》，姚小平译，北
　　京：商务印书馆，2008。

侯志平编著：《世界语运动在中国》，北京：中国世界语出版社，1985。

胡伯洲、胡波、朱明海、董少葵译：《海外友人致孙中山信札选（二）》，《民国
　　档案》2003 年第 2 期。

胡传剑：《盾墨留芬》，台北：学生书局，1973。

胡其柱：《"自由"语词的前世今生》，《寻根》2008 年第 4 期。

胡秋原编：《近代中国对西方及列强认识资料汇编》，台北："中央研究院"近代
　　史研究所，1972。

胡愈之：《胡愈之文集》第 1 卷，北京：生活·读书·新知三联书店，1996。

黄克武：《自由的所以然——严复对约翰弥尔自由思想的认识与批判》，上海：
　　上海书店出版社，2000。

黄正林：《国民政府扶植自耕农问题研究》，《历史研究》2015 年第 3 期。

贾中福：《清末民初的国民外交思想论析》，《学术探索》2004 年第 12 期。

姜绍书：《无声诗史》，《四库全书存目丛书》子部 072 册，济南：齐鲁书社，
　　1995。

姜义华、张荣华主编：《康有为全集》，北京：中国人民大学出版社，2007。

蒋天枢：《陈寅恪先生编年事辑（增订本）》，上海：上海古籍出版社，1997。

角田文衞：《考古学京都学派》（增补），东京：雄山阁，1997。

今中次麿：《民族的社会主义论》，金奎光译，上海：华通书局，1933。

金德群主编：《中国国民党土地政策研究》，北京：海洋出版社，1991。

金观涛、刘青峰：《观念史研究：中国现代重要政治术语的形成》，北京：法律
　　出版社，2009。

金光耀、王建朗主编：《北洋时期的中国外交》，上海：复旦大学出版社，2006。

金以林：《汪精卫与国民党的派系纠葛——以宁粤对峙为中心的考察》，《中国
　　社会科学》2008 年第 3 期。

金毓黻：《静晤室日记》，沈阳：辽沈书社，1993。

近代史资料编辑部编：《近代史资料》总 87 号，北京：中国社会科学出版社，
　　1996。

瞿秋白：《瞿秋白文集（政治理论编）》第 4 卷，北京：人民出版社，2013。

卡尔·艾利希·博恩（Karl Erich Born）等：《德意志史》第 3 卷下册《从法国
　　革命到第一次世界大战（1789—1914）》，张载扬等译，丁建弘校，北京：

商务印书馆，1991。

孔祥吉、村田雄二郎：《京师白云观与晚清外交》，《社会科学研究》2009 年
　　第 2 期。

孔雪雄：《日本之农民运动》，南京：正中书局，1933。

昆岗、李鸿章编：《钦定大清会典事例》，光绪二十五年（1899 年）重修本。

雷梦水等编：《中华竹枝词》，北京：北京古籍出版社，1997。

黎庶昌：《西洋杂志》，长沙：岳麓书社，1985。

李博（Wolfgang Lippert）：《汉语中的马克思主义术语的起源与作用》，赵倩、
　　王草、葛平竹译，北京：中国社会科学出版社，2003。

李丹阳：《AB 合作在中国》，《近代史研究》2002 年第 1 期。

李凤苞：《使德日记》，台北：文海出版社，1966。

李圭：《环游地球新录》，长沙：岳麓书社，1985。

李剑鸣：《隔岸观景》，北京：社会科学文献出版社，2012。

李九标等：《口铎日抄》，《罗马耶稣会档案馆明清天主教文献》第 7 册，台北：
　　利氏学社，2002。

李树田主编：《长白丛书·光绪丁未延吉边务报告》，长春：吉林文史出版社，
　　1986。

李天纲编注：《明末天主教三柱石文笺注——徐光启、李之藻、杨廷筠论教文
　　集》，香港：道风书社，2007。

李宜琛：《日耳曼法概说》，北京：中国政法大学出版社，2003。

李玉贞：《国民党与共产国际（1919—1927）》，北京：人民出版社，2012。

李玉贞主编：《鲍罗廷在中国有关资料》，北京：中国社会科学出版社，1983。

李育民：《"排外"观念与近代民族主义的兴起》，《史林》2013 年第 1 期。

李云泉：《中法战争前的中法越南问题交涉与中越关系的变化》，《社会科学辑
　　刊》2010 第 5 期。

利玛窦、金尼阁：《利玛窦中国札记》，何高济等译，北京：中华书局，1983。

利玛窦:《利玛窦全集》,台北:光启出版社,1986。

利玛窦:《利玛窦书信集》,罗渔译,台北:光启出版社、辅仁大学出版社,
　　1986。

利玛窦:《天学初函》第1册,台北:学生书局,1964。

梁景和:《清末国民意识与参政意识研究》,长沙:湖南教育出版社,1999。

梁启超:《新大陆游记》,长沙:岳麓书社,1985。

梁启超:《饮冰室合集》,北京:中华书局,1989。

梁启超著,夏晓虹辑:《〈饮冰室合集〉集外文》,北京:北京大学出版社,
　　2005。

梁尚贤:《国民党与广东农民运动》,广州:广东人民出版社,2004。

廖梅:《汪康年:从民权论到文化保守主义》,上海:上海古籍出版社,2001。

林义强:《"万国"と"新"の意味を問いかける:清末国学におけるエスペラ
　　ント(万国新语)论》,载《东洋文化研究纪要》第147册。

林鍼:《西海纪游草》,长沙:岳麓书社,1985。

林治平主编:《基督教与中国历史图片论文集》,台北:宇宙光出版社,1979。

刘长佑:《刘武慎公遗书》,载沈云龙主编《近代中国史料丛刊》正编第25辑,
　　台北:文海出版社,1967。

刘侗、于奕正:《帝京景物略》,载《四库全书存目丛书》史部248册,济南:
　　齐鲁书社,1995。

刘坤一:《刘坤一遗集》,北京:中华书局,1959。

刘凝:《觉斯录》,载《耶稣会罗马档案馆明清天主教文献》第9册,台北:利
　　氏学社,2002。

刘锡鸿:《英轺私记》,长沙:岳麓书社,1986。

刘锡鸿等:《驻德使馆档案钞》,台北:学生书局,1966。

龙永行:《中越边界桂越段会谈及勘定》,《中国边疆史地研究报告》1992年第1
　　期、第2期。

龙永行:《中越界务(粤越段)会谈及其勘定》,《东南亚研究》1991年第4期。

龙永行:《中越界务会谈及滇越段勘定》,《中国边疆史地研究报告》1991年第3期、第4期。

路特·费舍(Ruth Fischer):《斯大林和德国共产主义运动——国家党的起源的研究》,何式谷译,北京:商务印书馆,1964。

《论语》,何晏集解,四部丛刊景日本正平本。

罗志田:《激变时代的文化与政治——从新文化运动到北伐》,北京:北京大学出版社,2006。

罗志田:《清季围绕万国新语的思想论争》,《近代史研究》2001年第4期。

罗志田:《天下与世界:清末士人关于人类社会认知的转变——侧重梁启超的观念》,《中国社会科学》2007年第5期。

罗志田:《西方的分裂:国际风云与五四前后中国思想的演变》,《中国社会科学》1999年第3期。

罗志田:《走向世界的近代中国——近代国人世界观的思想谱系》,《文化纵横》2010年第3期。

马欢原著,万明校注:《明钞本〈瀛涯胜览〉校注》,北京:海洋出版社,2005。

马勇编:《章太炎书信集》,石家庄:河北人民出版社,2003。

茅海建:《戊戌变法史事考》,北京:生活·读书·新知三联书店,2005。

孟庆澍:《无政府主义与中国早期世界语运动》,《洛阳师范学院学报》2006年第1期。

《明朝破邪集》,载《四库未收书辑刊》第10辑4册,北京:北京出版社,2000。

莫小也:《十七—十八世纪传教士与西画东渐》,杭州:中国美术学院出版社,2002。

南开大学历史系中国近现代史教研室编:《中外学者论抗日根据地——南开大学第二届中国抗日根据地史国际学术讨论会论文集》,北京:档案出版社,1993。

欧阳修等撰:《新唐书》,北京:中华书局,1975。

欧阳哲生:《严复评传》,南昌:百花洲文艺出版社,2010。

欧阳哲生主编:《傅斯年全集》第2卷,长沙:湖南教育出版社,2003。

裴化行(H. Bernard):《天主教16世纪在华传教志》,北京:商务印书馆,1936。

彭春凌:《以"一返方言"抵抗"汉字统一"与"万国新语"——章太炎关于语言文字问题的论争(1906—1911)》,《近代史研究》2008年第2期。

彭巧云:《中越历代疆界变迁与中法越南勘界问题研究》,博士学位论文,厦门大学,2006。

彭时:《世界法家人名辞典》,上海:商务印书馆,1936。

皮后锋:《严复评传》,南京:南京大学出版社,2006。

钱穆:《中国近三百年学术史》,北京:商务印书馆,1997。

屈大均:《广东新语》,北京:中华书局,1985。

全国图书馆文献缩微复制中心:《张文襄公(未刊)电稿》,北京:全国图书馆缩微复制中心,2005。

全国政协文史资料委员会编:《文史资料选辑》第142辑,北京:中国文史出版社,2000。

人民出版社编:《第一次国内革命战争时期的农民运动资料》,北京:人民出版社,1983。

任达:《新政革命与日本:中国,1898—1912》,李仲贤译,南京:江苏人民出版社,1998。

任建树、张统模、吴信忠编:《陈独秀著作选》,上海:上海人民出版社,1993。

荣孟源、章伯锋主编:《近代稗海》第2辑,成都:四川人民出版社,1985。

阮朝国史馆编:《大南实录》,东京:庆应义塾大学言语文化研究所,昭和五十五年(1980)。

《阮啸仙文集》编辑组编:《阮啸仙文集》,广州:广东人民出版社,1984。

桑兵:《华洋变形的不同世界》,《学术研究》2011年第3期。

桑兵:《黄金十年与新政革命——评介〈新政革命与日本:中国,1898—1912〉》,
　　《燕京学报》新四期,北京:北京大学出版社,1998。

桑兵:《近代中外比较研究史管窥——陈寅恪〈与刘叔雅论国文试题书〉解析》,
　　《中国社会科学》2003 年第 1 期。

桑兵:《梁启超的东学、西学与新学——评狭间直树〈梁启超·明治·日本西
　　方〉》,《历史研究》2002 年第 6 期。

桑兵:《清末新知识界的社团与活动》,北京:生活·读书·新知三联书店,
　　1995。

桑兵:《辛亥革命研究的整体性》,《中山大学学报》2011 年第 5 期。

桑兵:《治学的门径与取法——晚清民国研究的史料与史学》,北京:社会科学
　　文献出版社,2014。

桑兵:《求其是与求其古:傅斯年〈性命古训辨证〉的方法启示》,《中国文化》
　　2009 年第 29 期。

桑弘羊撰:《盐铁论校注》,北京:中华书局,1992。

杉村章三郎、我妻荣、后藤清:《希特拉主义法律论》,周之鸣译,上海:民族
　　书店,1935。

商务印书馆编辑部编:《论严复与严译名著》,北京:商务印书馆,1982。

上海图书馆编:《中国近代期刊篇目汇录》,上海:上海人民出版社,1980。

上海五三书店编:《农民丛刊》第 3 卷,上海:上海五三书店,1927。

邵循正:《中法越南关系始末》,石家庄:河北教育出版社,2000。

邵雍:《〈谨遵圣谕辟邪全图〉之解读》,《史学月刊》2007 年第 9 期。

《社会主义思想在中国的传播》编写组:《社会主义思想在中国的传播(资料选
　　辑)》第 2 辑下册,北京:中共中央党校科研办公室,1987。

沈志华主编:《苏联历史档案选编》第 1 卷,北京:社会科学文献出版社,2002。

石川祯浩:《辛亥革命时期的种族主义与中国人类学的兴起》,载中国史学会编
　　《辛亥革命与二十世纪的中国》,北京:中央文献出版社,2002。

石川祯浩:《中国共产党成立史》,袁广泉译,北京:中国社会科学出版社,2006。

石川祯浩:《中国近代历史的表与里》,袁广泉译,北京:北京大学出版社,2015。

实录馆编:《清实录》,北京:中华书局,1985—1987。

史尚宽:《物权法论》,北京:中国政法大学出版社,2000。

释惠能编:《六祖大师法宝坛经》,大正新修大藏经本。

司马仙岛:《中国国民党党务》,北平:和记印书馆,1930。

孙宝瑄:《忘山庐日记》上册,上海:上海古籍出版社,1983。

孙家穀:《初使泰西记》,长沙:岳麓书社,1985。

台北"中央研究院"历史语言研究所编:《明清史料(庚编)》,北京:中华书局,1987。

《谭平山文集》编辑组:《谭平山文集》,北京:人民出版社,1986。

汤开建:《明清之际天主教艺术传入中国内地考略》,《暨南学报(哲学社会科学)》2001年第5期。

唐才常:《觉颠冥斋内言》,上海:上海古籍出版社,2002。

天津市档案馆、天津社会科学院历史研究所、天津市工商业联合会编:《天津商会档案汇编(1903—1911)》下册,天津:天津人民出版社,1997。

《天主圣像来历》,《法国国家图书馆明清天主教文献》第24册,台北:利氏学社,2009。

童建挺主编:《共产国际第四次代表大会文献》第2册,北京:中央编译出版社,2012。

瓦尔特·巴特尔(Walter Bartel):《法西斯专政时期的德国(1933—1945)》,肖辉英、朱忠武译,谷凤鸣校,北京:中国社会科学出版社,1979。

汪朝光、刘维开主编:《蒋介石的人际网络》,北京:社会科学文献出版社,2011。

汪荣祖:《走向世界的挫折:郭嵩焘与道咸同光时代》,长沙:岳麓书社,2000。

王汎森:《中国近代思想文化史研究的若干思考》,《新史学》2003年第14卷第

4 期。

王家鸿:《第三德意志》,汉口:新中华日报社,1935。

王亮、王彦威辑:《清季外交史料》,北京:书目文献出版社,1987。

王明伦编:《反洋教书文揭帖选》,济南:齐鲁书社,1984。

王圻、王思义编集:《三才图会》,上海:上海古籍出版社,1988。

王奇生:《党员、党权与党争——1924—1949 年中国国民党的组织形态》,上海:上海书店出版社,2003。

王蘧常:《民国严几道先生复年谱》,台北:台湾商务印书馆,1981。

王日根:《明清海疆政策与中国社会发展》,福州:福建人民出版社,2006。

王士禛:《池北偶谈》,北京:中华书局,1982。

王栻主编:《严复集》第 1、2、3、5 册,北京:中华书局,1986。

王韬:《漫游随录》,长沙:岳麓书社,1985。

王铁崖编:《中外旧约章汇编》第 1 册,北京:生活·读书·新知三联书店,1982。

王铁崖主编:《国际法》,北京:法律出版社,2007。

王锡祺:《小方壶斋舆地丛钞》,杭州:杭州古籍出版社,1985。

王先谦:《(康熙朝)东华录》,上海:上海古籍出版社,2008。

王宪明:《语言、翻译与政治:严复译〈社会通诠〉研究》,北京:北京大学出版社,2005。

王晓秋:《晚清中国人走向世界的一次盛举—— 一八八七年海外游历使研究》,大连:辽宁师范大学出版社,2004。

王仰清、许映湖标注:《邵元冲日记》,上海:上海人民出版社,1990。

王之春:《使俄草》,台北:文海出版社,1966。

威廉·汤姆逊:《19 世纪末以前的语言学史》,黄振华译,北京:世界图书出版公司,2009。

魏禧:《魏叔子文集》,《续修四库全书》集部 1408 册,上海:上海古籍出版社,

1995。

文诏云:《农村问题集》,1934。

翁同龢:《翁同龢日记》,北京:中华书局,1989。

吴宝晓:《关于中法战争时期李鸿章违旨问题考辨》,《安徽史学》2006 第 3 期。

吴长元:《宸垣识略》,北京:北京古籍出版社,1981。

吴历撰:《吴渔山集笺注》,章文钦笺注,北京:中华书局,2007。

吴伦霓霞、王尔敏编:《清季外交因应函电资料》,香港:香港中文大学中国文
　　化研究所,1993。

吴宓著,吴学昭整理:《吴宓日记》第 2 册,北京:生活·读书·新知三联书店,
　　1998。

吴汝纶:《吴汝纶全集》第 3 册,施培毅、徐寿凯校点,合肥:黄山书社,
　　2002。

吴淑凤编注:《蒋中正总统档案:事略稿本》第 14 册（民国三十一年四月至五
　　月）、第 15 册（民国三十一年六月至七月）,台北:"国史馆",2006。

西里喜行:《越南問題と清国ジャーナリズム（資料編 7）》,载《琉球大学教育
　　学部紀要》第 67 集。

夏东元编著:《郑观应年谱长编》,上海:上海交通大学出版社,2009。

萧德浩、吴国强编:《邓承修勘界资料汇编》,南宁:广西人民出版社,1990。

萧德浩等编:《中越边界历史资料选编》,北京:社会科学文献出版社,1993。

萧铮:《土地改革五十年——萧铮回忆录》,台北:地政研究所,1980。

谢清高口述,杨炳南笔录,安京校释:《〈海录〉校释》,北京:商务印书馆,
　　2002。

谢绍鹢:《秦汉边郡概念小考》,《中国历史地理论丛》2009 年第 3 期。

信夫淳平:《有賀博士の七回忌に際して》,《國際法外交雜誌》1921 年第 20 卷
　　第 6 号。

徐海松:《清初士人与西学》,北京:东方出版社,2000。

徐继畬:《瀛环志略》,上海:上海书店出版社,2001。

徐建寅:《欧游杂录》,长沙:岳麓书社,1985。

薛福成:《庸庵别集》,上海:上海古籍出版社,1985。

薛福成:《庸庵文编》,载沈云龙主编《近代中国史料丛刊》正编第95辑,台
　　北:文海出版社,1973。

薛福成:《庸庵文外编》,载沈云龙主编《近代中国史料丛刊》正编第95辑,台
　　北:文海出版社,1973。

薛福成著,蔡少卿整理:《薛福成日记》,长春:吉林文史出版社,2004。

荀悦:《申鉴》,黄省曾注,四部丛刊景明嘉靖本。

严昌洪:《"国民"之发现——1903年上海国民公会再认识》,《近代史研究》
　　2004年第4期。

杨绍练、余炎光:《广东农民运动(1922年—1927年)》,广州:广东人民出版
　　社,1988。

杨天石、王学庄编:《拒俄运动:1901—1905》,北京:中国社会科学出版社,
　　1979。

杨振先:《外交学原理》,上海:商务印书馆,1936。

伊藤信哉:《20世紀前半の日本の外交論壇と〈外交時報〉》,《松山大学論集》
　　2008年第20卷第1号。

易劳逸(Lloyd E. Eastman):《蒋介石与蒋经国(1937—1949)》,王建朗、王
　　贤知译,北京:中国青年出版社,1989。

殷叙彝:《社会民主主义概论》,北京:中央编译出版社,2011。

印光任、张汝霖原著,赵春晨校注:《澳门记略校注》,澳门:澳门文化司署,
　　1992。

印少云:《近代中国国民意识的生成与国民外交》,《学术论坛》2005年第
　　6期。

应劭:《风俗通义》,明万历两京遗编本。

尤侗:《外国竹枝词》,台北:新文丰出版公司,1981。

俞可平、李慎明、王伟光主编:《马克思主义研究论丛》第5辑,北京:中央编译出版社,2006。

俞政:《严复著译研究》,苏州:苏州大学出版社,2003。

袁保龄:《阁学公集》,宣统辛亥清芬阁本。

袁宏:《后汉纪》,四部丛刊景明嘉靖刻本。

苑书义等主编:《张之洞全集》,石家庄:河北人民出版社,1998。

约翰·密尔:《论自由》,顾肃译,南京:译林出版社,2010。

约翰·穆勒:《论自由》,孟凡礼译,桂林:广西师范大学出版社,2011。

约翰·穆勒:《群己权界论》,严复译,上海:商务印书馆,1931。

载振、唐文治:《英轺日记》,台北:文海出版社,1966。

曾国藩:《曾国藩全集·日记(二)》,长沙:岳麓书社,1988。

曾纪泽:《出使英法俄国日记》,长沙:岳麓书社,1985。

曾纪泽著,刘志惠点校辑注,王澧华审阅:《曾纪泽日记》,长沙:岳麓书社,1998。

斋藤忠:《考古学史の人びと》,东京:第一书店,1985。

张宝明:《中国现代性的两难——以新文化元典中的世界语吊诡为例》,《福建论坛》2007年第5期。

张存武:《光绪卅一年中美工约风潮》,台北:"中央研究院"近代史研究所,1982。

张德彝:《稿本航海述奇汇编》,北京:北京图书馆出版社,1997。

张德彝:《随使英俄记》,长沙:岳麓书社,1986。

张光正主编:《张我军全集》下册,北京:台海出版社,2012。

张謇研究中心等编:《张謇全集》第1卷,南京:江苏古籍出版社,1994。

张牧:《蒙古游牧记》,台北:南天书局,1981。

张佩纶:《涧于集》,沈云龙主编《近代中国史料丛刊》正编第10辑,台北:文海出版社，1966。

张权宇：《晚清首任驻英使团的出使及近代中国出使制度的建立》，《历史教学问题》2010年第4期。

张树年主编：《张元济年谱》，北京：商务印书馆，1991。

张树声：《张靖达公奏议》，载沈云龙主编《近代中国史料丛刊》正编第23辑，台北：文海出版社，1967。

张廷玉等：《明史》，北京：中华书局，1995。

张喜德：《中共早期排斥国民党的政策与共产国际成立伊始的进攻理论》，《中共党史研究》2005第1期。

张燮著，谢方点校：《东西洋考》，北京：中华书局，2000。

张星曜：《圣教赞铭》，载《法国国家图书馆明清天主教文献》第8册，台北：利氏学社，2009。

张星曜：《天教明辨》第1册，中国国家图书馆藏，索书号133363。

张星曜：《天儒同异考》，BNF，Courant 7171。

张荫桓著，任青、马忠文整理：《张荫桓日记》，上海：上海书店出版社，2004。

张羽新、赵曙青主编：《清朝治理新疆方略汇编》，北京：学苑出版社，2006。

张振鹍主编：《中国近代史资料丛刊续编·中法战争》，北京：中华书局，1996—2017。

张治：《"引小说入游记"：〈三洲游记〉的迻译与作伪》，《中国现代文学研究丛刊》2007年第1期。

章含之、白吉庵编：《章士钊全集》第1卷，北京：文汇出版社，2000。

章清：《"采西学"：学科次第之论辩及其意义》，《历史研究》2007年第3期。

赵尔巽等撰：《清史稿》，北京：中华书局，1998。

赵树贵、曾丽雅编：《陈炽集》，北京：中华书局，1997。

赵树杰：《中国地政学会述论（1932—1949）》，硕士学位论文，北京大学，1995。

赵玉新点校:《戴震文集》,北京:中华书局,1980。

浙江省民政厅编:《英烈千古——浙江革命烈士事迹选辑》第 2 册,1982。

郑灿、郑友来:《论晚清"保藩固圉"的边防政策》,《中国边疆史地研究》1993 第 4 期。

郑超麟:《郑超麟回忆录》上册,北京:东方出版社,2004。

郑大华、邹小站主编:《传统思想的近代转换》,北京:社会科学文献出版社, 2007。

郑光祖编:《舟车所至》,北京:中国书店出版社,1991。

郑孝胥:《郑孝胥日记》第 1 册,劳祖德整理,北京:中华书局,1993。

郑玄注:《礼记正义》,上海:上海古籍出版社,2008。

中共广东省委宣传部编:《彭湃文集》,北京:人民出版社,1981。

中共广西壮族自治区党史资料征集委员会办公室编:《黄日葵文集》,南宁:广 西人民出版社,1989。

中共萧山县委党史资料征集研究委员会编:《衙前农民运动》,北京:中共党史 资料出版社,1987。

中共一大会址纪念馆编:《中共一大代表早期文稿选编(1917.11—1923.7)》上 册,上海:上海人民出版社,2011。

中共中央党史研究室第一研究部编:《共产国际、联共(布)于中国革命文献资 料选辑(1926—1927)》上册,北京:北京图书馆出版社,1998。

中共中央党史研究室第一研究部编:《共产国际、联共(布)与中国革命文献资 料选辑(1917—1925)》,北京:北京图书馆出版社,1997。

中共中央党史研究室第一研究部译:《联共(布)、共产国际与中国国民革命运 动(1920—1925)》,北京:北京图书馆出版社,1997。

中共中央党史研究室第一研究部译:《联共(布)、共产国际与中国国民革命运 动(1926—1927)》,北京:北京图书馆出版社,1998。

中共中央党史研究室第一研究部译:《联共(布)、共产国际与中国苏维埃运动

（1931—1937）》，北京：中共党史出版社，2007。

中共中央马克思恩格斯列宁斯大林著作编译局国际共运史研究室编:《德国社
　　会民主党关于伯恩施坦问题的争论》，北京：生活·读书·新知三联书店，
　　1981。

中共中央马克思恩格斯列宁斯大林著作编译局国际共运史研究室编:《卢森堡文
　　选》上卷，北京：人民出版社，1984。

中共中央马克思恩格斯列宁斯大林著作编译局国际共运史研究所编:《国际共运
　　史研究》第6辑，北京：人民出版社，1989。

中共中央书记处编:《六大以前——党的历史材料》，北京：人民出版社，1980。

《中国抵制禁约记》，上海：上海民任社，1905。

中国第二历史档案馆编:《北洋政府档案》第89册，北京：中国档案出版社，
　　2010。

中国第二历史档案馆编:《中国国民党中央执行委员会常务委员会会议录》第
　　7、10、15册，桂林：广西师范大学出版社，2000。

中国第一历史档案馆编:《雍正朝汉文朱批奏章汇编》，南京：江苏古籍出版社，
　　1989。

中国革命博物馆、湖南省博物馆编:《湖南农民运动资料选编》，北京：人民出
　　版社，1988。

中国科学院地理研究所编:《边界历史地理研究论丛》，内部刊印。

中国科学院历史研究所第三所编:《近代史资料》总22号，北京：科学出版社，
　　1958。

中国人民政治协商会议全国委员会文史资料研究委员会《文史资料选辑》编辑
　　部编:《文史资料选辑》第110辑，北京：中国文史出版社，1987。

中国人民政治协商会议全国委员会文史资料研究委员会编:《晚清宫廷生活见
　　闻》，北京：文史资料出版社，1982。

中国人民政治协商会议全国委员会文史资料研究委员会编:《文史资料选辑》第

12 辑，北京：中华书局，1961。

中国人民政治协商会议全国委员会文史资料研究委员会编：《文史资料选辑》第
43 辑，北京：文史资料出版社，1981。

中国人民政治协商会议全国委员会文史资料研究委员会编：《文史资料选辑》第
45 辑，北京：中华书局，1964。

中国人民政治协商会议全国委员会文史资料研究委员会编：《文史资料选辑》第
60 辑，北京：文史资料出版社，1979。

中国人民政治协商会议全国委员会文史资料研究委员会编：《文史资料选辑》第
78 辑，北京：中国文史出版社，1986。

中国人民政治协商会议山东省委员会文史资料研究委员会编：《文史资料选辑》
第 12 辑，济南：山东人民出版社，1981。

中国人民政治协商会议天津市委员会文史资料研究委员会编：《天津文史资料选
辑》第 6 辑，天津：天津人民出版社，1980。

中国人民政治协商会议湘西土家族苗族自治州委员会文史资料研究委员会编：
《湘西文史资料》第 6 辑，吉首：湘西自治州政协文史资料发行组，1986。

中国社会科学院近代史研究所编：《近代中国与世界：第二届近代中国与世界学
术讨论会论文集》第 2 卷，北京：社会科学文献出版社，2005。

中国社会科学院近代史研究所编：《五四运动回忆录（续）》，北京：中国社会科
学出版社，1979。

中国社会科学院近代史研究所翻译室编译：《共产国际有关中国革命的文献资料
（1919—1928）》第 1 辑，北京：中国社会科学出版社，1981。

中国社会科学院近代史研究所近代史资料编辑组编：《近代史资料》总 37 号，
北京：中华书局，1978。

中国社会科学院现代史研究室、中国革命博物馆党史研究室选编：《"一大"前
后——中国共产党第一次代表大会前后资料选编》（一），北京：人民出版
社，1980。

中国史学会编:《中国近代史料丛刊·中法战争》,上海:上海人民出版社,
　　1957。

中国史学会编:《中国近代史资料丛刊·鸦片战争》,上海:上海书店出版社,
　　2000。

中华民国史事纪要编辑委员会编:《中华民国史事纪要(民国十六年七至十二月
　　份)》,台北:中华民国史料研究中心,1978。

中华全国世界语协会编:《柴门霍夫演讲集》,祝明义译,北京:中国世界语出
　　版社,1982。

中央档案馆编:《中共中央文件选集》第5册,北京:中共中央党校出版社,
　　1990。

《中央政治学校附设地政学院一览》,1933。

钟鸣旦:《杨廷筠:明末天主教儒者》,北京:社会科学文献出版社,2002。

钟始声(蕅益智旭):《辟邪集》,《大藏经补编》第24册,台北:华宇出版社,
　　1986。

周斌:《清末民初"国民外交"一词的形成及其含义论述》,《安徽史学》2008
　　年第5期。

周佛海:《三民主义之理论的体系》,上海:新生命书局,1928。

周佛海:《往矣集》,上海:今古出版社,1943。

周佛海:《中山先生思想概观》,上海:民智书局,1925。

周质平:《现代人物与文化反思》,北京:九州出版社,2013。

朱伯康:《往事杂忆》,上海:复旦大学出版社,2000。

朱熹:《朱子读书法》,张洪辑,清文渊阁四库全书本。

朱彧:《萍洲可谈》,台北:台湾商务印书馆,1987。

朱宗元:《拯世略说》,原文附于 Dominic Sachsenmaier, *Die Aufnahme europäischer
　　Inhalte in die chinesische Kultur durch Zhu Zongyuan (ca.1616–1660)*, Nettetal, Steyler,
　　2001。

邹敬芳:《西洋经济思想史》,上海:新建设书店,1929。

祖田修:《近现代农业思想史——从工业革命到 21 世纪》,张玉林、钱红雨译,
    北京:清华大学出版社,2015。

左宗棠:《左宗棠全集》,长沙:岳麓书社,1996。

人名索引

文
景

Horizon

社 科 新 知　文 艺 新 潮

华洋变形的不同世界

桑兵　关晓红　主编

出 品 人：姚映然
特邀策划：谭徐锋
责任编辑：谭宇墨凡
营销编辑：胡珍珍
装帧设计：安克晨

出　　　品：北京世纪文景文化传播有限责任公司
　　　　　　（北京朝阳区东土城路8号林达大厦A座4A　100013）
出版发行：上海人民出版社
印　　　刷：山东临沂新华印刷物流集团有限责任公司
制　　　版：北京大观世纪文化传媒有限公司

开　本：890mm×1240mm　1/32
印　张：14.25　　字　数：310,000　　插页：2
2020年6月第1版　　2020年6月第1次印刷
定　价：59.00元
ISBN：978-7-208-16084-2/C·597

图书在版编目（CIP）数据

　华洋变形的不同世界 / 桑兵，关晓红主编 . —上海：
上海人民出版社，2019
　（近代中国的知识与制度转型 / 桑兵，关晓红主编.
中外编）
　ISBN 978-7-208-16084-2

　Ⅰ.①华… Ⅱ.①桑… ②关… Ⅲ.①世界观－研究
－中国－近代 Ⅳ.①B

中国版本图书馆CIP数据核字（2019）第199942号

本书如有印装错误，请致电本社更换　010-52187586